"十二五"普通高等教育本科国家级规划教材

新编21世纪新闻传播学系列教材
广播电视系列

节目主持人教程

第3版

主　编　廖声武
副主编　罗宜虹　柴巧霞

An Introduction
to Presenters

中国人民大学出版社
·北京·

内容简介

本书是作者以马克思主义新闻观为指导，在多年潜心研究与教学实践基础上形成的著作。该书运用新闻学、传播学、社会学、心理学等相关知识，阐述了节目主持人学科领域所涉及的相关问题。在叙述节目主持人的历史和分类的基础上，对节目主持人的文化底蕴、心理素质、审美修养、形象塑造和语言表达进行了阐释，对节目主持人的业务素养和采访、写作、编辑、评论、策划等能力进行了分析探讨，还对新媒体传播环境下的网络主持人做了介绍。

全书注重从节目主持人传播实际出发，以案例来对具体问题举证敷设，理论脉络清晰，实际案例丰富，集学术性、实用性与趣味性于一体，是一部论述节目主持人的力作。第3版对一些人物、案例和表述做了增删，力争做到与时俱进，努力反映本专业领域的前沿发展。

作者简介

廖声武 湖北大学新闻传播学院教授、博士生导师，武汉东湖学院法学与新闻传播学院名誉院长；中国新闻史学会舆论学专业委员会常务理事，湖北省高等教育学会新闻与传播教育专业委员会副会长、湖北省广播电视学会理事；香港城市大学访问学者，英国威斯敏斯特大学中国传媒中心访问教授。主要从事中国新闻史、新闻实务、广播电视学的研究。

总序

中国人民大学出版社策划出版的“新编 21 世纪新闻传播学系列教材”，是一套在新闻传播学领域内密切联系新闻传播工作的实际，广泛吸收新闻传播学的最新研究成果，高挹遐揽，取精用宏，供 21 世纪的高等院校新闻传播院系教学使用的系列教材。

20 世纪初以来的 120 年，是世界新闻传播事业飞速发展的 120 年。这一百多年来，随着科学技术的不断发展，继报纸、期刊、通讯社之后，广播、电视、网络、自媒体等多种新媒体相继问世，新闻传播的媒介日趋多元化，新闻传播的手段日趋现代化，“地球村”变得越来越小，新闻传播事业对世界政治、经济和文化的影响则变得越来越大。

这 120 年，也是中国新闻事业飞速发展的 120 年。尤其是中国改革开放以来的 45 年，发展进入快车道。

21 世纪以后，中国新闻事业发展的势头更为迅猛。报纸、期刊、通讯社、广播电台、电视台的数量在宏观调控下，虽无大变化，但软硬件的实力都有了很大的提高。进入新时代，媒体融合发展有序进行。据 2022 年 5 月中国记协发布的《中国新闻事业发展报告》和 2023 年 2 月国家新闻出版署发布的《2021 年新闻出版产业分析报告》的最新统计数字，2021 年全国共出版报纸 1 752 种，总印数 283 亿份。共出版期刊 10 185 种，总印数 20.1 亿册。全国共有广播电视播出机构 2 542 家，地市级以上广播电视播出机构开办的广播电视频率频道 2 366 套，其中广播频率 1 166 套、电视频道 1 200 套，另有各级教育电视台开办的 38 套教育教学类频道，中央广播电视总台和全国 25 家省级电视频道基本实现高清化，全国地市级台电视频道已有 73%实现高清化。

另外 2023 年 3 月中国互联网络信息中心（CNNIC）发布的《第 51 次中国互联网络发展状况统计报告》显示，截至 2022 年 12 月，中国网民规模已达到 10.67 亿，互联网普及率达到 75.6%。其中，手机网民数量为 10.65 亿，网民中使用手机上网的比例为 99.8%。网络新闻用户规模达 7.83 亿，占网民整体的 73.4%，短视频、生活平台、“两微一端”成为网民获取新闻信息的重要渠道，抖音、快手、小红书等应用逐渐从娱乐、生活、社交平台转变为具有新闻属性的信息平台，成为网民获取新闻信息的重要渠道。2022年上半年，新华社、中央广播电视总台、《人民日报》等八家主要央媒机构累计生产1.5万篇爆款短视频内容，“央视新闻”微博开设党的二十大相关话题，总阅读量突破147亿。网民个人、自媒体等也纷纷利用短视频、生活平台等跟进舆论热点，传播新闻信息，为人民群众及时获取热点资讯创造了条件。

这样大的发展规模，这样快的发展速度，在世界和中国新闻事业史上都是空前的。回顾既往，盱衡未来，新闻传播事业在新时期还将保持旺盛的发展势头。新闻传播，作为上层建筑中意识形态的一个重要组成部分，在全面准确地宣传党的基本理论、基本路线和基本方针以及各项决策，反映人民群众的伟大业绩和精神风貌，以及推动改革开放和社会主义现代化建设等方面，必将继续发挥重要的作用。

与新闻传播事业的发展相配合，这120年来，为中国的新闻战线培养和输送人才的中国新闻教育，也有了相应的发展。中国的新闻教育起始于20世纪初，迄今有110年的历史。中华人民共和国成立前的30年，虽然先后在个别院校中设立了新闻系或新闻专科，但规模都不大，设备也不够完善，在校学生人数，最多的时候不超过400人，30年间累计培养出来的毕业生还不到3 000人。中华人民共和国成立后，为了给新闻事业培养人才，新闻教育有了新的发展，但到20世纪60年代中期为止，全国的新闻教育机构也还只有14家。当时全国只有343家报社、78座广播电台和13家电视台，革命老区来的新闻工作骨干正当盛年，足以支撑大局，新闻系和新闻专业的学生统招统分，基本上能够满足中央和省市以上新闻单位梯队建设方面的需要。“文化大革命”爆发后，新闻事业进入低谷，新闻人才的培养也被迫中辍。拨乱反正之后，新闻事业有了飞速的发展，但新闻工作的人才却出现了断层，明显供不应求，因而极大地推动了新闻教育的发展。中国的新闻教育得以重整旗鼓并得到空前迅猛的发展，主要是改革开放以来的这40多年的事情。40多年来，中国新闻教育和中国新闻事业同步发展。根据教育部数据，截至2021年，全国设有新闻传播学类院、系、专业的高校已由改革开放之初的两三所增加到727所，本科专业布点在全国共计1 439个，覆盖以下10个专业：新闻学、广播电视学、广告学、传播学、编辑出版学、网络与新媒体、数字出版、时尚传播、国际新闻与传播、会展（交叉专业）。新闻专业的教学已从单一的大学本科教育，发展到博士生、硕士生、本科生、大专生、成人教育、函授教育等多层次的格局，不少院系还设置了新闻传播学方向的博士后流动站。改革开放之初，全国在校新闻系科学生总共只有500来人，现在仅在校本科生就有14万人左右，硕士和博士研究生4万人左右，办学层次、办学规模、办学水平都有了很大的提升。进入21世纪以后，随着新闻传播事业的加速发展和新闻战线人才需求的不断增加，中国的新闻教育将由规模扩张迈向高质量发展。

一般说来，新闻教育质量的高低，起决定作用的主要是两个因素：一个是师资，一个是教材。两者之间，教材的作用更大。这是因为，师资的多少和良窳，往往受办学主客观条件的限制，而教材一旦完成，就可以直接嘉惠于学子，风行四海，无远弗届。进一步说，一部好的教材，不仅可以满足教学的需要，培养出一大批人才，而且还可以同时拥有一定的学术含量，推动新闻传播学研究的发展。1919年出版的徐宝璜的《新闻学》，1927年出版的戈公振的《中国报学史》，就是这方面的很好的例子。这两本书都是作者在高等学校从事新闻学理论和新闻史教学时作为教材编写出来的，出版之后，立即引起世人的关注和推崇，一再重版，历久不衰，至今仍然是公认的新闻学理论和新闻史方面的传世之作和经典之作。正因为这样，新闻教育的前辈们，历来十分重视教材的建设。中华人民共和国成立初期的十来年，坊间出版的新闻学方面的书籍，绝大部分是教材。改革开放以后，新闻传播学研究空前繁荣，新闻学方面的书籍大量问世，但教材仍然在其中占了很大的比重。这些教材，覆盖了新闻传播学的方方面面，经过出版家和众多作者的长期努力，门类和品种基本配套齐全，曾经为同时期的新闻教学做出过重要的贡献。但是，随着时间的推移和新闻工作实际的飞速发展，这些教材的体例日显陈旧，观点和内容也亟待调整和更新。一些属于学科前沿和科技含量较高的新开课程的教材尚付阙如，使现有的教材出现了不少缺口。在 21 世纪已经到来之际，集聚力量，重新编写出一套体系完整，门类齐全，能够为 21 世纪的新闻教育和新闻人才培养服务的新闻传播学的系列教材，已经成为人们的共识和新闻业界与新闻教育界的迫切需求。

呈现在读者面前的，就是应这样的需求产生的一套系列教材，它将涵盖新闻学、传播学两个二级学科的方方面面内容，满足新闻、广播、电视、广告、媒体经济、新媒体等多个专业的教学需要。负责这些教材编写工作的，是中国人民大学、复旦大学、北京大学、清华大学、中国传媒大学等多所著名院校长期从事新闻传播学方面教学与研究工作的专家学者，其中有相当大的一部分编写者是相关学科的国家级的学术带头人，堪称一时之选。收入本系列的教材中，既有国家级重点教材，也有部级重点教材，其他的也是经过严格筛选的精品，所以，本套系列教材的质量是有保证的，其权威性也将得到社会的认同。

21 世纪是一个高度信息化的时代，是信息经济和知识经济占主导地位的时代。信息经济和知识经济有两大支柱，一是以高科技为代表的传播技术产业，二是从事新闻和信息产品生产的媒体产业。新闻传播学作为将这两大领域有机联结的桥梁，在今后的国家建设和社会发展中必将发挥越来越重要的作用。中国人民大学出版社经过精心策划，隆重推出这套系列教材，是具有高度的前瞻性和战略眼光的。在这里，我谨代表编委会和全体作者向中国人民大学出版社表示由衷的感谢。

这套系列教材开始策划于 20 世纪的最后一年，21 世纪初起陆续问世，迄今已编写出版了 180 余种。在体例和内容的创新和开拓等方面，远远超过同时期出版的同类教材。其中有些教材，还根据整个新闻传播理论与实践的发展和新闻传播学教学与研究的发展，陆续做了必要的补充和修订，重新出版，实现了内容的与时俱进。

这批教材的问世，将会为新闻传播事业和新闻教育事业的发展和繁荣、为 21 世纪新闻传播人才的培养做出它应有的贡献。这是出版者和全体作者共同的一点希望。是为序。

方汉奇

2023 年 7 月

于中国人民大学宜园

目录

绪　论

节目主持人，简称主持人，已成为当代广播电视传播的基本样态。随着我国广播电视事业的发展，节目主持人的队伍不断发展壮大，目前已有几万人的规模，成为广播电视行业不容忽视的一支有生力量，也成为新闻传播业中最有影响力的一支方面军。

节目主持人在中国已经走过40多年的历史。它既是一种行业，也是一门学科。作为一门学科，它需要从理论上进行系统的研究。本章将对节目主持人的概念、发展历程，以及节目主持人的特征与任务等方面进行分析探讨。

第一节　节目主持人的概念与历史

一、节目主持人的概念

节目主持人一词最早出现在1952年，是由美国哥伦比亚广播公司《60分钟》制片人唐・休伊特提出的，英文为anchor。anchor原意是接力赛跑中跑最后一棒的运动员，也就是跑得最快、最具冲刺力的人。这个词被唐・休伊特引用到电视新闻节目中后，其含义是最为优秀的、最有组织能力的电视新闻节目主持人。这个人应像anchor那样具有强有力的速度和冲刺力，能协调和衔接各个方面，把从各种渠道来的新闻稿件组织串联为一个有机整体，以获得最佳传播效果。

在美国，除了anchor之外，节目主持人还有host、moderator等称法。host本义为主人，多用来指综艺节目和明星访谈节目的主持人，而moderator多用在游戏节目、竞赛节目、讨论节目和辩论节目中。在英国，节目主持人还叫presenter，意思是展示者；也叫compere，意思是电视节目的介绍者。

节目主持人现象在我国出现后，按中国人的习惯，人们试图给它一个准确的定义。但研究者不同，给出的定义也有差异，没有形成一个公认的定义。下面是一些有代表性的概念：

“在广播或电视中，出场为听众或观众主持各种节目的人，叫节目主持人。”（《新闻工作手册》编委会、编辑部《新闻工作手册》）

“所谓节目主持人是指以‘我’的身份在广播电视中组织、驾驭、掌握节目进程，与受众平等交流的大众传播者。”（陆锡初《主持人节目学教程》）

“节目主持人，他们是广播电视节目在演播阶段的组织者、指挥者，是节目与听众、

观众之间感情和信息交流的桥梁和纽带，也是节目的代言人。主持人是节目的代表者。”（任远《电视节目主持人学初论》）

“节目主持人是在广播电视中，以个体行为出现，代表着群体观念，用有声语言、形态来操作和把握节目进程，直接、平等地进行大众传播活动的人。”（俞虹《节目主持人通论》）

以上几种定义，尽管给出定义的时间跨度很大，作者所在的地域分布很广，各人的背景不太一致，但在认识上有几点是共通的：

其一，节目主持人是传播者。在我国，新闻媒体是党和人民的喉舌，节目主持人更是直接面对听众和观众，代表媒体与受众交流思想、传播信息。由于他直接与受众见面，相对于幕后工作的编辑、记者而言，他的地位更重要，是新闻媒体的形象代表和代言人。

其二，节目主持人是与受众平等的传播者。与播音员在节目中播念新闻稿不同，节目主持人不是居高临下的转述者，不是事不关己的旁观者。他往往“设身处地”地直接面对受众，平等地与受众交谈，通过自己的专业技巧和人文关怀，拉近与受众的距离，赢得受众的喜爱。

其三，节目主持人是用有声语言、形体动作来操作和把握节目进程的。节目主持人在整个节目中起着主导和调控作用，对节目主旨、内容的体现有重要的影响，是节目效果能否实现的关键。在节目演进过程中，节目主持人要充分发挥主观能动作用，用有声语言或形体动作指挥调动现场情绪，注意各个环节的衔接与转换，使节目表现得起伏有章法，转换不生硬，过程自然，结构完美。

其四，节目主持人是与一个固定的节目联系在一起的。从字面上看，节目主持人是节目的主持人，我们提到节目主持人时，脑海里就会浮现出一个具体的节目和一个具体的主持人。比如我们会把敬一丹、张泉灵等与《焦点访谈》联系在一起，把窦文涛与《锵锵三人行》联系在一起，把孟非与《非诚勿扰》联系在一起，等等。这说明，节目主持人与节目是密不可分的。一方面，节目主持人是与这个节目的群体紧密相连的，是这个群体的代表；另一方面，节目主持人是在节目的土壤里成长的，节目造就了主持人，主持人为节目增光添彩。

概念相对于主持人的实际本体来说只起一个描述性质、限定范围的作用，其意义是微小的。在定义上纠缠没有必要，重要的是我们要明白自己将要讨论的对象是什么。所以，我们认为采用一种既有的定义对这一现象进行描述是可行的，而上列的第一种定义既简洁又明了，尽管不是很准确，但精义全在，且方便记忆，这就是：在广播或电视中，出场为听众或观众主持各种节目的人，叫节目主持人。

在这里，我们要注意节目主持人与播音员的区别。

实际上，节目主持人与播音员是两个完全不同的概念，它们之间存在着具体的不同特征。要区别节目主持人与播音员，以什么为标准呢？明确的分界线是不存在的，特别是有些“说新闻”节目更是界线模糊，不过，我们可以从两者的具体传播活动中找出其特征。

我们可以从以下几个方面来考察：

第一，节目主持人与播音员的工作范围不同。播音员的工作范围主要是播音这个程序，播音员不需要采访、编辑，不需要对节目进行策划、协调，他的工作是从自编辑手上接过播音稿开始的，他的任务是对稿件充分理解，从而准确、鲜明、生动地传达出稿件的内容。

节目主持人在节目中是处于主导地位的。他的主要职责是组织串联一次节目的各个部分，直接向受众传播信息、解答问题、介绍知识、提供娱乐，他是集采、编、播于一身的节目负责人。由此看来，节目主持人的活动空间和领域比播音员的要宽广得多，相比较而言，以有声语言的形式与受众交流只是节目主持人工作中的一个环节。

第二，节目主持人与播音员所负的责任不同。播音员从编辑那里接过播音稿后，他的主要任务就是对稿件进行再创造，通过对字句的推敲，达到对意义和情感的准确表达，只要传达正确，播报无遗漏，就算完成了任务。

节目主持人要对整个节目的形象负责，对于节目的基调是什么，主旨是什么，要达到什么样的传播效果，主持人都必须认真思考。在节目播出的过程中，主持人所讲的话，只要发音清晰准确、语义表述清楚、感情基调正确就可以了，他的创作重心着眼于对节目的整体把握。

第三，节目主持人与播音员同受众的交流方式不同。播音员通过有声语言来实现同受众的交流，要求使用标准纯正的语音，讲究字正腔圆，语气相对庄重严肃，在风格上往往比较严谨规范，让人感觉和受众保持着一定的距离。

节目主持人与受众的交流就随意、灵活得多。如果把播音员相对客观冷静的播报方式看成一种“播读式”，那么就可把节目主持人的传播方式看成具有强烈主观态度和感情色彩的“交谈式”“互动式”。而且这种交流方式也是多种多样的，既可以通过有声语言直接与受众交流，也可用一种音响、一段音乐、一支歌曲或一幅绘画与受众交流，还可以由一个板块节目主持人引出一个栏目主持人与受众交流。由于节目内容是由主持人安排的，节目中的每一项内容都不同程度地表达了他个人的情感和思想，都体现出自己与受众的交流意向，同时他还可以以个人身份站出来对事物进行评判，而这种交流播音员是办不到的。

第四，节目主持人与播音员个性特征的体现方式不同。播音员所要播出的内容是事先一字一句写在播音稿上的。播音员的个性特征集中体现在他的音色、表达习惯和对句段的不同处理方式上，换句话说，是一种对文字稿的个性化的处理技巧。

节目主持人的个性特征的体现与此有很大差异。比如说，我们常要求主持人在主持节目时要善于提问，反应机敏，见解深刻，幽默风趣，要做到敦厚可信或老辣犀利。这些都是对主持人个性特征的概括或描述。主持人在体现出这些特征的有声语言的表达中，实际上呈现的是一种语言内容与语言技巧的完美结合。

二、节目主持人的历史

从早期的“固定出场传播者”到节目主持人，再到今天网络主持人的出现，节目主持人的历史值得深入研究。本书主要针对节目主持人的发展做一个简单的梳理。

（一）西方节目主持人的发展历史

1. 西方节目主持人兴起的原因

一种新的形式不可能是凭空产生的，背后总有它深刻的社会背景和长期的尝试。节目主持人形式的生成也同样符合这一规律。

节目主持人首先产生于20世纪20年代的西方，到50年代才发展兴盛起来。节目主持人产生和发展兴盛的原因主要有以下几个方面。

（1）信息的急剧膨胀。

20世纪以来，科学技术的发展突飞猛进，在第二次技术革命的基础上，冶金工业的发展、动力基地的建立、精密仪器的制造、工艺水平的提高，都对开发更强大的能源、提供性能更优异的材料提出了要求，而相对论和量子力学的创立为这些新技术领域的开辟奠定了理论基础。随着科学技术化、技术科学化的推进，以原子能开发利用、电子技术、计算机技术、空间技术、生物技术、激光技术等为代表的新技术的迅速发展，预示着一场新的技术革命即将来临。除了科技的迅猛发展，各国经济也在第二次世界大战结束后迅速复苏，政治、社会、文化也步入正常轨道，各种信息的总量以人类社会前所未有的发展速度迅猛膨胀，这种信息膨胀的状况无疑给传播媒介提出了挑战。要应对这种挑战，改变传播模式、探索新的传播形式，就成了新的节目形式生成的题中应有之义。

（2）媒介间的竞争。

西方国家的媒介大多都是商业媒介，媒介要生存，必须依赖广告收入。要想广告收入丰厚，必须有优秀的节目吸引受众，有了受众，广告商才肯来，没有哪个广告商会把钱投到没人收听、收看的电台、电视台。所以为了吸引更多的广告，媒介必须有过硬的节目质量、新颖的节目形式。这就是竞争给媒介带来的活力。

（3）传播技术的现代化。

科学技术是人类社会进步的一种动力。正是有了无线电技术，才有了广播传播；有了电视技术，才有了既有声音也有图像的电视传播。而随着这些技术的进一步发展，更好、更清晰的声音和图像传输技术得到利用。现代化的传播技术为广播电视节目的时效性、真实性、丰富性、参与性等提供了传播技术上的保证。可以说，技术是节目的载体，也是节目的母体，技术提高了传播能力，增加了传播形式，扩大了人与社会对信息的需要，从而促进了新节目形式的诞生。

2. 西方节目主持人的发展脉络

社会的需要、媒介间的竞争以及传播技术的进步，使得节目主持人的诞生有广泛的社会基础和物质支持。但主持人从诞生到兴盛还是走过了漫长的道路。最早的主持人当数荷兰的艾迪·勒达兹。1927年，荷兰开办了世界上第一个对外广播，1928年，对外广播开办了一个以主持人形式播出的节目《快乐的电台》。主持人艾迪·勒达兹在这个节目中轻松愉快地向世界各地的人们介绍荷兰各方面的情况，受到受众欢迎。

20世纪三四十年代，广播事业步入自己的黄金时期。1934年，美国商业电台超过600家，哥伦比亚广播公司拥有97座附属电台，而全国广播公司的两个广播网拥有127

家电台[①]。这段时间，各家电台为了吸引受众，想方设法发展自己的新闻采编队伍和新闻分析员与评论员。第二次世界大战爆发后，广播电台的新闻传播以其时效性和生动性受到受众的重视，一些著名的节目主持人在播报新闻、分析评论战事中脱颖而出。爱德华·默罗就是这样一位时势造出来的英雄。1937年，默罗被任命为哥伦比亚广播公司的欧洲部主任，主要负责教育节目。1938年3月，他到华沙安排教育节目《美国空中学校》。此时，希特勒的军队进占了奥地利。于是3月12日他安排了广播史上第一次"新闻联播"，他自己从维也纳，他的助手夏勒从伦敦，另外3位新雇用的报纸记者分别从柏林、巴黎和罗马向美国听众报道了他们的所见所闻。这使美国和欧洲听众获得了最迅速、最直接、最全面的战争信息。默罗的这一创举首次向人们展示了广播这种现代化的新闻传播工具的独特优势。1938年秋天慕尼黑危机期间，默罗和其助手前后18天共播出151次实况报道，快速、高频率的报道大大激发了人们对欧洲战争事态的关注。1940年8月18日，默罗开始了以欧洲战争为中心、以伦敦命名的节目《这里是伦敦》的现场报道。这个报道时效性强、信息量大、分析评论见解独到，这一切使得他成为美国人心目中的传奇式英雄，成为一名杰出的节目主持人。

另一位著名的哥伦比亚广播公司的电台评论员是汉斯·冯·卡顿伯恩。他被誉为"电台评论员的先驱"。1938年9月，在历时20天报道慕尼黑危机期间，"卡顿伯恩一直待在纽约市他的第九播音室里，为哥伦比亚广播公司同事精心组织的联播节目——《欧洲新闻综述》的驻欧洲记者充当后盾，并播出数小时的分析和评论。正是卡顿伯恩把希特勒激烈的演说翻译给美国听众，并预测应对各种事态发展的外交措施。在这三个星期里，人们听他讲了85次；工作间隙他蜷缩在一张帆布床上打个盹"[②]。后来，卡顿伯恩作为全国广播公司的首席政治评论员主持新闻节目长达20年之久。

20世纪20年代中叶电视诞生，30年代基本上处于试验播出阶段。1941年，美国第一批商业电视台获准开业。第二次世界大战爆发严重影响了电视业的发展，除美国有6家电视台播出节目外，各国的电视事业发展暂告中辍。

战后，电视事业得到恢复和发展。到20世纪50年代末，开办电视台的国家有50个，电视机总数超过7 000万台。

电视以声画兼备的优势让广播难以望其项背，更让报纸望洋兴叹。电视强烈的现场感、鲜亮的视觉冲击力让受众对之钟爱有加。受众的注意力被吸引到电视上来。

在20世纪40年代末和50年代初，受欢迎的电视节目大多是从广播节目改编而来的。各种电视综艺节目受人欢迎，美国专栏作家爱德·沙利文主持的《本城最受景仰的人》每个星期天出现在哥伦比亚广播公司的电视频道上，吸引了大量观众。

1951年11月18日，著名的广播节目主持人爱德华·默罗在制片人弗雷德·W. 弗兰德利的邀请下，随着《现在请看》栏目的开播，走到了电视观众面前。这个节目开始播放的第一天就表明了自己与众不同的格调。画面上默罗坐在两部监视器前，一部映出金门大桥和旧金山高层建筑的空中轮廓，另一部映出以纽约为背景的布鲁克林大桥。30

① 参见［美］迈克尔·埃默里、埃德温·埃默里：《美国新闻史》，374页，北京，新华出版社，2001。

② 参见［美］迈克尔·埃默里、埃德温·埃默里：《美国新闻史》，379页，北京，新华出版社，2001。

分钟的节目议论了当时最敏感的现实问题：朝鲜战争。这一节目从开播至1958年停播历时7年多，默罗以他不落俗套的节目让美国人领略了货真价实的新闻。

1953年，默罗开始了他的著名的访谈节目《面对面》。在这个节目中，默罗以一种不拘礼仪的方式坐在演播室里与美国名人讨论生活中较为轻松的一面。《面对面》节目从开播到1959年停办，一共邀请了500多位嘉宾作为自己的访谈对象。它是当时美国收视率最高的十大节目之一。默罗以自己的技巧和想象力为广播电视新闻和纪实建立了标准，以自己卓越的工作赢得了受众的爱戴，当他在1965年4月过完57岁生日的两天后因患癌症去世时，电视新闻分析权威埃里克·塞瓦赖德说："他是一颗流星。我们将长期地生活在他的余晖中……我们再也见不到像他那样的人了。"①

1952年夏，美国共和党、民主党召开全国政治年会，各媒体针对这次涉及美国第34届总统大选的政治年会展开激烈的新闻竞争。哥伦比亚广播公司制片人唐·休伊特首次提出anchor的概念，并选中了有着长期丰富的记者经历、思维敏捷的沃尔特·克朗凯特来主持两党的全国代表大会的电视新闻报道。克朗凯特由此走向节目主持人的成功之路。

克朗凯特是在1950年朝鲜战争爆发后，接受默罗的邀请，进入哥伦比亚广播公司工作的。20世纪50年代他成为哥伦比亚广播公司的许多纪录片，如《历史的见证》《20世纪》和《哥伦比亚广播公司报道》等中的明星。

1962年4月，克朗凯特接替在哥伦比亚广播公司《晚间新闻》节目做了14年节目主持人的爱德华兹，成为《晚间新闻》的主持人。克朗凯特走马上任的原因是，全国广播公司的《晚间新闻》节目自从1956年创办以来，节目主持人亨特利和布林克利两人的搭档使节目一直雄踞三大广播公司之首，哥伦比亚广播公司为了挽回不断下降的收视率而起用新人。克朗凯特坐进《晚间新闻》演播室后雄心勃勃，要把节目办成公正、紧凑而基本正确的一天时事综述。多年的记者生涯练就了克朗凯特捕捉、采写、报道新闻的硬功夫，他不喜欢深度报道而偏爱突发新闻，他的快速准确、不偏不倚的报道，庄重稳健、沉着冷静的风格吸引了无数电视观众。在从20世纪60年代开始人们通过看电视而不是通过读报纸来获取新闻的情况下，哥伦比亚广播公司的《晚间新闻》节目正如《纽约时报》被看作"大事记报纸"一样，被看作"大事记广播"。克朗凯特自己在20世纪60年代成为哥伦比亚广播公司新闻部的领导人物。在许多美国重大事件中，他都是目击者和参与者。1963年11月22日，美国东部标准时间下午1点40分，克朗凯特抢在美国广播公司和全国广播公司之前报道了肯尼迪总统的车队在达拉斯遭到枪击，总统身负重伤的消息。这时的克朗凯特作为一名普通的新闻广播员显示了其扎实的新闻功底、驾驭突发事件的能力，以及敢为天下先的勇气和雷厉风行的作风。其后，经过对人类登月等事件的报道，克朗凯特的声望得到进一步提高；经过对越南战争的报道，他的威望达到了顶峰。"水门事件"发生后，《华盛顿邮报》进行了报道，但影响并不大，克朗凯特将这一事件引入电视报道，在全美引起了广泛的注意。这是克朗凯特的又一大成就。

克朗凯特作为电视节目主持人的开拓者、实践者，以其卓著的成就多次获得包括美国总统自由勋章在内的各种大奖，5次被公众选为"美国十大最有影响的决策人物"之

---

① 转引自［美］迈克尔·埃默里、埃德温·埃默里：《美国新闻史》，429页，北京，新华出版社，2001。

一，但是他从未想当然地认为自己是全国新闻界的头号名人，而是以惊人的耐力和长期的热情投入自己的节目主持工作。埃默里父子说："到（20 世纪）70 年代中期，他还主播了哥伦比亚广播公司几十次有关总统选举、越战痛苦、种族冲突、暗杀、水门丑闻以及多次太空飞行的新闻，被誉为美国最受尊敬的人。"①

从 20 世纪 70 年代起，美国电视节目主持人进入兴盛时期。各家电视台也越来越重视节目主持人制度，大批节目主持人脱颖而出，其中著名的有哥伦比亚广播公司的 1981 年接替克朗凯特主持《晚间新闻》节目的丹·拉瑟、1976 年被美国广播公司以 5 年 500 万美元高薪从全国广播公司挖来的明星芭芭拉·沃尔特斯、全国广播公司的被誉为美国最有思想和最为认真的节目主持人之一的约翰·钱塞勒。除了这些赫赫有名的人物，还有一些同样闪光的名字，比如美国广播公司的弗兰克·雷诺兹、雷诺兹去世后接替他的加拿大人彼得·詹宁斯、出生在美国的特德·科佩尔，以及黑人女主持人凯洛·辛普森、全国广播公司的汤姆·布罗考、哥伦比亚广播公司《60 分钟》节目主持人迈克·华莱士等。

当美国的节目主持人大放异彩的时候，世界各国，特别是其他西方国家也将节目主持人这种形式引入本国的电子媒介的传播活动。法国、德国、加拿大、日本、俄罗斯等国家的广播电视行业都涌现出大批受欢迎的节目主持人。

随着第四媒体的兴起，电子计算机技术和网络技术普及，网络用户数量迅速扩张，网络传播也出现了主持人，使主持人这一形式又有了新的内涵。

（二）中国节目主持人的发展历史

1. 中国节目主持人兴起的原因

虽然美国在 20 世纪五六十年代已经兴起节目主持人这一传播形式，70 年代达到兴盛。但在我国，节目主持人到 20 世纪 80 年代才开始尝试实施。节目主持人在我国的兴起和发展，主要有以下几个方面的原因。

（1）改革开放的大环境为节目主持人的出现提供了条件。

党的十一届三中全会后，我国出现了思想解放、以经济建设为中心的大好局面，各条战线精神振奋、生机勃勃。对社会律动极其敏感、反映极具时效的广播电视自然是得风气之先，要求对改革既有的传播方式进行大胆的尝试。1980 年召开第十次全国广播工作会议后，广播电视战线的改革步伐加快，改革力度加大，例如，电视从学会"自己走路"到"扬独家之优势，汇百家之精华"，突破了传统模式，出现了崭新的面貌。这样，广播电视出现了从形式到内容的变化。而此时，传播学被介绍进来，接受理论成为一个热门话题，节目主持人这一在欧美流行的节目形式通过各种渠道为国人所了解。在这样一种大环境中，节目主持人悄然出现在受众面前。

（2）广播电视人的大胆探索起到了催生作用。

改革开放前，广播电视单纯强调传播的政治宣传功能、政治教育功能，让传播负载了太多的政治内容。进入新时期后，广播电视人认识到除了宣传、教育之外，广播电视还有提供信息、提供服务、提供娱乐和审美的功能，应当努力将这些被冷落和忽略了的

---

① ［美］迈克尔·埃默里、埃德温·埃默里：《美国新闻史》，472 页，北京，新华出版社，2001。

功能开掘、发挥出来，尽量满足受众多方面的需要。同时，主持人形式在广播中的出现赢得了受众的欢迎。1981年元旦，中央人民广播电台对台湾地区广播推出的由徐曼主持的《空中之友》节目受到好评；4月，广东人民广播电台推出的由李一萍、李东主持的《大众信箱》节目得到听众的喜爱。这些大胆的探索获得了极大成功，鼓舞了广播电视人。此后，节目主持人这一形式逐渐推广开来。

（3）国家政策的提倡和鼓励起到了推动作用。

1983年3月，原广播电视部召开第十一次全国广播电视工作会议后，中共中央以37号文件批转了广播电视部党组《关于广播电视工作的汇报提纲》。在谈到以新闻改革为突破口，推动广播电视宣传的改革时，该提纲提出要尽可能采取谈心和对话的形式以及节目主持人的形式，以增强新闻报道的吸引力和说服力。这是“节目主持人”这一概念第一次出现在中央文件中。这一概念的提出极大地推动了我国节目主持人的发展。

（4）传播手段的现代化提供了技术保证。

经济建设的大发展使我国的各项基础设施进一步现代化，通信得到了空前的发展，电子高新技术在广播电视节目制作中得到应用，卫星传输、数字技术等的使用使媒体如虎添翼。媒体凭借这些技术使受众直接、同步地参与到节目中来，现场报道、热线直接、嘉宾参与等形式让受众与主持人能够进行双向或多向交流。所有这些都为节目主持人节目的展开提供了物质和技术上的保证。

2. 中国节目主持人的发展脉络

中国的节目主持人从20世纪80年代出现到今天，走过了一段光辉灿烂的历程。这段历程可以划分为三个阶段。[①]

（1）起步探索阶段。

1981年元旦，中央人民广播电台对台湾地区广播开播《空中之友》节目，负责节目播出的徐曼以主持人的身份出现，这是我国广播史上第一个以正式名义出现的节目主持人。主持人一改传统的高昂的播音腔调，以“甜软轻美”的播讲风格赢得了听众的喜爱。20多天后，中央人民广播电台收到一封辗转寄来的台湾地区听友的来信。信中说，徐曼亲切、甜美的声音每天都在吸引着台湾1 700万中国人……拨动着那些想要会见祖国大陆亲人的台湾人民的心弦。

在此之前，1980年7月12日中央电视台开播《观察与思考》节目，屏幕上打出“主持人”字幕。出镜的有5位记者。

1981年4月，广东人民广播电台推出李一萍、李东以聊天的方式主持的《大众信箱》节目，受到听众的喜爱。李一萍被青年听众亲切地称为“知心姐姐”。一时间广播节目主持人形成了“北徐南李”的格局。

1981年7月至11月，中央电视台推出了每周一期的《北京中学生智力竞赛》节目，赵忠祥被挑选担纲主持。节目获得了成功，赵忠祥也显示了他的主持才华。

这些节目是我国最早开办的主持人节目，是我国广播电视人大胆探索的结果。特别

---

① 参见白谦诚、原默：《中国节目主持人二十年》，见白谦诚、胡妙德主编，主持人节目研究委员会编：《主持人》（9），506页，北京，中国国际广播出版社，2001。

是《空中之友》节目开播之后，20年长盛不衰，影响巨大。

此后，中央电视台宋世雄主持的球赛解说，沈力主持的我国电视史上第一个固定栏目《为您服务》节目（1983年1月1日正式开播），陈铎、虹云主持的专题节目《话说长江》，鞠萍主持的少儿节目《七巧板》等都一次次获得成功，为各种形式的栏目的主持积累了经验，极大地推动了我国节目主持人的发展。

（2）成长普及阶段。

自1985年起，主持人现象引起了理论界的关注。广播电影电视部政策研究室、北京广播学院（今中国传媒大学）、一些电台和电视台纷纷召开研讨会，研讨主持人现象的理论和实践问题，对主持人的健康发展起到了积极作用。

1986年12月15日，我国第一家经济电台珠江经济广播电台成立。珠江经济广播电台以全新的模式来运作。它首创"大板块"节目架构，主持人将"采、编、播、控"集于一身，"提纲加资料"的直播方式、"听众热线电话参与"等，被称为"珠江模式"。"珠江模式"引发了全国持续多年的"经济台"热和广播节目大改版，对全国广播主持人节目的发展起到了具有历史意义的影响，是我国广播节目完成由播音员播音向主持人主持的过渡的一个标志。

1987年元旦，中央人民广播电台开播两档主持人节目《午间半小时》和《今晚八点半》，主持人傅成励、虹云和雅坤受到听众的欢迎。5月，上海人民广播电台推出以主持人名字命名的广播节目《蔚兰信箱》，这个早间谈话节目很快带动了全国的广播谈话节目，1989年1月，天津人民广播电台开办性教育节目《悄悄话》，由张琦任主持人，节目引起很大反响，带动了全国的广播夜话类节目。1989年海峡之声广播电台推出《空中立交桥》，节目由主持人弘力、刘武、钱锋等人主持，他们各具特色、相映生辉，形成一个受台湾地区听众欢迎的群体组合。

进入20世纪90年代，节目主持人更为活跃，一批优秀主持人脱颖而出。1990年3月14日，中央电视台《综艺大观》和观众见面，王刚和倪萍也以主持人的身份亮相。王刚的主持圆熟、老到，令观众倾倒；倪萍热情平易、真诚质朴，被观众誉为"最具中国女性魅力的节目主持人"。同年4月，《正大综艺》推出初出茅庐的杨澜，杨澜以她良好的素质和青春风采赢得受众的喜爱。7月15日，上海电视台开播《今夜星辰》，该节目实行"主持人中心制"，主持人叶惠贤集编、导、主持和制片人于一身，他以幽默风趣的语言、机智灵活的应变、恰到好处的即兴发挥，赢得了"荧屏智多星"的美称。

1990年6月16日，中国广播电视学会主持人节目研究委员会（现为中国广播电视学会节目主持人委员会）成立，并于次年举办了全国广播电视节目主持人"开拓奖"评选活动，一批研究性的论文和学术专著陆续发表和出版。

（3）发展提高阶段。

邓小平南方谈话发表后，我国的改革开放进入新的时期。在广播电视战线，多数省市广播电台实行"窄播"化，即按频率设置经济、交通、音乐等专业台，由几个专业台构成系列台。系列台的设置使节目主持人队伍迅速扩大，其中音乐节目主持人成为一支重要的方面军。

20世纪90年代，电视节目主持人的数量和质量得到较快的增长和提高。1993年5

月1日，中央电视台成功地推出早间节目《东方时空》，这个杂志型板块式新闻节目的开播，改变了国人早晨不看电视的习惯。节目主持人在主持风格上自觉地向节目所需要的质朴和真实方向发展，主持技艺开始走向成熟。同年5月10日，《一丹话题》开播，这是我国第一个以主持人名字命名的电视节目。这个每周一期8分钟的栏目开办了一年。

1994年4月1日，新闻评论类节目《焦点访谈》开播，半个月后该节目成为全国人民关注的“焦点”。1995年，《焦点访谈》在全国主要新闻媒体名专栏、名节目评选中荣登榜首，成为中国“第一名牌”节目，第一批节目主持人敬一丹、水均益、白岩松等也以自己诚挚、朴实、深邃、稳健、客观的主持风格受到观众的喜爱。

1996年3月16日，中央电视台推出一档谈话节目《实话实说》，主持人崔永元幽默的谈吐、灵活的应变以及与人为善的调侃塑造出了“中国脱口秀”主持人的良好形象。

随着中国体育事业的发展、国际体育赛事的频繁，中央电视台在20世纪90年代中后期增设了一系列体育节目。在体育赛事的转播中，涌现出一批解说员，其中，足球客串主持人张路的“说球”独具特色，标志着体育节目主持人由解说向评论的转化。

除了中央电视台出现了有个性特色、有主持风格的栏目和节目主持人，各地方电视台也纷纷推出自己的精品栏目，涌现出大批特色鲜明、风格迷人的节目主持人。例如，1997年7月11日，湖南电视台《快乐大本营》开播，立即引发全国性的“快乐冲击波”，节目主持人李湘、何炅以天真无邪、英气逼人的形象赢得青年受众的喜爱。1998年3月，北京电视台播出《元元说话》节目，主持人说实话、说真话、说老百姓的心里话，在荧屏上塑造出一个正直、刚毅、善良而富有正义感的节目主持人形象。

近些年，随着电视娱乐节目的“蹿红”，一些主持人如《非诚勿扰》的孟非、《天天向上》的汪涵等受到欢迎。

这一时期，我国有关节目主持人的研究取得较大进展，主持人节目研究委员会组建了学术委员会，每年都召开学术年会和各种专题研讨会，对外交往也开展起来，有关节目主持人的学术专著纷纷出版，出现了理论研究的繁荣景象。

随着网络在我国的迅猛发展，网站为了吸引网民，纷纷推出网络主持人和网络视频主持人。这是网络媒体出现的新事物，必将对传统电子媒体的主持人形成冲击。这是值得我们关注的新领域。

第二节　节目主持人的特征与任务

节目主持人的兴起和发展，构成了广播电视传播战线一道独特的风景线，它以自己旺盛的生命力给广播电视传播事业带来了蓬勃的生机。那么，节目主持人作为新闻工作中涌现出来的一个新的群体，他们有哪些特征，担负着怎样的任务呢？

一、节目主持人的特征

节目主持人是新闻传播领域以其特有的方式进行传播活动的人。节目主持人与传统的记者、编辑和播音员在职业分工上有很大差异，节目主持人与节目融为一体，以积极主动的精神参与采访、写作、编辑和评论，独立自主地将节目内容呈现于受众面前，这一切构成了节目主持人区别于其他新闻传播工作者的独有个性特征。具体说来，这些特征有以下几个方面。

（一）节目的形象代表

1. 节目主持人是节目整体构思的体现者

每一个节目都有其整体构思：它的定位是什么？它的对象是谁？以什么内容作为节目的中心？这些构思确定下来后，整个节目组就要为实现这个整体构思来开展工作。节目主持人将所有人员的工作归总起来，通过自己的主持传递给受众，从这个意义上说，节目主持人是节目整体构思的体现者。

2. 节目主持人是具体节目目的的实现者

任何一个具体节目从策划创意到平面展开，都有自己强烈的传播意图：要告诉受众什么？要让受众理解什么？节目最终要达到什么目的？主持人就是围绕着这些问题开始主持节目的。他要通过自己的主持，将节目一步步向前推进，引导节目逐步达到预先设计的目标。在这个过程中，主持人要按既定的步骤创造性地开展工作，对节目中出现的困难要加以克服，对节目中的干扰要想方设法排除。比如，采访对象未能准时到场，嘉宾的谈话出现走题，因技术故障出现图像或资料传输中断等现象，主持人都要灵活机动、应付裕如。可以说，主持人是节目目的实现的保驾护航人。

3. 节目主持人是节目特性的体现者

作为节目整体构思的体现者和具体节目目的的实现者，节目主持人所表现出来的主持个性、主持风格构成人与节目的统一。主持人必须服从于节目的传播需要，节目定位又规定了主持人应有的个性和风格。主持人是节目的一个组成部分，他的一举一动、一颦一笑都是这个节目所应有而另一个节目不能有或不该有的，他的衣着打扮、声音语言都是为这个节目的传播效果服务的。受众在接受节目的时候是将主持人与节目联系在一起的：想到主持人就会想到他所主持的节目，想到节目就必然想到节目的主持人。

（二）个性化

个性是指节目主持人的主持方式具有不同于他人的特质和倾向。节目主持人与播音员的区别就在于主持人提倡追求自己的主持个性，而播音员通常要求庄重、大气、干练。主持人的个性是主持人吸引受众、赢得受众的关键所在。

节目主持人的个性化表现是多种多样的。

1. 它体现在节目主持人的语言表达上

这种个性化的表现，如“李咏激活全场的凝聚力、话语表达的生动性，陈晓楠时时闪现的人文关怀、谦和善良”①，“白岩松言辞犀利，鞭辟入里；敬一丹用语恳切，舒缓委

---

① 曾志华：《中国电视节目主持人文化影响力研究》，107页，北京，北京大学出版社，2009。

婉；水均益取喻丰富，机辨睿智”[①]，“鲁豫的真情告白、赤诚对话，汪涵的轻松欢快、幽默风趣”[②] 就是主持人在语言运用上表现出来的鲜明个性。

2. 它体现在体态姿势与情绪表现上

例如，有的电视节目主持人善于运用手势、身段和面部表情描述事实，抒发情感，宣泄情绪，他们正是通过对这些体态姿势的恰当运用，较好地突出了自己的主持个性；有的主持人则善于运用自己真切的情感来调动现场情绪，形成自己独特的主持风格。

3. 它体现在与节目参与者的互动方式上

主持人运用机敏、睿智、幽默，与受众形成一种和谐的互动关系，共同推动节目向前发展。中央电视台的李咏、崔永元，香港凤凰卫视的窦文涛，江苏卫视的孟非等人就属于这一类型。

主持人的个性表现是多样的，应当提倡主持人进行多样化的尝试，使主持人个性更加丰富多彩。但有一点是必须遵守的，即主持人的个性要与节目的个性相协调，要符合受众的审美趣味和审美时尚，这样才能为受众所接受。美国《60 分钟》节目由 6 个主持人共同主持，“迈克·华莱士和哈里·里森纳以高明的锲而不舍的采访作风著称；埃德·布雷德利和莫利·塞弗以深刻、激烈、风趣横生而闻名；安迪·鲁尼以作家特有的观察力、分析力为观众所熟悉；黛安·索耶则以女性的热情奔放、彬彬有礼的面孔同观众见面”[③]。6 个人尽管风格、个性各异，但都与他们所主持的新闻节目的个性协调一致，因而得到受众的欢迎。

从这几个例子可以看出，主持人节目强调主持人的个性特征，个性化的主持人是受众所欢迎的。但需要指出的是，个性化不是个人化，主持人所说的每一句话均代表社会公共价值乃至媒介形象，绝非个人的秀场。广东广播电视台总编室在北京、上海、广州三地做的一项调查显示，受众对主持人张口闭口谈自我的自恋现象极为反感。在一场座谈会上，当研究人员问及被访者最不喜欢的主持人行为时，几乎所有人都异口同声地指出：最不喜欢主持人在节目中动不动就说自己和自己家庭的生活，我们对他们刚吃了什么、刚买了什么、女朋友漂不漂亮这些话题一点也不关心，主持人应该告诉我们国际、国家和社会上发生了什么，为什么会发生，与国家、与我们自己有什么样的联系和影响。[④]

目前，节目主持人的个性的确立有这样几种情况：

一是互相模仿。比如，有的电视台紧盯国外或我国港台地区的某家电视台，如果对方节目走红，自己立即“克隆”一个相似的节目，主持人的个性也完全模仿对方的主持人个性。如孟非在《南京零距离》主持中获得成功，节目广告年收入过亿元，不少电视台便开始模仿开办民生新闻节目，甚至也弄了个光头主持，但往往陷于“东施效颦”的局面。[⑤]

---

① 杨乘虎：《〈面对面〉：人际传播与大众传播结合的新支点》，载《现代传播-北京广播学院学报》，1998（4）。

② 马谛：《娱乐节目主持艺术》，26－27 页，北京，中国传媒大学出版社，2016。

③ 陆锡初：《主持人节目学教程》（修订本），26 页，北京，中国广播电视出版社，2001。

④ 参见魏冬青：《受众期待什么样的播音员主持人》，载《南方电视学刊》，2017（2）。

⑤ 参见曾志华：《中国电视节目主持人文化影响力研究》，108～110 页，北京，北京大学出版社，2009。

二是保持主持人的自然本色。如中央电视台的崔永元在节目中显现的机敏幽默，凤凰卫视的原主持人杨锦麟在主持中的真实质朴、爽朗达观，都是他们个性的流露。

三是根据节目需要设计。如美国《今夜秀》主持人吉米·法伦的幽默、亲和力与即兴互动能力，为节目营造了轻松娱乐的氛围。他的“傻气”人设和与嘉宾的游戏环节，都是为契合深夜脱口秀的娱乐性而设计的。中央电视台儿童节目《大风车》主持人鞠萍姐姐的温柔亲切、金龟子的古灵精怪，均是贴合儿童节目需要的“陪伴型”人设。

（三）审美性

广播电视是一种听和看的艺术，它有强烈的审美性。节目主持人作为广播电视传播的形象代表，理应是这种审美特征的体现者。所以节目主持人在传播新闻、引导舆论、沟通情况、传播知识、提供服务的同时，还为受众带来审美的愉悦。

节目主持人的审美性表现在内在美和外在美两个方面。

1. 内在美

（1）内在美首先表现为节目主持人传播的内容是客观真实、健康向上的。节目主持人所主持的节目是大众传播的一种方式，大众传播首先必须讲究真实，这是这种活动赖以存在的基础，也是主持人美的追求所在、美的体现方式。主持人如果通过自己的节目传播虚假的信息误导受众，那么就丧失了起码的职业道德修养，他的节目连同他本人自然无法体现美的特征。除了真实可信，主持人主持的节目还应是健康向上的。用科学的理论武装人，用正确的舆论引导人，用高尚的精神塑造人，用优秀的作品鼓舞人，这是每个主持人努力的目标。事实上，节目主持人也正是通过自己的实践，将真实性与健康向上的品质很好地结合在一起，体现出主持人身上良好的内在审美性。

（2）内在美也体现为主持人对专业技能的精通。节目主持人应熟悉自己的工作环节，在自己主持的节目中将自己所担负的职责圆满地实现，比如在节目现场能够自如地组织、串联、协调好节目中的起承转合，机智地应对现场的突发情景，巧妙地引导受众参与节目的进程。这样，主持人在努力将一档完美的节目奉献到受众面前时，他也将自己精通专业所体现出来的内在美的特质呈现在了受众面前。

（3）内在美还体现为主持人所具有的心灵美。一个节目主持人如果说一套做一套，明里唱的是真善美，私下里却做的是假恶丑，就会与主持人的审美性特征格格不入。主持人要具有正确的人生观和价值观，在自己的传播活动中表现出高尚的心灵美，在节目中对生活充满希望，对未来充满信心，在揭露黑暗、鞭挞丑恶的同时，牢记宗旨，从我做起，肩负起自己应尽的社会责任。这种言行一致、身体力行的生活和工作作风无疑会给受众留下美好的印象。

2. 外在美

节目主持人的外在美则主要体现在声音美和仪表美上。

（1）声音美是主持人外在美的重要体现。好的音质，美的音色，字正腔圆、清晰流畅的发音本身就构成一种艺术，给人带来美的享受。声音美涉及吐字、发声、音色等多方面技巧的运用所产生的美感。

中央电视台主持人赵忠祥运用他别有特色的低声区气声的表达方式对《动物世界》进行解说，产生了引人注目的效果。在连绵不断、潺潺流动的语流中，他突破标点、突破常规的断句方式，根据语势、语感、音韵、节奏的表达需要设计语气，取舍停连，将静态的书面解说词融于充满诗意和动感的画面。《动物世界》获得成功，与赵忠祥配音所创造的美感分不开。一位出版《动物世界》解说词的编辑对赵忠祥说："当我整理解说词时，我才发现，在听觉上所感受到的诗情画意有很多是你在解说过程中添加进去的，因为有些解说词稿件，本身并不优美。"① 一位受众在描述自己获得的美感时写道："那是一副天籁式的富有磁性的嗓音，它放飞阵阵优柔而吸引人的音韵，那声音仿佛是从宁静辽阔而又深邃的岑寂水面与幽谷间飘送过来。它带着甜润、慈祥、虔诚的和善与优美。我仿佛看见有一双美丽的海鸥翅膀，在我不胜愉悦的想象空间中与这声音一道做动人的飞翔。"②

（2）仪表美体现为主持人的仪表、服饰、风度和气质的美。如果说广播传播途径仅仅是语音传播，主持人要靠语音来突出美感，那么电视的传播途径就既有视觉的，也有听觉的。而且视觉界面中的仪表形象还占有更重要的地位。

主持人出现在电视屏幕上时，其形象就进入了受众的审美视线：主持人是否五官端正、形体匀称、举止大方，服饰是否和谐得体、富有个性，风度气质是否与节目定位相符。如果主持人的形象符合受众的审美预期心理，主持人及其所主持的节目就会大受欢迎，这突出地体现了电视这种媒介的主持人的审美性特征。

在另一个层面上，主持人的仪表服饰反映出我们时代的经济政治生活状况，风度气质则折射着我们社会的审美时尚和审美趣味，传递出我们全体人民的精神风貌的信息。

（四）亲近感

主持人传播是借助于大众媒介的一种人际传播。人际传播讲究平等、和谐，讲究礼貌、真诚、推心置腹、坦诚相待，具有亲近感。主持人在节目主持过程中也具有亲近感的特征。

1. 亲近感要求主持人平等对待嘉宾和采访对象

平等是交流的基础。如果主持人自视甚高、端架子，认为自己学识、地位比参与节目的对象高，讲话一副盛气凌人的样子，那么交流肯定无法展开；而如果把嘉宾当朋友、当客人，平等相待，以诚相见，效果就会大不一样。

2. 亲近感要求主持人礼貌对待嘉宾和采访对象

礼貌是交流中的一个基本原则，主持人的礼貌是一种风度，也是一种艺术，它能化解可能的尴尬，保证交流顺利地进行。比如中央电视台主持人崔永元在主持《四世同堂说电影》节目时，就注意到了这一点。当他要止住老太太说话时，考虑到了老太太的面子，要让老人感到主持人不是烦她说得太多，而是很赞同她的说法，于是他巧妙地说道：

---

① 转引自赵忠祥：《岁月随想》，59 页，上海，上海人民出版社，1995。

② 转引自代欢、肖桂岚编著：《作秀战术》，138 页，北京，中国广播电视出版社，2002。

“奶奶，咱们不说了，留一点急急他们。”

3. 亲近感还要求主持人对嘉宾和采访对象表现出足够的关心

有时候，嘉宾在面对主持人时会表现出紧张不安的情绪，主持人要主动关心嘉宾，让他们放松心情，消除紧张。有经验的主持人是非常注意这一点的。

4. 亲近感同样也包括对受众需求的尊重

尊重受众需求首先要了解受众的需求。了解了受众在想什么，有什么样的心愿，有什么样的要求，才能在节目中为受众排忧解难，主持人的这种对受众的尊重会被受众转化成对节目和节目主持人的亲近感。例如，我国第一个主持人节目《空中之友》刚开播时，海峡两岸处在被人为隔绝了几十年的状态之下，它的受众大多是国民党老兵，他们的父母妻儿和兄弟姐妹在祖国大陆，而自己却只身在台湾。这些人想家、恋家，却无法回家，甚至连有关家乡的消息也没有，他们迫切地希望了解祖国大陆的真实情况，打听亲人的下落。而《空中之友》的主持人徐曼在自己的节目中以独特的“甜软轻美”的主持风格，在像亲人间窃窃私语那样的一对一谈话中满足了这种需求，结果，“徐曼小姐”很快被台湾同胞当作“最可信任的人”，得到了广大受众的关注与喜爱。

二、节目主持人的任务

节目主持人作为一种职业，在广播电视传播活动中扮演着什么样的角色、承担着什么样的任务呢？要弄清这个问题，就要明白这一职业是怎样界定的。我国首次“电视节目主持人职业素质评价指标体系研究”对电视节目主持人的职业进行了界定：

> 电视节目主持人是电视宣传工作者。他们在电视屏幕上出现，通过对所主持节目的串联、组织，体现创作群体的构思，把握节目的节奏和风格。同时，电视节目主持人也是交流者，他们通过角色的个体化、身份的平等化以及语言的个性化和口语化，缩短着电视与观众的距离。但电视节目主持人的工作又不仅局限在出镜的片刻时间，作为电视节目主持人，应该能够介入自己所主持节目的选题、策划、采访和编辑中去，通过对节目整个制作过程的参与，更好地熟悉节目的具体内容，领会节目制作集体的创作意图，从而在节目主持过程中更主动、更自然、更自信。①

从这个对电视节目主持人工作职责的定义，以及前面对节目主持人特征的分析中，我们可以认为，节目主持人的任务有以下四项。

（一）主持节目

广播电视主持人节目一般说来都是比较大型的节目，时间长、内容多，特别是板块型节目就更是如此。主持人的主持工作就是在单元时间内对节目的若干内容精心组织、巧妙串联，使节目各部分、各单元之间有机组合，做到层次分明、过渡自然，使整个节

① 参见中央电视台总编室、人事办公室：《〈电视节目主持人职业素质评价指标体系研究〉成果汇编》，3页，北京，中国广播电视出版社，1999。

目和谐统一，构成一个新的整体。如中央电视台的春节联欢晚会，一般都有几个大板块，有歌曲、戏曲、小品、相声、舞蹈、杂技等各种形式，还间或有除夕之夜各地军民以不同形式祝贺新春的新闻报道，主持人通过自己的主持使一些内容多样、彼此缺乏联系的节目或单元统一在祝福新春、歌颂火热生活、憧憬美好未来的主题之中，让形式多样、内容繁杂的节目构成和谐自然、浑然一体的组合。

主持人在主持节目时通常采用谈话方式播讲，语言生动活泼、亲切自然，在节目进行的过程中，主持人以自己随意的发挥和灵活的处理，使节目富于变化，充满个性化色彩。

（二）参与采、编、播各环节的工作

在主持人节目出现之前，节目都是由记者、编辑采制好了的，在播出时由播音员照本宣科就行。主持人节目出现之后，节目由主持人主持播出。为了使节目更生动、更吸引受众，主持人参与了策划、选题、采访、编辑、制作的全过程。这样主持人就不再像播音员那样只是解读文本了。主持人由于清楚节目的背景和内容，在播讲中就能较好地发挥自己的个性特点，渲染主题、调节气氛、控制节奏，较好地传达出节目的传播意图。

主持人参与节目各个环节的工作，给主持工作带来巨大活力，因而逐渐成为主持人工作任务的一部分。随着时代的发展，竞争越来越激烈，主持人参与采、编、播各环节的工作显得越来越重要。以电视新闻类主持人节目为例，由于传播、通信技术的进步，演播室专访、记者现场报道、卫星连线“多视窗”报道等节目形式被广泛应用。在这样的环境中，主持人如果参与了节目的策划，对编辑意图有一定的了解，对采访要求很清楚，那么，在节目主持中就能灵活有序地组织和驾驭口播、图片、图像新闻、演播室访谈、与前方记者对话、异地传播等多种报道形式，使节目更具有时效性、针对性、现场性和可受性等。

（三）做好沟通与协调

主持人直接面对受众。受众对主持人节目有什么意见和建议、节目传播效果如何、主持工作应该做哪些调整和改进，主持人对这些情况要及时地了解，这样才能把主持工作做得更好，这就需要做好沟通与协调。

做好沟通与协调包括两个方面的内容。

1. 做好与受众的沟通工作，及时进行反馈

做好与受众的沟通，是做好主持工作的前提。受众是节目传播的接受者，无论什么内容、什么形式的节目，最终只有让受众接受才能产生社会效益。要实现这种社会效益，就要在与受众的沟通上花气力。

沟通可以通过网络、微博等渠道进行，也可以通过社会调查、受众来信的方式开展，还可以在日常生活中做有心人，从处处留心身边的事着手。首届“中国播音主持金话筒奖”获得者、中央电视台主持人高丽萍就非常注意对平凡、琐碎的日常生活的观察了解，比如在买早点时留意市场行情，观察人们的经商态度、服务质量和产品质量，在挤公共

汽车、乘出租车时注意从司售人员那里了解社会的思想趋势。[①] 这给她的工作以很大帮助。

沟通还可以通过与现场嘉宾的对话来进行，这是做好节目立竿见影的方法。上海电视台主持人叶惠贤在谈到自己的做法时举例说："我发现一次晚会的来宾中，来了许多作家、艺术家、企业家和领导，我略微思考了一下，晚会一开始就给来宾献上了四朵花：愿在座的作家妙笔生花，愿在座的艺术家齐放百花，愿在座的企业家锦上添花，愿在座的领导培育新花。又听说晚会上有一位工作先进的姑娘，至今没有对象，我又在介绍她时来了一段'顺口溜'：姑娘今年二十八，一心工作干四化，所以至今未成家，希望大家关心她。从而使广大观众对出现在面前的先进人物感到亲切可信，于是那位姑娘事后收到了许多热情小伙子的求爱信。"[②] 如果没有事先的了解与沟通，那么主持人不可能凭空说出这些生动感人的话语。

反馈和沟通一样，是主持人工作的重要组成部分，特别是对新闻评论类主持人节目而言，反馈更是事实的延伸和组成部分，是主持人应当尽力做好的一项工作。在反馈的具体方式上，可以通过对某一类型的节目集中追踪报道进行反馈，也可以以及时、简要地报道最新进展的方式进行反馈。

2. 做好与节目组工作人员的沟通与协调

主持人节目是一个群体的劳动成果，主持人是代表节目组工作人员与受众进行交流，将节目内容传播给受众的人。由于主持人是"抛头露面"的人，这就给人一种印象，好像节目是主持人一个人的。这就需要主持人处理好自己与节目组工作人员的关系，做好沟通与协调。对做好工作而言需要这样，因为主持人与策划人、编导、灯光师、摄像师等的沟通不可或缺；对处理好个人与集体的关系而言也需要这样，只有各方面关系协调好了，主持人与制作群体才能形成和谐团结的集体，大家才会心往一处想、劲往一处使，工作才会顺利，配合才会默契。

比如，如果同一节目组的两个主持人同台主持，就需要他们之间进行很好的沟通与协调。因为如果是男女组合，则刚柔有别、阴阳迥异；如果是同性组合，则风格各具、性格各异；因此只有相互沟通与协调，才不会为了出风头而抢戏、压人。

（四）在融媒体环境下，保持和提升节目的传播力

近年来，传播环境变化，融媒体特征凸显。在这种传播环境下如何保持和提升节目的传播力，需要主持人做出回应。

（1）主持人需要更加精准地定位自己的受众群体。主持人应了解目标受众的特点、兴趣和接受习惯，以此为基础来决定适合他们的节目内容和传播策略。同时，主持人还应关注受众的反馈和数据指标，不断优化节目内容和传播方式，如尝试不同的节目安排、策划有意思的互动环节、引入新媒体技术等，创造与众不同的节目体验，以提高受众的满意度和传播效果。

（2）主持人可以积极与其他媒体平台和领域的专业人士合作，进行跨媒体的联动和

---

① 参见白谦诚主编，主持人节目研究委员会编：《主持人》（4），252 页，北京，中国广播电视出版社，1995。

② 转引自全国电视学研究委员会：《话说电视节目主持人》，88 页，北京，文化艺术出版社，1989。

资源共享。与其他媒体合作，可以扩大主持人的曝光度和传播范围，吸引更多的受众。例如：湖北省广播电视台电视经济频道2024年的《3·15我们在行动》节目，联合了十几个省、自治区、直辖市电视台主持人开展直播，收到了很好的传播效果，并且被评为湖北省2024年第一季度广播电视创新创优节目。

（3）主持人需要保持学习的态度，不断更新知识和技能。主持人要注意了解最新的媒体趋势、技术应用和观众需求，注重自身素质的提升；要学习掌握各种多媒体技巧，如视频编辑、音频处理、图像设计等，通过熟练掌握这些技能，创造更富有吸引力和互动性的节目内容，提高受众的参与度和黏性。这样，主持人才能在竞争激烈的媒体环境中做好传播工作。

延伸阅读

主持人与节目整体效果的关系

张泉灵说："观众有时候并不知道你为什么在某一段打磕巴了，可能是因为你帮别人担了一个很大的风险，你用自己的一个磕巴换来了整个系统的安全。比如，导播随时会在耳机里跟你说：'泉灵，加3分钟。'导播也可以在你谈得最兴致盎然，有一句最漂亮的话准备抖给观众的时候，说：'泉灵，你可以停了。'因为他有更重要的画面出来。很在乎自己形象的主持人是不会停的，他要把自己精心准备的最伟大的词给观众，他不犯错误，但下面的导播就死了。但是，这个注意形象的人可能不再有导播跟他合作了，因为他破坏了整个系统的安全。"

资料来源：http：//blog. cntv. cn/11411288－3797179－blogpage－4. html。

练习题

1. 节目主持人产生和发展的原因是什么？
2. 节目主持人有何特征？
3. 节目主持人的任务有哪些？
4. 人工智能技术的发展给节目主持人带来了哪些影响？应当如何应对？

第一章

节目主持人的分类

经济的发展给社会生活带来的巨大变化，首先是人们生活方式的变化。人们不再依照日出而作、日落而息的轨迹来生活，在城市，特别是大中城市出现了“不夜城”。为适应这种生活方式的变化，媒体纷纷延长自己的传播时间，有些媒体做到了 24 小时连续进行传播。这样，节目异常丰富，各种类型、各种形式的节目传递着不同的信息。由于节目形式、节目内容不同，节目主持人所承担的职责不同，他们呈现在受众面前的形象也就有所差异。

为了让各种形式、不同内容的节目按自身的规律来发展，对节目主持人进行分类是必要的。这就好比学科发展到一定的程度就会进一步细分一样，细分可以促使研究更加深入，从而推进学科的发展。节目主持人的分类可以促进节目主持人理论研究的深化，同时对节目主持人实践的指导也具有重要意义。

第一节　节目主持人分类的意义

截至 2022 年年底，全国开展广播电视和网络视听业务的机构有 6 万多家，其中，广播电台、电视台、广播电视台等播出机构 2 527 家，广播电视节目制作经营机构约 5.7 万家，持证及备案的网络视听机构 2 974 家。全国广播节目综合人口覆盖率 99.65%，电视节目综合人口覆盖率 99.75%。全国广播电视从业人员 104.75 万人，其中，播音员、主持人 3.09 万人。[①]

实践的发展，需要相应地建立起适当的分类体系。对节目主持人进行分类，有助于从理论上揭示其多方面的规律性，从实践上更好地把握其特征，促进节目主持人的工作。

一、节目主持人分类在理论建设上的意义

现代科学发展有两个显著标志：一是学科日趋系统化、整体化，形成多维的综合；二是学科内部又更为细密、精致，趋向多元化。节目主持人的学科理论建设也应顺应这一趋势。细分有助于整合，细分使分支更容易被了解。因此节目主持人的分类对于学科纵向深化与横向综合，进而建立起学科完整的理论体系都是有益的。

---

① 《2022 年全国广播电视行业统计公报》，见 https：//gbdsj.gd.gov.cn/zwgk/tjzl/content/post _ 4172061.html。

（一）有助于纵向的深化

所谓纵向的深化，是指节目主持人本体结构的新的开掘。从行为学的观点看，节目主持人的主持行为是一个流动的、递进的思维过程和人际交往过程。不同模式的节目主持，具有不同的矛盾焦点和矛盾层次，因此又有着不同的行为特征和行为要求，这就决定了节目主持人的专门性和独立性。分类研究这些特性，能促进学科理论向纵深发展。

分类研究可以使学科立足于本体的建构，在吸收相关学科精华的基础上，建立以某一传播样式为专门对象的模式节目主持人学，如广播节目主持人学、电视节目主持人学；或者建立以某一环节为专门对象的专题节目主持人学，如节目主持人准备学、节目主持人训练学、节目主持人采访学；或者建立以某一节目类别为专门对象的类别节目主持人学，如新闻节目主持人学、评论节目主持人学、谈话节目主持人学、综艺节目主持人学等。分类的结果就是促进学科向多样化、专门化方向发展。

（二）有助于横向的综合

所谓横向的综合，是指节目主持人与其他学科的联系。节目主持人的传播行为涉及社会科学和思维科学等多个领域，涉及一系列相关学科范畴。分类研究从各个层面、各个角度出发，创造性地吸收其他学科的理论知识、研究方法以及成果，再整合起来，可以开拓节目主持人研究的新领域，创立以节目主持人为中心的边缘学科，如节目主持人心理学、节目主持人文化学、节目主持人语言学、节目主持人美学等。这种横向的拓展，是节目主持人学科繁荣的标志，也是学科自身发展的必然规律。

纵向的深化，可以为节目主持人发展奠定深厚的基础；横向的综合，可以为节目主持人的实践开辟广阔的道路。将二者结合，互为补充，彼此沟通连接，对建立节目主持人的学科理论体系是具有重要作用的。因此，对节目主持人进行分类是十分必要的。

事实上也确实如此。不分类或对分类不重视，会造成理论上的滞后，形成理论上的空洞，反过来对具体实践活动造成损害。比如，1988年“如意杯”十佳主持人全部是娱乐节目的主持人，而其他节目主持人中并不是没有优秀代表；1994年首届“中国播音主持金话筒奖”的评比结果也基本上没有多大改观。这个厚此薄彼的情况与理论研究的滞后不能说没有关系。

中央电视台节目主持人白岩松对主持人的分类和理论研究有过一段话，他说：“我总觉得过去我们对这些不同类型的主持人没能做到平行研究，对我们主持人行当中的某些类型缺乏个案研究，以至于我们在这些方面时有困惑。比如对娱乐类节目、对经济类节目的主持，我们研究得多吗？再如，对新形势下的生活类节目应该怎样更好地主持？等等。我觉得，我们的关注点与社会的关注点有些误差。比如我们的理论研究对新闻类、体育类或综艺类主持人节目议论得较多，而对娱乐类、经济类、生活类等主持人节目的研究滞后，滞后于不断发展的主持人事业，滞后于主持人实践的发展。我认为，在继续深入对新闻类等主持人节目研究的同时，应强化对其他类型的主持人节目的研究。新闻类节目尽管很重要，但也许无法触摸到14岁至18岁青少年的心灵。但要是主持好一个娱乐节目，或一个出色的音乐节目，他可以直接触摸到这个年龄段的孩子的心灵。对这么重要的社会阶层，难道我们不应该给予足够的重视与关注吗？我希望我们的理论研究者对某些容易忽略的环节同样要给予更多的关注。”① 虽然这段话是针对许多年前的实际情况的描述，但它说明了分类对主持人自身的发展、对主持人在传播过程中的作用及其对受众的影响等理论问题的研究有着重要的意义。

二、节目主持人分类在实践上的指导意义

节目主持人分类在实践上的指导意义相对于理论建设而言更加显而易见，它主要表现在以下四个方面。

（一）有助于明确节目主持人的角色定位

一个媒介频道有多个节目，每个节目对主持人的素质要求是不同的。有的人善于驾驭语言，有的人有严谨的思维、缜密的逻辑，非常适合评论类节目；有的人热情奔放，能够以自己的激情调动受众的情绪，适合娱乐类节目；有的人睿智机敏、知识丰富、气质高雅，很适合谈话类节目。有这样的天赋资质，还需在实践中经常锻炼，才能使工作精益求精，使技能技巧磨炼得炉火纯青。对主持人的分类就有助于主持人在长期主持某一类节目的实践中，有意识地将自己的天资与节目的要求相结合来积累经验，形成自己的特点。假如不是这样，今天主持综艺节目，明天去主持新闻节目，后天又去主持谈话节目，即使主持人没有自知之明，自我感觉良好，也不会为受众所接受。这在主持实践中是有实例、有教训的。

节目主持人在获得角色定位后，要想把节目做出品牌，做出影响，仍然需要长期的刻苦钻研。不同的节目需要主持人的孜孜以求的打磨，一类节目的具体操作也需要主持人根据具体情况来进行角色定位，这就是节目中的具体定位。比如，在访谈类节目中，主持人就需要根据不同的访谈对象来确定具体的角色定位。如果定位在以主持人为主上，那么主持人就要驾驭节目，掌握节目节奏的快慢，善于引导访谈对象的思维和表述，不让访谈对象随心所欲——或果断打断对方的喋喋不休，或不失时机地将话题引向深入，同时主持人的学识口才、风度气质可以得到完美的展示。如凤凰卫视《锵锵三人行》节目中的主持人就属于这一类。如果定位在以访谈对象为主上，那么主持人在节目中尽管也要控制节目的进程，但其作用主要体现在穿针引线上，唱主角的是访谈对象。比如，中央电视台的《小崔说事》、安徽卫视的《爱传万家·说出你的故事》等节目中的主持人就属于这一类。

总之，对节目主持人分类可以帮助主持人进行角色定位，促进节目主持人明确努力方向，刻苦钻研业务，减少因盲目性带来的损耗，对做到精通专业、创品牌栏目都是有好处的。

---

① 白岩松：《对新世纪主持人发展的思考》，见白谦成、胡妙德主编，主持人节目研究委员会编：《主持人》(9)，565页，北京，中国国际广播出版社，2001。

（二）有助于节目主持人风格的形成

节目主持人主持风格的形成有多种因素的影响，不可否认，分类对其风格的形成是有促进作用的。不同节目有不同的性质和内容，新闻类节目需要客观、公正、严肃，娱乐类节目需要热情、奔放、活泼，生活类节目需要亲切、自然、善解人意，体育类节目需要快节奏、高强度、富有激情。因此，不同的节目需要不同风格的节目主持人，对节目主持人分类，可以让主持人有意识地按节目性质、内容来训练自己的主持风格。中央电视台《中国新闻》主持人徐俐在谈及主持体会时说："为了播好《中国新闻》，我仔细观摩过一些被普遍推崇的西方大牌新闻主播的节目录像带。尽管在语言上有些阻隔，但我想我看懂了他们的状态。这种状态就是他们表现出来一个'新闻人'对所播报新闻的强烈关注。我们把它叫作'投入'。正是在这个意义上，我更倾向于称我们《中国新闻》的播音员为新闻主持。"从这段话中我们可以读到主持人是如何有意识地训练自己的主持风格以及在节目主持人概念建立起来后努力塑造自己主持风格的勇气和信心。

中央电视台《实话实说》节目主持人崔永元的主持风格表现在平民性上，这种风格的形成除与节目样式和主持人自身的素质有关外，还在于主持人的明确的分类。作为谈话类节目的主持人，需要的是平民心态和人文关怀。将这种价值追求与审美追求结合起来，构成主持人的真诚与个性，再加上主持人驾驭话题和组织讨论的能力，就形成了主持人主持的风格。节目主持人在自己的节目天地里努力耕耘，节目主持风格才能与节目形式和内容交相辉映，大大拓展节目的旨趣。

（三）有利于节目主持人机制的健康成长

节目主持人在我国出现的时间并不长，因而节目主持人的业务规范、行为规范、管理机制都处于探索之中。通过对节目主持人的分类，在业务上进行专门的研究，总结经验，交流切磋，有针对性、有目的地开展研讨活动，探索本类型节目和节目主持人的发展的规律，能促进节目主持朝专业化、职业化方向发展。同时，通过分类，在实践中逐渐认识节目主持人的业务行为的特性、节目主持人成长所需的环境，以及节目主持人的工作方式范式，将那些带规律性的因素固定下来，并逐步形成有效的管理方法，对于节目主持人机制的完善是必需的。

（四）有利于节目主持人的选拔和培养

根据不同节目类型对节目主持人进行分类，有利于选拔、培养节目主持人。不同的节目对主持人有不同的要求，例如，新闻类节目需要主持人具备较强的信息获取和传递能力，而娱乐类节目则需要主持人具备幽默风趣的表达和互动能力。通过分类，能够准确匹配主持人的特长与节目需求，使主持人的特长在相应领域得到更好的发挥。

节目主持人分类有助于更好地选拔合适的节目主持人。通过分类的指引，能够提前明确主持岗位所需的技能和特质，从而有针对性地筛选和评估潜在的节目主持人候选人。这有助于节省选拔时间和资源，并提高选人的效率和准确性。

节目主持人分类也为培养节目主持人提供了方向和阶段性的目标。不同类别的节目主持人往往需要掌握不同的技能和表现风格，因此，分类系统可以帮助媒体和部门设计更有针对性的节目主持人发展计划。通过按照不同阶段和类别进行培养，可以有针对性地提升节目主持人的专业能力，使其在特定领域具备更强的竞争力。

第二节　节目主持人的类别

节目主持人作为一种社会分工是客观存在的，而研究者所用的标准不同，其类型划分就呈现多种样式。有的用媒体系统作标准来划分，节目主持人被划分为广播节目主持人、电视节目主持人、网络主持人等。有的以工作形态为标准，将节目主持人划分成独立型、单一型、参与型、主导型。独立型，即主持人独立承担整个节目的采、编、播工作；单一型，即主持人主要从事话筒或镜头前的再创作播报工作；参与型，即主持人参与节目的采、编、播各个环节；主导型，即主持人在节目中起主导作用，既是策划者、组织者，又是采编者和出镜播报者。大多数人以节目内容的性质为标准，将节目主持人划分成新闻节目主持人、文艺节目主持人、专题节目主持人等。

到目前为止，国内比较有代表性并产生过影响的分类有如下几种。

傅成励在《浅论参与型主持人》一文中将主持人划分成四种类型：独立型、单一型、参与型、主导型。他对这四种类型的划分作了详细的解释：

> 独立型主持人。独立地承担整个节目的采、编、播各个环节的工作，几乎是节目的唯一制作人。由于人力的限制，一般来讲，适合于主持播出时间较少、内容较为单一、间隔时间较长的节目或栏目。
>
> 单一型主持人。发挥作用比较单一，即主要或只从事话筒前的再创作——播音工作。所播稿件由编辑用第一人称即主持人的口吻撰写并要求符合主持人的形象要求。这种主持人同播音员相比，在编、播关系上也发生了根本变化。主要表现在由播音员表达编辑（记者）的文章变为编辑为主持人写稿。简言之，播音员是编辑（记者）的代言人，主持人节目的编辑则是主持人的代作者。虽然如此，这种类型的主持人仍然只处在节目的第二度创作人的地位。
>
> 参与型主持人。参与节目的采、编、播、控各个环节的工作。虽然节目的一部分乃至大部分稿件仍由编辑撰写，但这种主持人在采访和选材阶段提供一定的构思、线索和素材；在编写和构成稿件阶段提供一定的“零件”或成稿，并有权有责对稿件进行修改、组合；在播音和制作阶段起到增色、把关的作用。总之，在节目制作的各个环节都渗透了主持人的劳动，却又不是“包打天下”。一般来讲，这种主持人和编辑是平等合作的关系，在节目方针和主持人形象要求的基础上，达到统一、默契和互相融合。
>
> 主导型主持人。这是整个节目的策划者（确定或修订节目方针，并保证方针的贯彻执行）、组织者（组织节目部、组的采编人员采编节目，负责审改、签发稿件等工作）、采编者（采写一部分重要稿件或评论）、体现者（播音和参加制作）。总而言之，是节目主持人也是整个节目的业务领导者。这种主持人就如有的同志所比喻的：“实际上是个在话筒前或荧屏前露面的主编。”作为一个节目的“主编”，当然不可能

篇篇稿件或大部分稿件都由他自己采编，他主要应当从事思想上的指导和把关，以及采编活动的组织和指挥，领导全体采编人员齐心协力、各尽所长地工作。①

在此之前较早的分类有中国广播电视出版社出版的《中国广播电视学》对节目主持人进行的分类。该书将主持人分为三类：第一，采、编、播合一的主持人，即主持人参与节目采、编、播的全过程。第二，编、播合作的主持人，即主持人部分参与节目制作过程，自己动手采编部分稿件或对编辑出手的稿件有不同程度的个人渗透，而以出场主播为主。第三，客串主持人，这类主持人往往是根据节目的需要，聘请台外适当人员担任的。他们或是社会名流、文艺明星，或具有某方面特长。

较早研究节目主持人的陆锡初先生在他的《节目主持人概论》一书中将节目主持人划分成五类：一是新闻性节目主持人，包括新闻节目主持人、新闻专题专栏主持人；二是专题性节目主持人，包括知识性节目主持人、教育性节目主持人、竞技类节目主持人；三是文艺性节目主持人，包括文艺节目主持人、晚会节目主持人、综合文艺节目主持人；四是服务性节目主持人，包括经济服务节目和信息服务节目主持人、生活服务节目主持人、听众观众信箱主持人；五是板块节目主持人，包括小板块节目主持人、大板块节目主持人等。

《节目主持人通论》（杭州大学出版社出版）的作者俞虹在其书中也将节目主持人划分成五类：一是新闻、评论主持人，包括杂志型新闻节目主持人、对时事作深入报道并进行讨论和评论的新闻论坛主持人、新闻时事节目主持人，以及经济专题节目主持人等；二是综艺、娱乐节目主持人，包括自我表演型、调节控制型（报幕、穿插、解说、融入等）的主持人，以及知名演员、运动员和其他知名人士等特邀主持人等；三是教育服务节目主持人，由于这类节目复杂多样，许多样式的节目如社会政治类、军事类、青少年节目等都可归到其中，故这类节目主持人是一个大类；四是体育竞技类节目主持人；五是少儿节目主持人。

还有其他的一些分类散见于各种涉及节目主持人的论述中。

这些分类大体对节目主持人进行了区分，不管准确、恰当与否，都反映了研究人员早期对节目主持人的开拓性认识。

尽管分类有重要意义，但我们必须明白，分类本身不是目的，分类是为了使主持人对节目主持人有更好的了解，掌握各种节目主持人类型的特点，以便更好地服务于所主持的节目。

随着时间的推移，节目主持人在中国已走过了四十余年的历程，各种节目类型日趋成熟。各种类型的节目主持人也越来越凸显自身独有的特质，各种分类也渐趋明确，归纳起来，大致有以下一些类型。

一、新闻类节目主持人

新闻类节目主持人是承担新闻类节目传播的主持人。新闻类节目是广播电视的骨干

---

① 傅励成：《再谈节目主持人的类型》，见白谦诚主编，主持人节目研究委员会编：《主持人》（2，3），196～197页，北京，中国广播电视出版社，1993。

节目，也是最敏感、最重要的节目。随着改革的深入、广播电视人的大胆探索，新闻类节目由主持人主持受到受众的喜爱，节目形态也越来越多样化。目前，新闻类主持人节目形态主要可分为：消息类主持人节目、新闻杂志类主持人节目、新闻评论类主持人节目。相对应的是相关节目的主持人类型。

（一）新闻类节目主持人的类型

1. 消息类节目主持人

消息类主持人节目是以传播新闻信息为主的节目，它将原来的由播音员播音变成了由主持人灵活地组织，通过主持人具有亲和力的播讲、图像新闻、演播室访谈、与前方记者或采访对象的对话，以及异地传播等多种报道形式，使节目变得更有时效性、现场感和贴近性。

消息类节目主持人通常与《新闻联播》播音员的严肃庄重不同，要求语言松弛亲切，“播”与“说”相结合，让受众在接受新闻中对主持人的报道能听出“讲述感”。这需要主持人对新闻信息的价值有更深入的把握，能为受众理解新闻提供便利，使受众接受时感到亲切自然。要做到这些，关键还在于主持人需要参与节目的前期准备工作，如撰写文本、编辑节目等环节。

消息类节目主持人有独自担纲主持一档节目的，也有由几个人共同承担一个节目的主持工作的。

2. 新闻杂志类节目主持人

新闻杂志类主持人节目是广播电视借鉴杂志多栏目编排的方式，由多个栏目板块组合而成的板块节目。如中央电视台新闻频道的《东方时空》有《时空视点》《媒体聚焦》《直播连线》《新闻时评》等板块节目，是这类节目的典型代表。

新闻杂志类主持人节目由多个子栏目构成，各个子栏目以不同的形式、不同的内容呈现在受众面前，或报道新闻，或讲述新闻故事，或在事件现场做专访。主持人灵活穿梭于节目之中，时而是新闻的播报者，时而是新闻的评论人，报道时视角独特、理解深刻，评论时见解独到、表达自然流畅。

3. 新闻评论类节目主持人

新闻评论类主持人节目是指广播电视在对新闻事件作深入报道的基础上，对新闻事实进行解释、分析和评论的节目。中央电视台的《焦点访谈》《新闻调查》等节目属于这类节目。

新闻评论类主持人节目具有广播电视传播的特点，讲究听觉和视觉效果，因此，节目必须有生动的情节和展现事实的画面，叙事与说理相结合，叙事夹杂着说理，叙事是为了说理，说理必须在叙事的基础之上进行。所以节目不像报纸评论那样侧重于说理，而是对新闻热点进行深入的、多方面的采访。访问对象包括当事人、见证人、普通群众、专家学者、政府要员，主持人通过这些访问为受众提供全面系统、客观公正的报道。主持人在节目中的角色有时是深入一线采访的记者，有时要对记者采集的报道提供必要的背景、作出简要的评论，但最终要回归到评论者的定位上来。主持人在节目中通过充分发挥主体意识，用富有思辨色彩和理性力量的评论，使原本观点鲜明、思路清晰、分析得体、结论明确的节目更具评论色彩，主持人也通过对节目准确、到位的把握建立起一种端庄、稳重、可信的形象。

（二）新闻类节目主持人的素质

新闻类节目主持人基本上集采、编、播于一身，是节目的核心，是节目成功与否的关键，因此，要把新闻类主持人节目办好，主持人的素质就相当重要。新闻类节目主持人要求具备以下几个方面的素质。

1. 思想素质

首先，要具有较高的政策理论水平。主持人在报道新闻的时候，对新闻是有选择、有评价的，这种选择和评价就包含着主持人的倾向和态度，这一切都是受主持人世界观、政治理论和政策水平所左右的。具备科学的世界观和较高的政治理论及政策水平，会使主持人的主持富有“眼力”和“深度”而高出一筹。

其次，要具有高尚的道德情操。由于主持人集采、编、播于一身，如何选择新闻是由主持人决定的。道德情操低下，选择的新闻就会格调低下，甚至庸俗不堪。主持人在传播信息时，要十分注重以正确的舆论引导人，思想深刻、情操高尚，新闻节目才能给人一种美的享受，主持人的形象也会在受众心目中树立起来。

最后，要有爱岗敬业和关注社会现实的激情。主持人身兼数职，长期满负荷工作，没有对事业的热爱和工作的激情，要做好新闻类节目主持工作是困难的。同时，保持对社会现实关注的激情是主持人必需的素质。这样，主持人在面对错综复杂的社会现实时，敢于揭露矛盾；在面对社会热点焦点问题时，能敏锐地把握实质，拨冗去芜，给受众提供思想的启迪。北京电视台《法治进行时》节目主持人徐滔以她的“灵气”（永远开放的视角）、“霸气”（舍我其谁的精神）、“热气”（活力四射的激情），让受众看到了一档人性化的节目，也让受众明白了《法治进行时》能够长期“新鲜如故”的原因。[①]

2. 业务素质

对新闻类节目主持人而言，业务素质是十分重要的。业务素质主要表现在两个方面。

（1）要有新闻敏感。新闻敏感对于记者来说是至关重要的，对于新闻类节目主持人来说同样如此。一件事情发生，或一个重要人物出现，记者不能敏锐地发现其价值，就很可能与有重大报道价值的新闻失之交臂，栏目就很可能失去大批的受众。因此，要具有新闻敏感，一定的新闻阅历必不可少。美国三大电视网的《晚间新闻》的6位超级明星主持人在做主持人前，都有过长期从事新闻工作的经历。哥伦比亚广播公司的克朗凯特和拉瑟从事新闻工作的时间分别为29年和20年，两人都做过驻外记者，都在报纸、通讯社、广播、电视等媒体待过。全国广播公司的亨特利在任主持人之前从事新闻工作的时间为23年，布罗考为20年，布林克利为16年，布林克利也是在四种媒体都待过。美国广播公司的詹宁斯也是在做主持人之前有20年的新闻工作经历。相对而言，我国的

---

① https://www.gerenjianli.com/Mingren/03/m9l1l6b26dmrg7e.html。

新闻类节目主持人在新闻工作经历方面有些缺乏，但只要重视学习，着意培养自己的新闻敏感，弥补这种阅历的不足也是可以办到的。

（2）要具备现场应变能力和口语表达能力。新闻类节目主持人常常需要到新闻现场主持节目或者在演播室与外景现场连接后直播，这就需要他们根据现场的具体情况随机应变、灵活处理。在主持节目过程中应保持自然的仪态、清醒的头脑，做到思维敏捷，反应迅速，语言流畅，应对自如。

二、综艺类节目主持人

（一）综艺类节目主持人的类型

提供娱乐是媒体的重要功能之一。娱乐节目在广播电视中占有很大的比重。随着娱乐节目的丰富和发展，综艺类节目主持人也形成不同的类型。具体来说，综艺类节目主持人可以分为调节控场型、明星主持型等类型。

1. 调节控场型

综艺类节目具有综合性，形式多样、内容丰富，集音乐、歌舞、相声、杂技、戏剧、游戏、绘画、笑话、故事于一身，融娱乐性、知识性和趣味性于一体，具有很强的欣赏价值，因而吸引了各个阶层、各个年龄段的受众。

综艺类节目通常规模庞大、时间跨度大，主持人除了穿插解说之外，还须以“主人”的身份把握节目的进程、节奏和气氛。在有嘉宾主持人共同主持的节目中，主持人既要协调配合，又要注意调动现场观众和听众，调节全场的气氛。因此，节目主持人是一个节目进度的控制者，也是一个现场气氛的协调人。如中央电视台中文国际频道《中国文艺》等节目的主持人就属于这种类型的节目主持人。

当然，节目主持人主持节目的过程中，并不是单纯地协调控场。许多节目主持人具有良好的艺术修养，有的还具有某一方面的艺术表演特长，在主持的过程中也融入节目之中进行表演，通过这种形式，主持人的自然、诙谐、机敏、热情等主持个性也可以得到充分展示，给受众留下深刻印象。

例如，叶惠贤在主持一次全国相声邀请赛的晚会上，开场白不是“各位领导，各位观众，大家晚上好”，而是“首先祝在座的以及屏幕前的老夫老妻，永远恩爱，百年如一；小夫小妻，甜甜蜜蜜，计划生育；没夫没妻，找个对象，称心如意”，这个开场白诙谐自然，把观众逗笑了，也为相声晚会渲染出浓郁的现场气氛。

2. 明星主持型

明星主持型又可分为两类：

一是专业主持人明星。专业主持人在大众媒体举办的各种娱乐节目中主持节目，形成自己独特的风格，赢得受众的喜爱，成为专业主持人明星。如中央电视台的赵忠祥、朱军、周涛、董卿等，以及江苏卫视的孟非、湖南卫视的何炅等，这些主持人以他们特有的风格，成为广播电视界的专业主持人明星。

二是文化娱乐界的明星演员来到娱乐节目中担任主持人。文化娱乐明星在民众中有广泛的影响，利用明星效应可以让媒体获得更好的传播效果。如王刚、李连杰、蔡明，以及中国台湾、香港影视明星担纲主持人，他们的出场本身就是一针兴奋剂，可以增加节目的新鲜感，满足受众的求新求异心理；同时他们娴熟的表演技能、机智的调侃、风趣的穿插，将节目掀起一个个高潮，制造出热烈的气氛，使节目充满情趣，充满愉快。近些年，真人秀形式的节目从海外大量引进，如《中国达人秀》《出彩中国人》《中国好声音》等，都是邀请几位明星嘉宾担任评委，评委兼任主持人的角色，节目由明星嘉宾在观看、评论和与表演者的交流中推进。

（二）综艺类节目主持人的素质

综艺类节目要办好，就不可低估主持人的作用。有人说现今的大多数主持人是“拼盘式”的，编导已经把菜做好了，不需要主持人加油加盐进行深加工、亲自下厨炒菜，只要将炒好的菜拼装成盘即可，主持人的作用充其量就是拼盘里的萝卜花、红樱桃，起一点装饰美感功效而已。这作为一种对当前的主持人体制的调侃，不无道理，但就此作为对主持人的作用的定性是不恰当的。中国受众的审美观是既重神也重形的，娱乐节目的神形兼备的美是一个方面；主持人通过自己的主持调动现场的情绪，制造气氛与高潮，表现主持人的个性，同时主持人在现场的举手投足、欢声笑语构成静与动的变换、紧张与松弛的交替，这种内质的厚实丰富和形体的运动之美构成主持人深刻的审美境界，也是构成娱乐节目神形兼备的美的另一个方面。综艺类节目主持人要报幕，更重要的是要建立起演出人与听众或观众间的感情，通过介绍和解释加深听众和观众对节目的理解，建立起听众和观众对表演的信心，从这个意义上说，主持人是演员与受众之间的“桥梁”。桥梁的作用就是使演播者与受众双方的心灵和情感得到沟通和交流。因此，综艺类节目主持人在节目中的作用和地位是十分重要的。

要做好综艺类节目主持人，需要具有什么样的素质呢？

1. 要有良好的文艺素养

文艺素养包括两方面：一是丰富的文艺知识和相关学科知识。丰富的文艺知识和相关学科知识可以帮助主持人很好地理解演员表演的节目，并恰到好处地将自己的理解传递给受众。丰富的文艺知识和相关学科知识可以让节目主持人在主持节目过程中充满自信，使主持工作轻松明快、收放自如。二是主持人的表演才艺。主持人具备表演才艺，能使节目主持与演员演出融合起来，使节目更具有观赏性和娱乐性。因为主持人的表演往往会给受众一个意外的惊喜，带来更多的欢愉。

中外娱乐节目主持人中都不乏具有较高文艺修养和艺术天赋的人。他们的良好的素养帮助他们在综艺类节目主持中获得极大成功。

美国综艺节目创始人弥尔顿·伯尔勒从小就与艺术结下不解之缘，是有名的喜剧演员。美国著名娱乐节目主持人埃德·沙利文虽然不会唱歌跳舞，但对娱乐艺术既感兴趣又有研究，在娱乐行业以对娱乐艺术具有超凡的鉴赏力而著称。

我国的娱乐节目主持人中，李彬毕业于戏剧系表演专业，主演过小品、话剧、电视剧。何炅做过大学教师，主演过电视剧，发行过 3 张音乐专辑，发表过 4 部文学作品。周涛的母亲是舞蹈教师，周涛从小就跟着母亲唱歌跳舞。叶惠贤原是相声演员，这一背景使他在主持节目时没有话稿也能即兴主持。例如，有一次中国台湾演员凌峰受邀与叶惠贤共同主持《今夜星辰》节目，叶惠贤因故来迟了，两人立即进入角色，一场无串联稿的即兴主持开始：

叶惠贤："大家对您的光头很有兴趣。"

凌峰："我喜欢光头，是因为洗起来方便，一天可洗十七八次，我想象不出哪位小姐剪成光头会有什么效果。"

叶惠贤："您能不能向我们的观众介绍一下您的年龄?"

凌峰："我是六十多岁的身体，五十多岁的外貌，四十多岁的真实年龄，三十多岁的智商，二十多岁的性格。"

叶惠贤连忙即兴添了一句："您还有十多岁的童趣!"

从这段幽默风趣的即兴主持对话可以看出，主持人的艺术功底对做好娱乐节目的主持工作是必不可少的。

2. 要有驾驭现场的能力

尽管综艺类节目主持人事先都拟有话稿，需要根据编导的意图来主持串联，但在实际节目进程中，许多情况都是难以预料的：演员是否完全按套路对话，观众和听众的情绪控制与引导是否到位，甚至主持人自己可能出现意外状况，等等。这些都需要主持人结合现场情景即兴发挥、相机行事，不能拘泥于话稿。这时驾驭现场的能力就显得尤为重要。

（1）驾驭现场的能力表现在把握现场观众的情绪上。主持人要注意沟通节目与听众和观众，善于引导和控制场上的气氛，而不能被节目牵着走，让观众情绪失控。例如，一次在《快乐大本营》中，嘉宾郭达忆起凄苦的少年生活，那时他唯一的亲人就是他的妈妈，而他的妈妈却在"文革"中受诬陷被关进了监狱，郭达生活无着，曾与伙伴去偷鸡。说到伤心处，郭达流下了眼泪，一时语塞。一位女青年给郭达送上一束鲜花，场上一片肃静，人们热泪盈眶。主持人何炅也被感动了，但他同时想到不能让大家陷得太深，必须从这种情绪中跳出来，否则节目的衔接将十分别扭，于是他轻声说："这花送得不是时候，他正在偷鸡呢!"听到这话，郭达和现场观众都破涕为笑。主持人机敏而巧妙地引导节目向预定的方向发展。

（2）驾驭现场的能力还表现在出现意外情况时的应变能力上。现场出现意外时，主持人要处变不惊，摆脱紧张感，保持清醒头脑，急中生智来补救现场。一次，杨澜应邀赴广州主持第九届大众电视"金鹰奖"颁奖文艺晚会，在报幕退场时，不小心被台阶绊了一下，摔倒在地。这可谓在大庭广众之下出尽洋相，当时现场一片哗然。面对这种情况，只见杨澜一跃而起，笑容可掬地说："真是人有失足、马有失蹄呀，我刚才的狮子滚绣球的节目滚得还不够熟练吧？看来这次演出的台阶不那么好下呢，但台上的节目很精彩。不信，你们瞧他们。"听到这机敏的话语，全场报以热烈的掌声，有的观众还大声喊"广州欢迎你"。从这个例子可以看出，对意外事件处理得好可化险为夷。可以想象，如果场上失控，那么整台晚会都会因尴尬而充满遗憾。

3. 要有即兴演讲的能力

即兴演讲是综艺类节目主持人应该具备的一项基本功。基本功的扎实与否表明主持人能力的高下。因为在主持节目的过程中，需要主持人的这种能力来支撑节目的进行。主持人不具备这种能力，整个节目会出漏洞；而具备这种能力则可以使节目如行云流水，正常轻松地进行。

例如，倪萍首次担任春节联欢晚会的主持人，在接近零点，她刚下场时，导演又把几份电报塞到她手里，催促道："快，这是4封电报，马上宣读，时间要占满1分20秒。"倪萍来不及看，边走向主持台边说："亲爱的朋友们，我手里拿的是刚刚收到的4封电报。"随后依次宣读，"第一封是侨居马尼拉的……第二封是……第三封是……"当她要读第四封电报时，才发现手里已经空了，她用余光看见导演在台侧正拿着那封电报在示意，此时，她不能下台去拿，导演也不好送上来。倪萍当机立断，合起手中的电报说："今天晚上，打到直播现场的电报不计其数，特别是海外华人，他们都想在这个阖家团聚的夜晚为祖国亲人送上他们的祝福，由于时间的关系，我这里就不一一宣读了。海外侨胞们，你们的问候祖国人民都接受了，也请允许我代表祖国人民向远离亲人的海外侨胞祝福，祝全世界的中华儿女万事如意。"这里倪萍的即兴演说救了场、补了台。

再如，主持人孙小芳有一次在青岛体育馆主持一场有上千对新婚夫妇参加的"维纳斯之夜"晚会，晚会进行过程中，正在上演的节目突然中断了，台上一片混乱。怎么办？舞台很高，而且离观众席较远，下台即兴采访来不及，于是孙小芳急中生智，一咬牙走到前台，运用脑中平常储备的有关古希腊、罗马神话的知识，讲述了维纳斯的传说。在讲述的过程中，她用余光发现节目故障仍然没有排除，导演在打手势让她继续讲下去，于是她又即兴讲了一个感人的爱情小故事，并在故事的基础上抒发了对爱情、对生活的感悟。这段即兴演讲不仅救了场，还收到意想不到的效果，为晚会增了色，受到大家的称赞。

4. 谈吐要有幽默感

主持人语言风趣幽默既是其机敏智慧的表现，也是其魅力的展示。主持人机智幽默的谈吐，传达给受众的是乐观向上、热情开朗的情趣。一个幽默的动作，一句俏皮的话语可以使全场气氛活跃起来，使紧张和沉闷得到化解，为受众带来更多的欢愉。

董卿也有过与杨澜摔跤相似的经历。2009年，董卿到郑板桥的故里江苏兴化主持中央电视台《欢乐中国行》节目。当时天下着雪，现场刮起五级大风，董卿左手拿着透明雨伞，右手拿着话筒，满面春风、神采奕奕地向台前走来，边走边说："兴化的父老乡亲们，你们好!"突然，脚下一滑，她的话音和臀部几乎同时落地，全场的人都被这突如其来的情形弄蒙了。可当董卿在工作人员的帮助下慢慢站立起来后，强忍疼痛，面带微笑继续主持，并且妙语连珠："我这一跤跌得好啊，提醒了大家注意。这是我主持生涯15年来遇到的最恶劣的天气，我把跟头跌在了兴化，这一跤让我一辈子永远记住了兴化。郑板桥说过，'吃亏'是福啊!"话语一出，热烈的掌声便在现场上空响起，董卿的话语和神态让兴化人民领略了名主持人的睿智幽默的风范。①

---

① 参见丁斯主编，《喜剧世界》杂志社选编：《名嘴们的冷暖幽默》，112页，桂林，漓江出版社，2011。

再如，台湾地区的节目主持人胡瓜语言风趣幽默，反应机敏，很有亲和力。有一次他在香港凤凰卫视主持《非常男女》节目，在节目的“速配”环节中，胡瓜问一位坦言自己曾谈过 6 次恋爱的留美男青年：“这是否会妨碍与新结识的女友发展感情?”男青年说：“我想不会，因为我从与前几个女孩的接触中学到了东西，我会小心。”此时胡瓜立即转向与之速配成功的女青年：“我建议你每逢教师节，买花送给他的 6 位前任女友。”胡瓜故作认真的神态和出人意料的善意的玩笑引得大家哄堂大笑。当然幽默要注意把握分寸，对那些打情骂俏、趣味低级的语言要注意克服。

三、谈话类节目主持人

负责主持谈话类节目的主持人被称作谈话类节目主持人。

谈话类节目兴起于西方，最早可上溯到 1933 年美国第 32 任总统富兰克林·罗斯福的“炉边谈话”。当时罗斯福处于政治、经济危机的艰难时刻。当他发现广播具有广泛的群众性，能够渗透到每个家庭甚至卧室，有如面对面地与人交谈时，他相信在总统府的火炉边通过广播同全美人民作亲切的交谈肯定具有亲切感和感召力。于是他作了多次“炉边谈话”，终于使他的“新经济政策”得到了国会及全美各阶层人民的理解和支持，在与反对派势力的抗衡中取得了胜利。“炉边谈话”可说是世界广播史上最早也是最成功的谈话节目。

广播工作者从“炉边谈话”中受到启发，于是谈话节目开始在广播中出现。哥伦比亚广播公司的爱德华·默罗的《面对面》、法国国际广播电台的玛霞·贝朗治的《喂，玛霞》等是广播精品谈话节目。

电视媒体的谈话节目 talk show，始于 20 世纪 60 年代，风行于 80 年代。talk show 的字面意思是“谈话的展示”，香港地区将其音与义结合译作“脱口秀”。在美国，五花八门的谈话节目占到美国电视节目的 40%。

在我国，谈话节目当推早期出现的一批主持人节目，如中央人民广播电台徐曼主持的《空中之友》，上海人民广播电台蔚兰主持的《蔚兰信箱》，以及广东人民广播电台李一萍、李东主持的《大众信箱》等节目。

电视谈话节目以 20 世纪 90 年代上海东方电视台推出的《东方直播室》为最早，此后中央电视台开办《12 演播室》《一丹话题》等节目。1996 年 3 月 16 日，中央电视台推出的《实话实说》获得巨大成功，从此全国各电视台谈话节目便如雨后春笋般涌现出来。不论广播还是电视，谈话节目都是由主持人或由主持人邀请嘉宾围绕公众感兴趣的某个话题开展讨论、进行叙述的节目。

（一）谈话类节目主持人的类型

谈话节目的分类多种多样，因而谈话类节目主持人也多种多样。前面我们谈到的广播谈话节目和电视谈话节目就是按媒介品种分类的，因而相应地有广播谈话节目主持人和电视谈话节目主持人。如果按节目风格分类，那么谈话节目可分为言论性谈话节目、娱乐性谈话节目以及纪实性谈话节目，因而主持人也可分为言论性谈话节目主持人、娱乐性谈话节目主持人和纪实性谈话节目主持人。

1. 言论性谈话节目主持人

这类主持人在谈话内容上关注思想观念，注意了解某个话题的各种不同看法，并让参与节目的人展开民主讨论，实现持不同意见的各方相互间的沟通，达到交流思想、升华情感的目的。主持人在谈话节目的主持过程中要态度真诚、平等民主、真诚和谐，不居高临下，不自娱自乐，不刻意表现自我，主要是鼓励和引导参与者畅所欲言，保证节目按程序向前推进。

2. 娱乐性谈话节目主持人

这类主持人主持节目不像主持言论性谈话节目那样严肃庄重，谈话嘉宾也多是演艺明星、体育明星等。主持人与嘉宾的谈话较为轻松活泼，充满娱乐色彩，或展示嘉宾的生活道路，或袒露嘉宾的内心世界，让受众在不知不觉间被吸引，在被吸引中受到感动，在感动中受到启迪。中央电视台的《艺术人生》、湖南卫视的《越策越开心》等节目的主持人都属此类。应当注意的是，这种类型的主持人在谈话风格上兼有娱乐、言论和纪实的特征，但如果不把握好，就可能变成“追星族”的聚会——谈话只关注于花边新闻，流于鸡零狗碎，而使整个节目失去应有的品位。

3. 纪实性谈话节目主持人

这类主持人通过邀请嘉宾交谈，让嘉宾就某一重要事件作纪实性的讲述，以描摹当时的事件发生、发展的过程，披露当事人的心路历程，使受众在这种通过讲述而“还原的生活”中体验生活与人生，继而受到启发教育。纪实性谈话节目主持人的主持工作要注意循循善诱，引导对象准确地还原生活，启发对象的真情实感和真知灼见。纪实性谈话节目主持人的主持工作实际上就是一次镜头前的采访。

谈话类节目主持人与其他类型的节目主持人不同。他们不像其他类型节目的主持人那样可以临到上场时才组织串联词，在编导的嘱咐中来一番“职业化”的临阵磨枪式的处理就可开始主持节目。他们必须对节目的话题有深入的研究和理解，要深入调查研究，详细占有资料，精心整理，提炼谈话的主题，制定相应的方案，设计出问题，以及提问的方式、顺序和时机。只有这样，主持人在节目中才能成为节目的核心，起到引导和控制作用，否则主持人就起不到核心作用，节目就可能失控。

（二）谈话类节目主持人的素质

要做好上述工作，并在节目中起到核心作用，谈话类节目主持人应具有以下几种素质。

1. 政治思想素质

在谈话节目中，谈话既是节目的形式，也是节目的内容。整个节目是在谈话中进行的。谁会站出来发言？发言者将要说些什么？这些都具有不可预知性。作为大众媒介，要注意发挥政治上的舆论引导作用。主持人在主持节目中对不正确的言论要及时指出、积极疏导，这就需要主持人具有优良的思想素质、扎实的政治理论基础，以及清醒的政治头脑。只有具备了优良的政治思想素质，对错误的、不健康的言论才能及时准确地判断、灵活有序地纠正，以使节目正常地进行。

2. 深厚的学养

主持人面临的话题林林总总，参与谈话的嘉宾、听众和观众男女老少都有，且来自各行各业。要将节目主持好，与任何对象都能将话题谈下去，主持人就必须有深厚的学养。首先，主持人的知识要广博，三教九流、古今中外、天文地理、风土人情等，什么样的知识都要懂一点。主持人知识丰富，思想的驰骋天地就广阔，联想能力就强，交谈时就能找到更多的共同语言，说内行话。如果谈话时缺乏基本的知识，就难免闹出类似某位主持人在主持环保节目时张口就是“像恐龙这样的珍稀动物早已灭绝”的笑话。其次，主持人要学习社会知识。主持人接触的对象广泛复杂，要主持好节目，就要了解社会、熟悉民情，还要懂一点心理学知识，善于察言观色，做到体谅、理解、关心谈话对象，努力促成一个宽松和谐的谈话气氛。

3. 敏捷的思维反应与深刻的思辨能力

主持人在交谈过程中，尽管有一个话题走向的预案，但仍然不能保证对象会完全按照预案设定的情形进行交谈。意外的杂音是难免的，这就需要主持人敏锐地捕捉谈话者的观点，及时地作出正确的判断，迅速地作出决策，予以打断、否定、劝说或反驳。

例如，2012 年 3 月，安徽卫视《非常静距离》节目采访张绍刚，在节目中张绍刚回应了与刘俐俐在天津卫视《非你莫属》节目中的互掐事件。在现场提问阶段，有观众说：“您说刘俐俐那一段，我也看了，其实我非常挺您，我不太喜欢她，她那做人的风格让人感觉太装了，我感觉她挺像炒自己的。您比较真实地表现了自己，所以赢得那么多人的喜欢，包括我自己，我一直在挺您。”观众的话明显偏袒一方而贬抑另一方，主持人李静立刻插话道：“刚才那句话我不认同。我觉得刘俐俐不是在炒作，她就是那样一个人。其实我觉得刘俐俐跟张绍刚，他们都没错，他们是最真实的表现。刘俐俐没那么阴险，跑到节目中去炒作。一般都是公司运作才那样的。”主持人的插话使节目体现了公平公正。

主持人及时到位的打断、否定、劝说或反驳，体现了主持人敏捷的反应能力。但要注意不能简单行事，而要以理服人。主持人的话语要在内容上经得起推敲，在价值观上与社会价值观相适应，通过深刻的思辨产生穿透力和感染力，达到良好的接受效果。

比如，在一次讨论情感问题的节目中，一位男青年恋爱失败，说女孩子“贱”。主持人立即打断对方：“你失恋了，我非常能理解你此刻的心情，但‘贱’这个词用得不妥，也不好，如果你真心爱一个人，无论你最终能否得到她，都应该为她祝福，而不应该对她造成哪怕精神上的一点点伤害，否则爱的纯洁也就受到亵渎。如果我们不端正这种看法，是很难获得真爱的，你说呢？”这里主持人敏锐的反应、正确的观点加上富有思辨力的表述方式，使劝说和反驳获得了很好的效果。

4. 较强的策划能力

一般来说，谈话节目的制作由制片人负责，有专门的策划人，有编导的指点。但这些都不能替代主持人参与策划。主持人应具有一定的策划能力，加入由制片人、策划人、编导等组成的策划班子中去。因为只有主持人参与对嘉宾的选择、选题的确定，以及谈话的范围、走向和层次的设计，主持人对节目才有一个完整的把握，对所要谈论的话题才会有深入的理解。在进入实际准备阶段后，主持人由于有了前期的认识，就能主动了解有关的政策精神，全面占有相关材料，周到地设计相关的问题，从而在主持节目的过程中做到思路明晰，提问的方式、顺序和时机恰当，使谈话具有较强的针对性和较好的舆论导向作用。

四、服务类节目主持人

（一）服务类节目的分类

服务类节目早期是以节目形式出现在传播中的。随着频道的专业化，节目发展创造出越来越多的节目形态，甚至出现了服务类的专业性频道。要对这类节目进行分类不那么容易。

服务类节目是一个非常宽泛的分类。这类节目担负着社会教化、传播知识、提供大众服务的功能。这类节目包括政治理论教育、理想道德教育、专业技能传授、科学文化普及，以及经济、法律、医药、卫生、饮食、购物等方面的服务。总之，这类节目内容广泛、专业性强、服务对象明确、节目形态丰富。具体说来，大致可以分为以下几类。

1. 教育性节目

教育性节目可以分为社会政治类节目、经济类节目、科技类节目、法治类节目、自然和环保类节目、知识类节目、书评服务类节目、生活服务类节目、军事国防教育类节目、教学类节目等。这类节目都是向受众普及和传播经济、法律、文化、科技等方面的知识，以教育为主旨，以提高国民素质为目的的服务类节目。

2. 对象性节目

这是按节目所对应的不同受众对象来划分的。这类节目有学龄前儿童、少年、青年和老年节目，如中央电视台的《七巧板》《大风车》《异想天开》《智力快车》《夕阳红》等节目；有面对工人的节目如《当代工人》，有面对农民的节目如《农业气象》《致富经》，有面对军人的节目如《军事科技》《中国武警》，有面对台湾同胞的节目如《天涯共此时》，有面对在华外国留学生的节目如《快乐汉语》；等等。这些节目都是针对特定的受众群体，为了满足他们的特殊需要而开办的服务性质的节目。

此外，也有按节目构成与节目传播形式分类的，如杂志型节目、专题型节目、系列节目、综合节目、特别节目等；或者按主持形式分类的，如访谈型节目、表演型节目、演示型节目等；还有按制作方式分类的，如直播节目、录播节目等。

（二）服务类节目主持人的素质

主持服务类节目的主持人叫服务类节目主持人。由于服务类节目内容有很强的专业性，受众有很明确的对象，因此，主持人要想主持好这类节目，就必须具备良好的专业知识素养和精湛的主持艺术。具体说来，主持人应具备这样一些素质。

1. 丰厚的知识积累

如果说新闻类节目主持人是“记者型”的，综艺类节目主持人是“明星型”的，那么，服务类节目主持人应该是“专家型”“学者型”的。主持人必须熟悉、精通自己主持的节目所涉及的专业知识，了解这个领域的新动向、新信息，这样，在主持节目过程中，主持人的话语才正确，传播的信息才有新意，分析说理才鞭辟入里。

主持人的知识积累要求既专又广，既是“专家”，又是“杂家”。当专家，就要对自己主持的专题领域的知识有深入系统的学习了解；当杂家，就要做到既了解社会科学知识，又懂得自然科学知识。要博览群书，扩大自己的知识范围，不断积累知识，丰富自己的知识储备。功底扎实、知识面广，对主持节目是大有裨益的。

中央电视台财经频道节目《交易时间·老左来了》主持人左安龙，原在上海人民广播电台任职，他曾谈到自己如何运用知识储备主持好节目的经历。一次，上海市时任市长徐匡迪应邀到电台就上海如何为华东地区区域经济联合做出贡献与专家学者交谈。节目进行中，一位老人打进一个电话，他首先祝贺徐匡迪当选市长，接着以长者的语调希望新市长向历届老市长学习，要两个文明一起抓，尤其要抓精神文明建设。话说得挺好，但和正在进行的节目在内容和气氛上却衔接不上，与主题也没有直接联系，若处理不好，会影响节目的整体结构。如何把这个电话纳入主题之中？主持人想起一位心理学家对区域经济联合的观点，这给了他以启发，于是主持人将这位老先生的电话内容变换角度，转而从区域心理的角度提问：“上海人为迎接区域经济的联合，如何抛弃小市民心理？”徐匡迪听到这个提问，当场赞扬主持人提了一个很好的问题，显然新市长有一腔关于精神文明建设的话要说；接下来他对上海人的小市民心理从历史和辩证的高度入木三分地进行了剖析，首次尖锐地指出了这是殖民文化的反映，并以大海不辞溪涧水、海纳百川为喻，列举了上海的繁荣历来靠的是各方人才荟萃的许多事例。徐市长的谈话一气呵成，酣畅淋漓，入情入理，令所有听到广播的人无不为之动容叫绝。这段讲话后来经过节选制作成新闻专题节目，获得上海市及全国的新闻大奖。[①] 节目所以取得这样的效果，与主持人平时的积累直接相关，如果主持人没有区域心理方面的知识积累，就不可能提出相关的内容，整个节目就会逊色。

与此相反，网上流行着一些“××语录”，是网友对主持人话语中的知识性错误的调侃。例如有的主持人说：“你看这一对跳水选手很有意思，一高一矮，一大一小。唉！奇怪呀，按说大的选手身体重，应该先入水呀，怎么反倒是小选手先入水呢？”“队员就像桃园三结义的赵云一样勇猛，不愧为常胜将军。”这样的“语录”被网友当作笑话广泛流传，主持人自己也不得不承认是“知识的不全面”造成的。

主持人的知识积累还包括不断学习新知识，与现代社会和科技发展同步，做到与时俱进，如学习经济知识、法律知识、信息学知识、管理学知识、环保知识、生物技术知识、能源知识、新材料知识等。丰富的知识学养能使主持人的主持平添魅力。当然，一些专业性强的服务节目，如能邀请嘉宾主持，也不失为良策。

2. 正确的价值观

服务类节目多是以服务为主，传播知识、启迪智慧、丰富人生的，因此节目主持人

① 参见左安龙：《上海电台〈市民与社会〉节目的要素定位及其组合》，见白谦诚主编，主持人节目研究委员会编：《主持人》(7)，68页，北京，中国广播电视出版社，1997。

主持节目时，在注意实用性、针对性的同时，还要注意对受众进行道德、价值观的引导和审美情趣的培养，使受众能够学习知识，陶冶情操。这就需要主持人勤于思考，善于学习，能敏锐地体察生活中的道理和情趣，细致入微地感受人生的境界和意义。这样在节目中，主持人才能传递出知、情、理、意俱佳的信息，节目才具有真切、生动、通畅的效果。而仅有虚假的热情和苍白的语言，只能暴露出主持人内心的空虚和行为的浅薄。

正确的价值观是主持好服务类节目的重要因素。大众传播面对的是千百万的受众，要正确地引导受众，主持人首先要具有正确的价值观，在面对一些是非判断的情况时，才能作出符合社会主义核心价值观的选择，不然就会与社会行为规范大相径庭。例如，有人在电话里表示对单位安排的工作不满意，主持人说："那你就别去上班，先潇洒一把再说。"一位妻子诉说丈夫欺负她，主持人说："唉，长痛不如短痛，下决心离了算了。"一位小青年埋怨说赌点钱玩玩却遭到批评，主持人宽慰说："赌钱嘛，不超过 5 块钱没什么吧！"显然，主持人这些貌似直率、单纯、富有当代青年洒脱不羁的性格的话语，透露出的却是与社会价值观极不协调的杂音，既不符合诉说者的真正利益，也不能为广大受众所认同。

3. 自觉的受众意识

大众传播的终极目标是受众，任何媒体的传播都必须考虑受众，广播电视当然不能例外。主持人在主持节目之前要研究受众的心理，包括接受兴趣、对社会关注的重点、对这些重点关注的程度、审美情趣、对主持人的评价和期待；在节目播出后也要进行调查研究，了解传播的接受效果、受众的反应，并在此基础上总结经验和教训，不断提高自己的主持水平。

事实上，主持人关心受众、时时为受众的接受着想，受众也会喜爱主持人主持的节目，形成良好的传受关系。

例如，中央电视台天气预报节目主持人裴新华，在准备播报之前，会从工作人员那里得到许多专业资料，之后细细观看和研读重要的信息，在脑子里过几遍，再将较为专业的知识，用较为浅显的方式传达出来。她通俗易懂的播报风格赢得了受众的欢迎。中央电视台早期节目《为您服务》的主持人沈力心中时时装着受众，处处悉心体察受众的接受心理，平等谦和地以商量的口吻面对受众，真诚地为受众服务。从她对播出稿的修改可以看出她的这种自觉尊重受众、为受众着想的受众意识。一次在《洗衣机纵横》节目的开头，编辑设计了一组人们争相购买洗衣机的画面，画外音说：

> 随着人民生活水平的不断提高，洗衣机进入了越来越多的家庭。目前市场上供应的洗衣机，主要以波轮式为主，而洗衣机的生产则正在向半自动和全自动方向发展，那么选择和购买哪种洗衣机好呢？我们先不忙下定论，还是在洗衣机市场上浏览一下为好。

接下来，片子介绍各种洗衣机的性能和特点。

应该说，这样的安排和解说词并没有什么不当之处，可沈力认为，这与观众的距离还不够近，缺乏感情色彩，节目的针对性也不太强。于是她将画外音改成面对面地向观众讲：

很多朋友来信说，现在洗衣机种类比较多，不知买哪一种好，让我们给参谋参谋，因为我们不了解您家里的具体情况，这个参谋怕当不好，所以就录制了一个节目叫“洗衣机纵横”，向您介绍各类洗衣机的特点。您可以根据自己家的情况和条件看看买哪种好。

再如，在《冬瓜的新吃法》节目中，沈力在开头有这么一段：

我在北京街头看到冬瓜堆积如山。而冬瓜的吃法呢，也总是熬冬瓜、冬瓜汤。冬瓜还有什么新的吃法呢？今天，我们准备向大家介绍用冬瓜烹调的冬瓜丸子、素扣肉……①

这个开场白，既亲切又实在。可见，主持人的受众意识是体现在细节的处理、话语的表达和节目的主持风格上的。

4. 与人合作、善于协调的能力

服务类节目的策划、构思、制作需要节目组的全体工作人员共同努力。要想调动每个人的积极因素，就需要主持人善于与人相处，开朗热情，宽容大度，以诚相待，而不是唯我独尊，天马行空。如果主持人能调动各方面的积极因素，那么节目的制作就有了良好的基础。赵忠祥在从新闻播音岗位退下来后，主持了一个节目叫《十二小时即时采访》，他在谈这个片子的制作过程时说：“主持人是一个全方位的工作，不只是编、采、播。你在人际关系上一塌糊涂，你的人品极差，说你主持节目极好，有这种反差，我就不信。”②

服务类节目，特别是知识性、服务性节目，经常邀请嘉宾与主持人共同主持。这时，主持人应自觉做好协调工作，而不应为了表现自己去跟嘉宾“抢话”、发“高见”。主持人的协调工作包括这样几个方面：一是协助嘉宾发挥其才智，引导嘉宾将情绪调整到最佳状态。二是为受众的接受着想，针对受众“应知”和“欲知”的关键处向嘉宾提问，以保持受众的接受兴趣。三是为使节目流畅，主持人要善于为嘉宾的讲解搭梯子、找台阶，以使节目顺利推进。比如，中央电视台科教频道的《历史长河・交通篇》中有一段，主持人问两位嘉宾：“在你们的一生所走的路中哪一条路是印象最深的？”一位说：“是三峡。”另一位是六小龄童，他说：“唐僧西天取经花了十七年，我拍《西游记》也正好拍了十七年，唐僧西天取经经过八十一难，我拍完《西游记》后，有一位观众写信给我，信中有一句话给我留下深刻的印象，我现在还记得，他说你的人生之路才刚刚开始。”主持人接过话头提醒说：“你这说的是一条虚幻、抽象的路，实际生活中的呢？”六小龄童说：“一位著名的画家给我写了四个字——‘西游之路’。”主持人说：“你还是坚持你的虚幻之路啊。”于是将话题扳回到交通上来。这里主持人的穿插解说对节目的整体协调起

① 沈力：《谈谈主持人的个性形成》，见全国电视学研究委员会：《话说电视节目主持人》，5页，北京，文化艺术出版社，1989。

② 转引自白谦诚主编，主持人节目研究委员会编：《主持人》（6），221页，北京，中国广播电视出版社，1997。

到了良好的作用。

延伸阅读

学者谈节目主持人的选拔标准

一个优秀的主持人的外在标准应该是具有个性、魅力和激情。而内在的标准是主持人要具有良好的职业敏感能力，也就是发现能力，还要具备出色的写作能力。因此，不论选拔哪一类主持人，共同的标准应该是：

第一，个人形象上，健康向上的个人气质和积极、质朴的创作热情；

第二，社会形象上，强烈的社会责任感和参与感及服务大众的服务意识；

第三，角色把握上，媒体角色和个人角色以及社会角色的协调统一；

第四，嗓音条件上，英国广播公司声音培训教师大卫·邓希尔强调“没有疙瘩的声音”“良好的麦克风声音”指的是声音有适当的磁性、清脆、有共鸣，并且没有明显缺点；

第五，语言功能上，应当具有“包括观察力、理解力、思辨力、感受力、表现力、调控力、鉴赏力、回馈力”等在内的较强能力；

第六，主持技巧上，良好的语言表达能力和现场沟通能力以及敏捷、机智的应变能力；

第七，工作态度上，兢兢业业的敬业精神和虚怀若谷的团队精神。

主持人选拔之后的打造，既应该包含受众对主持人的种种期待，更应该满足主持人与栏目定位、节目内容、节目形态以及节目投放相贴近的原则。

资料来源：曾志华：《中国电视节目主持人文化影响力研究》，149～150页，北京，北京大学出版社，2009。

延伸阅读

凤凰主持人的六条标准

凤凰主持人的成名和成功，固然跟凤凰的“造星”战略有关，但“造星”的前提是，你本身必须是一块能敲击出火星的金刚石，而不是一摊稀泥。也就是说，你必须符合凤凰挑选主持人的基本标准，才有培养的价值和成功的可能。

1. 超强自信

西方谚语：成功与否并不取决于我们是谁，而是取决于我们如何看待自己。那些特别自信的人总是能勇敢地迎接困难和挑战，总能不断从自己身上找出前进的动力，总能设法让自己身体里的潜能超水平发挥和释放出来。所以自信的人，是容易成功的人。

凤凰选主持人，未必要科班出身，首先要看他够不够自信。曾子墨、刘芳是财经人士出身；李辉当过舞蹈演员；谢亚芳曾是个美丽的空姐；佳佳原先是个教员、孩子王；曹景行、杨锦麟之流，都是几十年的老报人。这些人来试镜的时候，一个共同特点是“自信心超强”，绝少流露“我没干过，不知道能不能干好”之类的情绪。虽然心里会不可避免地担忧和恐惧，但是强大的自信会帮助他们克服掉这些负面情绪。

刘长乐说，自信体现出什么？体现出他自己是有追求的人，有理想的人，为凤凰的事业能够豁出去的人。当然，那种自我膨胀到“找不到北的人”除外。

2. 服务意识

“主持人一思考，观众就发笑。”凤凰的主持人绝不是大智大慧的化身，而是平民百姓的替身；绝不允许以俯视的眼光看待大众，而要以平等的态度服务大众。服务意识不仅仅是脸上的微笑、态度的亲和，而是内心深处对观众的诚意和敬意，对采访的对象的友好和尊重。

3. 语言过关

普通话就不用说了，英语一定要非常好。凤凰的一些重大新闻直播节目，现场画面和资料往往来自西方英语媒体，假如主持人没有同声传译的本事，旁边还需要一个翻译给你翻着，那感觉就差远了。在这方面，陈鲁豫、陈晓楠、刘芳、曾子墨等都是高手。在加拿大长大的周瑛琦就更不用说了。周瑛琦 2003 年担任世界小姐总决赛第一位华人主持人，为凤凰添分不少。

4. 专业素质

凤凰实行主持人中心制，几乎每位名嘴都有一个属于自己的节目阵地。从节目的策划、设计到采编、制作和播出，一条龙作业，主持人都要亲身参与。这要求主持人具有很强的采编和电视专业技能。一个头脑简单的主持人，不能自主的主持人，照本宣科的主持人，凤凰是不需要的。

5. show off

一个人有没有所谓的主持人气质，判断起来很简单，就是看他会不会 show off（作秀）。show off 的能力为政客、明星和主持人所共有。这是一个“我 show 故我在”的时代，电视本身就是一个大秀场，“show”人且自“show”。主持人是媒体自“show”的最大代言人。

show off 是什么呢？简单说，就是“竹筒倒豆子”，倒得出来。你得能表现自己，展示自己，奉献自己，甚至作践自己。是你的内外形象、语言风格、个人魅力等吸引观众，感染观众。凤凰要求自己的主持人（包括记者）外出时，必须衣冠楚楚，即为 show off 的方式之一。

6. TV FACE

又称“观众缘”，就是长了个招观众“待见”的脸。这 TV FACE 是方是圆？是长是扁？不知道，因为它其实指的不是长相，而是一种说不清道不明的感觉。有些人长得美如天仙，又生了爱因斯坦的大脑，而且是 show off 的高手，可是观众不喜欢，就是红不起来。而有些人，比如文涛兄，被某些评论家说成是“满脸江湖气，谈吐油滑”，但观众就是喜欢。

除了这六个条件外，还有一些大众标准，如形象、声音、表达能力等。一般的电视台招主持人都要求相貌端庄、普通话标准、口才好等。凤凰在这方面是无特殊要求，而有特殊案例。

资料来源：张林、多多、鹤麟、麦楠等：《501 个疯子》，1～3 页，北京，文化艺术出版社，2011。

练习题

1. 假如让你开办一档主持人节目，你打算办一档怎样的节目？创新点在哪里？

2. 你喜欢哪一类节目主持人的节目？

3. 谈谈你家乡的媒体的一档主持人节目给你留下的印象。

4. 结合具体栏目谈谈优秀记者型主持人应具备的素质。

5. 谈谈直播节目中主持人驾驭现场连线应具备的能力。

6. 在部分综艺真人秀节目中，节目主持人的功能越来越淡化，有人认为可以直接用嘉宾来取代节目主持人。你是否同意这种观点？请说明理由。

第二章

主持人的文化底蕴

主持人能否得到受众的欢迎，节目是否具有影响力，与许多因素相关，是一个复杂的问题。但许多成功的主持人获得受众的认可，其中一个重要的因素就是主持人深厚的文化底蕴让他主持的节目具有可受性。因此，有必要弄清主持人文化底蕴的内涵，加强主持人文化底蕴的积累。

第一节　作为文化传播者的主持人

毫无疑问，主持人是信息的传播者。

在现代社会，各种各样的文化，如政治文化、经济文化、法治文化、科学文化、教育文化、卫生文化、旅游文化、饮食文化等，无不以广播电视为载体，通过信息传播，进入千家万户，影响人们的工作方式和生活方式。而虽然这种传播的管道是广播电视，但将这些文化知识组织起来、传播出去的是与受众面对面的主持人。因此，主持人是文化的传播者。

一、科学文化知识的传播者

现代新闻传播每天和受众见面，传递着各种各样的信息，同时也将各种科学文化知识传递给受众。比如，地震发生、洪水肆虐，造成人民生命财产巨大损失，广播电视主持人在报道灾害的同时，会对产生这些灾害的原因进行分析，会涉及相关的地震知识、天气气候知识、生态环境保护知识等。主持人对这些知识的介绍，使这些科学知识为受众所了解。

主持人是以语言作为传播工具的，主持人的语言是受众学习的范本。学生、公务员以及社会上各窗口行业的工作人员喜欢在收听广播、收看电视中学习普通话。主持人语言中的一个新词汇，可能成为第二天全社会的口头禅。主持人一句有个性的话语，可能成为某种通用的句式被人们引用。

主持人的节目是各种各样的，有新闻类节目，有综艺类节目，有服务类节目，有谈话类节目，各种节目都会涉及相关的知识。比如旅游节目，主持人在介绍大好河山的秀丽景色的时候会涉及与这一地区有关的地理、历史、经济、文化等知识。再比如家居装修节目，主持人在介绍装饰材料、装饰款式的时候会将审美常识、生活方式传递给受众。

主持人的传播对世界现代文明观念的传播有独特的作用。科技博览会的报道、电影节的介绍、时尚信息的传递都会打开一扇扇观看世界的窗，引导人们从思想文化、心理状态、道德伦理到思维方式、生活方式向现代化转变。

同时，主持人的传播对各种愚昧、野蛮、落后、迷信的思想观念、陈规陋俗等的批判，力量也是巨大的。

二、正义与良知的守护者

当今社会有两股主要力量来维护社会公正：一股是直接制定政策法律、能够强制行使权力的政府部门，如司法部门；另一股是以媒介为代表的社会力量，其他社会力量如高等学府、研究机构、社会团体的声音往往只能通过新闻媒介才得以广泛传播并产生影响，因此，媒介既要传达自己的声音，更有责任和义务传达社会各界的声音，媒介是第二股力量的集中代表。前者依靠法治手段力图保证社会秩序的稳定，而后者所产生的力量是一种非强制性力量。两者的根本区别在于，媒介只是把事实揭露在世人面前，让他们依据自己的判断力分辨对错；而执法机关的责任就是依法打击罪恶。在很长一段时期里，针对中国足坛沸沸扬扬的“黑哨”事件，记者们不断披露黑幕，但并不能说谁有罪，最终靠司法机关介入，才使事情尘埃落定。尽管媒介所产生的力量是一种非强制性力量，但它可以形成强大的社会舆论，并成为司法公正的有效监督力量。公众期待媒体成为社会的正义力量，媒体也因为维护正义而赢得公众的尊敬和支持。在公众眼中，主持人也就无形中充当了“正义与良知的守护者”的角色。

在现实生活中，由于社会机制还不够完善，公众对媒体有许多的期待，他们希望媒体发挥其舆论监督功能以维护社会公正，传播先进的观念以推动社会进步。主持人应该深刻地理解新闻媒体所担负的社会角色，唯有如此，才有可能成为公众的“代言人”，才能代表社会的良心说话。

主持人作为正义与良知的守护者，是以这样几种方式向社会说话的。

（一）直接制造舆论

20世纪50年代初期，美国参议员麦卡锡及其同伙到处发表演说，制造假象，动不动就指责别人对国家不忠，怀疑别人阴谋颠覆政府。麦卡锡主义猖獗一时，在全美泛滥，许多人遭受迫害。这使美国国内阴风惨惨，人人自危，笼罩着一种恐怖气氛。

1953年10月，一位26岁的空军预备役军官米洛因父亲和姐姐阅读“颠覆性”报纸而被指控为政治危险分子，被迫辞职。哥伦比亚广播公司的著名主持人爱德华·默罗意识到这是反击麦卡锡的有利时机，决定以此事为突破口。他派《现在请看》的一个摄制组去了解真相，采集了米洛中尉和他父亲的谈话，反映了麦卡锡主义分子疯狂迫害普通群众的实情，并催促空军参加话题讨论。由于这一事件牵涉五角大楼高层，连默罗的后盾哥伦比亚广播公司也不愿出钱做节目广告，默罗只好拿出自己的钱来为节目做广告。节目播出后，电话铃声就此起彼伏，大量观众向《现在请看》节目表达了他们的感激之情。

1953年11月24日，默罗告诉观众，空军总部已经宣布米洛中尉不是危险人物，并允许他担任原职。这项决定是《现在请看》取得的重大胜利。尽管如此，哥伦比亚广播公司上层和报界一些人却开始攻击默罗。默罗在公司不支持的情况下也毫不妥协，继续调查了几个相同性质的案件，又一次自费登出节目广告。1954年3月9日，默罗的《现在请看》为美国电视新闻史留下了浓墨重彩的一笔，他在节目中说："我们作为一个民族，是在弱冠之年接受全部遗产的。我们自称在国外捍卫自由，实际上也是如此，尽管这自由只剩下一点。然而我们不能一面在国外捍卫自由，一面却在国内抛弃自由。这位威斯康星州的后辈参议员的行动已引起我们的盟国的惊愕和沮丧，却颇使我们的敌人感到欣慰。那么，这是谁的过错呢？并不真正是他的，他并没有制造这个令人担惊受怕的局面，他只不过是利用了这个局面，而且相当成功地利用了……对反对参议员麦卡锡那套做法的人们来说，现在不是保持沉默的时候了。我们可以不顾我们的传统和历史，但我们对后果不能回避责任。一个共和国的公民是不可能放弃自己的权利的……"

默罗的节目引起了公众的思考和赞许。哥伦比亚广播公司一天之内收到15 000封观众来信。节目播出的第二天，当默罗出现在公众场合时，立即被欢呼的人群淹没。麦卡锡从此一蹶不振，声名扫地。默罗的胜利对美国社会和人民产生了深远的历史性影响，而默罗的社会责任感、正义感和无尽的勇气，超越了媒体的经营体制，却赢得了公众的尊重。①

在中国，以《焦点访谈》的出现为标志，主持人对社会事件大胆披露，直陈己见，产生了良好的社会影响。矿难真相的调查、黑产业链的揭露，以及公款消费、环境污染等许多重大事件的披露，都与主持人的参与有直接联系。

（二）议题设置

主持人在节目中将一件件事实报道出来，摆在受众的面前，仅作一些必要的分析和解释，让受众去理解和判断。主持人并没有慷慨陈词，也没有大呼口号，而是利用麦克风陈述事实，让受众对某事件有足够的重视，使之成为舆论的焦点，并将它引导至正确的方向，这就是传播学中所说的"议题设置"。主持人在这一过程中充当了"舆论领袖"。主持人的正义感集中体现在表达正义的主张、反映正义的呼声、抨击非正义的思想或行为上，它能促进社会正义力量的生长而削弱非正义的力量。

（三）正面宣传和以身示范

主持人同样可以通过介绍优秀人物的先进事迹，引起受众的共鸣，进而产生模仿心理，最终使风气为之一新。

在许多时候，主持人的以身示范，可以形成巨大的道德力量。例如，王小丫是中国志愿者形象大使；央视许多名主持人自愿献血，还与失学儿童结成对子，资助他们读到大学；凤凰卫视主持人吴小莉为拯救一位白血病青年，拖着伤腿在13小时内坐三趟飞机、乘三次长短途汽车，奔走于各地，她的行动感染了许多人捐献骨髓。他们起到了榜

① 参见朱羽君、雷蔚真：《电视采访学》，360页，北京，中国人民大学出版社，1999。

样的作用。

三、智慧的思想者

在镜头前的主持人一个个思维敏捷，口若悬河，敢于直面现实，善于表达思想。他们在采访人物和事件时，在发表言论时，表现出冷静、沉着和睿智。在普通人的心目中，主持人是充满智慧的人，以其机敏流畅的言辞影响着受众的思维方法和实际生活。

主持人智慧的火花闪现在他们工作的各个阶段中，时不时地给受众以震撼，起到了意想不到的传播效果。

中外成功的主持人的经历都说明，每一位优秀的主持人，都有一副智慧的头脑。他们以卓尔不群的观点、敏锐深刻的感悟，通过或激情四射或理性深沉的语言呈现于节目中，使节目充满了魅力。

（一）独特的视角

主持人独特的视角，来自主持人对生活的关注、对生命的感悟，来自主持人的价值观念、道德观念，来自主持人的使命感、责任感，在相当的程度上也与主持人的知识结构及生活积累有关。

主持人独特的视角是如何体现在主持人节目中的呢？具体体现在以下两个方面。

1. 主持人独特的视角体现在节目的选题中

主持人关注社会，深入思考，形成自己独特的视角，这种独特的视角会体现在主持人节目的选题中，体现在主持人对所关注问题的阐释里，受众由此知觉到主持人内心深处的所思所想。

假设有一档关于环境保护的电视节目，通常选题可能会集中于全球性的环境问题，如气候变化、海洋污染等。但一位拥有独特视角的主持人可能会更加注重与受众息息相关的地方性环境议题。这位主持人可能会关注到他所居住的城市长期受到空气污染问题的困扰，了解到该地区的居民普遍关注空气质量问题。因此，他选择把节目的选题聚焦于如何改善城市空气质量、推动绿色交通等地方性环保议题。这位主持人的视角独特的选题能够更好地与受众产生共鸣，使他能够深入挖掘该地区的环境问题，提供实际可行的建议和解决方案，为受众带来更多实用价值。

2. 主持人独特的视角还反映在对具体事件的开掘和阐释上

有一年，日本卡通片《神笔马良》对中国原作造成侵权，许多媒体对此事作了报道。北京人民广播电台主持人张立新在其主持的栏目中报道这一事件时，没有停留在对事件本身的报道上，而是把此事与中美知识产权纷争联系起来，约请有关人士作了专访，集中揭露了西方国家一向在知识产权上攻击中国，而中国恰恰是受害者的事实真相，给恶意攻击者以有力的回击。

武汉人民广播电台谈话节目《今晚我和你》的主持人王小勤，在节目中经常针对听众提出的五花八门的问题进行劝解和引导。她善于情理交融地为听众提供开阔的思路，不空讲大道理，也不生搬硬套地“掉书袋”，而是设身处地、体贴入微地像对家人、对朋友一样，先理解，再说服，帮对方走出迷惘和困顿。有位家长在电话里诉说4岁的儿子唯独对酒瓶爱不释手，到了一种痴迷的程度，她担心这样会玩物丧志，但一把瓶子扔掉，孩子就哭闹，因此十分焦虑。王小勤劝她换个角度看问题，应该看到对于幼儿来说这是非常难得的集中注意力的一面，同时又从利用瓶子开发智力的角度，历数酒瓶所包含的物体形状、质地、颜色，以及商标图画、文字中的知识、历史等丰富的信息。王小勤对孩子痴迷于瓶子不是“担心”，而是以逆向思维和系统思维的方式启发听众，因势利导，让听众释怀。

（二）独到的见解

“见解”一词在词典上的解释是“对事物的认识和看法”，但是人们在实际运用中提到“见解”时，恐怕不是人云亦云的一般“看法”，而总是与“独到”“正确”“高明”等褒义词连在一起，可见人们是非常看重“见解”的，对主持人来说尤甚。

主持人长期从事新闻工作，能接触到方方面面的人和事，对社会和人有着深刻的思考，能从事件和人物的本质特征上进行把握。因此，主持人的见解往往能让受众获得启发。

白岩松在《面对面》栏目中，曾探讨“良知”的含义。他颇有感触地说：“良知是什么？我认为就是良心和知识的结合体。有良心没知识，将会让良心无的放矢；有知识无良心，那将非常可怕。”

这样的表述不同于词典的释义，不同于教科书里的概念界定，但确实发乎他自己的思考，给人留下深刻的印象。可以肯定，主持人独到的见解能唤起受众深层的参与感，其主持风格上的魅力会是深刻的、长久的。

中央人民广播电台《子夜诗会》是一档颇受文学青年喜爱的节目。主持人王嘉实通过受众来信和电话，体察到受众期待主持人以独到的见解、新颖的说法解开谜一样的诗意。因此，他常常以诗歌赏析为依托，谈人生、谈艺术、谈构思与执笔的甘苦，在话题切入上匠心独运。诗人雷抒雁的长诗《升旗》是一首让人热血沸腾的好诗，请播音员朗读之后，王嘉实不说“这首诗主题鲜明”之类的套话，而是如同与朋友谈心一样，从发展主题的角度将自己的具体感受娓娓道来：“《升旗》每天都放在我的案头，以便经常翻阅。是为了学习一种富有张力的语言，也是为了让自己时刻保持对诗歌的热情。我想，每个人心里都曾经有过闪光的诗句，而诗人与我们的不同之处在于能把这些闪光但零散的句子发展起来，连缀成篇。发展主题的能力令人向往……”他在午夜里与爱诗的受众谈诗时，从不说貌似高深的话，平易近人而又兴味醇厚，节目内容和形式都别具一格。[①]

四、媒体的明星

随着广播电视的发展，主持人群体迅速崛起。半个多世纪以来，主持人在广播电视传播中扮演着重要角色，诞生了一个电视明星群体。

---

① 参见吴郁：《主持人的语言艺术》，253页，北京，北京广播学院出版社，1999。

在西方国家，主持人这种称谓是伴随着广播电视中以固定名称、固定播出时间、相对固定的节目形式为特征的栏目的出现而产生的。1928年，荷兰在对外广播中播出了第一个主持人形式的节目《快乐的电台》；1951年因成功地主持《现在请看》，默罗成为电视新闻节目主持人的先行者。新闻地位的提高使新闻主持人日益引人注目，并开始得到电视网决策层的重视。20世纪50年代，由于美国电视享有世界影响力，美国出现了克朗凯特、亨特利、布林克利等享有国际知名度的主持人。

中国广播电视的“固定出场传播者”自广播电视诞生之日起就已存在。而直到20世纪80年代，主持人这一概念随着固定栏目的创办才逐渐为广播电视人及广大受众所熟悉。随着我国媒体改革的深入，主持人成为节目的体现者、代表者、主宰者，主持人因节目而广受关注。

节目主持人凭借在新闻媒体的突出成就和个人魅力，逐渐成为有较大影响力的社会知名人士，成为电视广播媒体的“明星”。

明星主持人不管出现在哪里都会吸引受众的目光，他们甚至有各自的“追星族”，在受众中享有很高的情感忠诚度与行为忠诚度。湖南卫视的李湘到四川师范大学演讲时，听讲者有600多人；杨澜到高校签售她的新书《一问一世界》时，学生排出一两百米长的队伍，长时间地等待她的到来。中央电视台曾创办一档节目叫《真情无限》，开播之初，由台里的主持人周涛出面邀请嘉宾。借助于自己的知名度，周涛邀来很多社会名流、演艺明星参与栏目，栏目的品牌也日渐打响。不久，栏目就为公益事业募集了3 500多万元现金。[①] 明星主持人的影响力逐渐显现。

目前，广播电视已进入多频道、大信息量的时代，面对新的观念、新的变化，主持人也在不断地超越自我，与媒介进行深度融合，重新塑造自己。

新的时代还在产生新的传播理念，出现新的受众期待，提出新的实践要求。广播电视将赋予主持人更多的传播效应。

当然，在注意到主持人成为媒体造就的社会明星、具有巨大影响力的同时，我们也要注意到，主持人的这种明星影响力具有双面效应。一方面主持人可以成为万人景仰的偶像，另一方面主持人一不留神就会从高台之上坠入深渊。例如，有的主持人因为在社交场所触犯政治纪律而“下课”，有的主持人因为在接受采访时对一些不正常现象发表不正当的看法而失去岗位，有的主持人因为经济问题而锒铛入狱。这些反面案例给人的警示是：明星当自律，否则就会应验那句“眼看他起朱楼，眼看他宴宾客，眼看他楼塌了”！

第二节　主持人文化底蕴的内涵

随着我国现代化建设速度的加快，人们对科学文化知识的需求不断增长，对新闻信息的需求也日益增多。为适应这种变化，广播电视的频道设置也不断增加，以中央电视

---

① 参见若渴求知：《电视节目主持人“明星化”的积极意义》，见 http：//blog. sina. com. cn/s/blog _ 43671524 0100awcv. html，2008－10－23。

台为例，现在已开办新闻、社会与法、财经、综艺、体育、戏曲、电影、综合、少儿、音乐等频道。广播的各种专业频道也日趋多样化。广播电视的这种发展趋势对主持人提出了新的要求，主持人不再像以前一样做做串联就能对付得了，他必须有对专业的透彻了解，同时对事物具有很强的预见力、判断力和评价能力，还必须能够运用个性化、通俗化的语言进行富有吸引力的阐述。这是一种完全新型的主持人形象。这种新型的主持人必须具有丰富的专业素养和深厚的文化底蕴。有关主持人的文化底蕴的内涵，具体说来，包括广博的人文社会科学知识和必要的科学素养。

一、广博的人文社会科学知识

英国哲学家弗兰西斯·培根说："历史能使人聪慧，诗歌能使人灵秀，数学能使人精细，自然哲学能使人深沉，伦理学能使人庄重，逻辑和修辞学能使人善辩。"① 培根的这段论述说明了各种知识的作用。节目主持人是大众传播工作者，这一职业要求其从业人员应当拥有不同于一般人的知识结构，必须具有聪慧睿智的头脑、精细深邃的思维、能言善辩的口才。要做到这些，就必须具有广博的人文社会科学知识。可以说，主持人掌握广博的人文社会科学知识，对做好主持工作有如虎添翼之功效。下面就择其要者作一些叙述。

（一）政治理论修养

主持人应具备良好的政治理论修养，树立正确的世界观和价值观，并深入理解党和国家的政策。一个成熟的新闻工作者应该同时是一个成熟的政治家，应该时刻关注时局的发展，研究形形色色的社会现象及其背后隐藏的政治原因，把握社会发展的大趋势，用语言去记录时代的足迹。主持人必须具有高度的政治敏锐性，树立强烈的政治责任意识。

要充分认识新闻宣传在党的整个宣传工作中的重要地位和作用。广播电视作为现代化的传播手段，能够最迅速、最广泛地把党的路线、方针、政策贯彻到群众中去，并变为群众的实际行动；能够广泛地反映群众的意见、呼声和愿望；能够及时地传播国内国际的各种信息，直接影响群众的行动和政治方向。可以说，主持人的工作做得好，能使党和群众多一分沟通，给社会多带来一分安全和稳定。因此，作为主持人，应当努力提高自己的政治理论修养。

（二）哲学思想方法

主持人要学一点哲学，这并不是指要主持人每次上节目言必称"唯物论""辩证法"，而是要有一些科学的哲学思辨方法。众所周知，哲学是人们对世界总的看法和基本观点。用哲学的眼光看问题，将会更深入、更透彻。对主持人来说，掌握哲学中事物是联系的、运动的、变化和发展的等观点，善于运用矛盾论、实践论、质量互变原理、整体与个体关系等思想方法来分析问题，能有效地帮助主持工作，使节目增色不少。

---

① ［英］F. 培根著，东旭、肖昶等译：《培根论说文集》，206页，海口，海南出版社，1996。

上海电视台主持人长啸主持的《今日体育快评》本是一个纯体育栏目，但长啸在评论某些体育事件时，却经常把它们与更普遍的社会现象联系起来。例如，他在评论中葡世界杯前热身赛中裁判明显偏袒中国队的事实时说："今天的比赛，我们输了。不仅因为比分是 2∶0，还因为那个裁判。这对中国球迷来说并不是第一次了，且不说今年沸沸扬扬的'黑哨'事件，十几年前中国队就曾在裁判的帮助下战胜了由现任巴西主帅斯科拉里带领的一支巴西全国明星队。这对中国人来说也不陌生。假广告捧红了假药，那么假药最终害了谁呢？这让我想起斯科拉里当时说的一句话：'你们中国要是老靠裁判赢球，你们就永远别想进世界杯……'"

长啸由热身赛上一个有争议的判罚，联想到"黑哨"，并把它与"假药"危害消费者权益相类比，一下子拉近了与普通观众的距离，最后又以一句有震撼力的话结束，语义双关，令人回味无穷。从这段普通的评论中可看出长啸探寻两个看似毫不相关的事件间联系的能力，以小见大，收到了很好的传播效果。

（三）法律素养

请看以下两个例子：

一位交通音乐台的女主持人，在接听完听众打过来的电话投诉的问题后，解释说："你举出的是《中华人民共和国道路交通安全法》第×××条，可你不知道我们有××省道路安全条例，他们执法应该是首先按这个条例来处罚的。"显然这位主持人不知道全国人大常委会通过的法律的效力高于地方性条例这一基本常识。

另有一听众向电台投诉自己驾车违章被处罚的事情：这位听众驾车时没有按标线行驶被罚款，交警寄了罚款通知给他，他就去缴了罚款。而他认为是地面标线没有画或者没有画好，他不应受处罚，现在要申请行政复议。电台主持人邀请交警人员现场回答投诉，这个交警开始忽悠驾驶员："你缴了罚款就表明你承认自己违法！"驾驶员问："是不是说缴了罚款就不能复议？"交警说不是这个意思。在驾驶员问到如果复议后处罚被撤销的话，罚款能不能退时，交警说那不知道，钱已经到财政了。交警退出之后，主持人"友好地"提醒这位驾驶员：在生活中碰到行政处罚之类时，要马上申请复议，不要缴罚款；缴了罚款就表明承认自己违法。而且即使复议撤销了，钱不能退，自己损失也很大，等等。但《中华人民共和国行政复议法》明确规定：其一，申请人对行政行为决定不服申请行政复议或者提起行政诉讼的，行政行为不停止执行，法律另有规定的除外。因此，正确的做法应该是先缴罚款再复议，只要不超过 60 天都可申请复议。如果罚款不按时缴纳的话，就还要缴纳滞纳金。其二，罚款缴了，如果复议后处罚被撤销，罚款是完全可以退的。

这两个例子都是因主持人缺乏法律常识导致的主持中的错误。

可见，要做好主持工作，主持人应当具有一定的法律素养。首先，主持人对我国的相关法律法规应有基本的了解，对自己主持的节目所涉及的领域里的法律法规应当尽量熟悉。其次，主持人除了熟悉相关法律条文外，还应当把法律精神融入主持工作中去。节目主持人不能不顾司法程序，对还在审理中的案件妄下结论，以个人观点和意愿作出不负责任的判断。最后，主持人要注意在节目主持中，应通过具体的解释贯彻法律公平正义的理念，实践法律面前人人平等的思想。

（四）经济常识

我国实行的是社会主义市场经济体制。经济已渗入我们日常生活的每个方面，主持人缺乏经济常识，可能会丧失不少话题的发言权。中央电视台主持人敬一丹在《99 个问号：敬一丹漫谈主持人》一书中写道，她在采访中，有失去资格的时候。有一次在采访股民正谈得热火朝天时，股民突然提到一个词“套牢”，她顿时接不上话茬儿。那一刻，她自己觉得已经在股民面前失去资格，因为那时她不懂这个词，话题便因此没法继续。尽管转换了话题，但那是难忘的尴尬时刻。[①] 敬一丹叙述的是不懂经济知识造成的尴尬经历。

作为主持人，应当了解并掌握一定的经济理论知识。主持人应当学习宏观经济学、微观经济学、政治经济学等基础知识，学习市场与政府、市场与技术、金融结构及经济发展等方面的知识，这对做好报道主持工作是十分必要的。

中央电视台主持人王小丫是学经济出身的，在谈到经济知识的作用时，她说：“学好经济学可以培养自己从琐碎现象到精辟现实的非凡的洞察力和提炼能力，在准确和真实的前提下，把复杂的东西说得简单。比如某年彩电全行业亏损 147 亿元，对老百姓来说 147 亿元是什么？所以我们把它掰开揉碎，147 亿元可建多少个西客站，或者多少个梅地亚宾馆，这种类比的办法把概念的、理性的东西用大家熟悉的、感性的东西说清楚了，让普通百姓一目了然。”

从这里我们可以看出，主持人具有经济学知识，可以使他对经济问题理解得更为深刻，因而能做到深入浅出，把一些枯燥难懂的理论分析用老百姓能接受的方式表达出来，入情入理，丝丝入扣。假如没有一定的经济常识，连主持人自己也对所要报道的问题望而生畏，那么又怎能让受众明确理解许多复杂的经济现象呢？

（五）文学知识

文学与新闻犹如孪生姐妹，关系非常密切。作为新闻传播方式之一的主持人传播当然不能忽视文学的作用。主持人重视文学知识的学习，可以从中汲取丰富的营养：了解社会、增长知识、开阔思路、吸收词汇、借鉴叙事表现手法等等。文学修养好，对主持节目大有好处。比如，文学讲究表现的形象生动，善于炼字炼句，手法上注重比喻、摹状等，将这些方法移植到节目主持中同样是可行的。

文学是一门专门的学科，作为主持人应该了解哪些文学常识呢？这要依主持人的兴趣爱好和主持人所主持的节目类型来定。一般而言，中外文学史是应该认真阅读的。除此之外，主持人对著名作家的代表作品，包括诗歌、散文、小说、戏剧等都应该尽可能涉猎，对一些名篇名著要尽量背诵下来，例如，如果能将《唐诗三百首》背诵下来，对主持人的随机应对会大有帮助。除此之外，如果从事文艺型节目的主持工作，则应该阅读一些关于文学理论、文学创作的研究性著作；如果是教育文化类节目的主持人，则应该读读《史记》、唐宋八大家，涉猎一些儒、释、道三家的理论；而如果是军事节目主持

---

① 参见敬一丹：《99 个问号：敬一丹漫谈主持人》，68 页，北京，中国广播电视出版社，2004。

人，则应该读读《左传》《孙子兵法》，看它们如何描写战争和谋略，也会受益匪浅。

主持人传播注重的是口语表达。良好的文学修养会让主持人在即兴表达中新意迭出，意趣盎然，让受众听起来感到底蕴深厚、字字珠玑。事实上，许多优秀的主持人由于有良好的文学修养，在节目主持中接受信息、捕捉艺术灵感、理解内容、做出敏锐的判断、驱遣意象、促进情感交流方面都做得非常出色。

当然，我们强调文学修养的同时，也要注意大众传播的通俗性，如果为了显示自己的学问而不顾时间场合地卖弄，那是万万不行的。

（六）历史知识

做新闻传播工作不可能不注重历史知识的学习。学习了历史知识，可以以史为鉴，可以用历史的观点来审视当前的事物，可以使节目内容富有纵深感，增加节目的知识性和可接受性。

在新闻史上，毛泽东同志的《中原我军占领南阳》就是在报道中运用历史知识的典范。为了突出南阳解放在军事上的重要战略意义，他写了这么一段历史："南阳为古宛县，三国时曹操与张绣曾于此城发生争夺战。后汉光武帝刘秀，曾于此地起兵，发动反对王莽王朝的战争，创立了后汉王朝。民间所传二十八宿，即刘秀的二十八个主要干部，多是出生于南阳一带。"① 历史知识一用，新闻厚重感顿生。平面媒体的新闻写作重视历史知识，广播电视传播同样重视历史知识，所以主持人要掌握一定的历史知识。

当今节目的发展趋势是节目的文化含量越来越高，即使是纯娱乐性节目，受众也希望有一定文化品位，而不仅仅满足于嬉笑怒骂。因而，主持人应该有意识地培养凝重的历史感。

主持人学好历史知识，树立自觉的历史意识，有助于自己在主持节目过程中用历史的眼光去审视节目的内涵。水均益在《东方时空·世界》中就很注意历史感的问题，每采访一个人物，他都会以资料图片和对人物背景资料的介绍穿插于整个节目，作为间隔点，使人物在受众面前不是平面干瘪的，而是立体而丰满的形象。水均益的这一做法显然提高了节目的文化品位，同时使节目具有更强的知识性和艺术性。

除以上内容之外，主持人还应对各民族的宗教信仰、习俗以及礼仪方面的常识有一定程度的了解，否则就会闹了笑话还不知道。例如，中央电视台主持人在春节联欢晚会上教观众行拱手礼给长辈拜年，引来网上一片指责和嘲笑，因为拱手礼是平辈间的礼节，主持人不了解，才导致出现这种不该有的错误。

二、必要的科学素养

现代高科技对人类的生活影响巨大，已渗透到人们工作、学习和生活的各个方面。

掌握必要的科学知识，具备必要的科学素养，并不只是对科技节目主持人的要求，对其他类型节目的主持人，也应提出这种要求。哥伦比亚广播公司的著名主持人克朗凯

---

① 《毛泽东文集》，1 版，第 5 卷，185 页，北京，人民出版社，1996。

特是新闻节目主持人，而在1969年，美国宇宙飞船登月是最大的爆炸性新闻，由于克朗凯特平时对天文知识就有浓厚的兴趣，在主持这档节目时就显得游刃有余，让美国观众惊叹于他丰富的学识。

主持人要注意科学素养的培养，这也是主持人文化内涵的题中应有之义。主持人的科学素养包括这样几个方面。

（一）相信科学，反对迷信

科学与迷信是两个对立面。科学越是昌明，迷信的空间就越小。主持人应该坚定地站在科学一边，与迷信思想和迷信活动作斗争。在现代社会，迷信不仅表现在信神信鬼上，还表现为一些人被某些别有用心的人蒙蔽，相信歪理邪说。新闻传播工作者如果有正确的立场，相信科学，反对迷信，就能明辨是非。

目前社会价值趋于多元，思想日趋活跃，社会氛围越来越宽松，一些早已被人们抛弃的糟粕沉渣泛起，如测字知命运、风水定运程等，都以预测科学的名义堂而皇之地出现在街头。主持人要深知自己“把关”的责任重大，绝不能让迷信钻了空子，乘机愚弄群众。

国外曾有一家电视台的主持人，在节目中介绍了一位可以“远程治病”的医生，并把治疗效果说得神乎其神，结果许多人被骗，经济损失巨大。后经查实，那医生原是巫医。该电视台因此声誉扫地，那位主持人也被开除。

主持人如果不辨是非，随意地传播不负责任、没有科学依据的内容，就会酿出恶果，也会极大地危害社会，损伤媒体公信力。

（二）科学知识

我们所处的时代是科学技术突飞猛进的时代。物理学、化学、生物学不断获得突破性成果，在此基础上各种高新技术不断涌现。例如，固体量子理论的应用导致半导体晶体管、激光器的发明，进而推动集成电路即微电子技术的发展。目前，信息技术、生物技术、航天技术、新材料技术、新能源技术在各国的竞争与合作中进展也越来越快，这些科学技术创造的成果也日益影响我们普通受众的日常生活。

然而，2024年4月16日，中国科学技术协会发布的第十三次中国公民科学素质抽样调查结果显示，我国公民具备科学素质的比例达到14.14%。① 与此相比较，美国公民具备科学素质的比例目前约为30%，日本公民具备科学素质的比例接近25%，澳大利亚公民具备科学素质的比例约为20%，德国公民具备科学素质的比例约为35%，英国公民具备科学素质的比例在28%左右。② 这就是我国新闻工作者面临的现实。这也为新闻传播

---

① 参见温竞华：《14.14%！我国公民科学素质水平新增长》，见https：//www.gov.cn/yaowen/liebiao/202404/content_6945626.htm，2024-04-16。

② 参见《公民科学素质比例 国际对比》，见https：//wenku.baidu.com/view/146b4381b007e87101f69e3143323968001cf45e.html? _wkts_=1741534104677&bdQuery=%E6%88%91%E5%9B%BD%E5%85%AC%E6%B0%91%E5%85%B7%E5%A4%87%E7%A7%91%E5%AD%A6%E7%B4%A0%E8%B4%A8%E4%B8%8E%E7%BE%8E%E5%9B%BD%E6%97%A5%E6%9C%AC%E5%85%AC%E6%B0%91%E7%A7%91%E5%AD%A6%E7%B4%A0%E8%B4%A8%E6%AF%94%E8%BE%83&needWelcomeRecommand=1&unResetStore=1，2025-02-26。

工作者提高科技知识水平、做好传播工作提出了紧迫的要求。

事实上，在这样一个科技推动社会发展的时代，没有科学素养、不懂科技知识是不能适应大众传播工作的要求的。由于不懂科学，许多传播工作者在伪科学、封建迷信泛滥成灾的情况下缺乏鉴别能力，做出许多令人汗颜的报道，如气功预测、水变油、神功诊病、吃绿豆包治百病等，这不能说与记者、主持人缺乏科学知识无关。

科学知识门类繁多，基础科学包括数学、物理、化学、天文、地理、生物六大类，技术科学包括农学、医学以及各种工程技术学科。主持人不可能样样去学，样样精通，但对于与生活密切相关的基础学科和社会普遍关注的高新技术基本知识及其最新进展，则应当注意了解和学习。

有人认为科学知识太枯燥、难学，自己没有兴趣，其实兴趣是可以培养的。美国《旧金山纪事报》副总编辑兼科学编辑大卫·珀尔曼在访华时曾对中国同行说，他虽然每年在报纸上发表100～150篇科学报道，但过去却并不爱好科学。他于1940年获新闻学硕士后就成为职业记者，但此后的17年从未报道过科学。1957年苏联卫星上天对美国产生震动，他读了朋友送的一本关于天文学的科普图书，很快对科学产生兴趣，并从那时开始了科学报道的生涯。① 珀尔曼的例子可以说是培养兴趣的范例。作为广播电视节目主持人，接触科学的机会是很多的，只要静下心来，树立信心，在工作之余抽空多学习科学知识，培养起这方面的兴趣和习惯是不难的。

（三）科学方法

科学方法多种多样，包括逻辑推演的方法、实验验证的方法、哲学思辨的方法等。在自然科学研究中，科学方法的使用决定着科学研究者的思维方式和研究的运作路线。在新闻传播中，科学方法的使用有助于新闻工作者正确看待和分析事物，坚持真实性原则，正确引导舆论。

在实际主持工作中，有的主持人没有掌握科学的思想方法，不能用辩证唯物主义的观点来分析客观事物，因而有时不免犯迷糊，说了错话还不知晓。这是很不应该出现的现象。著名科学家钱学森在谈到学习马克思主义哲学思想方法的重要性时说："要使同学们懂得现代科学技术的体系结构。但不学马列主义，不会用马克思主义哲学就是把我们所特有的最锐利武器丢了，是傻事。学懂马列主义，会用马克思主义哲学，将使同学们如虎添翼啊！"② 这段话是针对大学生讲的，但也同样适用于主持人。

（四）科学精神

什么是科学精神？科学精神就是尊重事实、尊重真理，反对迷信、反对盲从；就是不断创新、不断开拓，反对守旧、反对因循；就是实践的检验、批判的头脑、理性的思考、自由的讨论。③ 归纳起来，科学精神的根本就是实事求是，科学精神的本质就是开拓

---

① 参见陈祖甲：《访美国科学记者珀尔曼》，载《新闻战线》，1983（10）。

② 钱学森主编：《关于思维科学》，9页，上海，上海人民出版社，1986。

③ 参见中国科技新闻学会：《科技新闻实践与探索》，23页，北京，中国科学技术出版社，2001。

创新。

实事求是，是指要从实际存在的事实出发，尊重客观事实及其规律，通过探索，找出客观事实的规律来；在具体实践中就是不迷信权威，不盲从于教条，以实践作为检验一切真理的唯一标准。开拓创新是与实事求是、解放思想密切联系在一起的。突破旧的框框，更新旧的观念，生活才充满生命的活力，社会才能进步。

实事求是体现在主持人的新闻传播实践中，就是要尊重事实，坚持报道的真实性原则，敢于与虚假新闻作斗争；就是要发现新事物、新问题、新观念，并对其进行真实准确的报道、实事求是的评价。这是主持人加强自身科学素质的修养、弘扬科学精神的途径和方法。

事实上，许多新闻传播工作者都是通过自己的实际工作来坚守科学精神的。广州电视台的《社会·科技》专栏第三期节目《科学，想说爱你不容易》是一期揭露伪科学的报道。节目针对广州闹市街头一些电脑算命摊档招摇过市，以“科学”做幌子蒙骗市民，赚取昧心钱的现象，通过现场采访摊主、过路市民、专家学者、软件设计行家，将这种荒诞不经的把戏公之于众，使电脑算命这一伪科学的丑恶嘴脸暴露无遗。节目旗帜鲜明地揭露和鞭挞了伪科学，维护了科学的严肃性，弘扬了科学精神。

主持人崇尚科学、宣传科学，坚持实事求是的思想路线，不断开拓创新，就是要在实际工作中坚持新闻的真实性原则，不夸大、不歪曲，勇于批判错误的东西。科学精神与新闻传播的基本原则是一致的，高扬科学精神的大旗也就是在坚守新闻道德的底线。

第三节　注重文化底蕴的积累

人文社会科学知识与科学素养是文化底蕴的基本内涵，主持人深厚的功底、准确流畅的表达，都与之密切相关。因此主持人应十分注重文化底蕴的积累。

主持人在学习和工作中，加强各种知识的研习，注重人生阅历的积淀，文化底蕴就会逐渐积累起来。

一、注重知识的积累

知识积累对主持人而言，直接关系到主持人在节目中的表现，关系到节目是否有实质性的内容，关系到节目进展是否顺利并获得成功。

主持人要不断地丰富自己、积累知识，其主要途径就是自学，要根据自己的节目需要长期坚持不懈地学习。

美国著名的主持人詹宁斯只有中学学历，但他知识渊博，思想深刻，被认为是最具有学者气质、哲学家头脑的主持人。他的知识主要来自边干边学。富有意味的是，美国的新闻节目主持人克朗凯特也没有学完大学课程就开始了新闻工作。最有学问的主持人钱塞勒连小学毕业文凭也拿不出来。他们都是靠在实践中学习、积累知识的。

举这些例子并不是说前期的教育不重要，而是说工作中的自学是积累知识、增长学问的有效方法。

克朗凯特是怎样学习的呢？他说："自从我从事这项工作以来，我就开始研究美国政治历史，这已经成了我的习惯。"他每年都要编写一本书那么厚的资料。在报道阿波罗宇宙飞船登月过程中，他曾阅读和研究了大量的航天方面的书籍，使自己能用非常平实的语言把比较深奥的专业知识介绍给受众。

赵忠祥也曾谈到如何在工作中自学和自学给自己带来的收获。他说："书给了我精神的极大慰藉，我不能离开书，如果在一天内没有书看，则不堪忍受。书使我当时所在的狭小天地变得宽阔而深远，书使我当时的寂寞生活变得生气勃勃，书使我内心得到了充实，书也给我的播音创作增添了营养。我的艺术观点和播音风格至今仍受到丹纳《艺术哲学》的影响。"①

主持人学习文化知识应该学习哪些内容呢？中央电视台在为"电视节目主持人职业素质评价指标体系研究"做调查时，就电视节目主持人的知识素养问题对专家、领导和主持人进行了调查，研究结果对不同类型的主持人的知识储备提出了不同要求，具体如下。

新闻评论类主持人应具有的知识面为：文学、历史、地理、自然科学、外语、社会学、心理学、新闻学、政治经济学、哲学等。

教育服务类主持人应具有的知识面为：文学、历史、地理、自然科学、外语、社会学、心理学、新闻学、政治经济学、哲学等。

综艺娱乐类主持人应具有的知识面为：文学、历史、地理、外语、社会学、心理学、艺术知识等。

少儿类节目主持人应具有的知识面为：文学、历史、地理、自然科学、心理学、艺术知识等。

体育节目主持人应具有的知识面为：文学、历史、地理、自然科学、心理学、体育等。②

从这项调查对各类节目主持人所应具备的知识结构的评价中可以看出，除了对符合各自节目特点的相关知识有特别强调之外，文学、历史、地理、心理学等知识是各类主持人均需掌握的知识。因此，主持人在学习与自己节目的特点相关的专业知识之外，还应加强对上述领域的知识的学习。

二、注重人生阅历的积累③

（一）人生阅历积累的重要意义

许多杰出的主持人都有着丰富的人生阅历。长期的各方面的锻炼使主持人具备良好

---

① 赵忠祥：《岁月随想》，22 页，上海，上海人民出版社，1995。

② 参见中央电视台总编室、人事办公室：《〈电视节目主持人职业素质评价指标体系研究〉成果汇编》，24 页，北京，中国广播电视出版社，1999。

③ 参见廖声武：《新时期新闻实务发展研究》，155～162 页，武汉，武汉出版社，2008。

的新闻素养，有能力应付各种挑战。以美国为例，美国三大电视网《晚间新闻》的 6 名超级明星主持人在任主持人之前都有长期的新闻工作经历，他们的基本情况如表 2－1 所列。①

表 2－1 6 名超级明星主持人的新闻工作经历

主持人	所属公司	任主持人以前从事新闻工作时间	工作经历（打√为从事过）				
			报纸	通讯社	广播	电视	驻外记者
克朗凯特	哥伦比亚广播公司	29 年	√	√	√	√	√
拉瑟	哥伦比亚广播公司	20 年	√	√	√	√	√
亨特利	全国广播公司	23 年			√	√	
布林克利	全国广播公司	16 年	√	√	√	√	
布罗考	全国广播公司	20 年			√	√	
詹宁斯	美国广播公司	20 年			√	√	√

这些超级明星由于有丰富的工作经验，在担任主持人后具有高超的采访技巧，常常能在各种复杂的现场，应付各种棘手的问题，采访到独家新闻；可以在紧迫的时间内，依靠扎实的采写基本功，完成繁重的报道任务。还有就是因为他们有丰富的人生阅历，当他们出现在荧屏上时表现出成熟、稳重、权威和男性魅力，赢得了受众的好感。

我国节目主持人中的许多优秀主持人都有相当丰富的人生阅历，积累了有益的工作经验。例如，白岩松、王小丫、崔永元在担任中央电视台主持人之前都做过记者、编辑或其他电视台主持人，鞠萍做过教师，水均益有驻外记者的经历，敬一丹既有新闻工作的经历，又有一段教师的工作经历。这些经历无疑为他们从事主持工作提供了有参考价值的经验，使他们能很好地驾驭自己的节目。

总而言之，丰富的人生阅历对主持人的作用有以下几个方面。

1. 主持人自身的阅历是与采访对象平等交流的前提条件之一

在中国人民大学新闻学院举办的纪录片评比中，不少同学选择校园以外的题材进行拍摄，在采访中遇到了交流方面的困难。其中一位同学以一位残疾人作为拍摄对象，尽管花了很大的气力拍摄，但效果很不理想。这是因为采访对象是一位阅历丰富、经历坎坷的残疾人，面对阅历单纯的大学生，双方的交流效果可想而知。这位同学后来写道："在与她交往中我有一个特别深的感受，就是与她对不上话。我们谈得不少，因为她很健谈，谈的话也不俗，但我始终没有深入她的内心世界。年龄、阅历、性格上的差异让我觉得与她交往十分吃力，我自己的交往能力比她要差，始终被她牵着鼻子走，她也总觉得她的许多感受我不懂，因此不愿意说……"实际上，在电视采访中，由于主持人阅历的局限造成的交流困难并不罕见。采访对象在展露内心世界前要确认主持人能够真正懂得自己的内心感受，如果不能得到这种确认，甚至有对牛弹琴的预感，那么采访对象必然会紧闭心扉。可见主持人积累人生阅历是十分重要的。

2. 主持人的人生阅历是发现话题、展开话题的优势条件

崔永元曾说，他主持《实话实说》时，许多话题的产生，都源于过去他在中央人民

① 参见陆锡初：《主持人节目学教程》（修订本），65 页，北京，中国广播电视出版社，2001。

广播电台当记者时的积累。而白岩松所以有犀利的言辞，与他的报社记者生涯不无关系。湖南卫视主持人张丹丹则说，18 岁考上大学前住在村里的经历，让她在与嘉宾的交谈中一下子就找到了感觉：

> 一次，《背后的故事》主持人临时有事，请我帮忙主持一期节目，我答应了。上半场表现特别不好。录下半场时，嘉宾是来自三峡的船工，三峡被淹后他们的命运发生了很大的变化。怎么打开话匣子？嘉宾紧张极了，我想起了小时候村里那个小铺子里聊天的乡亲：这个吹我女儿去哪儿了，那个吹我儿子怎么怎么有出息，要是坐趟飞机，要跟村里的人吹上一个星期。我突然觉得，老李肯定跟他们一样，属于船工中为数不多的坐过飞机的人，为何不从他怎么来的谈起呢？我现在不就是他身边的一个好奇听众吗？我问："你今天是坐飞机来的？坐飞机好玩吗？"他笑着用四川话说："当然好玩，但就是不能天天坐呀，很贵的！"他的实在让现场观众喜欢上了他，一下子他的新闻也打开了，这期节目录得出奇顺利。①

再如，一位主持人采访某部队油库廉政建设的事迹。在前期采访中，他看到油库有一条标语："标号、价格、比重三公开，严防克扣、卡油"。这位主持人的经验立刻让他觉得新鲜："比重"与廉政有何关系？因为他过去只见过"标号""价格"的标准公开。他立刻请教有关专家，了解到汽油比重随不同季节气温的变化而变化，如果冬天按照夏天的比重给用户供油，一个油库就能卡下不少油来。就这样，阅历让这位主持人从一条不被人注意的标语中抓到了"新闻点"。如果是一个缺乏经验的人，即使看到了这条标语，也不会发现这里面的新闻。

这些例子都证明，人生阅历对主持人发现话题、展开话题具有重要作用。

3. 主持人的人生阅历与其语言运用水平密切相关

当主持人准备就某一话题表述自己的看法时，思维就会从已有的人生阅历中去找相关的材料来加工整理，形成自己的观点。人生阅历丰富，这些材料就可信手拈来，迅速转化成话题的具体内容，使主持人的谈话观点鲜明，内容翔实，逻辑严密，形象生动。

有这样一则故事。民国时期，中国有一位驻日本大使馆参事叫王大桢。有一次，有人向他请教当外交官有哪些必备条件，他说："一个好的外交家必须具备五个条件，缺一不可。第一是脑舌并存，第二是情痴，第三是老寡妇，第四是老道、僧人，第五是贪官污吏，具备这五点，才能是一个成功的外交家。"一番话说得听者大感诧异，王大桢解释道："第一是脑舌并存，中国以前的外交家，有脑无舌，虽然能完成国命，但言语不通。与外国人交涉，需翻译代舌，诸多不便。现在的外交家，却多是有舌无脑，虽然满口洋话，流利无比，但常常忘记自己是中国的外交官，于是就有亲甲国或亲乙国的外交官出现。如果能脑舌并存，就不会如此。第二是情痴，外交家对自己的祖国要永远热爱，即使国家待我不厚，甚至不为国家所体谅，也要一往情深。没有痴爱，不可为外交家。第三是老寡妇，老寡妇守业，是很吝啬的，外交家对国家领土主权，也要如此，决不可如公子少爷，摆架子，充大方，把祖上财产抛尽。第四是老道、僧人，外交家应有老道、

---

① 转引自杨芳秀：《"丑女"无敌——张丹丹访谈录》，载《新闻战线》，2010（12）。

僧人式的修养，一切利禄美女，不能动心，因为驻使国外，遇到此种机会很多，只有具备如此修养，才能不被人收买。第五是贪官污吏，外交家对于知识情报，必须像贪官污吏般贪得无厌，这样才能获得知己知彼的功效。”①

在这则故事中，王大桢于幽默风趣之中将外交官的必备条件活灵活现地说出来，非常深刻凝练。他之所以说得如此生动形象，与他的外交官生涯是有紧密联系的。如果没有这一依托，那么脑袋再聪明，口才再高妙，也是无法说出这番令人叫绝的话来的。所以，古人很强调人生阅历，所谓“读万卷书，行万里路”，后一句强调的就是加强人生阅历的积累。因为自己亲身经历过的，往往感受最真切、具体、翔实，表述起来也最生动形象，最能打动受众。

4. 主持人的人生阅历能增强受众的信任感

美国电视界著名的主持人约翰·钱塞勒被誉为“学者派”主持人，主要在受过高等教育的观众和上层社会的观众中受欢迎，他的主持风格颇具大学教授作风，严谨、诚实、准确。钱塞勒有着丰富多变的职业生涯：14 岁从中学辍学当报纸抄写员，23 岁当记者，任新闻撰稿人。他在长达 40 年的记者生涯中，足迹遍布世界，当过白宫记者、欧洲记者、“美国之音”台长，还曾随尼克松访华，是第一个在天安门报道此次实况的电视记者。无疑，他的这些经历是他最大的财富。他练就了敢于冒险、出手迅速的本领，总能抓到大新闻，即使在局面混乱的情况下他也能保持冷静。他出任全国广播公司主持人，拥有大批高层次观众。

目前，我国可以在荧屏上见到的主持人以年轻、英俊、秀美者居多，中年以上、个性化、本色自然、知识广博、睿智深刻的角色偏少，后者的特征与一个人的人生阅历密切相关，远非在镜头前自我感觉良好的主持人能够做到。随着在各类节目现场与观众交流的增多，主持人的随机应变能力、即兴的辞令表达能力、现场调动组织能力都受到新的挑战，而主持人自身的文化水准的高下也在这种面对面的交流中显露无遗。那些习惯于在镜头前“吃青春饭”的主持人在捉襟见肘的应付中很难不露出破绽，结果必然会伤及他们所依附或主导的节目。

有丰富人生阅历的主持人能与受众进行有效的沟通，形成难以比拟的优势。要积累这样的优势并非一日之功，它是社会观察、文化知识、人生阅历的综合体现，需要经过长期的砥砺和磨炼。一个有丰富阅历的主持人能在一个更高的层面上认识世界、把握现实，并予以透辟的解析和评论，观众也由此能产生更多的共鸣，获得一种新的美感。

白岩松在《我们能走多远——关于主持人话题的胡思乱想》一文中说：“人到中年，人生河流已冲过激流险滩，在宽广的河道上平静地流动，冷静、客观、平静。懂得爱，万不得已才恨；尊重一切该尊重的人；不为小的利益而失去原则；人生目标不再朝令夕改；合理规划自己的生活，让身体始终处于良好的竞技状态……”② 白岩松的这番感叹，让我们看到，对主持人来说，经历越多，越意味着成长、成熟，意味着为人处世的客观、冷静，意味着智慧和信心。

---

① 刘伯奎：《表述口语训练指导》，84～85 页，上海，复旦大学出版社，2000。

② 白岩松：《我们能走多远——关于主持人话题的胡思乱想》，载《现代传播-北京广播学院学报》，1996 (1)。

（二）如何加强人生阅历的积累

目前电视节目几乎为年轻的主持人所垄断。这是因为我国的广播电视节目主持人出现的历史并不长，新兴的行业必然由年轻人捷足先登，而且年轻主持人的青春靓丽也是符合中国受众的审美习惯的。问题的关键在于我们如何看待这种现状，如何通过主持人自身的努力，克服这种由人生体验的欠缺所带来的传播上的不尽如人意。这就需要年轻的主持人在这方面花大气力来尽快弥补。

主持人加强人生阅历的积累的途径是多方面的。

1. 广泛阅读

主持人可以广泛阅读各种书籍、报纸、杂志和在线文章。阅读范围要尽量扩展到各个不同领域，包括政治、经济、法律、哲学、历史、文学、科学、艺术等等。

再就是要大量地涉猎古今中外的经典名著，这对于主持人提高社会感知能力、观察能力、处世能力都是有好处的。比如莎士比亚、巴尔扎克、托尔斯泰、高尔基等人的作品就为主持人提供了认识社会的很好的标本，中国的古典小说、现当代名作名篇也是主持人增长知识、丰富阅历的有用教材。

延伸阅读

白岩松荐书

在我人生中的第一个十年，对我影响最大的一本书是《新华字典》。没有《新华字典》我不会认识那么多字，看那么多书。书籍的意义在于为我打开了一个世界。

在我人生中的第二个十年，对我影响最大的一本书是《朦胧诗选》。《朦胧诗选》收录了当时朦胧诗的代表诗作。

当我读完这本书之后，才真正从草原上来的年轻人变成了北京人，从中学生变成了大学生，变成了开始思考中国各种问题的、有责任感的，并且开始拥有自己独立思维方式的中国人。

在我人生中的第三个十年，对我影响最大的一本书是唐浩明写的《曾国藩》，一部三卷本的小说。因为我在那本书中收获太多太多，好像有一层窗户纸被捅破了，突然洞悉了与生命、人性紧密相关的一切。它帮了我很大的忙，让我一下子沉静下来，知道如何以二十五岁的年龄，去贴近五十岁、六十岁、七十岁、八十岁的心境。

到了下一个十年，当我在三十五六岁的时候，开始思考和理解死亡，《道德经》出现了。它告诉我，无私为大私；江海之所以辽阔包容，只因其甘愿处于最低；柔软是生之信号，坚硬是死之气息；杯满则溢，走到一定的时候要敢于清零……里面太多的词句，让我豁然开朗，内心更加平静。

资料来源：白岩松：《白说》，64～72页，武汉，长江文艺出版社，2015。

---

2. 参加各种社会活动

主持人尽管工作很忙，但是抽空参加一些社会活动是必要的。社会活动是绝好的社交场所，各种各样的人在一个相对宽松的环境中，可以表现出平时没有表露的本色，这是观察人、研究人的好时机。主持人参与这些活动，可以了解各方面的人和事，熟悉各种人的心理和行为方式。

3. 旅游

俗话说："读万卷书，行万里路。"利用节假日和其他便利条件，游览名胜古迹、名山大川、民族风情地区以及都市、乡村，接触不同的地方、不同的风物、不同的人民、不同的文化历史背景，会让主持人学到书本上学不到的知识。主持人还可以在旅游过程中参观博物馆、艺术展览等，深入了解人类文明的发展和多样性，让自己豁目开襟，增闻广智。

练习题

1. 谈谈文化底蕴与主持人的关系。
2. 作为一个主持人，应当如何增强自己的文化底蕴？
3. 请结合具体案例谈一谈文化底蕴是如何帮助主持人获得受众认可的。
4. 主持人为什么需要培养自己的科学素养？
5. 丰富的人生阅历与做好主持人有何关系？

第三章
主持人的心理素质

主持人在传播中如何表现，与主持人的心理素质有着密切的联系。在话筒前自信心强，心理稳定，控场能力得到充分发挥，都需要主持人对对象的心理特征进行分析和把握，需要对自己的心理特征进行分析和把握。要做到这些，主持人必须认识心理素质对节目主持的重要性，加强心理素质的锻炼。

第一节　优良主持状态与良好心理素质的关系

主持人的优良主持状态是指主持人在主持节目时具有充分的自信心，面对着话筒和镜头具有兴奋感和新鲜感，主持人与主持人、主持人与嘉宾、主持人与受众之间的关系定位准确，遇到突发事件能做到沉着冷静，对棘手的事情处理起来果断迅速，等等。优良的状态需要主持人具有敬业精神、奉献精神、合作意识、驾驭节目的能力、良好的应变能力、自我控制能力，以及知识储备和工作经验的积累等。这些因素很多都是和心理素质联系在一起的。从某种程度上说，心理素质是这些能力因素的基础和前提，只有具备了良好的心理素质，主持人的能力因素才能得到充分的发挥和展示。

一、良好的心理素质能让主持人获得自信心

自信心是对自己个人能力的肯定，是主持人获得现场良好主持状态的基本保证。主持人自信心的获得是与良好的心理素质密不可分的。

有的主持人在主持节目之前做了大量的准备工作，对节目的脚本也背得滚瓜烂熟，但由于心理素质的原因，一上场心情就紧张起来，思维开始变得混乱、阻滞，表情紧张，目光畏缩，声带紧绷，气流不畅，声音变得颤抖，这时原有的自信心就会荡然无存。

美国著名谈话节目主持人拉里·金第一天上班时，电台经理对他说："你好，你叫拉里·金，主持的节目就叫《拉里·金秀》。"他高兴极了。上午 9 点坐进了录音室，他却紧张起来，觉得"嘴巴干得跟棉花一样"，主题曲放了一遍又一遍，由渐强到渐弱三次，面对话筒他就是"张嘴却无声"。好在经理跑来踢开录音室的门，朝他大声吼了一句："这是传播事业!"他才如梦初醒，冷静下来开始向听众说话。[①]

---

① 参见林可行：《TV 名嘴·主持人社交技巧》，132～133 页，北京，改革出版社，1999。

在 2019 年央视主持人大赛中，有一位选手是来自云南电视台的主持人崔爽。首轮比赛，她的端庄大气、优雅干练以及有温度的声音让人对她第二轮的表现寄予厚望。但进入第二轮，一上场，崔爽面对出题人给出的信息，整个人状态明显不自信，心理首先就垮掉了，紧张导致即兴评述中语速变得过快，逻辑有点乱，并出现不流畅、口误的状况，结尾的落点太大，没有精准切入主题，还有些超时，最终被淘汰出局了。康辉在点评时指出：你有点着急，着急就会使你整个语言的状态不够从容。你的语速太快，通常语速很快的时候，就会出现某些时刻你的嘴跑在你的思维前面。①

拉里·金和崔爽经历的状况，实际上是紧张心理导致的自信心的消失。

所以要改变这种状况，主持人在做好充分准备的前提下，临上场前调整好心理状态是非常重要的。调节心理状态的方法有深呼吸法、自我暗示法等。这些方法可以用来排除杂念，缓解心理紧张，使情绪得到稳定，自信心得到加强，使主持人集中精力，全身心地投入自己的节目中去。

二、良好的心理素质能让主持人保持肯定的情绪色彩

心理学十分注重人的情绪。情绪是人对待客观事物的某种态度的体验。当事实符合人的认识和愿望时，人的情绪体验就是肯定的；当事实被判断为不符合人的认识和愿望时，人的情绪体验就是否定的。情绪具有持久性和弥散性。比如，一个人情绪的好、坏、顺、逆，会弥散到他所接触的事物和人物对象上，使他以不同的情绪色彩去看待事和人。当他处于肯定的情绪色彩状态时，他在生活中就会精神饱满，生机勃勃；当他处于否定的情绪色彩状态时，他就会情绪非常低落，烦躁不安，容易发怒，在生活中难以平和待人、冷静处事。

主持人也是这样。当主持人的情绪处于肯定的色彩状态时，他在面对着话筒和受众时就会感到兴奋，对自己的工作充满了新鲜感，每一次主持都觉得是一次新的生命体验，毫无厌倦和疲劳，有的是激情和快乐。但是主持人的情绪不可能总是处于肯定的色彩状态。主持人跟普通人一样，也会遇到烦心事，在生活中、工作中碰到一些问题，这时其情绪就可能处于否定的色彩状态。当情绪低落、烦躁的时候，主持人可能在面对话筒和受众时难以保持饱满的精神状态，表现出新鲜感和激情。

当主持人的情绪处于否定的色彩状态时，心理素质就起十分重要的作用。如果心理素质良好，主持人就会动员自己的意志力来克服这种消极的情绪，或者运用转移注意力的方法来消解这种消极情绪的影响，同时告诫自己要注意在日常生活中培养正确认识外界事物的能力，养成理性冷静对待事物的态度。

三、良好的心理素质能让主持人把握好关系定位

主持人主持节目是对自己诸多能力的挑战，是对自己各种知识储备的综合运用，也

---

① 《央视主持人大赛：崔爽发挥失常出局，心理素质不过关是主因》，见 https：//www.sohu.com/a/362603000_100142012。

是对心理素质的严格检测。北京电视台谈话节目主持人姚长盛说，别看只是在现场说说话，谈话主持这活儿需要的不只是专业素质，它需要和人打交道、挖掘人的意识，需要组织、演说的才能，需要方方面面的考虑。从一个选题产生，到准备资料、找嘉宾、找观众，直至安排现场，主持人精神都是紧绷着的，进入录制过程后刺激也挺大，不仅要调动各方面的情绪，还得随时应付突然发生的事情。谈话现场难免出现意外，现场发生意外恰恰是节目出亮点的时候，姚长盛认为，主持人在现场时脑子应极其活跃而清醒，因为谈话节目如同现场直播，再精彩的东西如果没注意也就稍纵即逝了，主持人应时刻保持亢奋状态，积极把现场的各种信息传递出去，引起大家思想上的共鸣和交锋。[①] 从这些话中可以看出，主持人在现场要注意各种各样的问题，照顾各种各样的关系，这里当然包括对各种关系的定位，这是对一个人能力的考验，也是对一个人心理素质的检验。心理素质良好，在节目中才可能把握各种关系的定位，保持亢奋状态，主持好节目。

良好的心理素质，有助于主持人把握好相关的关系定位。

（一）主持人与主持人之间的关系定位

1. 合作互助的关系

两个主持人同台献艺，不应一个拆另一个的台，或者一个抢另一个的戏，而应以节目的整体效果为重，将自己的地位摆正。同时，由于各人的能力不同，其中一个人或许会出现尴尬的意外，这时另一个人应积极主动地提供帮助。

在 2019 年浙江卫视跨年晚会上，主持人陈欢为客串主持人的哈妮克孜解围就是一例。哈妮克孜因舞蹈《一梦敦煌》而获得关注，受到观众的喜爱，但她不熟悉主持技巧。在主持中，哈妮克孜频频低头看稿，照着稿子主持的她还念错词。比如，把“继承下去”说成了“继传下去”。话一出口，哈妮克孜的表情也十分尴尬，正当她一筹莫展的时候，一旁的陈欢用玩笑的口吻说道：“虽然天有点冷，嘴也秃噜皮，但是我们全场掌声响起来，给我们的哈妮加加油！”

倪萍第一次主持中央电视台《综艺大观》节目时，搭档是牛群。即将开播时，牛群看到倪萍非常紧张，便对她说：“你不用紧张，有我在。一旦忘词了，你就笑着看我，我就假装我自己忘词了，这样观众就会以为我出错了。”几年之后倪萍回忆起这次经历，对牛群仍心存感激。

2. 竞争对抗的关系

主持人与主持人之间除了合作互助之外，还应积极竞争，没有积极的对抗交锋，就不会形成智力冲击，这样整个主持就会趋于平淡。有了智力冲击，主持就会在你来我往中平添亮色。

主持人与主持人之间无论是处于合作互助的关系，还是处于智力冲击的竞争对抗关系，主持人都应保持沉着冷静状态，这种状态需要主持人具有良好的心理素质。没有良好的心理素质，互助关系就无法建立，因为没有坦荡平静的心境、友善的态度，是不会

---

① 参见何波：《精心打造沟通和交流的平台》，载《新闻战线》，2002（6）。

想方设法关心别人的；没有良好的心理素质，面对对方咄咄逼人的攻势，就容易方寸大乱，就谈不上有效地应对。

（二）主持人与嘉宾之间的的关系定位

1. 待人亲切友善

要把节目主持好，主持人与嘉宾的配合很关键。嘉宾如果因为没有经验，出现怯场、紧张的情况，主持人不应急躁，要主动关心、安慰，使其恢复平静。崔永元说："你可以想象，大家紧张和放松的时候，会有什么样的心态，会用什么样的方式谈话。情况是大不一样的。有次录像，一个嘉宾面对那么多观众，跟我说：'我很紧张。'我说：'谁不紧张啊，我更紧张。你先坐在上面，如果你说紧张，咱们就不录，什么时候不紧张了，你告诉我，咱们再录。'我跟观众开会儿玩笑，回头问那位嘉宾：'紧张不紧张了？'他说：'我还有点紧张。'我说：'没关系。'接着和观众开玩笑。等我再去问：'怎么样了？'他说：'没事儿了。''好，那我们录像。'"像崔永元讲的这种临时怯场的情况对普通的嘉宾而言很平常，即使是一些名人也会出现这种情况。因此，主持人在嘉宾出现怯场等情况时，应给予充分理解。

2. 要敢于迎接挑战

主持人和嘉宾在主持节目时是平等、友善、互动的。平等、友善需要主持人谦虚谨慎、乐于助人，而互动则要求两者之间积极配合，将节目向前推进。互动不全是平静如水的交流，也包括激烈的交锋，所以主持人要敢于迎接挑战。有人问崔永元："您有没有遇到过有的嘉宾让您感到压力特别大，因为他可能比您更机灵，或者棋逢对手，让您感觉兴奋？"崔永元回答说："越是这样我越高兴。"又问："您是否遇到过嘉宾给您下套的时候？"答："不太容易，因为在那个场合我每一个毛孔都在警惕着。"主持人与嘉宾之间的关系定位是由节目的运作方式决定的，主持人要把握好相应的关系定位，根据不同的对象，采取不同的处理方法，这都需要主持人具备良好的心理素质。

四、良好的心理素质能让主持人处变不惊

主持人在主持节目的过程中难免会出现各种意外，遇到意外要做到处变不惊、从容应对，就需要主持人有良好的心理素质，沉着应对、果断处理。

朱广权在央视新闻频道《共同关注》直播过程中，遇到工作人员突然闯入镜头，但他情绪丝毫未受到影响，并淡定播报，其临危不乱的表现获得了受众的赞赏。

倪萍在主持《倪萍访谈录》第三期时，来宾正热烈讨论歌星的假唱问题，突然现场灯光暗了下来。面对这一突发情况，倪萍没有慌张，而是由此作了发挥，幽默地说道："你看灯光也不容忍一个假。"说着灯光恢复了，讨论不仅没有因此而中断，反而增添了一种乐趣。

美国著名谈话节目主持人拉里·金处理意外情况的老到更让人领略到一位训练有素的主持人面对意外时的优良心理素质：一次，拉里·金邀请自己的朋友，以简洁、切合时代的专栏文章成名的吉姆·毕沙坡上节目。吉姆也许为了壮胆喝了酒，来到节目现场

已是烂醉如泥。拉里·金想，让吉姆这个样子上节目肯定会出乱子，这样绝对是害他，恐怕自己也会被电台解雇，必须采取断然措施，而且要尽快，才能保护两个人。于是他向控制室里的节目工程师做了个手势，对着桌上的麦克风说："打开灯号。""广播中"的灯号亮起。此时，拉里·金说："吉姆，多谢！这个小时谈得多么愉快！你和以前一样棒。"吉姆带着有些困惑的表情回应，然后离去。接着一小时，拉里·金他们改以听众热线电话填补了节目的空缺。

从这些事例中，我们可以看出，良好的心理素质对主持人的良好状态来说是十分重要的，如果面对突发事件惊慌失措，就没有良好状态可言，甚至节目也不可能顺利进行。

延伸阅读

董倩采访郑宇民局长

董倩：郑局长，以前我们都在那儿站着说，这次为什么坐着说，是不是因为气比较短了，所以坐着了？

郑宇民：站着说话和坐着说话跟气长气短有什么关系呢？中央电视台《新闻联播》都是坐着说话的。我不愿意站着说话是因为不愿意跟穿高跟鞋的人在一起比高。

你是央企穿着高跟鞋，我代表民企，我穿着平底鞋，我们在一起，我觉得不公平，应该坐下来平起平坐，你就没有了高跟鞋的优势。

董倩：2011年全国工商联提供了一个数字，说五百条民营企业的胳膊，比不上两条国企的大腿，五百家民营企业它们所有的利润加起来，不如两家——中石油、中石化，然后再加上中移动。我不知道您怎么看，胳膊就这么没力气吗？

郑宇民：不能用国有企业的成绩来否定民营企业存在的价值。举一个简单的例子，所有女人的胡子加起来不如一个男人的胡子长。为什么？她没有这个功能。

国有企业是酒，民营企业是水，水更多地体现的是社会功能。大家都知道上甘岭战士们呼唤的是"水、水、水"，上甘岭战士他不会说"酒、酒、酒"。汶川大地震的时候灾区群众说的也是"水、水、水"，上海大火救济也是"水、水、水"，不会说"酒、酒、酒"。如果说"酒、酒、酒"那不完蛋了？所以水有特殊的社会功能。全国4 300万企业，民营企业占多少？92%以上。全国有多少就业人口？7.79亿。国有企业安排就业人口多少？6 300万，91.9%的就业都是民营企业承担的。

董倩：这几年，浙商的创造力不如其他地方的企业家，原谅我这么讲，这是不是意味着在某种程度上浙商的创造活力已经不如其他地方了，说明浙商已经老了？

郑宇民：浙商很疲倦，出生早容易老，走在前面也容易老，贡献大也容易老。浙商贡献很大——60%的税收、70%的出口、80%的善款捐助、90%的就业安排。浙商是苦操劳，长兄容易老，浙商是很辛苦的。

董倩：富二代这个角色在整个社会上的整体形象并不好，您怎么看待？这个传承怎么解决？

郑宇民：现在批评富二代的比较多，我觉得要非常理性清醒。这确实提醒了我们民营企业教育新生代的问题。我们现在有许多民营企业子弟不愿意子承父业，也不愿意再创新业，这个现象值得重视。批评富二代并不是不要富裕，也并不是要扼杀富二代，而是要让我们有一个比较好的传承，创造出一个富有人文情怀、富有创业精神、富有社会责任感的富而思进、富而思远、富而不忘本的创业新生代，这是我们民营企业共同的愿望。

资料来源：https：//www. sohu. com/a/166113083 _ 221394。

延伸阅读

王志采访钟南山

王志是全国最早不顾生命危险，走近“非典”病床，采访“非典”病人的主持人之一。在《东方时空》的一个采访王志的小节目中，播出了一段在《面对面》中没有被用上的采访：

王志：你害怕不害怕?

钟南山：害怕什么呢? 我们其他的人也都在这儿，有什么可害怕的呢?

王志：你天天在这儿……

钟南山：我没有天天在，我这几天都不在，有一些拉拉杂杂的事儿，包括你们……

王志：你可以不来的。

钟南山：嗯? 可以不来的?! 什么意思?

王志：你已经 68 岁了。

钟南山：我还不到 68，我连 67 都不到，我 1936 年的。(这时两者的对话气氛才稍微缓和)

王志：你可以不来的。

钟南山：哦，这个可以不来的。

王志：没有人会怪你。

钟南山：干吗要怪? 你就是做这个工作的，干吗要想着别人怪不怪你。

这段采访，钟南山对王志有些抵触情绪，大概是那些天经常受到媒体采访，加上自己的工作任务又非常重，因此有些不快。而王志锲而不舍，一定要用常理常情问出个究竟。但就是这些问题，才把钟南山的直率、危机感、责任感、淡泊名利等个性展现出来，深深打动了受众。

资料来源：蔡长虹：《主持人的个性化语言》，105～106 页，北京，中国经济出版社，2004。

第二节　主持人心理控制的相关内容

心理学认为，人的任何活动中都有心理现象，因而“人的任何外观活动都离不开心理活动的参与和调节”[①]。心理活动对人的活动的参与和调节，可以被看作心理控制。“人

---

① 林传鼎等主编：《心理学词典》，58 页，南昌，江西科学技术出版社，1986。

们根据自己的目的，改变条件，使事物沿着可能性空间内某种确定的方向发展，就形成控制。控制，归根结底是一个在事物可能性空间进行有方向的选择的过程。”① 主持人的主持活动是为了传播而进行的复杂的社会活动，在这个复杂的社会活动中，环境、传播任务的性质、主持人个人的素质等因素的差异会导致主持人心理过程呈现一些与良好的传播不相适应的表现。这就需要主持人学会心理控制，从而使自己的主持心理保持在健康、稳定的状态之中。

主持人的心理控制需要主持人在对自己的气质、性格、意志、思维方式以及心理因素进行理解和分析的基础上，根据不同的传播要求而设法进行适应和调节。因此，了解这些基本内容，在主持工作中有意识地运用心理控制，对主持人而言，是有益和必要的。

一、气质及其类型

（一）气质

气质是人的高级神经活动类型在人的行为和活动中的表现，是个体独有的心理特征。人们通常所说的“脾气”是气质的通俗的说法。气质主要表现在情绪体验的快慢、强弱，表情外现的隐显以及动作的灵敏或迟钝等方面。

气质特点一般是通过人与人的相互交往过程显示出来的，它带有浓厚的个体色彩。例如，在与人的交往中，有的人热衷于鸡零狗碎，表现出阿谀奉承的神态，而有的人则处事坦荡大气，为人光明磊落，这就是气质上的不同表现。

（二）气质的类型

1. 按体液说划分的气质类型

不同的个体气质被划分为不同的气质类型。关于气质类型的研究有多种学说，目前世界上使用最多的一种气质分类法是公元前 5 世纪古希腊医师希波克拉底提出来的。他认为人体内有 4 种体液：血液、黏液、黄胆汁和黑胆汁。500 多年后罗马医师盖仑把体液称为气质，将人的气质根据前面几种体液在人体内的不同的比例划分成多血质、胆汁质、黏液质和抑郁质等气质类型。后来人们经过深入研究，对气质类型作了以下说明。

（1）多血质型。

这种类型的人一般活泼好动，富有生气，爱与人交际；动作迅速、敏捷、节奏快；表情生动，富于变化，不掩饰自己的内心体验，外倾性强。但对人情感不深、不巩固；办事缺乏耐心，粗心大意；注意力和兴趣不够集中，情绪变化也快；容易沾沾自喜，好表现自己。

（2）胆汁质型。

这种类型的人一般外倾性强，待人坦率、直爽；办事认真，精力旺盛，毅力也较强；注意力和兴趣相对集中，很少分心，也不易受环境和他人左右。但情绪色彩强，容易冲

① 金观涛、华国凡：《控制论和科学方法论》，7 页，北京，科学普及出版社，1983。

动，好兴奋，自我控制力差。

（3）黏液质型。

这种类型的人一般沉着、稳重，办事踏实、勤奋，讲话讲究分寸，待人宽容，善于忍耐，情感深沉，不爱发脾气；注意力集中且能坚持较长时间。但一般较内倾，缺乏热情，对外界反应缓慢，适应性较差。

（4）抑郁质型。

这种类型的人体验丰富而细微，善于观察别人不易察觉的细节，反应性和主动性低，注意力和兴趣不轻易转移。但为人内倾，不愿与人交往，情绪抑郁，行动迟缓，且自信心不足。

2. 按人的高级神经活动特点划分的气质类型

一种较为普遍的具有现代科学意义的气质学说是苏联生理学家巴甫洛夫提出的高级神经活动类型说。巴甫洛夫通过对人的高级神经活动特点进行研究，把人的气质的生理基础由体液转到神经系统的活动上来，提出了描述神经活动的 3 种维度：一是神经细胞工作能力的兴奋和抑制过程的强度；二是神经系统的平衡性，即兴奋与抑制过程一致性的程度；三是神经过程的灵活性，即兴奋与抑制过程转换的快慢难易。这 3 种维度上的不同表现可以组合成 4 种神经系统活动类型，这与希波克拉底的体液说的 4 种类型能够较好地对应起来。

（1）强、平衡、灵活型（活泼型）。

相当于多血质型。这种类型的个体能根据刺激调整自己的活动，适应性较好。这是一种健康、顽强、充满活力的神经系统类型，它对恶劣的心理、社会环境有较强的抵抗力。

（2）强、平衡、迟缓型（安静型）。

相当于黏液质型。这种类型与多血质型有许多类似之处，不同的是，这种类型的个体行为惰性较强，因此不太容易适应迅速变化的环境。

（3）强、不平衡型（冲动型）。

相当于胆汁质型。这种类型的个体兴奋强度胜过抑制强度，易冲动，神经质，对自己的行为常常难以控制。

（4）弱型。

相当于抑郁质型。这种类型的个体的神经细胞显得很脆弱，即使是正常强度的刺激对它们来说也嫌太强，导致神经细胞产生保护性抑制；外在刺激的迅速而频繁的变化会使个体行为紊乱。

3. 按激素理论划分的气质类型

另一种与生理因素相关联的气质理论是伯曼提出的气质激素理论。他认为内分泌腺的活动与气质有密切的关系。由于人的情绪性、活动的反应性和冲动性与内分泌因素有关，气质可分为下列 4 类。

（1）甲状腺型：感觉灵敏，坚持性强。例如甲状腺机能不全的人，感觉比较迟钝，智力发育比较差。

（2）垂体腺型：智慧聪颖。

（3）肾上腺型：情绪激动。

（4）性腺型：性别角色突出。[①]

还有其他的一些气质理论，此处不再赘述。

应当指出，这些气质理论对人的气质的划分只是为我们提供了一个认识人的特征的参考系。就具体的某一气质类型而言，在现实生活中纯粹具有某一气质类型的典型特征的人是极少见的，多数人属于混合类型，兼有两种或多种类型的特征。

气质类型并无好坏之分。任何一种气质类型都有其积极的方面和消极的方面。例如，多血质型的人感情丰富，表情生动，能力强，善于交际，但注意力变化快，缺乏耐心，容易出现不踏实、浮躁现象；抑郁质型的人引导得好可以仔细耐心，具有专注力，观察细致，理解深刻，而教育引导不当则可能变得孤僻、怯懦、行动迟缓、自信心缺乏等。

气质也不能决定一个人的社会价值和成就的高低。气质与社会价值和成就之间没有对应关系。据研究，普希金有明显的胆汁质特征，果戈理具有抑郁质特征，赫尔岑是典型的多血质型，尽管气质类型不同，但他们都在文学上取得了巨大的成就。

二、性格及其类型

（一）性格

性格是一个人对现实的稳固态度以及与之相适应的行为方式。

性格在其形成过程中与气质相互渗透、相互影响。在性格的情绪性和表现速度的显示方面，气质对性格的影响是较显著的。同时性格也会在一定程度上掩饰或改造气质，使之服从于实践要求的行为方式。所以不同气质的人可以形成相同的性格特征，相同气质类型的人也可以有不同的性格。这又与社会生活条件的制约有关。可以说，性格是在遗传的基础上后天形成的，具有相对的稳定性，但又有可塑性，是可以改造的。

人的性格是一个十分复杂的心理构成物，它有多个侧面，包含着多种特征。在结构上，它包含三个要素：一是处世原则。这是个体的人生观的反映，是性格结构的核心。二是对事物的态度。这是受处世原则决定的个体对事、对人、对自己的态度体验，是性格的实体。三是活动方式。这是个体在处世原则和兴趣、能力、气质、情感等的影响下，显示自己最基本、最本质的个性心理的表达方式，是性格的外现特征。把这三者结合起来，即看一个人如何处世、如何处事、如何行动，就可以看出他的性格如何。

（二）性格的类型

对性格的分类有多种方法，最常见的有三种。

1. 按个体心理活动倾向来划分

根据个体心理活动倾向于外部或倾向于内部，可以将人的性格划分为外倾型和内倾

---

① 参见孟昭兰主编：《普通心理学》，481～486页，北京，北京大学出版社，1994。

型两种：

外倾型性格的人，开朗、活泼、情感外露、善于交际。

内倾型性格的人，沉静、孤僻、反应缓慢、好幻想，心理活动倾向于内部世界。

2. 按个体独立性程度来划分

根据个体独立性程度，可以将性格划分为顺从型和独立型两种：

顺从型性格的人，独立意识差，容易受外界的影响和暗示，作决定时常犹豫不定，怀疑自己的正确性，遇到困难或紧急情况会表现得张皇失措。

独立型性格的人，自信心强，能坚持自己的观点和看法，不易受他人的干扰和暗示，有时喜欢把自己的观点强加于人。

3. 按理智、意志和情绪中何者占优势来划分

根据理智、意志、情绪三者哪个占优势，可以将性格划分成理智型、意志型和情绪型三种：

理智型性格的人，思维活动占优势，常常以理智来衡量事物，用理智支配自己的行动。

意志型性格的人，镇定、果断、勇敢、顽强，有明确的目标，行动有主动性，有自制力。

情绪型性格的人，对外界的刺激有着深刻的体验，举止易受情绪左右，表现为心血来潮，感情冲动，缺乏稳定性和持久性。

和气质一样，绝对符合某一性格类型特征的人，在实际生活中是很难找到的。一个人常常兼有几种性格类型的特征，只是其中一种稍强而另外几种稍弱而已。

三、意志及其品质

意志是人自觉地调节行动去克服困难以实现预定目的的心理过程。

在意志的支配下行动是人所特有的特征。意志对行动的调节作用有发动和制止两个方面：发动表现为推动人去从事达到预定目的所必需的行动，制止表现为抑制不符合预定目的的愿望和行动。因此意志具有两大特征：一是和人的目的相联系，二是与克服困难相联系。

人的行为和活动是有意识、有目的、有计划的。人在从事活动之前，活动的结果已经作为行动的目的观念地存在于头脑中，他以这个目的来指导自己的行动，这是人和动物的根本区别。马克思在谈到这个问题时有一段生动的论述："蜘蛛的活动与织工的活动相似，蜜蜂建筑蜂房的本领使人间的许多建筑师感到惭愧。但是，最蹩脚的建筑师从一开始就比最灵巧的蜜蜂高明的地方，是他在用蜂蜡建筑蜂房以前，已经在自己的头脑中把它建成了。劳动过程结束时得到的结果，在这个过程开始时就已经在劳动者的表象中存在着，即已经观念地存在着。"①

---

① 《马克思恩格斯文集》，中文1版，第5卷，208页，北京，人民出版社，2009。

一旦目的确定之后，为了达到目的，就必须找出设想与目的之间的联系，充分认识客观事物与自身的能力，分析有利条件和不利条件，分析存在的积极因素和消极因素，找出可能的内部困难和外部困难，在此基础上还必须制定出实施计划、所经途径、具体措施、工作方法和步骤等。一般来说，认识越明确，措施越具体，信心就越大，意志行动也就更坚定、更有效。

明确的目的可以化为理想、信念，激发人们的意志，激发人们的热情，使人们克服重重困难险阻，百折不挠地为实现它而努力奋斗。作为主持人，克服困难包括克服客观外界带来的外部困难和克服自身心理、能力等方面的内部困难。内部困难诸如停滞心理、自卑心理、惰性心理以及急躁情绪等都是需要主持人运用意志力量去克服的。

坚强的意志品质是克服困难、完成各种实践活动的重要条件。坚强的意志品质包括以下几个方面。

（1）自觉性。

个体在采取行动时具有明确的目的性，能够充分认识自己的行动所蕴含的社会意义，使行动服从这一明确的目的。在具体行动的过程中表现出坚定的立场和坚毅的品质，即使遇到挫折和困难也不退缩。作为主持人，自觉地忠诚于党的新闻事业，敬业爱岗，努力提高自己的业务水平是主持人意志品质的核心。

（2）果断性。

果断性反映出一个人处事能当机立断。具有果断性的人能在复杂、紧急的情况下，清醒地认识事物发展的可能的结果，进而迅速作出决策，采取有效的行动方案。主持人在主持节目过程中往往会出现一些意想不到的情况，这时，果断性就具有重要意义。缺乏果断性，当断不断、优柔寡断，在不同的选择方案中摇摆不定，不能及时作出取舍，是不能适应以秒为单位时间进行传播的广播电视主持人工作的。

（3）坚韧性。

这是指在为实现既定的目的而采取行动时，能够长时间地保持充沛的精力和坚韧的毅力。主持人工作所需要的坚韧性表现在两个方面：一方面，要提高主持人的主持水平，需要主持人为既定的目标进行长期艰苦的努力；另一方面，每一次具体的主持都是既耗体力又耗脑力的高强度的劳动，需要主持人全身心地投入，不允许有丝毫懈怠，不能受外界的干扰，必须保持饱满的热情和高度集中的注意力才能做好。遇到困难时不能长期地控制自己的行动，见异思迁，轻易放弃努力或改变自己的决定，都是缺乏坚韧性的表现。

（4）自制力。

这是指能够完全自觉、灵活地控制自己的情绪，约束自己的动作和言语方面的品质①。主持人直接面对受众传播，每一个动作、每一个表情、每一句话都在受众的监听监视之下，是否得体，是否恰当，不仅影响个人的形象，也影响媒体的形象。因此，一些有不良动作的主持人，一些口头语不规范，常常满口都是“那么”“这个”之类的主持人，其形象会受到很大影响。自制力的运用有助于形成自己良好的主持形象。

---

① 参见华东师范大学心理学系公共必修心理学教研室编：《心理学》，231页，上海，华东师范大学出版社，1982。

四、思维

思维是人的智慧和能力的核心。在新闻传播活动中运用思维科学现成的研究成果，掌握思维运动的特点、规律和方法，对于指导新闻传播实践是十分有益的。

在新闻实践中，思维有哪些特点呢？新华社记者徐熊通过研究认为，新闻思维的特征主要有：

（1）思维的求新性。

思维上的刻意求新要求新闻报道在内容上和写作形式上有新意。

（2）思维的探究性。

思维的探究性要求新闻工作者经常去探索新领域，探讨问题，探究原因，探求真相。

（3）思维的广阔性。

新闻事业反映和影响客观世界的广泛程度、新闻报道和服务对象以及新闻工作者社会交往的广泛性，决定了新闻工作者思维的广阔性。

（4）思维的深刻性。

善于深入钻研问题、揭示事物现象的本质和现象间的内在联系，体现了思维的深刻性。

（5）思维的敏捷性。

思维结构具有较强的适应性和果断性。新闻敏感就是新闻思维敏捷性中最显著、最突出和最独特的表现。

（6）思维的灵活性。

灵活即根据环境变化的要求，迅速机灵地改变自己的行动的能力。思维的灵活性表现为根据事物的变化，运用已有的经验灵活地进行思维，及时地改变预定方案，而不拘泥于过时或不妥当的设计。

（7）思维的选择性。

即对新闻素材进行衡量和选择，确认事实本身所具有的新闻价值，以挑选适当的采访对象，确定相应的主题和题材。同时思维的选择性还包括思维的批判性和独立性，如独立思考，有自己的见解，不受别人的影响，等等。

（8）思维的逻辑性。

即思考问题时遵循逻辑规律。

（9）思维的联想性。

即由一事物联想到另一事物的心理活动，它包括由当前感知的事物联想起另一有关的事物，以及由已经想起的某一事物联想起另一事物，等等。

（10）思维的连续性。

随着事物的发展变化，思维活动也伴随着客观事物变动的过程，不断地思考和反映新的信息或事物的新动向。

（11）思维的多向性。

由于客观事物的广泛性、多样性和复杂性，处理问题时要从顺向、逆向、纵向、横向等多方面取向，从不同领域、不同角度、不同方位来思考。

（12）思维的限制性。

这是指主体意识运行的局限性和受制性。事实是思维的材料，这些材料是思维加工的对象，保证其真实性是思维加工的前提，这就形成了思维的限制性。①

这12种新闻思维特征，其实是人们在新闻实践活动中常见的前提能力和心理准备状态。了解这些特性之后，还应学会具体的思维方法，对客观事物进行思考加工。

新闻活动中常用的思维方法有：

（1）逻辑思维。

逻辑思维是指通过概念的形式，从现实中个别的具体的事物出发，抽象出其本质的规律，以得出一般的法则的思维方法。

逻辑思维运用推理，从给定的信息中得出新的结论。常见的推理方法包括归纳推理和演绎推理。归纳推理是通过观察和搜集大量的个别案例，以推断普遍规律或总结。而演绎推理是从已知的前提出发，通过运用推理规则得出新的结论。

（2）形象思维。

形象思维是指通过形象的方式，在个别的、具体的、具有特征的事件和人物中，揭示生活的本质规律。形象思维具有生动性和具体性的特点。例如，诗人所说“春风又绿江南岸”一句中的“绿”字显然是违反逻辑的形象语言，但它却能给人满目春色的感觉，具有言有尽而意无穷的艺术效果，这就是形象思维的运用。

（3）创造性思维。

创造性思维是指有创见的思维。即在思维领域追求与前人、与众人有所不同而独具卓识，有新的发现、新的见解、新的突破的一种思维方式。创造性思维的特点是从新的角度、用新的方法来处理问题，从而产生新的思维成果。例如，高尔基不给自己的办公桌安抽屉。他认为，纸张一放进抽屉就会久久无人过问，工作需要的东西应该全部放在桌子上。这种提高工作效率的创举就是运用了创造性思维的结果。创造性思维有几个明显的特征，即求异性、发散性和逆向性等。

随着思维科学的发展，人们还提出了宏观思维、系统思维、顿悟思维等思维形式，这些思维形式都是值得认真学习并努力掌握的。

第三节　主持人良好心理素质的培养

通过主持人心理控制的相关内容的叙述，我们了解到主持人的良好心理素质的获得，与个人的气质、性格、意志和思维有关。因此培养良好的心理素质是一个综合工程，从目标的确定到心理和思维的训练，需要长期的努力，只有朝既定的目标锲而不舍地努力，持之以恒，才能收到成效。

---

① 参见徐熊：《新闻思维与新闻心态》，19～26页，南京，江苏人民出版社，1994。

一、培养自信心

充分的自信心是做好一切工作的重要条件，也是良好心理素质的重要内容。充分的自信心可以鼓舞士气，使身心处于兴奋状态，调动思维系统积极思考、敏捷反应，驾驭节目时便可镇定自若、神思清醒。主持人如果缺乏自信心，见到灯光亮起或面对话筒就会感到紧张，不能获得松弛感，主持起节目来也就谈不上从容不迫、挥洒自如了。

主持人为什么会出现自信心缺乏的现象呢？这是因为：第一，过分重视使自己失去了常人的感觉，失去了主持人应有的自信心。主持人在面对一次重要的节目主持活动时，自己感到责任重大，或与自己的切身利益有密切的关联，总想着要好好表现一番，结果反倒把自己给吓住了，没有了自信心。第二，过分担心导致自信心缺失。自信心与担忧心理是一对相生相克、密不可分的心理要素，担忧心理增强的同时，自信心就会减弱。对自己主持能力的怀疑会导致自信心的缺乏。

如何培养自信心呢？这需要主持人注意以下三个方面。

（一）充分相信自己的真诚会赢得受众

主持人的主持活动实际上是与受众的交流，既然是交流就要如同熟人间、朋友间的交流一样，真诚、坦率、平等、轻松地进行，以平常心来对待主持，不应有居高临下的优越感，更不应有自卑感。拥有一个真诚的情怀，与受众之间的距离就消除了；消除了这种距离感，自信心就会贯穿于主持之中了。

崔永元就谈到过这一点："我承认我对自己非常自信，从一开始就有。这份自信，从什么地方来呢？最早设计节目的时候，我就有个想法，我把最真实的想法反映给受众，我的自信建立在我的真诚上，建立在我的善良上。比如说，我听嘉宾讲他们曲折的经历，会被打动得掉眼泪。我相信很多主持人在这种时候会很忌讳自己掉眼泪，因为掉眼泪的样子确实不好看。我在哭的时候，在掉眼泪的时候，脑子里没有这些杂念。包括我想开怀大笑，我就笑，我笑起来的表情很难看，我自己知道，但是我不在意。这就是我的自信所在。我说话没说好，说结巴了，我的形体不好看，服装搭配不很合理，各种各样男人的毛病，都有可能在屏幕上被放大、被展现出来，我心里可以接受它。我希望大家看到的这个《实话实说》的主持人就是这样，不是个完人，身上有很多毛病，也有很多可爱之处，他一看我，就想到他的一个兄弟，想到插队时的一个战友，想到当兵时同班的一个战士，想起邻居大妈的一个儿子。我的自信就建立在这个地方。"① 这段话是崔永元的经验之谈，对主持人培养自信心是有借鉴意义的。

（二）做好临场前的心理调节

心理学研究表明，当人体受到刺激或处于紧张状态时，人体内部会发生一系列变化，人体外部也会呈现相应的外表特征。这些外部变化主要表现为：

① 转引自林可行：《TV名嘴·主持人社交技巧》，6～7页，北京，改革出版社，1999。

第一，呼吸、循环系统的工作发生变化，或呼吸急促，或心跳加速，或脸色苍白，或满脸涨红；

第二，肌肉、骨骼系统的工作发生变化，或笑容满面，或手舞足蹈，或目瞪口呆，或愁眉深锁；

第三，消化系统和各种腺体的工作发生变化，或涕泪交流，或冷汗浃背；

第四，发音系统的工作发生变化，或音调升高、频率加快，或话音颤动，含混不清，等等。①

主持人在紧张的状态下，会出现一系列相应的身体系统的变化，如：声带绷紧导致声音变高、变窄，声音抖动，呼吸急促导致气浅声浮；身体姿势和动作也会发生变化，动作变得不自然、笨拙甚至僵硬；思维变得混乱，甚至受到阻滞而变得一片空白，忘记一些很熟悉的人的名字，想要表达的词句一个也想不起来；等等。针对这些情况，做好临场前的心理调节有着重要的意义。这类调节措施有：

首先是排除杂念，集中精力，将情绪稳定下来，消除紧张情绪；

其次是抵制外界不利的刺激，如环境条件或人事纠纷等，使自己获得一个稳定的心境；

最后就是做一些深呼吸动作，松弛神经，放松肌肉，达到情绪的镇定。

这些措施都是有助于自信心的恢复的。

（三）事先做好各方面的准备

自信心不足很多时候是由准备不足造成的。人们在从事一项工作时，如果对工作的各个环节事先做了认真周详的准备，心中有数，那么在实际进行的过程中就会信心十足；而事先准备不充分，心中无底，仓促上阵，加上自己功底薄弱、能力有限，自然就会出现自信心缺乏的现象了。

因此，主持人要增强自信心，应对节目的全过程有总体的把握，同时对细节要认真对待，对可能出现的问题要考虑周全，设计出应对措施。另外对场上可能用到的词语、典故、故事、相关的人物等事先要弄明白，以便随时调用。

准备工作做得充分扎实，上场也就心宁神定了。

延伸阅读

李湘的自信小窍门

李湘认为，湖南卫视以快乐为主打，喜欢乐观、积极向上的主持人："我们台对娱乐节目很重视，所以娱乐型节目主持人的机会多一些，别的主持人就有可能坐冷板凳。"她建议，在选择电视台前，一定要了解电视台及频道的定位，然后根据自己的能力、喜好，选择适合自己的单位。

"我最大的优点，就是自信、胆大！"李湘很率直地说，"我有很多缺点，脸圆、身体胖，没关系，这是我的特点呀！每次站在舞台上，我就告诉自己：一定要自信，我是最

① 参见罗以澄：《新闻采访学新论》，246页，武汉，武汉大学出版社，2000。

棒的。做完节目，再听意见改正、修补。”她还公布了一个增强自信心的小窍门：“身边带个好朋友，让他不断夸奖你，有自信就不会紧张了。”

资料来源：http：//bbs. chinalawedu. com/forum - 224 - 46/topic - 300520. html。

二、学会控制情绪

加强对情绪的控制，是主持人培养良好的心理素质的重要条件。加强情绪控制应注意两个方面：一方面是现场的情绪，另一方面是主持人自身的情绪。

（一）控制好现场的情绪

主持现场由于节目的深入，有时会出现一些难以预料的场面，比如，在谈话节目中讨论到某些热点话题时，现场会出现激烈的争论，观众和嘉宾都会有自己的情绪。面对这种情况，主持人要清醒地认识到自己的角色地位，不能为环境所感染而失去控制能力，要提醒自己是主持人，不应被现场情绪左右，这样思维就会清晰流畅，言辞就会得体，现场的情绪走向也就在主持人的控制之下、按主持人的引导方向而流动了。

延伸阅读

孙楠在直播中退赛，汪涵救场化解尴尬

在湖南卫视歌王赛直播中，选手孙楠突然宣布：“我想让我的弟弟妹妹们能够继续向歌王冲刺，所以我决定放弃下一轮的争夺。”面对这突如其来的尴尬场面，汪涵保持镇定，沉着应对，化解了危机。

汪涵说：“既然我是这个舞台的节目主持人，那接下来就由我来掌控一下。首先我要请导播抓紧时间给我准备一个三到五分钟的广告时间，谢谢！我待会儿要用。接下来我要说的这一段话有可能只代表我个人的观点，不代表湖南卫视的立场。

“呃，我从二十一岁进入湖南广电，所以我觉得自己身上的很多优点和缺点似乎都打上了湖南广电的烙印，包括所谓没事不惹事，事来了也不要怕事。对于一个节目主持人，在这么大的一场直播当中，一个顶尖级的歌手、一个顶梁柱一样的歌手，突然间宣布退出接下来的比赛，我想应该是摊上事了，甚至是摊上大事了。但是说实话，我的内心一点都不害怕，因为一个成功的节目，有两个密不可分的主体。除了这个舞台上的七位歌手之外，还有电视机前的亿万观众和现场的这么多观众。我之所以不害怕，是因为你们还真诚地、踏踏实实地坐在我的面前，我还可以从各位期待的眼神当中读到你们对接下来每一位要上场的歌手即将演唱歌曲的那一份期许，我还可以从各位的姿态当中感受到你们内心的那种力量。这个力量给楠哥、给其他六位歌手已经准备好了——会有千万掌声要送给他们，楠哥不信，你听（掌声）。当然，我们在这里要向楠哥提出一个希望和请求，就是希望你以一个观众的身份继续坐在这个地方，来看你最爱的弟弟妹妹们向歌王的舞台进军。我也相信我们现场的500位大众评审已经做好了准备，用掌声来接纳这位不期而至的观众，不信，你听（掌声）。

“接下来，对于我个人而言，作为一个主持人，我在台上不可能有这么快的反应速度，也不可能有这么大的权力来重新调整接下来因为楠哥的退出而要改变的比赛规则。因为有一个歌手要退出，所以比赛规则要做相应的改变，所以有请导播在这一刻给我放三到五分钟的广告。我要跟我们的制作团队、跟我们的领导一起商量怎么来进行节目上和赛制上的相应的调整。

“各位亲爱的观众朋友，真的千万不要走开。还是那句话，真正精彩的时候，或许会从广告之后再开始。马上回来！”

资料来源：https：//v. qq. com/x/page/b3236bi8e1l. html。

（二）控制好主持人自身的情绪

控制好主持人自身的情绪，主要是指控制不利于节目正常进行的否定的情绪色彩。主持人学会自觉地克服这种否定的情绪色彩，是有利于良好的心理素质培养的。主持人如何控制自身的情绪呢？具体说来要注意以下几个方面。

1. 忌带不良情绪上场

主持人在工作和生活中难免会遇到各种不愉快的事情，或者临上场时突然感到异常紧张。这时主持人要冷静对待工作和生活中的不良刺激，提醒自己，主持人没有权利将个人情绪转移到主持工作中来，受众需要的是一个全身心投入的精神饱满的主持人。如果是紧张导致情绪不稳，那么上场前，可以做做深呼吸，或听一段舒缓的音乐，或与同事聊聊天，以使自己的情绪稳定下来。

2. 对自己的身份有一个明确的认识

每一次主持，由于节目的性质、对象不同，主持人在具体环境中的身份会不断变化。在一位老者面前，主持人是晚辈；在一位青年面前，主持人也许是平辈或是兄长；在普通工人、农民面前，主持人是知识分子；在一位专家面前，主持人又可能是门外汉。这种不稳定的身份角色要求主持人注意摆正自己在节目中的位置。比如，在访谈类节目中，主持人如果对访谈对象采取一种低姿态，就比较有亲和力，容易被对象和受众接受，而主持人自己也进可攻，退可守，有伸缩的余地，遇到难题可以共同探讨，心理上就轻松自如得多；如果反过来，主持人倨傲无礼，对一些问题不懂装懂，待人缺乏善意，主持中就容易造成情绪对立。

3. 学会倾听

在谈话类节目中，学会倾听是主持人的涵养深厚的重要表现。学会倾听是指既要愿意听取对方谈话，又要勤于思考，善于引导。受众在倾诉自己的内心世界时，有时是带着复杂的情绪来谈的，常常出现含蓄隐讳、欲言又止的情况，主持人这时应注意不能急躁，不能在没有完全了解事情原委时就下结论，这样可以避免判断错误而将自己置于尴尬的境地。在节目进行过程中，还有可能遇到与主持人意见相左的意见，这时主持人不应激动或生气，更不能由着性子公然反对。主持节目不是参加辩论，主持人不是辩手，不需要争高低；主持人最好也不要充当裁判来裁断是非。学会倾听是主持人的职责之所在，也是保持良好心境的要求。

4. 正确对待节目主持中出现的失误

谁做事情都可能出现差错，出了差错要冷静，及时调整自己的心态，不能让负面效应左右自己，否则，陷于其带来的阴影之中，难免一错再错。即使一些大牌主持人也会出现这种情况。美国著名主持人拉里·金应邀为广告商在三家电视台做现场广告，在第一家电视台，他念完广告词后，须再配上宣传标语——“普来哲兄弟——给您最棒的面包（The Best in Bread)”，结果他说成了“普来哲兄弟——给您床上的乳房（The Brest in Bed)”。到了第二家电视台，他提醒自己别犯错，可脱口而出的是一样的错误。而到了第三家，他害怕再次出错，结果还是照错不误。因此，拉里·金说：若是捅了娄子，切记要若无其事地照常做你该做的事，千万不要为你说错了什么而烦恼，也别担忧自己会再一次出错，你要是害怕再一次出错，你肯定会再捅一次娄子。①

5. 处理好突发状况带来的情绪波动

在节目主持过程中，突发状况是难以预料的，但难免会出现。这就要求主持人在应对突发状况时要敏锐地感受并接收周围环境的一切信息和刺激。面对突如其来的状况，主持人应保持冷静，在第一时间做出正确的反应，否则就会在突发状况面前手足无措。

2021 年 9 月 15 日晚，杭州电视台《杭州新闻联播》出现重大播出事故——提词器突然失灵，男主持人狂按遥控器，面部表情明显慌乱。从视频中可以看到，发现提词器失灵后，不仅主持人产生了慌乱情绪，后面的导播室也乱成一团。主持人如果事先有心理预案，面对设备故障就能有条不紊地进行处理了。

再就是主持人在主持节目的过程中，会遇到既定的安排突然更改、有意想不到的内容要播出、没有准备的时间等情况。这也需要主持人具有良好的情绪控制能力，临危不乱，谨慎处理。

例如，2020 年年初，神州大地遭遇了肆虐全国的新冠疫情。为了确保广大人民群众的身体健康和生命安全，在 2020 年 1 月 26 日上午 9 点多，江西电视台接到了江西省新冠疫情防控应急指挥部令，要求主持人在 10 点档的《整点新闻》播发出去，那个时候稿件还没有打印出来，领导临时决定在直播开始之前再给主持人稿件。当拿到稿件的时候主持人才发现，不是仅仅一个指挥部令，而是四个，传真过来的稿件整整 8 页。这就要求主持人在没有任何准备的情况下一口气播完。面对这样的突发情况，主持人做到了：利用仅有的时间，快速浏览稿件；确认稿件顺序是否正确；发现有生僻字，以最快的速度查找到正确的读音；气息下沉，调整自己的心态，镇定自若，不慌乱；在镜头前播发稿件时，保持与观众交流的状态，不一味地低头看稿件。②

6. 学会幽默

主持人在节目中运用幽默可以使节目现场活跃起来，调动受众的情绪，还可以消除节目过程中出现的尴尬场面。主持人在生活中也要学会幽默，幽默可以使人保持积极乐

---

① 参见林可行：《TV 名嘴·主持人社交技巧》，300 页，北京，改革出版社，1999。

② 参见赵阳：《电视新闻节目主持人在直播中突发情况的应对》，载《声屏世界》，2021（20）。

观的心境、宽厚豁达的胸怀，遇到不顺心的事，一个自嘲就能疏解百结愁肠，因此，幽默被看作能给人们带来欢乐的工具。要培养自己的幽默感，第一，要培养自己积极乐观的人生态度，笑对人生，笑傲坎坷，藐视困难和挫折。第二，要放松心态，纵然泰山压顶，我自岿然不动。有了这种心态，思维就能清晰流畅，智慧就闪烁出快乐的火花。

三、锻炼意志

意志是一个人具有明确的目的并选择手段以克服各种困难，达到预期目的的心理过程。属于意志型性格的人，他的意志因素在性格中起主导作用，表现为工作积极主动，意志坚定，为明确的目标而奋斗。

那么，应该如何锻炼意志呢？

（一）要提高认识能力

意志和认识有密切关系，认识是意志的前提和基础，二者是相互促进的。任何一个意志行动总有它的具体内容，当人们通过理智的思维，明确了自己的行动是正确的，目的是可以达到的，他们便下定决心，义无反顾地去实施。认识在这里起着重要作用。强大的认识能力能够洞察时势，明辨是非，理智地对客观事物作出合乎逻辑的思考，获得符合客观实际的行动方案。因此，正确的认识能使自己的行动具有明确的目的，并能采取各种措施，克服困难去实现预期目的。

潘涛在讲述自己从进入央视到上《新闻联播》节目的经历时说：

> 从 2016 年到现在（2020 年 9 月）走了将近 5 年的这样一个历程，也在不断地摸索和融合：与团队融合，与节目的风格融合，与节目组的版面意识融合。所以我以前特别强调的就是作为一个新闻主持人，要有“四有意识”：要有播报的激情，要有沟通的渴望，要有版面的意识，要有主编的见地。这可以说是从全局来了解一档节目，然后通过主持状态来把控住它，这是我对自己的一种要求。这四五年的时间，我一直在努力地将我自己融入节目的规范，在有效的实践当中尽量迅速地融合到央视的风格里边来。我认识到，每个人克服困难，都要让自己有坚韧不拔的信念去支撑着自己，保持最好的状态，去迎接新的挑战，去克服一些意外的困难。我觉得只要有一个恒定的心态，只要有一股韧劲，就一定能够达到最初所设计的目标。

（二）要提高自己的情商

情商是指个体驾驭、监控自己的意志、情感，并识别和利用有关信息来指导自己的思想和行为，协调自己的心理活动，从而实现自己的愿望和理想的一种情感因素。

情商在人的成长过程中有重要作用。有心理学家做过这样一个实验，实验者在班上发给每一个被试的同学一颗糖果，对他们说，你们可以现在将它吃掉，但是假如待一会儿我回来你们没有吃掉它，你们将得到另一颗糖果作为奖赏。过了一段时间之后，许多同学经不起糖果的诱惑，将它吃掉了，没有吃掉的同学得到了另一颗奖赏的糖果。实验者对这个班上的同学作了跟踪调查，20 多年后，当年那些没有吃掉糖果的学生大多成了厂长、经理、科学家，而吃掉了糖果的学生很多一直碌碌无为。由此，情商的重要作用可见一斑。据心理学家的实验统计，在人们的成功要素中，智商仅占 20%～40%，而情商则占 60%～80%。

主持人也是这样，虽然智商重要，但如果不用情商去驾驭自己的意志、情感，借以指导自己的思想、行为，推动自己用坚强的意志去努力实现既定的目标，要想有所成就也是很难的。

中央电视台主持人赵普接受记者采访时有这样一段话：

> 我上早班时就需要 4 点起床，有时甚至更早。新闻主播的压力难以与外人道，你不在这个岗位上，就很难体会这种压力。比如睡眠不够，工作节奏快，工作时间长，体力消耗大，还有知识储备永远处于待补给状态。所以每天都要学习很多东西，学习的压力也很大。学习应该是终生的学习，而不是阶段性的。我的主要学习方式是读书、上网，还有写作。不放弃的原因也很简单，一是喜欢，二是责任，因为已经坐在这个位置上，你的作为就不是个人行为了，就不能轻言放弃了。特别是现在很多观众喜欢看这个节目，通过它去了解世界，那就使我更多了一份责任感。每当我想到很多忙碌的朋友都会看我的节目，疲劳感就无影无踪了。①

从赵普的这段谈话中，我们可以设想主持人凌晨 4 点起床工作时需要付出的毅力，可以看出在一种惯性强大又十分疲劳的例行工作中所需要的意志力。泛化开来，在这里，情商对节目主持人来说有其重要的意义。因为对于希望成为优秀主持人的从业者，在实现自己目标的道路上，不可避免地会出现挫折和困难，有时还会出现意料之外的打击和失败，在遇到这些情况时，就特别需要运用情商来抑制自己的消沉和倦怠，驾驭自己的意志，用百折不挠的毅力和勇往直前的精神去实现自己的奋斗目标。

四、加强思维训练②

一般人们在谈论主持人的心理素质的培养时，大多只谈论性格、气质、语言能力、知识结构等方面的因素对心理素质的影响，较少谈论思维与心理素质的关系。其实良好的心理素质与良好的思维能力是分不开的。良好的思维能力能帮助主持人把握节目的风格，驾驭现场的意外事件，增强应变能力，使主持人获得能力的证明和自信心的提高，从而形成良性心理的循环。

主持人加强思维训练，应该注意哪些具体内容呢？

（一）逻辑思维的训练

逻辑思维能使人思维的结果逼近客观事物的本质特征，使人善于抓住事物的最具特

---

① 转引自杨芳秀：《带着生活的诚意——赵普访谈录》，载《新闻战线》，2009（3）。

② 参见廖声武：《主持人心理素质培养中的思维训练》，载《中国广播电视学刊》，2005（4）。

点的一面而不致花了很大气力却不得要领；逻辑思维能使人条理清楚、表述准确，不致出现语焉不详、含混不清的表述；逻辑思维能使人迅速抓住事物的本质，获得一种高屋建瓴的气势，在节目的现场获得较高的人气指数，取得良好的传播效果。

逻辑思维看似一个很简单的问题，但事实上在新闻传播中并不乏不注意逻辑的事例。《实话实说》有一期节目《该不该减肥》，崔永元和张越有一段对话，张越的表述就前后矛盾：

> 崔永元：张越，刚才您的观点好像也是顺其自然吧？
>
> 张越：我在很小的时候，受熟人的“挑唆”也减过一次肥，但是立刻停止了，而且后来决心不再犯。
>
> 崔永元：是那次效果不好吗？
>
> 张越：不，非常有效果，一次就减掉好几公斤。是这样的，会有很多人告诉你，吃了他的减肥食品，你就可以不吃饭了，你不会觉得饿。凡是遇到这种情况，都是红口白牙、胡说八道骗你——你会饿的，而且是特别饿，但是你坚持不吃，你不吃饭、不吃肉、不吃甜食、不吃所有好吃的东西，大家休息你不休息，大家睡觉你不睡觉……
>
> 崔永元：现场有减肥药品的厂家，你不怕得罪他们吗？
>
> 张越：我不怕，我还跟他们急呢！（笑声）当你受尽折磨后，你发现才减了一两公斤，但你不能永远不吃饭啊！再吃饭那体重又回来了，然后再不吃饭，再减？于是人生就变成一场无休止的苦役，一生都跟自己那几公斤体重过不去，（笑声）为的就是瘦一点。瘦一点和胖一点有什么区别啊！胖了容易得高血压，瘦了还容易得癌症呢！不胖不瘦还能得艾滋病呢！（掌声）运气太坏的，头顶上掉下一个花盆就把你砸死。（笑声）所以，生命的数量我们根本无法控制，我们控制一下生命的质量，不再受那种减肥的苦役的折磨就足矣。

在这段谈话中，张越首先说自己没有顺其自然，曾减过一次肥，而且“非常有效果，一次就减掉好几公斤”。但在后来的一段话中她却说吃了减肥食品后觉得特别饿，并不是非常有效果，而且不吃不睡只减了一两公斤，为了不再受罪还是“顺其自然”好。这段对话中张越的表述显然是前言不搭后语。虽然在一种凑热闹的气氛中没人去细究，但是假若有人站出来较真，那么张越就会立刻陷入尴尬之中，这对心理素质的负面影响是可想而知的。因此，要想在没有逻辑的、混乱的思维基础上培养良好的心理素质是很难做到的。

（二）形象思维的训练

尽管形象思维与逻辑思维都是要对事物的本质进行认识，但两者认识的方式是不同的。比如，“轻率的爱情是不会持久的”这一判断，是一个抽象的结果；而要对此作形象生动的表述，就可以说“甲板上的爱情到下一个码头为止”。前者是逻辑思维，后者是形象思维。形象思维的训练对主持人来说是非常必要的，形象思维的结果在主持现场可以获得非常好的传播效果，赢得受众的欢迎。这对主持人获得自信心，形成良好状态的良性循环，培养良好的心理素质是一种行之有效的方法。

形象思维的运作主要依靠想象和联想。对主持人而言，联想思维对加工主持素材具有特殊的功效。例如，上海电视台主持人叶惠贤主持一次文艺晚会，在介绍滑稽明星筱声咪、孙明上台时，没有直接介绍他们的名字，而是略施小计，先让观众猜上两段自己现编的谜语："妻管严喝酒——小（筱）声咪"，"悟空知道——孙明"。这种介绍法引得现场掌声四起。再比如，有一次叶惠贤和嘉宾周洁一起主持节目：

> 叶惠贤：周洁，给你猜个谜语，怎么样？
>
> 周洁：好啊。
>
> 叶惠贤："环境卫生"，猜一舞蹈家。
>
> 周洁：（迷惑地）"环境卫生"，猜不出来。
>
> 叶惠贤：周洁呀。（周洁茅塞顿开）看来，你爸爸妈妈一定很爱干净。
>
> 周洁：不是这个意思。
>
> 叶惠贤：那是希望你像一朵白玉兰似的洁白无瑕。
>
> …………

叶惠贤由周洁的名字，运用联想思维，发挥出"环境卫生"和"像一朵白玉兰似的洁白无瑕"，增加了节目的娱乐性。

联想思维的运用法则通常是：

第一，相关联想。在思考时，尽量根据事物间存在的时间或空间等方面的彼此接近进行联想。

第二，相似联想。尽量根据事物之间在形状、结构等方面的相似点进行联想。

第三，对比联想。尽量在形状和结构等方面存在差异，甚至完全不同的事物间进行联想。

（三）突破思维定式的训练

心理学认为，定式是心理活动的一种准备状态，是过去的感知影响当前的感知①。因此，思维定式可以理解为过去的经验对当前思维的影响。在传播活动中，由于我们长期处于一种环境，从事一种工作，头脑会形成一种思维习惯，这就容易形成思维定式。思维定式形成后，有利有弊。有利的地方就是使人对一些问题的解决驾轻就熟，少走弯路，做到举一反三，触类旁通，大大缩短思考时间，提高思考效率。但思维定式的弊端也是显而易见的，突出之处就是处理需要创新的问题时，思路打不开，跳不出原有的框框。对主持人而言，思维定式会使主持工作平淡无奇，语言缺少魅力，传播效果差，久而久之，导致自己对自己丧失信心，不利于主持人的成长。

要培养主持人良好的心理素质，突破思维定式、进行创新思维是一种行之有效的方法。具体来说，突破思维定式、进行创新思维需要对旧的思维进行置换，用来置换的具体内容包括整体思维、换元思维、发散思维，以及求异思维等。

---

① 参见杨雁斌编著：《创新思维法》，78页，上海，华东理工大学出版社，1999。

1. 整体思维

世界上的事物是多种多样的，呈现在人们面前时似乎是杂乱无章的偶然堆积。如何认识事物，使它们由杂乱无章变得井然有序？这需要人们突破所观察的事物本身，超越一事一物的狭小空间，站在时代的制高点上，运用系统论的观点对事物进行整合分析，将对事物的各个部分、各个方面和各种要素的认识统一起来，得出一个合乎规律的各要素、各部分组成的有机整体。

对主持人而言，整体思维在每次节目主持中都会用到。节目开始前，主持人对节目要有一个总体设计和总体构思；节目开始后，嘉宾和受众参与进来，主持人需要对思路进行追踪，对原有思路进行必要的随机调整，对嘉宾和受众的思维信息进行选择和合成，使主持思路丰富、成熟，形成新思路；节目临近结束时，主持人需要对节目进行回顾和综合分析，推出结论。整个节目是繁杂的，但实际上它包含了几个思维系统：节目一开始，主持人提出话题，这是一个始发性主体思维系统；接下来随着节目的展开推进、嘉宾和受众的思维信息的加入，主持人必须对原有信息进行整合，加入新信息，同时调整自己的思路，这时形成一个主客体综合思维系统；节目结束，主持人要对全场节目进行回顾和总结，发表个人的看法，这时又形成一个终结性主体思维系统。三个思维系统构成一个整体，前后呼应，一以贯之，形成主持人良好的临场状态。由此可见，良好的临场状态，实际上也是良好的思维状态。主持人要能持续处于高质量的思维状态，整体思维扮演着重要角色。

2. 换元思维

在现实生活中，任何事物都是由一定量的诸元素组合而成的，各种元素的排序不同和数量增减决定了事物的性质，要改变性质就要改变质量和数量，这就叫换元。将换元的方法运用到认识活动和创新活动中，就是换元思维。

进行换元思维的方法有两种：第一，结构换元法，即改变事物的结构以引起事物的质变的方法。大家熟悉的田忌赛马的故事就是使用了结构换元法。齐国的大将田忌常同齐威王及贵族们赛马，每次比赛共设三局，胜两局及以上的为赢家。然而，每次比赛，田忌总是输给齐威王。这天，田忌赛马时又输给了齐威王。回家后，田忌把赛马失败引起的不快告诉了孙膑。孙膑对田忌说："下次赛马时，您照我说的办法派出马匹，一定会取胜。"赛马开始了，第一局田忌派出了自己的下等马，对阵齐威王的上等马。结果，田忌输掉了第一局。齐威王十分得意。第二局，田忌派出了自己的上等马对阵齐威王的中等马。结果，田忌赢了第二局。第三局，田忌派出自己的中等马对阵齐威王的下等马，田忌又赢了第三局。三局两胜，田忌第一次在赛马比赛中战胜了齐威王。

第二，因素换元法，即在事物发展过程中，加入关键因素或替换关键因素，使事物改变性状的方法。曹冲称象的故事就是一个因素换元的例子。曹冲让人先把大象牵到一条大船上，等船身稳定后，在船舷上刻下一个记号，这个记号对应着水面到达的位置。然后，他让人将大象从船上牵下来，再往船上装石头，直到船下沉到刚才刻记号的位置。最后，他让人称量船上这些石头的总重量，这个重量就是大象的重量。曹冲通过将不可直接称量的大象替换为等重的石块，将抽象问题转化为可操作的步骤，使复杂目标通过等价替换（大象→石块）来实现。在日常生活中，因素换元更经常地被运用。例如，在超市“满 300 减 100”的促销活动中，原价 300 元的商品实付 200 元，折扣怎么样？将复杂的原价计算替换为折扣比例，就相当于 66.7%的折扣。顾客通过替换计算维度，便可快速判断商品的实际优惠力度，进而优化购买决策。

因素换元的思维方法在节目主持中的运用，对培养主持人的心理素质、增加节目的传播效果都有积极作用。

首先是角色因素换元。角色因素换元可以使主持人站在受众的角色上思考传播效果，调整自己的传播方式。中央电视台早期节目《为您服务》的主持人沈力常常从受众的接受心理出发来进行角色换元思维，使自己的传播更容易被大众接受。如《选字帖》节目中，编导设计的脚本的开始语是：“前一段，我们收到不少书法爱好者——特别是一些青年学生的来信，他们问：现在出版的书法字帖种类很多，但不知哪些字帖比较适合于初学者临摹？的确，对一个初学书法的人来说，字帖的选用是很重要的。为了帮助大家选到一本合适的字帖，我们带着这个问题走访了著名画家和书法家董寿平先生。”播出时沈力将开始语改成了这样：“我常有这样一种心情，每当看到别人写字写得很漂亮的时候，我就很羡慕。我觉得字写得好，不仅自己看着舒服，别人看着也是一种享受。在我收到的青年朋友们的来信中，很多人也表达了这种心情。他们说很想练字，却不知道该怎么选帖。为了使您练出一手漂亮的字，我们特地来到了著名画家和书法家董寿平先生的家里，请董老先生来给我们指导一下。”这是换元思维指导下进行的改动。这样讲，就避免了端着架子高高在上的姿态——不是主持人帮助受众，而是请行家来给大家帮忙。

其次是语言因素换元。语言是主持人的工具，主持人靠语言来表达思想，推进节目。因此，语言在节目主持中具有重要的地位。比如，对一位参加节目的农村老太太说“承蒙光临”就不合适，不如说“欢迎您参加我们的节目”。前一种说法老太太听不懂，而后一种说法使交流能正常进行。这看似是语言的不同，实际是换元思维运用的结果。如敬一丹曾就“水资源给山区的生活生产带来什么影响”到一个山区作采访，与一位老大爷有这样一段对话：

主持人：大爷，要是不下雨，您老在哪儿洗衣服？

老大爷：下边那村，离这两公里多。

主持人：洗菜呢？

老大爷：我们不洗菜，就吃点土豆，腌点咸菜。

主持人：那洗澡呢？

老大爷：我们不洗澡，洗啥澡，拿啥洗呢？

主持人：年轻的姑娘在哪儿洗澡？

老大爷：哪儿也没地方洗。一家几口人洗脸，都是孩子先洗，再是媳妇洗，最后男人洗，洗完的水不能倒，还得喂猪。

主持人的问话从生活实际问题入手，明白易懂，在一问一答中，水资源严重短缺给人民生活带来的影响一清二楚。如果不这样问，而是问“水资源给你们生活、生产带来了哪些影响？”，那么这位老大爷可能不知所云，也无从答起。这就是语言因素换元的作用。

有的主持人不懂换元思维，在节目主持过程中不能准确把握，节目主持做得非常蹩脚，甚至让人难以接受。铅球女运动员黄志红在一次《实话实说》节目中就谈到过这样一件事。1990 年亚运会上黄志红没有拿到冠军，沮丧地坐在那里，一位记者过来问："你现在心里是不是很难受？"黄志红在节目中说："问得我哭笑不得，心里说：'你这不是废话吗？能不难受吗？'"崔永元接过话头说："希望我们的记者同行少犯点儿这样的低级错误。"这实际上是一个角色因素换元问题，主持人如果从当事人的立场出发思考问题，就不会出现这样的"低级错误"了。

也有的主持人滥用因素换元，致使主持人与对话者信息交换错位。如一位广播节目主持人与听众的一段对话：

> 主持人：你的水性怎么样？
> 听众：还可以。
> 主持人：你呛过水吗？
> 听众：没有，从来没有。
> 主持人：你准备逆流而上吗？
> 听众：不，我都在游泳池里游，不想也没这个本事去漂流。
> 主持人：噢，我说的是在经济海洋里。

这里的信息交换错位是由主持人对语言因素换元的滥用导致的。所以主持人应当注意换元思维在表述过程中要遵循一般的语言运用规律，否则会弄巧成拙。

3. 发散思维

发散思维是美国心理学家吉尔福特于 1959 年提出的"智力三维结构"中论及的一种思维方式①。它是一种不依常规，从一个思维出发点出发探求多种答案的思维过程和方法。这种思维方式的特点是大胆假设，不受现有知识和传统观念的限制，使思维方向分散于不同方面，沿着各种不同的方向进行思考，进而发现新事物，建立新理论，开拓新领域。

按照吉尔福特的观点，发散思维有三个特征：一是思维的流畅性，二是思维的变通性，三是思维的独特性。流畅性指思维者在短时间内能作出众多反应，心智活动畅通少阻，灵敏迅速；变通性指思维者思路开阔，善于随机应变，寻找新的思路、新的方法，引导创造活动走向成功；独特性指思维者能突破常规和经验的束缚，用前所未有的新角度、新观点去认识事物，能提出超乎寻常的新观念，创造具有社会价值的独特成就。

在发散思维三个特征的相互关系中，流畅性是基础；变通性是关键，只有变通才能保证思维不受阻滞；独特性是精华，它表现为对事物的超出一般的见解，反映着创造性的本质。

在主持节目的过程中，发散思维可以帮助主持人扩展思路。例如，新闻节目的主持人可以围绕着某一主题，思维向四面八方纵横驰骋，多方面、多角度、多层次地思考问题，包括通过想象和联想，搜索调动记忆"仓库"的知识信息储备来分析、解剖各种矛盾关系，以形成正确而又独特的认识。1998 年秋，我国政府采用向商业银行发行 1 000

---

① 参见虞达文：《新闻心理学》，176 页，北京，新华出版社，2001。

亿元债券的方式来追加用于基本建设的资金。为什么要采用这种方式？它的效果如何？这是老百姓十分关注的问题。中央电视台《焦点访谈》及时采访了时任财政部部长项怀诚。主持人围绕发行 1 000 亿元债券的提问就是发散思维的结果。主持人的问题是：

这些年老百姓买国债已经买了很多次，老百姓对国债已经比较了解了，这次发行的国债与以往是不是有些不同啊？

为什么这样的债券专门向银行发行？这些银行从它们的承受能力来讲，能够承受得起吗？

有 1 000 个亿？除了这 1 000 个亿的债券募集到的资金投下去以外，可能各地方政府还有配套的资金，各商业银行也有配套的贷款，这样整体的结果会不会形成一个新的投资高潮？

政府一下子拿出这么多钱来做投资，会不会引起通货膨胀？会不会引起金融上的一些问题？

政府增加 1 000 个亿的债务，政府的承受能力、偿还能力怎么样？

这些问题的源头是政府发行 1 000 亿元债券，由此发散开来，主持人想到本次国债与以往的不同点、银行的承受能力、会不会形成新的投资热、会不会引起通货膨胀、政府的承受能力和偿还能力等。这些朝四面八方散射开来的思路将一个大的问题一一分解，通过采访对象的回答找到了答案，形成了新的认识。发散思维在新闻节目主持、评论节目主持和谈话节目主持等节目主持中经常用到。

4. 求异思维

求异思维是创造性思维的一种思维活动方式。求异思维是指认识者在认识过程中，把认知的对象凝聚于客观事物间的差异性和特殊性、现象与本质的不一致性、已知事物的局限性上。求异与创新是密切相关的，求异思维对未知事物有浓厚的探求精神，对客观事物的认识独具慧眼，因而能够不断地提出新问题、新见解、新构思。

在节目主持工作中，由于媒体众多，因此节目的内容和形式往往出现雷同。如果具有求异思维，则节目形式可以出新，节目内容可以与众不同，由此整个节目可以在竞争中脱颖而出，主持人因此也在心理上获得一种快慰，有利于良好心理素质的培养。

中央电视台主持人张泉灵能够脱颖而出，就是善用求异思维的结果。“当时我在央视第 4 频道工作了 3 年，记者、编辑、主持人、策划这几个工种混着做。后来又到了《东方时空》工作室。这个团队的主持人有白岩松、水均益、敬一丹、崔永元……他们都是我的前辈，都拥有太高的声誉。要是按既定的成长轨迹，我看不到自己的突破在哪里。因此我选择现场直播这个别人还没有特别关注的领域去做。”①

香港凤凰卫视的主持人陈鲁豫也是运用求异思维开创了一个全新的节目形式。1998 年凤凰卫视《时事直通车》收视率已经很高，但大家对第二天一早重播的《时事直通车》节目已没有多大兴趣。凤凰卫视是商业台，强调成本核算，而早晨这个时段不是黄金时段，广告难卖，怎么办？公司决定改版，让做音乐节目主持人的陈鲁豫改做新闻主播。

---

① 转引自杨芳秀：《我爱直播——张泉灵访谈录》，载《新闻战线》，2010（10）。

陈鲁豫记忆力好，反应快，临场表现轻松自然，所以她决定一改新闻节目通常一板一眼的播报方式，而像平常讲话那样，把新闻说出来。于是，她每天早上带着笑脸，轻松活泼地娓娓讲述着过去一天里发生的最新事件和逸闻趣事。陈鲁豫自己也没有想到，这种“说新闻”的主持方式，也算开创了华语节目的新模式。陈鲁豫在《凤凰早班车》中的说新闻形象深得受众喜爱，她自己也获得了很大的成就感。① 毫无疑问，求异思维造就了一个全新的节目样式，也造就了主持人自身，当然包括对她的良好的心理素质的培养。

杨澜的求异思维帮助她获得了让她的生命大放异彩的工作。她从北京外国语大学毕业那一年，中央电视台《正大综艺》节目导演到北外来招人，她被系里推荐去面试，同去的有30多人。导演开门见山地说她希望找一个纯情一点的、善解人意的主持人，接着就让每位到场的同学说几句话，就算是面试了。轮到杨澜做自我介绍时，她没有按导演的要求说几句话，而是问导演：“为什么在电视上女主持人总是处于从属的地位？为什么她就一定是清纯、可爱、善解人意的，而不能够更多地表达自己的见解和观点呢？为什么中国电视屏幕上很少有职业女性的形象？”杨澜没想到这些话让导演认为这个女孩“有思想”。几天后，杨澜接到了去中央电视台试镜的通知。②

主持人每天在一个栏目里出现，尽管每天报道的内容有所不同，但主持的形式与其他媒体的报道难免出现重复，这就需要主持人具有求异思维，善于寻求事物的特殊性，发展自己的个性，避免重复自己、重复别人。中央电视台的《焦点访谈》实行总主持人制度之后，主持人不再像以前那样在记者组里采编播合一，而是在演播室里点评。点评做得怎样，既是栏目的风格，也是主持人自己的风格。敬一丹在谈自己的点评经验时说，有些话她是尽量不用的，比如“我们必须”“各部门应该”“大家要”等，她认为这种带有指令色彩的语言像是政府说的、像是首长说的，不像主持人说的。这是一种自觉的求异思维，在这种求异思维的指导下，她的点评更具有传播的特点，更具有主持人的个性，避免了在自己的主持套路上重复，也使得媒体的个性更鲜明，具有独特的风格。例如：

> **评论点出要害、揭示实质**——前几天还被黄、赌弄得乌烟瘴气的地方，为什么警方一来，就变得干净了？种种疑点让人不能不问：是谁走漏了风声？是谁在通风报信？是谁在充当保护伞？
>
> **引出更深一层思考**——环保专家告诉我说，这5种颜色代表着空气质量的5个等级。蓝色和绿色最好；黄色属于中度污染；粉红色和红色已经属于重度的污染。看到标志污染的曲线在黄色和红色之间徘徊，看到我国一些城市日渐严重的空气污染状况，我们能为改善空气也为我们自己做些什么呢？把空气质量告诉公众还不是目的，随之而来的保护治理措施，才有望把我们带到更透明的空气当中。③

这些评论使得节目取得了良好的传播效果，对树立节目的品牌、主持人个人的传播风格起到了良好的作用。主持人靠节目的成功获得了快乐，获取了自信心，进而养成了良好的心理素质，这一切又与求异思维方式的运用密切相关。

---

① 参见寒波编著：《中国脱口五人秀》，319～324页，广州，广东旅游出版社，2000。

② 杨澜：《提问》，23～24页，杭州，浙江文艺出版社，2020。

③ 梁建增：《〈焦点访谈〉红皮书》，358～359页，北京，文化艺术出版社，2002。

思维的训练对主持人获得良好的心理素质是非常有帮助的。这里所列举的仅仅是几个基本的方面，所列举的几种思维方式也只是择其精要而已。主持人要改善自己的思维，通过思维方式的学习和运用以获得良好的心理素质；还必须系统地学习思维科学，并在实践中努力尝试，以期获得良好的效果。

练习题

1. 谈谈主持人良好主持状态与心理素质的关系。
2. 如何培养主持人良好的心理素质？
3. 主持人良好心理素质的培养为什么要强调思维训练？
4. 试举例说明主持人应当如何控制现场情绪。
5. 谈谈主持人在主持节目时克服心理障碍的重要性。
6. 谈谈主持人控制情绪的技巧。

第四章

主持人的审美修养

大千世界中，美是客观事物所具有的足以唤起人们美感的具体形象。而所谓审美，是指人们通过观察、感受、认识、鉴赏等活动来鉴别事物的美丑的一种社会活动。审美修养，对于人们认识客观世界的美、认识现实生活的美，从而创造美的世界具有积极的、重要的作用。

对于主持人而言，审美修养尤其重要。正如要欣赏艺术品，自己首先得具有艺术修养一样，主持人要让节目给受众以美感，自己首先必须具有审美修养。在很大程度上，主持人在节目主持中能否充分展示美、所主持的节目能否给受众带来审美愉悦，取决于其对美的理解的深浅，及其对美的把握的高低。因此，主持人作为广播电视这一大众文化的集合体的代表，对自己的审美修养应该有不同于一般的要求。主持人所具备和展示的美，必须来源于实践，必须把美的内容和形式统一起来，才能真正符合受众对审美的要求，才能和受众取得审美上的共识。

主持人的审美修养，一般是指主持人审美的内在条件，也就是在审美过程中，经常起作用的先天气质和经过审美实践以及锻炼、教育而形成的内在性格因素。主持人审美修养受多方面修养的影响和制约，是多方面修养的总和。一个节目主持人，其审美修养对其主持风格的形成和节目的成功都有着至关重要的作用。

第一节　主持人的精神美

精神，指的是人的意识、思维和一般心理状态的综合体现。精神美的内涵是非常丰富的，是主持人所有优秀内质的一个整体展现。在节目主持过程中，它最突出地表现在良好的思想品格修养、较高的文化知识修养、一定的艺术修养，以及富于人文关怀的情感等方面。

主持人是善于传播的新闻工作者，是党和政府的代言人，是真诚地为广大受众服务的。作为广播电视这个现代社会精神生活和精神风貌的“窗口”，主持人应当首先展示出美的精神风范，让受众产生健康、积极、振奋的美感效应，满足广大受众最深层、最根本的审美需要。主持人的精神美主要有四个方面。

一、良好的思想品格修养

思想品格修养是一个人具有正确审美观的根本保证。为人之美，美在品行。纯洁高尚的思想品格是精神美最根本的体现。高尚的思想品格来源于正确的世界观、人生观、价值观，表现为具有强烈的责任感和正直、真诚、善良的美好品格等。主持人作为受众思想的“良友”、心灵的知音，应当传播高尚文化，引导受众追求人生的真、善、美和幸福的真谛，应当通过自己的节目主持，让受众获得思想的洗礼和精神的享受。

主持人良好的思想品格修养包括以下几方面。

（一）强烈的责任感

强烈的责任感对于主持人而言，是一种敬业精神或职业道德，是主持人高尚品格的表现之一。最好的实例当推美国哥伦比亚广播公司的爱德华·默罗，他冒着被德国飞机炸死的危险，于1940年8月18日开始主持的《这里是伦敦》的现场广播，对民众产生了极大的震撼力量。

北京电视台《法治进行时》的徐滔，也是一个非常敬业的主持人，具有强烈的为受众服务的责任感。她1991年毕业于北京广播学院（今中国传媒大学），那时刚工作的她才20出头，白天跑新闻，夜里合片子，忙得家都回不了。在侦破北京市抢劫银行运钞车系列案件时，随军作战的徐滔连续一个星期没有洗澡，那时正是北京最热的时候，气温高达40摄氏度。当看到破案后群众的喜悦时，徐滔坚定了决心，她把责任放在心里，没日没夜地工作。作为政法记者，她受过犯罪嫌疑人家属的威胁，受过金钱的利诱，一次次面对呼啸的子弹，但她依然恪尽职守。她于2000年获首届全国优秀电视法制节目主持人一等奖，2004年获中国电视金鹰奖全国观众最喜爱的节目主持人称号，2006年荣获由中国电视艺术家协会主持人专业委员会专家评出的“25年25人”奖及其他各种奖项。

延伸阅读

张泉灵的敬业

张泉灵：对我们来说，职业人和社会人这两个角色都要兼顾，但年轻的时候，社会人很多时候是让位于职业人的。

我当时就说我每年都面临着诱惑，比如：2002年能让我有机会去阿富汗，那生孩子就明年再说吧；2003年，“非典”，那么重要的时候，我应该冲在前面；三峡蓄水了，如果不去的话，我永远看不到原来的三峡是什么样子的；2004年，雅典奥运会，那我一定得见证一下，现代奥运会回到它的发祥地时到底是什么样一个状况，我要看看别人是怎么报道奥运会的，我才能知道2008年怎么报道自己的奥运会；2005年，神舟五号终于要飞天了……每年都会有诱惑。等到有一天你突然发现，你已经过了30岁，你要让你的生命完整，我就想清楚了。其实2006年对我还有诱惑：世界杯足球赛在德国举行，我是我们台为数不多的学德语的人。但我告诉自己，你要放弃这个诱惑。即便这样，我怀孕4个月的时候还是去了台湾地区，做了《台湾系列》报道，一直工作到怀孕将近9个月。

资料来源：http：//blog. cntv. cn/11411288 - 3797179 - blogpage - 3. html。

（二）正直、真诚、善良等美好品格

正直表现为待人处世的公正与无私；真诚是一种优秀的品质，是以诚相待、以情相

拥，表现为坦荡和诚实；而善良是有一颗纯洁的心灵和高尚的情怀，并由此做出更美的行为。主持人的主持应体现出这些优秀的品格。

中央电视台《夕阳红》节目主持人陈志峰对老年人非常真诚，而且理解他们。因为老年人的特点是思维慢、记忆力差、语速慢，有些老年人因为生活圈子小，往往会在录制节目时宣泄，因此录制时间会比较长。而在陈志峰看来，这很正常，他说他不是为做节目而做节目，而是要真正走入老年人的内心，尊重他们的观念和表达方式，这一切都源于真诚和理解。他真正关心老年人，认为社会老龄化速度加快，养老、安老关系到国家的长治久安，而当前社会对老龄事业的关注还远远不够。他呼吁全社会认真对待老年人的生存状况，否则假以时日，尖锐的社会问题就会暴露出来。在他的节目中，出现了不少这方面的案例，让人们看到了解决这一问题的紧迫性。同时他了解到老年人渴望得到理解、交流、关怀，因此很注意给他们以抚慰。他优秀的主持功底、精湛的业务技能使他荣获“中国播音主持金话筒奖”。①

二、较高的文化知识修养

文化知识是文化和知识的总称，包括中国文化知识、世界文化知识及各学科的知识等。知识和文化不能画等号，知识是文化的一小部分，文化是比知识更高的一个层次。知识靠学习，文化靠修炼。② 主持人的文化知识修养的高低直接关系到节目的可接受度。

中央电视台主持人敬一丹是中国第一个拥有硕士学位的主持人，她在节目主持中表现出高超的主持技巧和深厚的文化知识修养。一方面，她将观众的注意力吸引到被采访或讲述的事情上，沉着、自信、从容不迫地与观众交流，保持言谈举止含蓄平常，把源于生活的这种平凡与寻常，熨帖自然地带入自己的主持风格，获得“随风潜入夜，润物细无声”的效果。另一方面，她又总能深入浅出地谈问题，使观众在节目中受到启迪。难怪中国传媒大学的一位教授这样评价她：“敬一丹对生活中的许多事情都感受得很浓很深，可在面对观众时，她又能把事情表达得很平和很清楚。”敬一丹所以能做到这些，与她的文化知识修养不无关系。

主持人的文化知识修养关系到节目的意趣和情调，关系到节目的整体审美效果。一名著名的翻译家曾给杨澜写信说，人贵有一点书卷气，节目主持人更应如此，因为他们肩负倡导民族精神风貌的重任。③

一项调查显示，主持人的素质按照重要程度递减，依次是：知识丰富、有一定生活阅历＞机智幽默、妙语连珠＞贴近百姓、贴近生活＞风格独特、个性色彩鲜明＞美丽大方、形象得体。认为丰富的知识是主持人最重要的素质的观众占35%。④ 这反映了受众对于主持人文化素养的期待。

---

① 参见景红霞：《追求大海般的境界》，载《新闻战线》，2002（5）。

② 百度百科“文化知识”词条，见 http：//baike. daidu. com/view/6544704. html。

③ 参见白谦诚主编，主持人节目研究委员会编：《主持人》（4），195页，北京，中国广播电视出版社，1995。

④ 参见麻敏：《主持人明星化需要处理好三个关系》，载《艺海》，2008（2）。

三、一定的艺术修养

马克思说："如果你想得到艺术的享受，那你就必须是一个有艺术修养的人。"[①] 节目主持本身就是一门艺术，因此，节目主持人应具有一定的艺术修养。所谓艺术修养，最主要的是指一个人在欣赏、理解和参与艺术活动时所培养和展现出的素养和技能。艺术修养有哪些内涵呢？它包括以下几个主要方面。

（1）艺术欣赏能力。包括对不同艺术形式（如绘画、音乐、舞蹈、戏剧、文学等）的欣赏和理解能力，能够感受和领悟艺术作品所传达的情感、思想和美感。

（2）历史和理论知识。了解艺术史和理论，理解艺术作品背后的文化语境和历史背景，掌握不同艺术流派、时期和风格的知识，能全面地理解艺术作品，并能够从理论角度分析和评价它们。

（3）审美品位。具有对美的敏感，包括对色彩、形状、质感、声音、节奏等视觉和听觉元素的敏感。能够辨别出美的特质，欣赏各种形式的美。

（4）创造性表达。不仅能欣赏绘画、音乐演奏、写作、舞蹈表演等各种艺术，还能参与其中，通过创造性表达来展示自己的艺术思想和感觉。

主持人应该如何加强自身的艺术修养呢？

（一）扩大审美视野，树立正确的审美意识

主持人要学习美学基本知识，学习美学史，了解什么是美的特征、形式和内容，什么是自然美、社会美、艺术美等。学会和掌握区分美丑的正确标准，提高辨别美丑的能力，从而从本质上发现社会生活中的美，感受社会生活中的美，正确评价社会生活中的美。只有丰富自己的美学理论，理解和把握美的本质和形态，了解美学思想的发展和当代的美学思潮……循序渐进地学习，才能树立健康的审美观，提高自己的审美趣味和审美水平。

（二）提高鉴赏能力，提高审美趣味

主持人可以请那些具有某种专长的人在欣赏方面给予自己指导、帮助。专家的意见往往可以影响甚至改变主持人的兴趣和观点。对艺术作品进行具体的分析、讲解，有助于加深对作品的认识、理解和感受。

提高审美趣味是一个可以通过培养和锻炼来进行的过程。在这个过程中，可以利用的手段和方式有：

（1）积极参与艺术活动。亲身参与各种艺术活动，如绘画、音乐、舞蹈、写作等，有助于深入了解不同艺术形式，提高对艺术的感知和理解。

（2）欣赏多样化的艺术形式。尝试欣赏各种不同类型的艺术形式，包括绘画、雕塑、音乐、戏剧、电影、文学等。多样化的体验有助于丰富审美经验。

---

① 《马克思恩格斯文集》，中文 1 版，第 1 卷，247 页，北京，人民出版社，2009。

（3）参观美术馆和博物馆。参观专业的美术馆和博物馆，观赏世界各地的艺术珍品。这些场所通常展示了各种不同时期和文化的艺术作品，可以拓宽视野。同时，注重有意识地培养细致观察的习惯，注意艺术作品中的细节、色彩、构图等元素。通过深入观察，可以更好地欣赏和理解艺术之美。

（4）阅读相关文献和评论。阅读与艺术相关的书籍、杂志和评论文章，了解艺术的历史背景和理论知识，了解不同艺术家和作品的背景，可以深化对艺术的理解。

（三）增加生活情趣，得到更多的艺术享受

艺术具有享受和娱乐的价值。培养艺术修养，可以丰富自己的精神生活，得到更多更高尚的艺术享受，从而增强对生活的感情。①

在这个过程中可借助的方法有：

（1）参与艺术活动。积极参与艺术活动，尝试涉足各种艺术形式，包括绘画、音乐、舞蹈、摄影、雕塑、戏剧、文学等，亲身体验艺术带来的乐趣。

（2）与其他艺术爱好者交流。参加艺术讨论会、工作坊或社交活动，与其他艺术爱好者交流观点和经验。分享和讨论可以使主持人丰富自己的思考，获得理解艺术的快乐。

（3）利用互联网资源。利用互联网资源，如在线艺术课程、虚拟画廊和艺术社交媒体平台等，来学习、欣赏和分享艺术。

（4）创作自己的艺术作品。主持人不必成为职业艺术家，但可尝试自己创作一些艺术作品，包括绘画作品、摄影作品、音乐作品等。创作可以帮助主持人更深入地理解艺术创作的过程，享受创作带来的成就感。

四、富于人文关怀的情感

（一）主持人的人文关怀体现在人道情感的真实流露上

理论上，作为记者的主持人应该摒弃个人情绪，保持客观中立的态度。但当面对重大喜庆或痛苦灾难时，主持人的真情流露是人道的。

主持人要把自己的情感表达出来并让受众感知，很重要的一方面便是要体现人文关怀。一个优秀的节目主持人，应该把人文关怀贯彻在整个节目主持中。

2008年5月12日汶川发生大地震，中央电视台很快进入直播。在这场史无前例的电视直播中，主持人们表现出的激情和人文关怀感动了无数受众。“赵普昨天在播报灾区当地民众灾情时，几度哽咽”，“宁远流泪播报最新伤亡人数”，“张羽的眼睛始终泛着血丝”。网友对主持人在节目中的真情流露表达了认同：“我们终于看到了一个主持人和他所代表的国家电视台，在举国同悲的时刻，学会拥有了更丰富的动作和表情……此刻，我们看到的不仅仅是新闻，而是情同比心的情感共鸣，是一个符号背后所蕴含的血肉真情和应该真实流露的面部表情。”②

---

① 参见《何谓艺术修养?》，见SOSO问问，2008-07-26。

② 周欣宇：《主持人的“失态”让我们多情》，载《中国青年报》，2008-05-21。

（二）主持人的人文关怀体现在把节目做得通俗易懂上

主持人把节目做得通俗易懂，便于受众接受，也是一种人文关怀。崔永元曾经对此作过一个通俗的解释："我们的新闻要让人家听懂，要让人家看懂，这就是人文关怀。我们做新闻、播新闻的时候，不去考虑观众的心情，也就是说观众在电视机前看新闻，看没看懂，听没听明白，跟我们无关，这叫什么人文关怀。"他同时举了个例子：日本有个播音员叫久米宏，有一天"普京当选的消息刚出来，非常快，马上前面出现红绸子，然后他就告诉观众，你们看，奇迹发生了，他把红绸子一打开，是苏联历代领导人的模型。他说这就是从列宁开始，苏联、俄罗斯在他们的领导下，一步一步前进。如果你们记不住的话，你们看好，他指着列宁，他说你看，没有头发。然后叶利钦有头发，到普京应该是没头发的，但是普京是有头发的，他说你看这是怎么回事？有两种可能，一是俄罗斯选错人了，他根本就不应该当总统；二是俄罗斯现在的事情太难，早晚他应该掉完头发（笑）"[①]。也许这样的主持方式有别于我们国家的国情，但也应该看到，在这个日本播音员的心目中，受众的理解、接受，才是最重要的环节，这是我们很多节目主持人所缺乏的。

（三）主持人的人文关怀还体现在与受众和采访对象的平等相待上

有些节目主持人习惯于俯视自己服务的对象，不顾被采访者的自尊心。例如，审问式提问、为追求效果有意触及对方的隐私、在采访和主持节目时喧宾夺主等，这些行为对受众和采访对象造成了伤害。主持人与受众和采访对象的地位是平等的，这种平等的心态，是目前不少主持人所缺乏的。比如，在抗洪救灾期间，某电视台的一位记者采访一位正在抗洪一线背沙袋的战士，几十公斤的沙袋已经压得这位战士话都说不出来了，可这位记者还在喋喋不休地向他提问。这样的节目是很难被受众接受的。

延伸阅读

主持人不能没有人文情怀

广东电视台知名主持人郑达因为一句貌似平常的话，惹来争议连连。

网友"股票将"在博客上讲述了自己1月14日晚间看广东电视台《今日关注》栏目时的感受："在报道的最后，在听取了报道中对一位欲购站票却为187元的票价过高而犹豫不决、最后别无他选之下买下车票的，有十年时间没回过老家的重庆籍外来工的采访后，主持人说：'哇，大佬，187文你都觉得贵啊？你成十年没返过屋企喔，坐飞机都抵晒啦……（粤语原话，大概意思是：你不会觉得187元的价钱也高吧？你有十年时间没回家了，即使坐飞机也不算贵啦）'话语间带着一种难以解读的'职业笑容'。"

笔者非常赞同"股票将"的观点。一个知名的主持人应该有最起码的人文情怀，有最起码的同情心理。如果缺少这种最起码的人文情怀，就会对弱者失去最起码的心理关照；如果没有这种最起码的同情心理，就会把弱者的痛苦当作取乐的笑料。

---

① 崔永元：《不过如此》，309～310页，北京，华艺出版社，2001。

节目主持人如果缺少了最起码的人文情怀，就会像没有香味的玫瑰花一样，主持的节目看起来花里胡哨，热热闹闹，其实没有一点感情，也没有一点底蕴。

为了主持节目的需要，主持人最起码应该经常深入生活，多了解一下普通百姓的生活，多接触一些最底层的群众，多观察一下普通劳动者的喜怒哀乐，多关注一下普通老百姓的衣食住行，做到以情感人，以情动人。实际上，这也是一切主持人的成功秘诀。

资料来源：节选自张剑虹：《主持人不能没有人文情怀》，载《青年记者》，2008（3）。

第二节　主持人的语言美

语言是传播的工具，是主持人审美修养最重要的外在表现，主持人艺术在一定意义上就是语言的艺术。主持人的语言表现能力决定节目的质量和效果，虽然不同的节目对主持人的语言有不同的要求，但大同小异，在一般情况下，当主持人把语言的审美价值发挥得淋漓尽致时，节目就会受到受众的欢迎和喜爱。语言可以分为有声语言和无声语言，主持人有声语言的美，主要体现在语音的规范标准、词句使用的贴切幽默上；无声语言的美，体现在身体语言（眼神、动作等）的传情达意上。

一、有声语言

（一）声音符合审美要求

1. 声音要悦耳和谐

声音把主持人（特别是广播节目主持人）的“第一印象”展现给受众，受众喜欢声音好听的主持人。女声要柔和、甜美，男声要多些磁性，总之是要悦耳，悦耳的声音总能给人美的感觉。

然而，受众不单看重主持人声音的“悦耳”与否。比如，曾在中央电视台《天天饮食》节目担任过主持人的刘仪伟的声音谈不上悦耳，但他却得到受众的欢迎。这说明人们在审美过程中，除了“悦耳”以外，还有别的标准，那就是“和谐”。这里的和谐，可以认为是以主持人的声音去中和节目内容、主持人在节目中的形象、主持风格、视听对象等因素。当主持人的声音因素同其他因素融合为一个整体时，也就成为整体美中的一部分了。举个反例，中央电视台主持人鞠萍的声音细腻、甜润、清丽，这样的音色出现在少儿节目中应该说是恰到好处，但如果让她主持《焦点访谈》之类的节目，那么效果大概不言而喻吧。还有中央电视台的几个知名主持人，如水均益、白岩松，普通受众都能听出他们的普通话和音色中的瑕疵，但受众就是喜欢他们，喜欢他们独特的主持语言与节目的融合。当然，也不能因此放松对主持人音色的要求，初登岗位的主持人往往容易犯这个毛病：给自己的声音“化妆”，模仿自己感兴趣的音色，结果以声害情，给他人以虚假的感觉，这是要不得的。自然得体本身就是一种美。

2. 声音形象要富有个性色彩

广播是以声夺人的。人们打开收音机听节目时，要区别“这一个”或“那一个”，必须通过富有个性的声音，在听的同时感觉、想象主持人的模样、年龄、性格、风度、气质等。他们在谈论主持人时，首先谈到的也是其独具个性的声音。有这样一件事，一名中学生听了《空中之友》主持人徐曼的广播后，根据自己的感觉和想象给徐曼画了一幅面部充满温柔和高雅气质的肖像。这位崇拜徐曼的中学生在写给徐曼的信中说：“听了您清润温柔的声音，我想象您一定很美丽。”徐曼给听众树立了她独有的个性形象——温文尔雅、轻柔甜美。大凡知名度高的主持人展示给听众的声音无不独具个性色彩：有的老练气派，有的端庄大方，有的潇洒自如，有的清新自然，等等。很多受众甚至被一种魅力和磁性吸引来听他（她）的播音，这不能不说是主持人声音形象个性色彩的成功。

（二）声音符合广播电视传播的要求

主持人是以普通话为工作语言的。通常，广播电视播音要求播音员的声音做到：准确规范、清晰流畅、圆润集中、朴实明朗、刚柔并济、虚实结合、色彩丰富、变化自如。作为广播节目的主持人，应该努力达到这样的要求；作为电视节目主持人，也要严格要求自己，不应当强调电视的特点而降低标准。

主持人与受众是面对面进行传播的，因此，还要讲究声情并茂。一方面，要以声带情，主持人的发声是为了传情达意，声音只是表达内容的一种手段，声音应随内容变化，让受众忘记声音，而为内容而陶醉；另一方面，要以声传情，让受众在接受信息的同时，感受到声音中饱含激情的美的愉悦。

（三）词句使用的贴切与幽默

1. 贴切

有了标准的普通话发音，有了好的声音，主持人还要在合适的语境中用合适的语句来表达自己。

主持人用字遣词要准确恰当，如果出现用词不当的情况，节目就会倒人胃口，主持人形象也会受到损害。如某电视台旅游节目主持人手持话筒站在王屋山外景地说：“愚公积跬步而至千里要把这山挖开。”这样的主持人语言确实让人难以接受。对成语、名人名言的使用也要恰到好处，而不能在没有搞清楚意义的情况下乱用一气，如“他忍俊不禁地哭了”，听到这样的话确实让人哭笑不得。

2. 幽默

在比较轻松的节目中，可以加入一些幽默的成分。得体的幽默具有一种力量，这种力量很像中国功夫中的太极拳，以柔克刚，四两拨千斤；又像是消化酶，能将节目传播的信息化为“小分子物质”，有利于受众“吸收”。刘仪伟曾主持一期《天天饮食》，在教大家做完一道菜后，针对剩下的一些边角料应如何处理，他说：“这儿还有一些边角料，可千万别扔，这可是花钱买的，可是又不能装盘上桌，怎么办呢？只能是我们这些好男人在厨房里把它偷偷吃掉了。”说完就用手拿起，放在嘴里大嚼起来。观众看了，不仅学会了一道菜，还感受到了主持人的幽默。

有时为了生动起见，主持人会模仿、引用一些方言俗语。在引用方言和俗语时，切忌粗俗低级。要注意在节目中不要满口洋腔，或庸俗地模仿港台腔调，嗲声嗲气，否则易引起听众的反感和厌恶。不能因为片面强调口语化而忽视对语言功底的要求，否则，主持人在长时间的板块节目的主持过程中，会出现力不可支、语言走形、差错增多的现象，影响节目的播出质量。

总而言之，主持人的语言美是主持人审美修养的重要方面。主持人在讲一口标准的普通话的同时，语音准确、语句流畅、声情并茂，能使受众如饮甘醴，得到的是一种艺术的美的享受；标准规范、形象生动的语言能增强表达效果，提高节目的感染力。

二、无声语言

（一）手势等身体语言与有声语言的和谐

主持人应注意手势等身体语言的作用，并根据节目的要求恰当地运用。

主持人用会心的微笑和轻轻的颔首与观众交流，是节目主持中常用的无声语言，用得合适能形成一种和谐之美，提升节目的美感。中央电视台《非常6＋1》节目主持人李咏就喜欢用身体语言传情达意，他习惯一咬嘴唇再对镜头挥拳叫喊。在节目的中间有广告插入或者参赛选手回答问题时，他均用自己的手势表达遗憾或鼓励等感情。有时一激动，他还会与选手拥抱，表达祝贺，真情流露的身体语言让人觉得他进入了一种自然、放松的状态，这种和谐感给观众的感觉很好。

（二）眼神的传情达意

通过眼神传情达意在主持活动中有着重要的作用。其作用表现在表达情感、和受众直接接触交流、和有声语言的协调配合等。主持人在整个创作过程中，眼神把思想感情、心理变化、性格趣味、品德情操和审美观等，毫不掩饰地展现给受众；受众也善于通过主持人不断变化的眼神，窥见其思想感情，展开联想，从而得到启迪。眼神还能起到判断和组织的作用，有时主持人的目光能让受众集中注意力，调动其情绪。因此，主持人应该用好眼神，追求其完美表现。

第三节　主持人的形象美

主持人美的形象，是主持人引导受众审美的重要方面，也是主持人具备审美修养的一个外在形式。主持人的形象对节目的传播有重要影响。主持人一举手、一投足、一开口，受众都看得清清楚楚。毫无疑问，主持人应该在节目中展示自己丰富的内心世界、高尚的情操、健康的精神状态、睿智机敏的思维、深厚广博的知识底蕴，但是，内在美也要与外在的有声语言和体态举止和谐统一起来。主持人的美好形象和美好的精神相符，才能给受众带来更大程度上的美的享受。中国传媒大学教授张颂针对有人提出的主持人要以文化作为行业入场券的观点，指出应注重“德才兼备、声形俱佳”的原则，他说：“所谓声形俱佳，当然是指：声音悦耳，口齿清晰，表达准确，语言畅达……形象端庄，仪态大方，举止文明，气质高雅……这正是播音主持人才的特殊性，这正是广播电视传播的独特性。”①

主持人的形象美包括多方面因素，如形体、容貌、言谈、举止、风度、服饰、心灵等。这里主要讨论涉及电视传播的容貌美、风度美与服饰美。

一、容貌美

容貌美是专对电视主持人而言的。理性的认识是从感性的认识开始的。受众对主持人的第一印象就是主持人的容貌，一般而言，节目刚开始时好的容貌在吸引受众眼球方面起重要作用。当受众打开电视机时，一张美丽的面孔往往能吸引他们继续看下去。当然，容貌美并不是特指“漂亮”或者“英俊”，还有上不上“镜”的问题。在“天赋”已经确定的情况下，要想在荧屏上表现得更美，就必须根据自身的特点和节目的需要，认认真真地化妆。

电视台的灯光用的是三基色荧光灯的灯光，质感强是它的优势，其光色可以使主持人的面部更加细腻。因此，主持人在化妆时宜轻不宜重，宜浅不宜深，宜细不宜粗。这样的化妆与细腻的光线配合才显得和谐，使主持人的形象更加秀美、稳重、大方。

（一）主持人化妆要注意发掘个人的内在潜质

著名形象设计师徐晶以“相由心生”四个字来诠释主持人的外在形象与内在潜质的关系。她认为，主持人的化妆造型与一般意义上的化妆不同，不能仅以漂亮为标准，而应根据电视艺术的综合因素来考虑。漂亮的不一定是最好的，流行的也不一定是合适的，关键是要把每个人内在的特质发掘并凸显出来，没有个性的形象再漂亮也是没有生命力的。

在给崔永元做造型时，一开始，徐晶很快就把他面部不对称的五官全都“拾掇”正了，镜子里的崔永元确实“帅”多了，可是他却觉得自己侃不起来了。有一位制片人在一旁说，崔永元以前嘴角是有些歪，但歪得有意思，还有那种憨笑怎么也不见了？第二次重来，徐晶先将男性化妆中很重要的鼻型修饰好，再把不水平的眼睛正过来，而故意保留了歪嘴角，这个真实的小缺陷反而使崔永元的整体形象“活”了起来。

（二）主持人化妆要服从节目定位

主持人是电视台的“活台标”，观众对一个台、一个电视节目的印象，在很大程度上来源于对主持人的感觉。在多年的实践中，徐晶总结出主持人造型需注意的三个定位：首先是根据节目性质定位，其次要以主持人的个性定位，最后是以外形条件定位。比如，

① 张颂：《关于声形俱佳的思考——语言传播杂记之二十六》，载《现代传播》，2001（5）。

综艺类节目主持人的形象可以时尚活泼，生活类节目主持人需要自然随和，而新闻政论型节目主持人则应定位于职业风格，任何多余的修饰都会影响节目的真实性和可信度。中央电视台新闻节目主持人李修平最初是从兰州电视台借调来的，一度曾面临被退回地方台的可能。徐晶在为她重新设计造型时经过认真分析认为，当时李修平留着的一头齐腰长发虽然很适合她在生活中文静清秀的气质，但却很难接近国家电视台政论型播音员的形象，因此，徐晶建议李修平“忍痛割爱”，将发型改成有层次的中短型。当她以端庄大方的职业型新形象出现在镜头前时，许多人都感到眼前一亮，由此，李修平逐渐获得了全国观众的认同和喜爱。

徐晶觉得，当前电视主持人的形象设计中存在两大误区：一是片面追求年轻漂亮的化妆效果，结果造成模仿和雷同；二是少数人盲目追求新潮、时尚、前卫，导致审美趣味低俗。不少内涵丰富的主持人在化妆时都并不希望因扮得过于漂亮而丢失自我，这恰恰是有自信、有智慧的表现。徐晶认为，主持人形象的化妆设计有三种境界——一是外形层面的，二是个性层面的，三是精神层面的，即追求“天人合一”的造型化妆效果，塑造出贴近生命本质的真实形象，这应当成为主持人和化妆设计师共同追求的境界。①

其实，主持人良好的气质也会给人以美的感受，没有漂亮脸蛋的主持人也很受欢迎。中央电视台主持人敬一丹，在屏幕上几乎看不到她浓妆艳抹或服饰华丽的时候，她总是穿着色调素淡的职业女装，稍加化妆，神情大度泰然。她的女人味是落落大方的坦荡胸怀，是淳朴自然的从容不迫，是和风细雨般的表白。所以，一个人的外貌美固然重要，但如果徒有美貌也不是真正的美。对主持人而言，“智慧”与“脸蛋”同样重要，观众看重的是主持人的言谈举止和风度，最欣赏的主持人是那些有学识、有阅历和有幽默感的成熟型主持人。

二、风度美

中国人对于美人的最高审美标准不是漂亮，而是“风韵”，即人的内在气质的美，而非外形的美。有着丰富涵养和文化艺术修养的主持人，他的言谈举止会表现出独特的风度和迷人的气质，其气质又会形成其独特的个性魅力。风度是人的思想、气质通过言谈举止反映出的人体综合态势。② 一个人的风度越在多方面得到表现，他的性格就越突出，就越能给人高雅的审美感受。只有秀外慧中、有个性、言谈举止优雅的人才能给人以风度美好的感觉。主持人要有美的风度，首先要有美好的心灵、卓越的才能和优雅的仪态。美好的心灵和卓越的才能前文已有讨论，这里重点谈优雅的仪态。

优雅的仪态是一个综合体，体现出一个人的修养和内在品质，并通过外在的方式传递出来。

在姿势和动作方面，主持人应该注重个人形象，穿着得体、整洁，符合场合的要求，仪态要求端正，坐姿或站姿要自然大方，举手投足要展示出自己的专业素养和自信。

---

① 参见李元授、廖声武：《节目主持人概论》，151～152页，武汉，华中科技大学出版社，2005。

② 参见何迈主编：《审美学通论》，308页，合肥，安徽人民出版社，1990。

在言语表达方面，主持人的语言要清晰准确，用词得体、恰当；要有良好的口才和控制语速的能力，善于引导和激发观众的兴趣；要具备良好的沟通能力，包括倾听、表达和引导等方面；要与嘉宾、观众或参与者建立良好的互动，适时调整自己的语气和表情，让人感到亲切和舒适；要保持冷静和稳重，处理好紧急情况和突发事件，妥善解决问题，不让情绪干扰到整个主持活动的进行。

在人际关系处理方面，主持人需要与各类人员进行良好的合作和协调，与嘉宾、观众、团队成员等建立良好的人际关系；尊重他人的权益和观点，保持公正和中立的态度。

三、服饰美

俗话说："人靠衣裳马靠鞍。"一个秀外慧中的人配上优雅大方的服饰，就会锦上添花，更会给人美的感受。从审美意义上说，主持人的服饰美要注意以下几点。

第一，服装要得体。得体就是服装要与人的身材样貌协调，相得益彰。受众对主持人的服装也有审美要求，主持人的服装要打破千篇一律的程式，突出自己的个性，反映自己的气质和情调。

第二，要体现民族的审美情趣。中华民族对于自己的服装有独特的审美理想和审美情趣。不同的时代，对于服装美丑的衡量是不同的，目前人们对于服装的审美要求，在式样和色彩上日益趋于简洁、明快、大方、雅致。因此，主持人服装的选择要符合我国的风情习俗、审美习惯，不能盲目追求"洋气"、赶时髦。

第三，与节目和谐一致。主持人的服装应与主持人的节目风格一致。如娱乐节目主持人的服饰风格与新闻节目主持人的服饰风格就有很大的差异。娱乐节目主持人李咏，因为主持的节目是轻松的、时尚的，因而打扮也不能随便，他的服饰是在著名厂家量身定做的，他追求的时尚也带有些咄咄逼人之势。在春节联欢晚会上，我们看到主持人常常变换服装，这种艳丽时装的变换与节目的多姿多彩、喜庆欢乐的氛围是协调一致的，而新闻节目就不能如此。

有些节目主持人不注重服饰与节目和谐一致的问题。例如，有的主持人穿着短裤上新闻节目，有的主持人穿着太暴露并有意暴露敏感部位，受到网友的批评。这实际上是由审美意识欠缺导致的。

总而言之，主持人在注重内在美的同时，还要特别注重外形美的塑造，做到内在美与外在美、心灵美与形体美的统一。内在美是自身形象美的基础和本质，外在美是心灵美的外化，是内在精神的外部表现。作为主持人，不仅要注重培养高尚的品德和情操，还要有美貌、优雅的言谈举止和翩翩的风度，只有德才兼备、品貌俱佳、表里如一，呈现在受众面前的形象才是真正美的主持人形象。

练习题

1. 主持人培养审美修养就是为了将时髦元素带进自己主持的节目吗？谈谈你的看法。

2. 主持人审美修养的内涵有哪些？
3. 主持人应当如何提高自身的艺术修养？
4. 对主持人的语言美有什么要求？
5. 主持人的形象美包括哪些方面？
6. 如何看待主持人语言的幽默与语言的低俗问题？
7. 有人认为主持人是一个“吃青春饭”的职业，你是否同意这种观点？请说明理由。

第五章

主持人的形象塑造

在广播电视等大众传播活动中，一档节目的推出能否被受众接受，主持人的形象是一个不可忽视的因素。主持人的形象是由主持人的仪表、人格、文化修养及审美情趣等因素构成的，是主持人的外在气质与内在气质在传播活动中通过媒介的综合反映。因此，重视主持人的形象塑造，对吸引受众、实现传播效益的最大化有着重要意义。

第一节　主持人形象的作用

当今世界，电子媒介已经成为人们生活的必需品，成为现代人不可或缺的工具。电脑、电视机已成为每个家庭的必需品。电子媒介对家庭的渗透也左右着人们的日常生活。而作为媒介代表的主持人与每个家庭朝夕相伴，当然对受众生活的方方面面产生巨大的影响，其形象自然备受瞩目。

俄罗斯著名的节目主持人费拉基拉夫·列斯季耶夫，成功地主持了政论性专题节目《观众》以及一些娱乐节目，受到俄罗斯观众的爱戴。1995年年初，这位有着广泛影响的主持人遭到暗杀，消息传开后，群情激愤，莫斯科市民走上街头，举行集会游行，谴责这种卑劣残暴的行径。总统叶利钦也亲自参加列斯季耶夫的追悼会，他在追悼会上严厉斥责莫斯科的社会治安，责令警方迅速破案。与此同时，他向国家杜马递交了新的检察院法律草案，宣布解除莫斯科市检察院检察长和内务局局长的职务。从这里人们可以看到列斯季耶夫作为主持人在莫斯科人民心目中的形象和地位。

同样，电子传媒的广泛影响也可以使主持人的形象一夜之间一落千丈，甚至恶名远播。华裔美籍主持人宗毓华（又译康妮·宗）就是一例。宗毓华可以说是华人在主持人领域取得成就最高、影响最大的主持人，她曾和丹·拉瑟一起主播哥伦比亚广播公司的晚间新闻。有统计表明，她曾是知名度最高的女性主持人，知名度达到82%，比黛安·莎耶（62%）和芭芭拉·沃尔特斯（78%）都高。但在一次电视黄金时间里，宗毓华在她主持的哥伦比亚广播公司的新闻专题节目《美国观察》中播出所谓的华人间谍报道，煞有介事地说，所谓间谍，并不是你想象中身穿风雨衣的形象，他很可能就住在你的隔壁。现在每天都有中国公民合法地进入美国，他们从外表上看起来是非常普通的人，然而他们当中的一些人却有可能是间谍。她说："8个合法抵美的中国人中，就有1个是潜伏间谍。"这个报道至少有1 200万美国观众收看到了。华人愤怒至极，许多华人社团、学生学者组织、著名华裔人士和华人媒体纷纷写信或打电话给哥伦比亚广播公司，表示强烈抗议，要求哥伦比亚广播公司和宗毓华本人在新闻节目中澄清事实，向华人社区公开道歉，挽回影响。哥伦比亚广播公司只得认错，宗毓华本人也向观众播出了道歉声明。而此时的她在华裔中已是人心失尽，一年后被哥伦比亚广播公司解聘了。

主持人可以通过话筒和荧屏，赢得社会的广泛尊敬，也可以通过话筒和荧屏，一夜之间声名扫地。文化学者余秋雨在谈到电视的传播效力时有过一段精彩论述："随着电视的普及，通过荧屏被广大电视观众认识的各色人等越来越多；从某种意义上说，可以称得上'公众人物'的人在数量上大大增加。但是，观众在认识的同时也就取得了评判权和淘汰权，在较长时间内获得广泛认可的并不太多。作为一种多方位的直观形式，电视对人的表现要比文字直率得多。因此电视可以快速地褒扬一个人，也可以快速地毁坏一个人。电视观众的眼光更苛刻，今天晚上谁在电视中犯傻，明天早晨就立刻成了各单位上班族共同的笑料。"① 主持人天天都要与受众打交道，塑造良好的公众形象，对主持人所在的媒体和主持人所主持的节目而言都是十分重要的。主持人要认识到自己的形象的重要性，认识到形象在节目的生存与发展中的地位和作用，自觉地塑造和维护良好的形象。

主持人形象在节目主持中有什么样的作用呢？具体而言，主要表现在以下三个方面。

一、主持人形象对受众具有广泛而深刻的影响

（一）主持人形象影响社会政治生活

主持人的名称是1952年提出的，但真正固定的节目主持人到1956年才出现。这一年美国两党代表大会召开，全国广播公司的切特·亨特利和戴维·布林克利组成一对搭档，成功地以主持人的形式报道了两党代表大会。由于这次成功的报道，两人成为全国广播公司《晚间新闻》的固定主持人。亨特利、布林克利很快成为明星人物，他们主持的全国广播公司《晚间新闻》在20世纪50年代中期到60年代末的14年中一直占据美国三大电视网晚间新闻收视率之首。

亨特利、布林克利的形象赢得了众多受众，节目获得成功，于是美国三大电视网各档新闻节目纷纷进行尝试，电视新闻节目时间也从原来的15分钟延长至半小时。各档节目争相推出自己的明星主持人，力图用主持人的形象来吸引受众。于是活跃在早间、午间、晚间和夜间新闻节目中的主持人以及专题新闻、特别新闻节目主持人形成了一个明星主持人群体，他们每日频繁地出现在节目中。美国公众对主持人的熟悉程度远远超过了对他们的政府领导和社区领袖的熟悉程度，主持人对社会生活和政治生活的影响更可以用"炙手可热"来形容。

美国著名主持人沃尔特·克朗凯特的主持生涯就是如此。20世纪60年代末，公众舆论对越南战争变得越来越不满，美国士兵也流露出消极、厌战、失望的情绪。克朗凯特在1968年年初亲赴越南前线采访，他的所见所闻证实了驻越南西贡（今胡志明市）的

① 转引自曹可凡：《潇洒不易》，载《现代传播》，1995（3）。

美军司令部在散布谎言，而这又反映了华盛顿政府也在撒谎，于是他认为必须尊重客观事实，向全美人民指出事实的真相。回国后，他自己动手写作，制作了一个半小时新闻专题节目，他在节目的结语中向全美观众宣布："看来唯一切合实际的，然而是令人不快的结论是：我们已陷入僵局……唯一的合理出路，在于前去谈判而不是以胜利者自居。"克朗凯特说出了绝大多数美国人的心声，约翰逊总统听了广播后对新闻秘书乔治·克理斯琴说，他失去了沃尔特·克朗凯特的支持，他便失去了美国，失去了普通大众。从这里可以看出克朗凯特作为主持人在美国人心目中的地位。

同样，从关于"水门事件"的报道中，也可以看出克朗凯特的影响力。"水门事件"起初是由《华盛顿邮报》的两位记者鲍勃·伍德沃德和卡尔·伯恩斯坦首先披露的，但报道并没有引起舆论界的真正重视。克朗凯特每天都注视着这组报道，他感到他有责任向不明真相的人们说明真相，于是他带领编辑部的工作人员制作了一组由两部分组成的报道。第一部分 14 分钟的报道在哥伦比亚广播公司《晚间新闻》中播放后，他顶住巨大的压力又播放了第二部分 8 分钟的报道。这期总长只有 22 分钟的《晚间新闻》节目在历史上是绝无仅有的。这组报道对于"水门事件"丑闻的公开揭露起了重大作用。

在动荡不安的 20 世纪六七十年代，美国人民遭受了太多的创伤——总统遇刺、越战、水门丑闻，还有暴乱、暗杀、吸毒等，在一次次危机面前，克朗凯特始终和人民在一起，向他的受众说真话。他正直、正派、和蔼可亲、稳重可靠，他在受众面前树立起自己光辉的形象，于 20 世纪 70 年代被推举为全美最受信赖的人物，在《美国新闻与世界报道》杂志举办的美国决策人物一年一度的民意调查中，他曾被选为 1975 年至 1978 年以及 1990 年五届"美国十大最有影响的决策人物"之一。正是由于这一原因，亨利·基辛格在担任美国国务卿时说："当我要证明一个论点的时候，克朗凯特是我第一批要召集的人物之一。"

（二）主持人形象还有一种特别的商业影响力

众所周知，广播电视在所有节目中都要插播广告，因为广告收入是广播电视得以生存的经济基础。广告价码是依据节目收视率高低而定的，要有稳定的广告收入，就得有稳定的收视率，而要稳住收视率，就要有具有吸引力的主持人。例如，美国哥伦比亚广播公司《晚间新闻》由于在同档节目中收视率居首位，广告价码是每 30 秒 4 万美元，每天插播 8 分钟广告，一年可赚 2 亿 3 000 万美元。著名的节目主持人既被电视网视为不可多得的人才，又被看作一本万利的摇钱树。丹·拉瑟的代理人说："很难估计丹·拉瑟的价值，他在 10 年里值多少钱是无法计算的。"据美国有关方面的调查，如今美国电视屏幕上的名牌新闻节目主持人对美国社会的影响仅次于总统、国会议员、企业界巨头、工会领袖，占据第五位。①

在媒体融合背景下，主持人的影响力的优势也非常明显。2020 年 5 月 1 日，央视新

---

① 参见赵淑萍：《对美国电视新闻节目主持人的分析》，见全国电视学研究委员会编：《话说电视节目主持人》，283 页，北京，文化艺术出版社，1989。

闻与国美零售、拼多多、京东合作，开设以“为美好生活拼了”为主题的专场直播带货，这也是“央视 boys”主持天团——康辉、撒贝宁、朱广权、尼格买提首次合体参与直播带货。整场直播持续3个小时，全平台销售额累计超过5亿元，在线观看人数累计超过1 000万人次。①

二、主持人形象是节目风格的体现者

如果说主持人形象对受众具有广泛深刻的影响是从社会意义上观照主持人的形象，那么，主持人形象是节目风格的体现者则是从审美角度来审视主持人的形象。主持人节目在策划之初就有一个明确的定位，在节目的风格和内容上有相应的要求。一旦定位确定，风格和内容就是节目能否被受众认可的重要因素，主持人的形象能否与风格和内容一致也就显得至关重要。主持人的形象能够很好地体现节目的风格，节目就会取得成功，受到受众的青睐。那么，主持人形象体现节目的风格，有哪些具体表现呢？

（一）主持人形象体现节目的风格，首先表现在主持人的个性与节目的风格相一致上

以“时事追踪报道、新闻背景分析、社会热点透视、大众话题评说”为节目定位的《焦点访谈》是一个评论性节目，其节目的评论风格可以表述为：把编辑、记者对事实本质的认识通过对事件的报道、对事物内在逻辑的揭示反映出来，达到引导受众思考判断的目的②。主持人在节目中以目击者、参与者的身份调查采访事实，叙述分析事实，使受众从荧屏中获得一种端庄、稳重、朴实、真诚的个性形象。他们在节目中的报道和言论具有真实性和权威性，主持活动具有思辨色彩和理性力量。显然，他们给受众留下的形象说明他们很好地体现了节目的风格。节目多次在中央主要新闻单位和全国新闻单位的名专栏（节目）评选活动中被评为“名节目”，这足以说明除了节目的社会意义之外，节目本身的主持人形象对节目风格的体现是完美的。

主持人的个性特征与节目的风格和内容相一致是节目获得受众认可的一个重要因素，主持人应该注意在塑造自己形象时努力使自己的个性风格与节目风格保持一致。否则，节目传播效果欠佳的同时，主持人的形象也会受损。刘晓庆以节目主持人身份主持知识性专题片《世界电影之林》遭受“滑铁卢”惨败就是一例。当时刘晓庆在电影表演艺术方面独具才华是大家认可的事实，她主持一些娱乐性电视节目也能应付自如，但她却十分错误地主持了《世界电影之林》这30集本应由电影史专家、学者承担讲解人的节目，在主持中错误地以为加强主持人的表演性就能吸引受众，一会儿做怪相，一会儿换一套新款服装，找一些不合时宜的背景道具，甚至学一些外国主持人的姿势神态。一些报刊

① 郭惟伊：《传统媒体主持人直播带货的传播优势及路径分析——以“央视 boys 直播带货”为例》，载《声屏世界》，2022（15）。

② 参见李东生、孙玉胜主编：《焦点访谈精粹》，15页，北京，中国人民大学出版社，1998。

评价说她“手足无措，动作做作，极不自然”，“要努力表现出一种渊博而又潇洒漂亮的样子，结果形成装腔作势的形象”，“一切都不是自我修养真实而自然的流露”。产生这种窘况的原因，除了她的形象、气质不适合这类知识性专题节目外，主要还在于她没有注意个性特征与节目定位的关系，将表演与主持混为一谈，将娱乐性电视节目与知识性专题节目混为一谈。

（二）主持人形象体现节目的风格，还表现在主持人的外在形象与节目的风格相一致上

娱乐节目需要主持人漂亮而富有青春的激情，新闻节目需要主持人稳重、自信而睿智，谈话节目需要主持人平实、率直而幽默机敏。中央电视台 20 世纪 80 年代曾制作《话说长江》专题节目，主持人陈铎饱经沧桑般的成熟的气质、儒雅深沉的风度与节目风格十分合拍，让人感到他就是讲述万里长江故事的最佳人选。凤凰卫视评论类节目主持人阮次山、曹景行、马鼎盛、石齐平等人出现在节目中时，让受众感到他们的话语是可信的，就是因为他们的稳重大气、淡定睿智与节目风格相符。有的电视台认为，主持人年轻漂亮最能吸引受众，最能体现节目特色，而把是否与节目风格一致给遗忘了。其结果是，主持人越换越年轻漂亮，节目收视率却总是上不去。

主持人的外在形象与节目风格一致也是受众对节目主持人形象的要求。一天中受众的心理需求是变化的，主持人也要随之变换风格。如广播，早晨一般时间紧，节奏快，要让人们朝气蓬勃地开始一天的生活，主持人的播音应是清新和喜悦的，让受众从声音中感受到生命的活力和愉悦；而晚上人们已经下班，在一天的劳作之后需要彻底放松，主持人的播音可以根据节目的要求或热情讲述，或温婉交流，或睿智稳重，或幽默含蓄，以沟通心灵，让疲劳得以消除，使精神得到安慰。中央人民广播电台《空中之友》节目是一个夜间零点播音的服务类节目，节目开播之时对主持人的形象定位是：说话要温文尔雅，和蔼可亲，很讲究礼貌，语调要甜、软、轻、美；有浓厚的人情味和同情心，对听众既关怀又谅解，尊重听众的感情，以商量和探讨的口吻与听众说话，以服务的态度面对听众；谈吐要富有哲理性，要用人生和社会的哲理解说祖国大陆情况和对台政策，等等。主持人徐曼很好地实践了这一形象设计。她用无数个日日夜夜，终于接近了甜而不腻、软而不靡、轻而不浮、美而不妖的理想境界。一位台湾地区的听众给中央人民广播电台来信说：“在台湾徐曼的知名度很高，如果到台湾参加民意代表竞选，徐曼必定当选。”①

电视节目主持人的外在形象是直接出现在受众面前的，外在形象与节目风格是否一致，受众一眼就可分辨出来。美国全国广播公司《每夜新闻》节目主持人约翰·钱塞勒“身材魁伟而颀长，生就一副学者风貌，戴牛角边眼镜，穿花呢上衣，若有所思地吸着雪茄”，他待人和蔼可亲，说话有趣，给人以稳重、自信、诚实之感，他的外在形象、独特

① 转引自于礼厚：《主持人节目的特征》，见主持人节目研究委员会编：《主持人》（1），99～101 页，北京，中国广播电视出版社，1991。

气质和他主持的《每夜新闻》形成一个风格彼此协调的共同体。所以有受众说，倒不一定是新闻吸引我每天在这一时刻打开电视，而是新闻节目的主持人吸引我每天想看到他。同样，美国全国广播公司的早晨新闻节目《今天》的女主持人简·波利也是这样一位外在形象与节目风格一致的主持人。简·波利“有一张早晨的笑脸，看她主持的早晨新闻节目就像吃玉米片喝咖啡一样可口舒服”。简·波利呈现在屏幕上的恬静优雅的气质对动态性的早晨新闻来说是非常合适的，《华盛顿邮报》上的评论文章说：“她或许不能很好地主持夜间新闻，但在早晨新闻中，我们不需要尖刻激烈、咄咄逼人的主持人。”①

三、主持人形象直接作用于节目本体

第一，节目主持人制度的实行，使主持人成为节目的灵魂。但制度是一个方面，主持人的形象仍是主持人能否有实力来施行权力的基础。在西方国家，主持人只有作为电视明星崛起之后，才有力量让老板不敢侧目，进而可以支配其他工作人员，控制记者和制片人。美国三大电视网的三位《晚间新闻》主持人在美国受众心目中有着不可动摇的地位，被各自新闻部的经理人员看作新闻部的“旗帜”、与对手竞争时手中的“王牌”。因而这三位主持人的权力也非同一般。哥伦比亚广播公司的丹·拉瑟不仅是固定主持人，而且是首席记者、编辑部主任。他将编辑部记者分为 A、B 两组，A 组由一流记者组成，归他本人调遣。全国广播公司的布罗考是高级编辑、编辑部主任。美国广播公司的詹宁斯是首席外交记者、高级编辑。他们对新闻的采集、编辑、播发都有着相当决定权，而且他们对整个新闻部的工作也有一定的参与权。

在我国，由于各方面的原因，主持人制度还没有真正实施，主持人在某种程度上还是“宴席的拼盘者”而不是“调味的厨师”。但一些“记者主持人”的出现，使主持人的形象获得极大的改观，主持人的地位也发生了变化，主持人真正参与到节目之中，负责节目的策划、采访、写作、编辑和主持，节目的质量和主持水平都获得了质的飞跃。

第二，主持人形象除了对节目的制作、播出产生影响外，还对节目的组织工作的协调配合起着关键的作用。一个节目组的工作需要全体工作人员的共同参与，要使各方面都心往一处想，劲往一处使，保证节目组工作的高效有序。主持人作为节目的核心，其形象所产生的人格魅力是动员各方面力量齐心协力做好节目的最有效的指令。崔永元无论是在荧屏里还是在节目组都十分恰当地塑造了平民主持人的形象，这一形象是基于人文关怀的理念产生的，崔永元很好地实践了这一理念，但光自己实践不行，还必须全体工作人员共同实践，这就要靠主持人形象来起作用了。崔永元在《不过如此》中讲述的“把灯爷、摄爷、录爷都变成朋友”的故事就是一例。在马上就要录制节目的时候，意外的事情发生了，有几个灯需要调整，这时候灯光师上来对前来参加节目的观众说：你、你、你，你们三个躲开。然后这三个观众就灰溜溜地站到一边。接着录音师又上来对全场观众说：安静，我们要调音了。这样把所有人都得罪光了，节目还怎么录？光主持人

① 转引自赵淑萍编译：《新闻权威与个人魅力》，276 页，北京，华文出版社，1999。

有点人文关怀精神不够，全组人都有人文关怀精神还不够，得让整个电视群体都有人文关怀精神，通过做工作，要让大家看到自己是怎样钟爱自己的节目，为它投入了多少精力。慢慢地，这些“灯爷、摄爷、录爷”的工作作风也改变了，崔永元说：“我觉得人心都是肉长的，慢慢地我们所有工作人员都有了这种工作态度。”①

第二节　主持人形象的构成要素

前面我们讨论了主持人的形象在节目主持中的重要地位。那么形象与哪些因素相关联呢？主持人的形象是出现在受众面前的，受众对自己心目中的主持人形象有怎样的期待呢？也许我们能从受众的描述中找出与主持人形象相关联的因素来。下面是中央电视台在全国开展的“电视节目主持人职业素质评价指标体系研究”中公众对电视节目主持人的形象定位的描述。

新闻评论类主持人：各年龄层的成人均适宜；具有大学以上文化程度，对各方面知识均有涉猎，懂外语；在主持时庄重严肃、谈吐直率、口齿伶俐、思路敏捷；应具有悦耳的音质，并且语言运用准确，普通话标准；在性别上，公众对男性主持人的倾向高于女性，但二者不存在质的差异。

综艺娱乐类主持人：19～45岁最适宜；具有大学文化程度，擅长表演，懂乐器，知识广博，外形英俊靓丽；主持时能够轻松自然、热情活泼、笑容可掬、幽默风趣，并且具有丰富的表情，口齿伶俐，思路敏捷；在语言上，应具有悦耳的音质，语言运用准确，普通话标准，而且语言能够口语化，生动灵活，与观众交流随和；在性别上，公众对女性主持人的倾向高于男性，但二者不存在质的差异。

教育服务类主持人：各年龄层的成人均适宜；具有大学文化程度，学有专长且知识广博，懂外语，有的栏目应外语流利；在外貌上，观众对其无特定要求，但在主持时应该轻松自然，亲切温和，与观众交流随和；语言运用准确，普通话标准；在性别上，公众对女性主持人的倾向高于男性，但二者不存在质的差异。

体育类节目主持人：19～45岁为宜；大专以上文化程度，学有专长，知识广博，懂外语；在主持时能够轻松自然、幽默风趣、口齿伶俐、思路敏捷；具有悦耳的音质，语言运用准确，普通话标准；在性别上，公众对男性主持人的倾向明显高于女性。

少儿节目主持人：19～30岁为宜，且不排除18岁以下年龄段的人；具有大专或大学文化程度，学有专长且知识广博，擅长表演，懂乐器；富有童心和朝气，主持时能够热情活泼、轻松自然、亲切温和、笑容可掬、幽默风趣、口齿伶俐、思维敏捷；具有悦耳的音质，语言运用准确，普通话标准；在性别上，公众对女性主持人的倾向明显高于男性。②

---

① 崔永元：《不过如此》，297～298页，北京，华艺出版社，2001。

② 参见中央电视台总编室、人事办公室编：《〈电视节目主持人职业素质评价指标体系研究〉成果汇编》，7～8页，北京，中国广播电视出版社，1999。

这些是受众对各类电视节目主持人形象的期待。在这些期待中，构成主持人形象的因素有：性别、年龄、着装、仪表气质、语言能力、专长与知识储备等。这些因素中除了性别对主持人个体形象没有实际意义外，应该说包括了形象构成的方方面面，因而可以认为年龄、着装、仪表气质、语言能力、专长与知识储备是主持人形象的构成要素。

延伸阅读

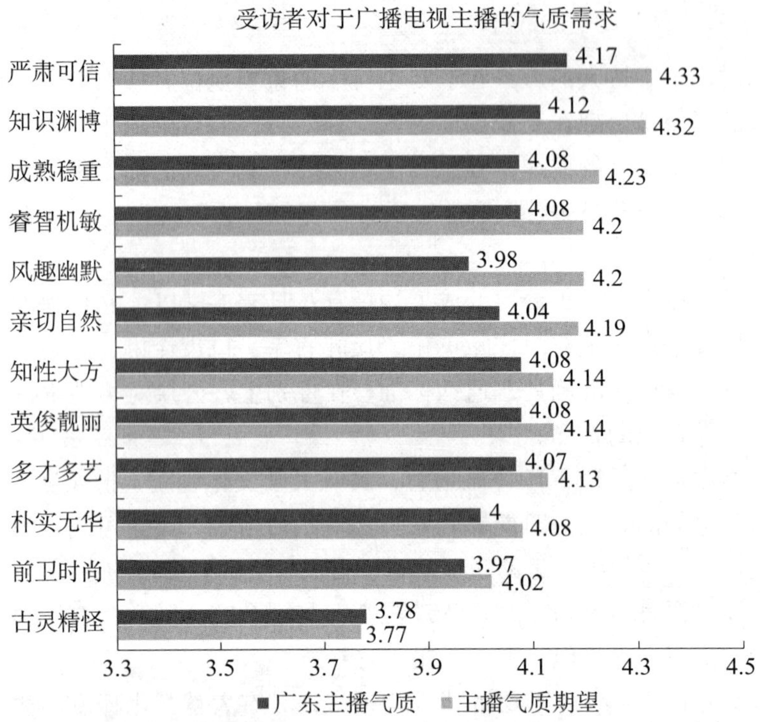

资料来源：国广市场调查（北京）有限公司 2016 年上半年广东广播电视台主播专项调研。转引自魏冬青：《受众期待什么样的播音员主持人》，载《南方电视学刊》，2017（2）。

一、年龄

不同的节目对主持人在年龄上的要求是不同的。到底什么年龄的主持人主持节目最合适，并没有哪个部门或哪个权威作过规定，事实上也不可能规定。合适不合适要看节目类型和节目主持人的具体情况。

一般来说，年轻人青春洋溢、朝气蓬勃，俊男靓女可以让青年人找到模仿的偶像，可以让老年人找回逝去的青春；当然，青春靓丽型的主持人也让人觉得像一杯清水一样没有韵味，缺少回味，多了几分稚嫩。而中老年人拥有深厚的阅历、丰富的知识，站在话筒前，出现在荧屏上，他就是一道风景，有的是自信，有的是魅力；但过分的老成持重也会使节目暮气沉沉，缺乏活力。有人在 21 世纪初对各个年龄段节目主持人的优势和劣势作了一个总的归纳和描述。

第一阶段：年龄在 20～28 岁，即积累、提高阶段。此年龄段者大多“初出茅庐”，年纪轻，经验不足，显得稚嫩，不够成熟；模仿多于创新，有声语言、感情的表达较为肤浅；但有朝气，思想活跃，精力旺盛，工作热情高。

第二阶段：年龄在 28～36 岁，即提高、发展阶段。此时的节目主持人已有一定的社会经验，思想趋于成熟，工作较为得心应手；开始有独到的见解和创新，逐渐形成自己的风格特点，并为受众所承认。

第三阶段：年龄在 36～44 岁，即发展、成熟阶段。此时的节目主持人在各方面均已相当成熟，风格特点已形成和巩固，有相当的业务能力及社会知名度，技能水平和理论水平趋于巅峰，具有相当实力。

第四阶段：年龄在 44～52 岁，即娴熟、超然阶段。这是节目主持人最辉煌的时期，各方面表现极为稳定、出色。业务能力游刃有余、不温不火、不骄不纵，是受众最信赖、最欢迎的节目主持人。

第五阶段：年龄在 52～60 岁，即超然、精通阶段。随着年龄的增长，此时的节目主持人在生理和心理上开始发生逆向转变，即开始由鼎盛转向衰退。但这一过程是缓慢的，有些人甚至能将娴熟、超然阶段保持到退休。大多数节目主持人都能在这一阶段将他们的知识、能力、经验、成绩、知名度保持发展下去。此时，他们的资历使其心态较为超然、平和，但为保“晚节”不甘寂寞，也有跃跃欲试的冲动。[①]

也许这种对年龄段的划分以及对各年龄段的特征的描述并不那么准确，但这些描述能给我们一定的启示：既然不同年龄段的主持人有不同的优劣势，那么针对不同的节目和节目定位，就应该考虑主持人的年龄，否则主持人年龄与节目风格不相符，会造成主持人形象的错位，对主持人、对节目都是一种损害。

目前，我国广播电视节目主持人普遍由年轻人担纲，不论是娱乐节目、服务节目，还是新闻评论节目、谈话节目，都是年轻主持人居多，中老年人所占比例不大。这种不考虑年龄因素的结果就是受众不认可，主持人自说自话，把时间打发完就算了。例如，一个为家庭排忧解难的广播节目由两个年轻人来主持，主持人还未成家，哪来的家庭生活经验？又有哪个成年人会和两个年轻人来聊自己的烦心事呢？结果节目中两人自己跟自己聊，无话可说时放一段音乐打发时光。这种情况虽属特例，但娱乐节目都是俊男靓女主持人，旅游节目中充斥着少见多怪的感叹，少儿节目中总有一些故作高深、指教不倦的主持人，甚至新闻节目、谈话节目也由一些小得不能再小的主持人对着受众就国内外大事指指点点、大发宏论的情形并不少见。这些让人觉得确有几分滑稽。

这里我们并不是要提倡中老年沙文主义，排斥年轻主持人。但在实际传播中，年龄形象对受众来说是影响可信性、权威性的重要因素。新闻评论节目、经济专题节目主持人的年轻化是不适宜的，有国外经验可资借鉴。美国三大电视网的《晚间新闻》节目主持人都是在记者岗位上工作 15 年以上、有着丰富的人生经验的人，因此在新闻传播中，他们的阅历和眼光足以给人以稳重、权威、可信的印象。

当然，凡事不能一概而论。如果娱乐综艺类节目也都提倡由中老年主持人主持，显

① 参见卢杉、晓澄：《感悟与升华——节目主持人素质修养论纲》，75～76 页，上海，上海教育出版社，2000。

然是不适宜的。娱乐节目需要活跃的气氛、迷人的场景和充满活力的主持人形象，这类节目由青年人主持也许更合适。

总之，年龄是主持人形象中的一个重要因素，要依据节目的定位和受众的审美态度等综合因素来选择合适年龄的主持人，以使主持人与节目获得相得益彰的传播效果。

二、着装

着装作为主持人的形象构成因素主要是针对电视节目主持人而言的。在电视传播媒介中，视觉形象是信息的一个组成部分，服装可以说是一种“无声的语言”。它在电视信息中有着自身特有的价值。

第一，主持人的着装可以营造一种氛围，提高观赏性和可视性。服装的颜色、款式都是有某种象征意义的，如红色象征喜庆，白色象征纯洁，连衣裙可以衬托女性的妩媚，牛仔服可以表现男性的洒脱，等等，在不同的场合穿着不同颜色或款式的服装可以营造所需要的气氛，增加感染力。假如主持人在体形外观上存在某方面的缺陷，可以通过不同颜色或款式的服装来调整和弥补不足，使脸形、身材、比例等方面达到最佳上镜效果，提高观赏性和可视性。

第二，主持人的着装透射出的是自己的内在涵养。着装与主持人的素质修养、文化品位、精神追求等有直接联系，体现的是主持人的内在涵养。有的主持人一味追求前卫风格，在着装上的表现是大胆外露或奇装异服，如男主持人一派“韩流”风格，女主持人则肚脐外露、双肩全裸。这种装束在生活中也许无可厚非，但在屏幕上出现确实与主持人的身份不相称，其形象在受众心里自然大打折扣。

第三，主持人的着装反映出国家的政治经济状况和时代发展潮流。服装在一个方面反映国家的经济实力、政治动向，因为服装的款式、颜色和用料都与经济发展直接相联系，也与政治开明程度直接相联系。曾经有一个关于主持人服装的小插曲。改革开放之初，人们刚刚脱下清一色的中山装，穿上西装不久，1987年1月中央电视台《新闻联播》节目播出胡耀邦辞去中共中央总书记的消息，播音员出镜前匆忙之中穿上了同事的一件中山装，当他这一小小的无意之中的改变出现在屏幕上时，这一变化被受众敏感地认为是国家的开放政策发生了变化。直到第二天，播音员又重新穿上西装，疑虑才被打消。当然，这一小小“风波”的出现与当时特殊的环境有关，今天中国的政治经济状况发生了根本变化，人们的生存状态和以往相比不可同日而语，但说主持人的着装与国家的政治经济状况紧密相连仍然是站得住脚的。着装反映出社会的心态，人们的观念从一个侧面反映出时代的潮流。

着装对于主持人形象十分重要，具体而言着装要注意以下几个方面。

（1）着装与主持人年龄密切相关。

青年人富有青春活力，着装应突出浪漫多彩的特色；中年人成熟而富有理性，着装应表现雅致大方；老年人沉稳豁达，着装应给人合体舒适的印象。不根据自己的年龄特征着装，往往会给人不伦不类的感觉，影响主持人的形象。

（2）着装与节目性质密切相关。

不同类型节目的受众对主持人的着装形象的心理期待是不同的。新闻评论类、服务类和谈话类节目的主持人着装应雅致大方，而娱乐类节目的主持人着装则应多姿多彩，且每次出场不应重复。

（3）着装要考虑主持人的气质。

主持人的气质是各不相同的，或庄重，或文雅，或清纯，或腴丽。选择着装应该突出自己的气质特征，以获得最佳荧屏效果。如周涛在主持一次《综艺大观》节目前，准备了三套服装，一套是黄色的套装，十分夺目，一套是粉红色的连衣裙，显示出女性的妩媚，还有一套是白底蓝色印花的衣服，能衬托她的大方和清纯的气质，最后她选择了穿着第三套服装出场，获得了很好的效果，甚至有观众特意打电话打听这套衣服的产地。

（4）着装应考虑具体的场合。

不同的场合着装要求是不同的，这不仅是出于对环境的考虑，也是主持人的素质的综合体现。比如，在喜庆的场合穿着的色彩过于低调，或者在悲哀的场合穿着显得太花哨艳丽，都说明这位主持人不懂礼仪，会使主持人在受众中的形象大打折扣。

三、仪表气质

仪表气质主要指体形、体态以及由此而体现出来的个人风度。仪表气质是电视媒体主持人形象不可忽视的一个方面。

电视传播是声形兼备的传播，主持人的仪表气质是与有声语言作为一个整体出现在传播之中的，这样，主持人的体形和体态就构成了电视传播的有机组成部分。对于体形和体态，主持人要时时注意，以保证在受众面前获得最佳形象。

主持人的体形是指主持人的身体外形特征和体格类型。体形是受先天遗传因素影响的，在某种程度上是不可改变的，如“天生丽质”就是如此。但年龄的增长会对体形产生影响，如脸生皱纹、眼袋下垂、皮肤松弛等。

主持人的体态是指主持人坐、立、行时表现出来的姿势。体态是后天习得的，与个人的成长环境、受教育程度和文化修养有关。身体姿势、肢体动作、面部表情等都是体态的表现形式。

主持人有良好的体形是先天的恩赐，但后天的学习仍不可忽视。有良好的体形，如果不注意体态的优美得体，主持人的形象也会受损。体形略有欠缺，但注意体态的优美适度，主持人也可以展现出绝佳的风度，让受众感到赏心悦目。

四、语言能力

主持人的语言能力对于主持人的形象至关重要。广播电视传播实际上是有声语言的传播，通俗地讲就是主持人靠“嘴皮子”吃饭。“嘴皮子”功夫如何，直接关系到传播的效果，影响到媒体和主持人的形象。因此主持人首先要对自己的声音特色有一个基本的评估和清醒的认识，其次要注意培养自己运用语言的能力。

主持人的声音特色一般而言是与生俱来的，包括音色、语调、语速等。一定的声音特征决定主持人适合主持某一类节目。比如，声音甜美、语调活泼的，适合主持综艺娱乐类节目；吐字清晰、停顿鲜明的，适合主持新闻类节目；语速稍缓、语调轻柔的，适合主持中老年节目；等等。对自己的声音基础有清楚的了解，选择或设计适合自己特点的节目，是主持人塑造良好形象的一个重要因素。

运用语言的能力是主持人塑造形象的关键因素。

首先，主持人应提高语言表达能力。主持人应具有规范并且有表现力的语言能力。规范是指吐字发音的规范性，表现力是指规范语言带给受众的审美境界。广播电视的传播无远弗届，受众数以百万计，就像一所空中语言学校，无数学生在听课，因此，主持人播讲时字正腔圆、准确鲜明、形神兼备、亲切朴实是获得受众欢迎的先决条件。

其次，主持人应有个性化的语言表达方式。个性化的语言表达方式是主持人塑造形象的重要手段。因为主持人是以“我”的身份来主持节目的，这就为主持人用独特的思维语言、表达方式和感情色彩来表现自我提供了舞台。剩下的就是主持人的功底和能力的展示了：或尖锐泼辣，或热情奔放，或幽默风趣，或温文尔雅。个性化的语言方式可以塑造出主持人特有的主持形象。如宋世雄的节奏明快、充满激情和赵忠祥的温文尔雅、真诚憨厚就极具个性化，因而也塑造了自己特有的形象。吴小莉舍弃新闻播报沉稳端庄的模式，以轻松活泼甚至是欢快的语调风风火火地讲述的方式和窦文涛诙谐调侃、滔滔不绝的话语风格，更是让受众觉得别具创意，印象深刻。

五、专长与知识储备

对于主持人来说，专长与知识储备是主持人塑造良好形象的重要条件。有的主持人有很好的天赋条件，身材、容貌、声音、在演播室的表现等都不错，但受众最终不愿接受他，主持人自己也觉得干得灰溜溜的。其主要原因就是只有外形，而缺乏内功。专长与知识储备是主持人的内功的基础。水均益精通英语，曾任驻外记者；崔永元曾在中央人民广播电台干过多年记者；何炅在大学做过教师；敬一丹硕士研究生毕业，又当过一段时间的大学教师；孟非当过工人，开过小店，还做过临时记者。这些经历积累的深厚功底是他们日后做主持人获得成功的重要保证。赵忠祥有一次接受一位上海记者采访，记者将他和杨澜相比较，有几分不客气地说：你和杨澜相比，她是个青春型的少女，那么美丽，那么活泼可爱，你那么老，那么胖。这位记者的意思是：你那么笨，那么木讷，说话又那么迟钝，思维显得有点断气，相比之下不是更衬托出你的缺点吗？赵忠祥回答说：我的优势在文化上。赵忠祥解释说：“18岁以前，我们图书馆的世界名著我大都看过。我在床头上翻烂了三卷《唐诗三百首》。许多古典诗词是我的启蒙教材，我可以倒背如流。”[①] 从赵忠祥的这段话中，我们可以看出文化与青春具有同等的魅力，他的主持形象背后有着深厚的文化功底和知识储备。

当代科技发展带来社会分工的进一步细致化，人们对专业文化知识的要求也进一步加深，受众的需要也变得多样化和专业化。主持人需要对专业性信息进行分层处理，在

---

① 《赵忠祥谈艺录》，见白谦诚主编，主持人节目研究委员会编：《主持人》（6），231页，北京，中国广播电视出版社，1997。

专业性信息与受众的现实生活中间搭起桥梁，使传播更有效，更受受众欢迎，这就需要主持人具有专业化的知识储备。

为什么专长与知识储备对于主持人形象非常重要呢？这是因为：

第一，受众的文化水平有了显著提高。我国实行九年义务教育已经几十年，接受高等教育的人数每年也以数百万计，公众接受了各方面的教育，审美水平和审美趣味已不再停留在改革开放之初的阶段。如果我们的主持人自己不能意识到这一点，想靠脸蛋、身材和三流的表演技能糊弄受众，那么最终遭抵制的只能是自己。

第二，主持人的形象要靠主持人的实力来塑造。我们常说某某主持人敏捷机智，某某主持人语言优美，某某主持人思想深刻。其实这是外在的表现，内在的功底在于他有深厚的专业技能和知识储备。主持人应该有与自己所主持节目的内容相关的专业技能，如综艺节目主持人有相关的艺术专长，教育节目主持人受过教育学、心理学训练，体育节目主持人曾经做过运动员或从体育院校毕业，等等。知识储备应该尽量丰富扎实，所涉及的领域包括政治、经济、哲学、历史、艺术、宗教、科技等方方面面。有了宽广的知识储备，遇事就能条分缕析，说得头头是道；见人就能根据职业特征，洞悉对象的真实意图；对问题进行评价时，能一语中的，切中肯綮；对形势发表议论时能高瞻远瞩，给人启迪。这样的主持人自然会在受众中树立起自己的形象，而不需刻意地靠装腔作势来讨好受众。

第三节　塑造良好的主持人形象

通过前面的讨论，我们可以对主持人的形象给出一个恰当的定义，即主持人的形象是主持人的自身形象，它指主持人所具有的能够唤起受众某种思想情感活动的有形因素和无形因素，包括外在形象与内在形象两个层面。在这里，外在形象多指一些表层因素，如声音、容貌、体形、体态及着装等浅层的静态的显现；内在形象包括气质、语言能力、专业技能和知识储备等深层次的动态的因素。内在形象是外在形象的基础，外在形象具有相对的独立性并可以通过训练加以改善，更好地映衬内在形象，两者的和谐统一是良好主持人形象的基本特征。

一、树立良好的主持人形象的意识

主持人要时时、处处注意自己的形象。这种形象意识需要主持人从三个方面来进行架构。

（一）塑造媒介形象

作为一种职业，个人在承担主持人这一角色之后，应当清楚地认识并把握自己的工作性质、任务和行为方式。在节目中，主持人是以“我”的身份出现的，但这个“我”已不是日常生活中的“我”，而是媒介环境中的“我”，在特定的环境中，主持人应通过对自我身份的确认而采取相应的思维方式与行为方式，以塑造主持人的良好形象。

（二）完善社会形象

在日常生活中，主持人是普通的自然人，但由于媒介的力量，主持人在公众中享有一定的知名度，这样他就成为具有公共性的社会角色，成为公众人物。公众人物的一举一动、一言一行都会受到社会的广泛关注，因此，主持人应注意自己的社会形象，在生活中多一分平和，少一分炒作，多一点自律，少一点伪装，克服浮躁心态，用真诚与坦荡面对大众，不断完善自我，发展自我。

（三）与受众对主持人的形象期待形成互动

在传播过程中，主持人向受众展示自己的形象，受众也对主持人的形象进行审美判断，二者之间进行着现实的、直接的审美对话。主持人的形象展示与受众的形象期待吻合程度越高，受众对主持人的形象就越加肯定，反之亦然。所以，主持人要注意与受众的期待形成互动。一方面，主持人可以通过受众调查等方式充分把握受众心理，努力使自己的形象与受众对主持人的形象期待相一致；另一方面，主持人在尽力适应受众的形象期待的同时，不应一味迎合受众，而应注重传媒的社会责任，用自己的行为表现影响并提升受众对主持人的形象期待，使二者形成良性互动。

二、注重形象的内外兼修

树立形象意识、重视形象塑造对主持人而言，是十分重要的。要注意把形象意识付诸实践，在日常的主持工作中，注重形象的内外兼修。具体说来，要注意以下几个方面。

（一）处理好生理年龄与心理年龄的关系

目前，我国广播电视节目主持人的年龄普遍偏于年轻。年轻有优势也有劣势。优势是年轻人朝气蓬勃，有干劲，有热情，对工作保持旺盛的精力，对世界充满了好奇和探索的勇气；劣势是经验少，人生体验缺乏，看问题不那么深入，缺乏驾驭复杂事件的能力，尤其是作为新闻评论主持人或谈话节目主持人，年轻主持人给人的印象缺乏可信性和权威性。针对这一现状，主持人要处理好生理年龄与心理年龄的关系。

1. 正确对待自己的生理年龄

年轻是现存的事实，只能随时间的推移而改变。但弥补生理年龄年轻的方法还是有的，那就是在一些专业问题上，在对待国内外重大事件时，聘请相关专家和权威出面进行评论，或者事先采访专家和权威，然后自己转述，而不要自己一味地大包大揽。其实，请专家和权威并不显示自己无知，相反，能显示出自己采访的深入、处理问题的老到。

2. 要调整自己的心理年龄

对新闻评论类节目、谈话类节目和服务类节目主持人而言，年轻在某种程度上是劣势，这就需要主持人调整自己的心理年龄来适应受众的审美标准。一般来说，年轻主持人的心理年龄不应该过于年轻，而应该较本人的实际年龄“成熟些”“大一些”。这就要求主持人在具备了基本条件之后，不断汲取各种知识的养分，不断吮吸生活的乳汁，尽快地使自己“成熟”起来。实际上，间接知识的积累是人走向成熟的途径之一，人并不是事事都得亲身经历才能成熟起来的。只要不满足于当说话的“人头”，不满足于当节目的“花瓶”，在有了各方面丰厚的积淀之后，调整好自己的心理年龄，那么呈现在受众面前的仍然可以是一个成熟而优秀的主持人形象。

（二）注重仪表形象

仪表形象对电视节目主持人而言有着重要的意义。电视传播是声像传播，与受众直接面对面地接触。受众可以通过主持人在屏幕上显现的外部形象所传达的信息，对主持人的文化素养、性格脾气和内心世界作出自己的评价和判断，并产生自己的态度。

仪表形象对受众来说犹如图书、杂志的封面，良好的印象能吸引受众观看其内容。主持人仪表大方，给受众的第一印象良好，受众就会驻足观看，进而欣赏他主持的节目，同时也更深入地了解和认识主持人。如果仪表有缺陷，不得体，受众手中的遥控器就会毫不犹豫地将频道转换，这时他有再精彩的节目内容，也不能传播到受众当中。所以，对电视传播而言，如果一开始就能吸引受众的眼球，只要不是节目内容非常差劲，就意味着受众有了初步的认可；而如果一开始就吸引不了受众，那么最初的丧失可能就是全部的丧失。

重视仪表形象是做好传播工作的重要一环，总体上要注意：第一，仪表形象要符合节目的要求。形象设计要根据节目的类型、内容、气氛和环境来定。对新闻评论类节目，主持人的仪表应正式些；对娱乐类节目，主持人的仪表应随意些。对内容严肃的节目，主持人的仪表不能太随意，否则与节目氛围不协调；而对轻松欢快的节目，主持人仪表上满脸严肃，着装古板，也会与节目形成鲜明的反差，影响节目的效果。第二，要着力表现主持人的优美形象。美国曾有人进行过一项调查：“主播应有什么条件?”结果条件有 15 项，而 15 项中首要的一项是“好看”（good-looking），以下依次为：可信度高、传播力强、懂新闻、有魅力、智慧、讲话机智、整洁、年轻有干劲、气质好、口齿清晰、适应性强、人缘好、谦虚等。[①] 这项调查说明主持人的仪表形象是很受重视的。主持人是媒体的代表，是节目的形象代表，主持人的仪表形象直接关系到受众是否愿意接受节目的内容和形式，关系到媒体的收视率。所以节目主持人要精心包装自己，努力使自己做到举止优雅、仪态端庄，以获得受众的欢迎。当然，主持人的形象包装应以突出优势、去掉缺陷为目的，不能为了吸引一部分受众，以标新立异、奇装异服来迎合不健康的审美趣味。

总之，主持人的仪表形象对电视传播效果有直接的影响，应该从大处着眼，小处着手，将自己美好的形象奉献给受众。

重视主持人仪表形象，具体说来要注意以下三个方面。

---

① 参见任远主编：《名主持人成功之路》，104 页，北京，中国广播电视出版社，1999。

1. 体形与体态

体形与体态是形象美的基本组成部分，也是主持人在镜头前整体状态的基本组成部分。在自然状态下，人们的视野大，视线变化频繁，一些小毛病不容易引起人们的注意；但在镜头前就不一样了，体形上一些本来不显眼的细小毛病——如背微驼、肩膀微微歪斜、双腿重心不均衡、含胸、脖颈前伸等——就会被聚焦放大，显得格外刺眼。如果主持人不注意这些体形上的小毛病，使它们出现在屏幕上，受众看到后就会产生厌恶心理，放弃收看节目。

体态上的毛病也会影响传播效果，如姿势不正、四肢僵硬、体态不协调、手势零乱等都会给受众留下不好的印象。

如何调整这些影响形象美的不正确状态呢？主持人应该从以下三个方面着手。

（1）经常观看节目录像，及时发现自己的体形和体态上的毛病。

观看录像，可以使自己对自己的表现进行一个客观的审视，分析自己的表现有什么优点，有什么不足，哪些可以在下次主持中作些改进，哪些需要彻底改正。另外，还应观看其他优秀主持人的录像，通过对优秀主持人体态的观摩来改进自己的动作和姿态，以收到良好的效果。

（2）注意体态的训练。

形体美与“自然天成”有关，但经过集中专门的训练也可改善形体形象，体态经过训练与不经过训练也是不相同的。一些演员和军人出身的主持人的体态形象就非同一般，他们的体态常常显得轻松大方，自信得体，动作姿态富有表现力。可见专业训练对于形体美是重要的。

主持人的体态训练可以采取集中训练与养成训练相结合。集中训练是强化训练，对于没有接受过体形、体态训练的人来说，通过集中强化训练，可以建立起体形、体态概念，发展身体机能，改善体形、体态状况。养成训练是要求主持人在日常生活状态中保持自觉的训练习惯，举手投足间保持良好的体态，从而让优美的体态成为属于自己的行为习惯，养成从容大方的风度和气质。

（3）掌握不同类型节目对主持人的体形、体态的要求。

不同类型的节目对主持人的体形、体态的要求是有差别的，主持人要根据自己的节目类型、自身的体形状况的实际，确定自己的体态风格。在一般情况下，电视新闻评论类节目主持人的体态要求稳重、端庄和自信，同时注意演播室和现场报道的区别。如现场报道要善于感受现场气氛，根据现场情况灵活调整形体感觉，要保持平和、稳健的心态，避免情绪失控，同时要善于利用形体动作来增加报道的生动性，等等。综艺娱乐节目主持人的体态要求活跃、松弛、舒展。谈话类节目主持人的体态要求轻松平易，注重交流，如点头、微笑等。服务类节目主持人要求体态平和、自然，与节目空间环境协调一致、浑然天成。

2. 化妆

化妆是指用人工修饰的方法对面部等部位进行修饰，改变或美化面部及其他部位，以塑造理想的人物形象。人的长相是天生的，即使长相很好的面容也难免会有微小的缺陷，适当的化妆可以弥补这些缺陷。不过，主持人的化妆不像戏剧化妆那样，要变成特定的戏剧人物，而是在本人形象的基础上作适当的美化修饰，矫正某些缺陷，突出某些特点，使其荧幕形象更趋完美。

主持人的化妆部位主要集中在头部，包括肤色修饰、面部修饰和头发造型等。

（1）肤色修饰。

电视传播要求主持人在荧幕上的皮肤呈润透、明亮、健康的肤色，但由于遗传、生理、地理环境等因素的影响，有些主持人的肤色出现暗黄、偏红、偏黑等色彩偏差，这就需要对肤色进行修饰。有些主持人的肤色可能非常健康，但缺憾在于有些雀斑或“小痘痘”，这些也影响皮肤的美观。这些都需要涂上矫正色，进行修饰，以保证屏幕上主持人美观、自然、健康的效果。

（2）面部修饰。

面部修饰的内容较多，主要有：对脸形的矫正，如三角形脸、国字形脸、菱形脸、圆形脸等，需要通过化妆来矫正；对鼻形的矫正，如对长鼻形或塌鼻形的鼻子通过颜色的运用和处理来改善视觉效果；还有对眼形、眉形、唇形的修饰，使这些局部器官在其邻近的相互位置中得到调整，得到视觉上的修正，以获得较好的面部形象。

（3）头发造型。

头发造型对主持人来说，可以弥补面部形态的不足和器官上的缺陷，可以烘托主持人的风度气质，突出其个性特征和审美品位，是主持人形象塑造的内容之一。

头发造型要依据个人自身身体外观条件进行，选择发型时要注意年龄、气质、头颅形状、脸形、脖颈、身材等因素，这样才能掩饰缺陷，使形象整体关系获得视觉平衡。

年轻的女主持人发型自由度大，长发、中发、短发、超短发型均适宜。中年主持人的肌肤、头发开始出现衰微的趋势，在造型上要避免缺陷，突出稳重成熟的一面，在发型上，女士应选波状发、短发、中长发、盘髻等，而男士应留分头、背头等。老年主持人皮肤开始松弛下垂，肌肉萎缩，头发脱落、变白，这些是生理上的局限，选择发型就要展现老年人的成熟、平和、从容的个性，以简洁大方的短发发型为宜，女性可选中发、波状短发等。

要注意脸形与发型的匹配，如针对长脸形，额前头发就不宜高梳，而应采取下垂式处理，以掩盖额头，或斜向一侧使过长的脸形得以修正。针对短脸形，头发应高梳或将额前头发吹耸，同时将两侧头发收拢，增加脸部长度。而针对大脸形，应选择遮掩式的发型，将头发沿脸部周围垂下，盖住双耳至两侧下颌骨，发尾略向内扣，使脸形看起来长些、窄些。

脖颈的长度各人也不相同，在发型选择上，男性主持人主要是在短发的基础上进行变化，而女性主持人修饰起来就容易一些：长脖颈的人以中长发型和短发为宜，同时将发梢内扣或外翻以减弱颈部过长的视觉印象；短脖颈的人应选短发，或将头发高梳，营造颈部修长的视觉效果；粗脖颈的人则应选中长或长发型，掩饰较粗的脖子。

身材和发型也要匹配得当。身材高大的，应选择较为蓬松的中长发型，这样可以增加飘逸轻盈感，减弱笨重的印象。身材矮小的，应选短发型，将头发向后高梳，以增加高拔的感觉，不宜选择长发或梳理得松蓬向两侧扩张。

总之，发型的选择与造型对主持人形象来说是非常重要的一个方面。要根据主持人个人情况区别对待，灵活处理，以获得最佳整体效果为宜。

3. 着装

着装包括服装和饰物两个方面。

（1）服装方面。

服装的基本功能是遮盖身体、调节体温，同时它也透射出文化、经济的内涵。主持人选择服装应注意结合自己的外观特征，让服装起到修饰、矫正和美化的作用。具体而言要注意以下几点。

一是款式的选择。服装款式的选择与个人外观特征结合得好，可以使主持人形象更趋完美，对外观稍有欠缺的人可以起到矫正作用；结合得不好，特别是对于外观有缺陷的人，会起到放大缺陷的作用。所以，胖型身材的人应忌选紧身或宽松肥大的服装款式，以肥瘦适中、穿着合体为宜。而瘦小身材的人则应选宽松的款式或上下分体的套装较为合适。衣领的形状也与形象塑造关系密切，“V”形领就不适合长脸形和长脖颈的人，而较适合圆脸形和短、粗脖颈的人。“一”字形领则不适合短脖颈和方脸形的人，而对细脖颈的人非常合适。

二是颜色的选择。衣服的颜色在电视传播中可以表现丰富的内容，传递多种信息，如红色表示喜庆、黑色表示庄重、白色表示纯洁等。同时颜色的视觉冲击力也是很大的，如红色给人的视觉印象是热烈而夸张，白色耀眼而膨胀，蓝色平和而镇定，黑色深沉有收缩感。因此，不同身材体型的人要根据自己的外观条件选择服装的颜色。一般说来，身材较胖的人应选颜色较深、色调偏冷的服装；而身材较瘦的人应选颜色较浅、较丰富的暖色调服装。

三是注意根据不同季节选择服装。演播室的温度是用空调调节的，因此室内气温一年到头没有差别，但这不等于主持人的服装就不分春夏秋冬。明明已是隆冬季节，如果主持人仍穿夏季的服装，那么虽然主持人在演播室觉得很正常，但受众在观看节目时就会怀疑这节目是不是夏天录制的，到现在才播出，进而感到媒体和主持人不注意时效、糊弄人而放弃收看节目。

因此，主持人要根据季节的变换，改变服装的样式。不过有些服装，如男士穿用的西装、夹克衫，女士穿用的西服裙装等给人的季节感不很明确，一年四季都可穿用。

（2）饰物方面。

饰物也是主持人形象造型中常用的工具。常见的饰物有项链、眼镜、戒指、发卡、胸花等。饰物既可以用来传递信息，也可以用来矫正缺陷，美化形象。

饰物中有些是主持人，主要是女主持人常用的，如项链、发卡、胸花等。这些是一般大众使用的装饰物，主要表现主持人热爱生活的态度和情趣，增加主持人的亲和力。

戒指也是主持人常见的饰物，但戒指的佩戴方式是有讲究的，不同的戴法传递特定的信息，可以含蓄地表明主持人的个人身份状况，比如，戴在中指上表示自己正在恋爱中，戴在无名指上表示自己已结婚，等等。主持人通常没有必要戴戒指，以免分散受众的注意力。

眼镜具有矫正视力和做装饰品两种功能。有的主持人视力不好，戴上眼镜可以矫正视力；有的主持人脸形上有缺陷，戴上眼镜可遮掩缺陷。在生活中，戴眼镜会使人感觉有学识、稳重、办事认真，如果节目需要，主持人可以戴上眼镜。有些节目如旅游节目，主持人在野外，戴上眼镜可起到保健作用。但为戴眼镜而戴眼镜却是不可取的，如有的中年主持人在演播室主持节目，却将一副眼镜扣在前额的头发上，装扮“酷”像赶时髦，让人看着别扭，感到既滑稽又浅薄。

延伸阅读

央视“门事件”说明了什么

自2006年黄健翔“解说门”事件之后，央视主持人开始受到观众和网民的特别关注，主持人的言行失误，甚至一点小瑕疵都会被观众冠以“门”名，进而在网络上广泛传播。近些年围绕央视主持人就先后发生了一系列“门事件”：“短裤门”“补妆门”“哈欠门”“豪宴门”“吻痕门”“醉酒门”“默片门”等，共计十几起。2009年春晚，主持人出现口误，将马东报成“马先生的儿子马季”，又引起众多议论。

中央电视台作为国家电视台，拥有国内一流的播音、主持人队伍，许多节目思想性、艺术性强，深受全国电视观众喜爱，央视的巨大贡献和主持人的素质都不容置疑。既然如此，为什么还会出现这么多“门事件”呢？

由于央视的特殊地位，观众和网民对央视怀有过高的心理期待。主持人哪怕出现一点小错误也会引起观众的格外注意，有时小失误可能被无端地放大，成为网民批判的焦点。

央视主持人工作压力大，也是容易出错的原因之一。特别是直播节目，工作人员都是相当紧张的，尽管事先有策划，但现场发挥也有不少不确定因素。

对“门事件”要区别看待，有些“门事件”，确实应引以为戒。例如“解说门”，主持人带有狭隘的民族偏见，宣泄过于激烈的主观言论，有悖客观公正，造成了不良的社会影响；《艺术人生》主持人想拉近与嘉宾的距离，却出现“家父”之类的文化常识错误，应该避免；“短裤门”“凸点门”“吻痕门”提醒主持人不可随便穿衣，要注意镜头前的仪表形象，否则会引来观众浮想联翩；“哈欠门”和“醉酒门”提醒主持人在直播时要保持良好的精神状态；“默片门”不怪主持人，是导播的严重失误，应该警惕；“桃色门”提醒主持人注意私生活。

大众关注“门事件”是对央视工作的一种促进。央视工作人员应注意节目中的每一个细小环节，用完美的表现去回报广大观众，这既是公众对央视的期待，更是央视工作人员自我责任的体现。央视要珍惜媒体的品牌与公信力，既要道歉，更要改进，否则会让亿万中国观众失望，也有损国家电视台的形象和声誉。真心希望央视及其主持人时刻牢记自身职责，并记住自己的道歉。

资料来源：节选自王德胜：《央视“门事件”说明了什么》，载《新闻战线》，2009（3）。

延伸阅读

中青网点名批评前名主持人

当下的中国，总有一些人借助国家的资源平台“做大做强”后，得意忘形之余露出

“两张脸”。大红大紫的毕福剑在“不雅视频”中，对领袖和英雄使用了侮辱性词语，在网络上炸开了锅。

毕福剑“摊上大事”并非第一次。此前，他在主持节目时也因口不择言被要求道歉，最后却不了了之。可惜的是，毕福剑并没有改掉“口不择言”的坏毛病，以为在私人空间说了也没有人知道。

环球网的一项调查显示，高达72%的网民认为，“不雅视频”是毕福剑的“真实表达”。“酒后吐真言”“政治人格分裂”“不差钱，差德”“没有道德底线的小丑”“台上天天唱颂歌，台下骂娘的人”“典型的吃中国共产党的饭，砸中国共产党的锅”等表达愤怒的评论满屏皆是。

英雄为国家为人民抛头颅洒热血，值得我们一代代人的敬重，不崇尚英雄的民族，一定是没有希望的民族。那些取笑人民领袖和英雄的下流语言，竟然出自一名共产党员、一个口口声声说当过兵的央视名嘴之口，与其身份和所处位置极不相符，让人大跌眼镜。

毕福剑不是两三岁的孩子，他的世界观早已形成。不管是真情流露，还是酒后吐真言，抑或是忘形之语，都是其骨子里缺乏明确的、起码的、与其身份相符的政治立场底线的行为体现。

公众人物，不管是在公开场合还是在私人社交场合，都要做到慎言慎行。其一言一行关乎职业形象，而其错误的言行所产生的社会诱导性更是比普通人要大很多。公众人物的私德，远比在公众面前表现出来的伪君子面貌更加重要。台上台下“两张脸”，更易对人们的道德信仰造成破坏。

公众人物是现实社会中的既得利益者，在获取了名利的同时，也要保持好自己的良好形象，接受社会的监督与评价。所以，毕福剑应负起责任，莫道委屈，外人也不应迁怒于所谓的“告密者”。

不管处于何种语境，毕福剑作为党员已触犯了党纪，作为公民也挑战了道德，作为主持人也打破了职业素质要求的底线！如果说歌星影星因吸毒、嫖娼应当“下课”，那么像这种碰政治高压线的人呢？

举头三尺有神明，人的良知有底线。即便是在私人聚会，即便是在个人空间，也不是什么人、什么事都可以拿来调侃、任意戏谑的。毕福剑，你欠全国人民一个道歉。

资料来源：http：//pinglun. youth. cn/ttst/201504/t20150408 _ 6567395. htm。

三、培养语言表达能力

语言表达能力是主持人做好传播工作的基本功，没有良好的语言表达能力，主持人的一切素质都不复存在，主持人的形象也不可能建立。纵观当今世界著名的主持人，没有谁不是具有出众的口才的，他们口齿伶俐，善于表达。如哥伦比亚广播公司《晚间新闻》节目主持人丹·拉瑟，是美国公认的口才好、有风度的主持人，他主持节目时神态自如，语言流畅、简明清晰；《60分钟》节目记者、主持人迈克·华莱士以硬性采访、提问尖锐著称，他口才出众，往往单刀直入，刨根问底，咄咄逼人；美国全国广播公司的《晚间新闻》节目主持人汤姆·布罗考以主持干净利落、思维敏捷、擅长即席发挥而被誉为三大超级明星主持人之一。在我国知名的节目主持人中，语言表达能力也是他们获得成功的重要砝码。比如，赵忠祥声情并茂，出口成章；杨澜眼明嘴快，直抒胸臆；水均益深沉睿智，语锋犀利；窦文涛幽默轻快，充满机智。法国电视二台著名节目主持人贝纳德·比沃在被问到要成为一个合格的电视节目主持人需要拥有怎样的素质时，回答说："第一点，要有口才；第二点，要有一些好奇心；第三点，要勤奋工作；第四点，要有些机遇。"①

主持人怎样才能培养自己的语言能力，树立良好的形象呢？答案是多方面的，因为语言涉及多方面的知识，语言能力的培养自然不可能通过一招一式就收到成效，但有两点是语言能力的主要因素。

（一）规范的语言

主持人是以有声语言来向受众进行传播活动的。主持人在话筒前应以积极自如的状态进行有声语言的创造，通过尽可能完美的语言技巧准确、鲜明、生动地传达自己的思想感情和节目的内容信息。受众在接受的时候，就是以发音是否准确、吐字是否清晰、音色是否优美、表达是否生动来形成对主持人的语言形象的认识的。所以语音规范、准确是主持人的一项基本功。只有用规范的语言、准确的语音，才能将信息明确无误地传递给受众。发音含混、错误，就不能保证信息传递的准确，要想树立起主持人的形象也就无从谈起了。

我国在20世纪80年代主持人刚刚兴起的时候，针对千篇一律的播音调，有人提出主持人的语言越不像播音越好，越生活化、口语化越好，甚至有点口音、打个结巴更自然。在这种观念的误导下，广播电视一时间男声女气、女声嗲气、市井语言、俚语俗语、认错字、读错音、啰唆重复等充斥于节目，让人听着看着感到难受，身上直起鸡皮疙瘩。一些毫无意义的词语如"那么"夹在每一句话语中，好像不说就不是主持人用语一般；一些矫揉造作的词语如"哇噻""好好看耶"常常挂在男女主持人的口头。这些现象无论如何不能与生活化、口语化挂钩，只能是主持人语言技能低下、语言风格缺乏的表现。实践和历史都很好地证明了，有声语言的规范化、标准化和艺术化才是其生命力之所在，才是人民大众喜闻乐见的美的境界。

国外对语言规范也是十分重视的，英国广播公司为净化广播语言，于1995年出版了该公司68年历史中最为详尽的一本广播体例手册，其负责新闻报道的总经理托尼·霍尔在这本手册的导言中说："我并不希望充当监督全国人民如何说话的卫道士，但是，我们的观众和听众中有许多人是这样要求我们的。如果我们用错了词语，那么人们会相信我们提供的事实吗？"《伦敦时报》说，这本体例手册是"一件期待已久的净化广播语言的东西，也许今后英国人语言中的土语、粗话、美国腔、不准确和不雅的用词会因此减少"。② 可见，国外对广播电视的语言的规范化与节目质量及社会影响是非常在意的。

---

① 转引自任远主编：《名主持人成功之路》，160页，北京，中国广播电视出版社，1999。

② 转引自吴郁：《节目主持艺术探》，220页，北京，北京广播学院出版社，1997。

在我国，语言的规范化从来都是受到高度重视的问题。《中华人民共和国宪法》规定“国家推广全国通用的普通话”。1994年10月30日国家语言文字工作委员会、国家教育委员会、广播电影电视部联合发布《关于开展普通话水平测试工作的决定》，规定播音员、主持人的普通话应达到一级水平，并且要求通过考核持证上岗。1997年6月26日国家语言文字工作委员会又发布《关于普通话水平测试管理工作的若干规定（试行）》，规定了相应的测试办法。主持人作为大众传播媒体的代表，应带头模范地遵守国家的法律法规。播音主持艺术创作的观念更新、语言表达的多样（如读、播、讲、谈、说、诵等）不应该对语言的规范置之不理，相反，主持人更应该在语言规范、准确的基础上来创造自己的主持风格，树立良好形象。

（二）熟练驾驭语言的能力

熟练驾驭语言的能力主要体现在词语的选择、语言的编排和修辞的运用等方面。

词语的选择要注意用词精当、贴切。精当、贴切就是在使用词语时，根据特定的语境，找到与之相适合的“这一个”，而不是“那一个”词语，使之成为这一时刻表现所要传达的意思的最精确、最传神和最恰当的词语，产生一种熨帖的、天衣无缝的和谐感。

例如，云南丽江大地震后，中央电视台《综艺大观》在昆明做了一期节目。有一段节目要向观众介绍震后出生的第一个孩子，这孩子被取名叫震生，他曾收到南京一位不愿透露姓名的好心人一万元捐助。原来的台词设计是这样的：“震生，你是丽江震后最幸福的一个婴儿，你要感谢帮助你的人，感谢有了他们的帮助你才能健康成长。”彩排时，倪萍抱着这个只有7个月大的婴儿，看到孩子好奇地张望镜头的样子，她灵机一动，将台词改为：“来，震生，阿姨抱抱，咱们转过脸来，让坐在电视机前的爷爷、奶奶、叔叔、阿姨、姑姑、舅舅看看。瞧，得到你们捐助的小震生长得多好，多健康！”这时，孩子突然大声地“啊”了一声，全场热烈鼓掌，倪萍高兴地搂紧孩子说：“来，给捐助你的亲人们鞠个躬，告诉他们：我会使劲长，将来好报答你们。”孩子似乎听懂了，又神奇地“啊”了一声，现场许多观众流下了眼泪。① 显然，倪萍即兴说出来的词句比原先设计的台词要恰当、贴切、自然得多。

语言的编排是指在运用有声语言时，对语言材料进行组合排序，即所谓编码。它要解决的问题是合理地组织语言，使语言在形式上符合节目特色，在内容上能充分表达话题的意旨。一般要求逻辑安排要结构紧凑，句式调配要富于变化，词语组合要能表情达意且生动鲜活。

例如崔永元在《实话实说》节目《鸟与我们》中的开场白：

> ……春天到了，万物复苏，大地一片绿色。南方的鸟儿已经开始长途跋涉，它们要迁徙到北方，开始它们繁衍子孙的工作。我们今天的话题就跟春天有关，来谈谈鸟。（掌声）今天在场的嘉宾中有一位朱鹮养殖专家，这种鸟儿在世界上只剩下不到60只了，比地球上的总统还少。（对李福来）您是不是觉得肩上责任重大？

---

① 参见倪萍：《我常常觉得自己不会说话》，载《语言文字应用》，1997（4）。

这段话以景起头，因景生情，入题自然，逻辑上环环相扣，句式上长短变化，音韵和谐，用词生动有趣，既符合谈话节目的特点，也有主持人自己一贯的幽默风格。

修辞的运用既能使语言变得优美，又能提高语言的表达效果。主持人在特定的语境下，适当地使用修辞方法，能使语言所要表达的句式更加华美，语句更加畅达，寓意更加深刻。

例如，中央电视台播出 8 集专题片《中国之路》，在其中一集的结束语中白岩松的修辞手法就运用得很娴熟：

> 海风吹来，龙的传人当然不会弱不禁风。中国引进资金，也在引进竞争；引进朋友，也在引进对手。当古老的大门终于对外开启的时候，它的含义，绝不仅仅是对门外的人说一声“欢迎你”，更重要的是，要对门外的世界说一声“我来了”。

不过，使用修辞应当注意，不要一味追求语言细微的玄妙变化，不能像文学作品那样过分追求艺术化而造成语义不明晰、用语过于险奇，而应保持新闻语言的平实、浅白、生动形象的特色，便于大众接受。

四、加强新闻素养训练

节目主持人从事的是大众传播工作，这项工作在我国有着特殊的意义，它的政治性、思想性强，影响力大，担负着传播新闻、引导舆论、沟通情况的职责。主持人具有良好的新闻素养，是做好这项工作的重要保证。

主持人具有新闻素养，面对一个新闻人物、一个新闻事件时就能立即敏锐地发现它的价值，知道如何进行采访报道，并将自己对新闻的理解转化为富有个性色彩的、平实的语言表达出来，以收到良好的传播效果。所以，新闻素养对于主持人，特别是新闻类节目主持人来说，重要性体现在以下几个方面：第一，它能使主持人敏锐地发现新闻，理解其价值并准确地选择和把握新闻事实；第二，它能增强主持人语言反应的迅捷性，使主持人的语言组织能力得到高水平的发挥；第三，它能使主持人将新闻事实与受众需要和兴趣结合起来，增强采访报道的针对性，满足受众对信息的需求。

有人说新闻素养对新闻类节目主持人来说是重要的，对谈话类节目、娱乐类节目主持人来说有没有无所谓。事实并非如此。嘉宾在谈话类节目中谈到一件事实时，可能与之相联系的还有更具新闻价值的事实，这就需要主持人敏锐发现，及时追问；娱乐类节目在进行过程中有对嘉宾的即兴采访，这也需要主持人具有新闻素养才能做到。不具备新闻素养，在主持节目中说话就可能不得体，采访提问也不得要领。例如，中央电视台第 44 期《综艺大观》主持人倪萍对法国“钢琴王子”理查德·克莱德曼的采访就大欠水准。倪萍激动地将“钢琴王子”介绍给大家，说他是应邀来华举办“东方情调大型音乐会”的，之后转过身问：“克莱德曼先生，我想问您，为什么这次音乐会你要演奏中国的乐曲?”这一问将克莱德曼给问蒙了，不知如何回答才好，幸亏同台的搭档濮存昕插上去“救场”：“克莱德曼先生，您是不是第一次来中国?”这才使一场尴尬化解。

无独有偶，还是这位克莱德曼先生来到广州天河体育馆开大型钢琴演奏会，主持人是获得过“最佳节目主持人”大奖的广东电视台主持人侯玉婷。克莱德曼一曲奏毕，侯玉婷笑容可掬地登台大声说：“听众朋友们！现在我要向克莱德曼先生提一个很幽默的问题。”然后看着克莱德曼：“您能谈谈对中国的妇女有什么看法吗?”此问一出，全场响起此起彼伏的“嘘”声，克莱德曼先生听完翻译后，脸上表情哭笑不得，一句话也说不出来。事后，侯玉婷面对批评，写文章说是有关人士要自己提一个“关于女人的问题”，她只能“硬着头皮‘按既定方针办’”。这些都是主持人因缺乏基本新闻素养而导致提问不当的实例，其结果是使得主持人形象大打折扣。

可见，只有具有良好的新闻素养，主持人才能独当一面地开展工作，做到“招之即来，来之能战，战之能胜”，赢得广大受众的信任与尊敬。

主持人的新闻素养应该包括以下三个方面。

（一）新闻敏感

能不能在大量的普通事实中迅速抓住有价值的线索，进而挖掘出有价值的新闻，这就要看主持人有没有新闻敏感，以及新闻敏感的强弱程度。新闻敏感强的主持人，在主持节目时，从嘉宾、从现场观众、从社会上发生的事情上都可以发现有价值的东西。叶惠贤的节目是综艺娱乐性的，他主持的节目好看，有他的节目性质和节目内容的原因，但整个策划、制作却有其高度的新闻敏感在起作用。

（二）良好的思维能力

良好的思维能力是指思维具有深度、广度和速度。思维的深度是指能透过现象看到本质，思维的广度是指思维能触类旁通、举一反三，思维的速度是指接受、分析信息并形成认识的过程耗时少。若三个方面能均衡发展，思维能力就非同一般。如果主持人拥有良好的思维能力，将思维的结果用流畅的语言表达出来，那么主持人就能跻身优秀之列。

（三）掌握采访提问的技巧

首先，主持人要善于提问。问题要问得自然，态度亲切诚恳；要问得合适，所提问题应该是对象最适合回答的；要问得关键，即问的是地方，是在节骨眼上，能让对方感兴趣，乐意答，甚至产生一股抑制不住的感情冲动，情不自禁地说出肺腑之言。其次，主持人要掌握一些提问的技巧。比如，什么时候用侧问法，什么时候用激将法，什么时候用设问法；是用开放性的问题，还是用封闭性的问题；是用中性问题，还是用诱导性的问题；等等。

当然，新闻素养包括多方面的修养，有政治理论、文化知识、新闻技能等，以上这几点对主持人而言是最基本的，是主持人在工作中经常遇到的基本问题。

五、保持真诚饱满的情感

主持人的情感对主持节目来说是重要的。有饱满的情感，主持人的语言才能富有感染力，主持人的情感是真诚的，受众的心中才会产生共鸣。1947 年 5 月，解放战争还在进行中，毛泽东同志听了陕北新华广播电台的广播后说："这个女同志好厉害！骂起敌人来真是义正词严，讲到我们的胜利也很能鼓舞人心，真是爱憎分明。这样的播音员要多培养几个。"[①] 从毛泽东同志对陕北新华广播电台播音员的赞扬中，我们可以看出情感对节目主持人形象的重要意义。

第一，真诚饱满的情感可以使主持人很好地调控节目的氛围。对主持人节目，特别是综艺娱乐类和谈话类节目来说，主持人的情感的感染作用有着举足轻重的地位。因为，观众的情绪，舞台上下、演播室内外的沟通，都需要通过主持人饱含情感和真诚的语言来组织调动，可以说，主持人的情感是调控节目氛围、实现节目的预期效果的重要保证。

第二，真诚饱满的情感可以彰显主持人的个性特征。真诚饱满的情感可以成为主持人的个性特点，显现出辨识度，使其在众多主持人中脱颖而出。受众更容易记住并忠实于那些能够传递情感并让他们感到亲切的主持人。主持人通过真诚的情感表达，可以使其语言和声音更具感染力，吸引观众的注意力。

中央电视台《热话》栏目主持人元元，以独特的语言风格和犀利的点评见长，轻松、诙谐而不失思想性，这实际上是她饱含情感关注民生民情的体现。她在做北京电视台主持人时曾创办大型新闻述评节目《第 7 日》。在节目中，她常常将别开生面的叙事方式与出人意料的精彩点评相结合。好像是不经意的评述，却总能把"理儿"说透，言语充满了机智与诙谐，常有令人拍案叫绝的亮点出现，让人回味无穷。节目取得这样的效果，离不开她以真诚饱满的情感全身心地投入。

著名的主持人切特·亨特利、奥普拉·温弗瑞、爱德华·默罗等都是在主持中善于应用真诚饱满的情感而显得独具个性的主持人。

第三，真诚饱满的情感使节目主持人充满人文关怀，提升了节目的品位。是为节目而节目还是在节目中体现人文关怀，即关心受众和嘉宾的情感和心理感受，是考量节目品位高下的一个指标。做到节目有品位，需要主持人具有真诚饱满的情感。中央电视台《夕阳红》节目主持人陈志峰谈到自己这方面的体会时说："不但要有耐心，有时候还要哄着点老人，劝他们别着急，启发他们换个角度想这个问题。我觉得老人需要哄，而这个哄实际是一种尊重！上了年纪的人很怕别人不尊重他，他们特别希望获得别人尊重。所以我觉得在我们的节目里和节目外都必须时刻注意这种人文关怀。"[②] 再如，在《正大综艺》节目插播的短片中，导游小姐问："塞舌尔王国很有趣，在人们下飞机时每人发一块小木板，为什么？"

杨澜：谁来回答这个问题？

来宾：我来说。（推测）塞舌尔王国是印度洋的岛国，既然是岛国，雨水一定很多，地上泥泞，那，那脚下……（语塞）

杨澜：是刮泥板，是吧？

来宾：（笑着点头）是，是的……

---

① 榆林地区《毛主席转战陕北》编写组：《毛主席转战陕北》，135 页，西安，陕西人民出版社，1979。

② 陈志峰：《用心去感受老年》，见北京广播学院播音主持艺术学院、中国广播电视学会播音学研究委员会学术部编：《播音主持艺术》(4)，229 页，北京，北京广播学院出版社，2002。

机灵的杨澜没有卖关子或坐在一边看笑话，而是巧接话茬，顺势一“垫”，使来宾摆脱了尴尬的窘态，这正反映了主持人待人的真诚和亲和，体现了节目的人文关怀。

要主持好节目，树立节目主持人的形象，情感是重要的。但“成也萧何，败也萧何”，把握得不准，在情感使用的过程中过于“煽情”，表演味太浓，非但控不住场，反而会导致现场的失控，使受众对主持人产生抵触情绪。倪萍在她主持事业处于巅峰时遭遇“滑铁卢”，原因之一就是受众认为她动不动就泪光闪闪，声音哽咽，是表演和煽情。所以主持人要准确地驾驭自己的情感，把握好表达情感的分寸。

练习题

1. 试论主持人形象在节目中的地位。
2. 主持人形象是如何影响社会政治生活的？
3. 主持人形象的构成要素有哪些？
4. 谈谈怎样树立良好的主持人形象的意识。
5. 主持人应当如何维护自己的媒介形象？
6. 谈谈主持人形象与新闻素养的关系。

第六章

主持人的语言表达及训练

主持人的传播是以语言为工具的。广播电视节目主持人的语言运用艺术，直接关系到节目的传播效果，因此主持人要注意研究语言艺术，了解主持人的语言特点，注意语言的运用方法、技巧，自觉地训练自己的语言技能。

第一节　主持人的语言特点

主持人的语言特点是相对于播音员的语言特点而言的。主持人与播音员是两个不同的概念，这在本书绪论中已经讨论过。主持人与播音员属于两种不同的身份，在社会语言学中，身份不同，说话方式是有区别的。播音员在传播活动中，是以代言人、旁述者的身份出现的；而主持人在传播活动中，是以主讲人、主持者的身份出现的。代言人、旁述者要做的事是转述旁白，在报道的时候，对事实或人物只能间接地、含蓄地表达自己的认识、态度、感情；而主讲人、主持者要做的是率真表白，在对现实事物或人物进行解释或介绍时，可以直接地、显露地表达自己的感受、理解、评价和体会。

有学者对主持人和播音员进行分析，认为他们之间有以下几点异同：第一，主持人主持一个节目（或栏目），对节目的整体负责；而播音员只对所播稿件的表达是否准确到位负责。主持人的工作领域比播音员要广阔得多，要求的基本条件也多得多。第二，主持人的语言是规范化的生活语言，是“说”的话；播音员的语言是规范化的书面语言，是用声音把文字播出来。第三，主持人为了把节目主持到位，参与策划、采访，必须具有应变能力和其他方面的能力；对播音员则没有这些要求。第四，主持人直接面对观众，与观众直接交流；播音员通过对文字稿件的播音面对观众，基本上是单向的，缺少交流感。第五，两者的共同点在于无论是主持人说话还是播音员播音，语言都应当是规范的。①

由此看来，播音员和主持人在语言上是有差异的。播音语言在长期的实践中形成了自己的特点，表现为：“规范性——语言规范、清晰顺畅，庄重性——真实可信、落落大方，鼓动性——情真意挚、爱憎分明，时代感——胸襟开阔、新鲜跳脱，分寸感——准确恰当，亲切感——恳切谦和、息息相通。”②

---

① 参见中央电视台总编室、人事办公室编：《〈电视节目主持人职业素质评价指标体系研究〉成果汇编》，97页，北京，中国广播电视出版社，1999。

② 鲁景超：《广播电视即兴口语表达》，244页，北京，北京广播学院出版社，2000。

主持人在语言运用上继承和借鉴了播音语言的许多因素，但由于在节目的创作方式上，播音员是有稿播音，主持人是无稿播音，播音员是转述旁白，主持人是率真表白，主持人如果完全照搬播音语言，显然不能得到受众的认可。中央电视台《焦点访谈》总制片人梁建增在谈播音员出身的主持人方静的主持风格时，谈到这个问题，他说："作为中国科班出身的播音员，不可否认，她的身上或多或少地带有课堂专项训练的烙印，这种在学校培养出来的播音员，过多要求的是标准发音，字正腔圆。但是担任新闻评论节目的主持人仅仅凭借这些显然是不够的。那么如何形成自己的个性风格，具有突出的特点，无疑将是方静面临的考验，比如声调的把握不能过冷和过硬，比如面目表情不能机械呆板，等等，度的把握十分重要。"[①] 播音语言的一些特质，在播音中是很好的，但对主持人而言就不妥当，播音员与主持人毕竟是两种具有不同工作特点的职业，他们的工作环境和工作特点必然会给语言创作带来差别。

那么，主持人的语言特点是什么呢？

一、口语化

口语是相对书面语而言的。有人曾说播音是书面语的有声版，指的是播音只是将书稿上的文字变成了有声的语言。主持人的手头是没有稿子的，有稿也不可能照本宣科。主持人在节目中，无论是应答、提问、评述，还是串联、报道，大多是脱口而出，语言的表述是在没有思索和斟酌的情况下完成的。由于是娓娓道来，所以让人觉得亲切、自然、通俗、平白。

主持人的口语实际上是即兴口语，它是日常生活中的口语表达，没有经过反复思考、字斟句酌，有时逻辑性欠缺，语句不够规范，可以说是现想现说。主持人在特定的环境中，与特定的对象作现场交流，形成一个语言场，在这个语言场中，主持人不断接受刺激，不断形成新的话题，进而不断调整思路、组织语言。这些语言是在高度紧张的情况下张口即出的，因而不可避免地存在或多或少的语病。

主持人的口语简明质朴。主持人的口语受到说话环境的限制，一般都是直截了当、清新明朗、简洁明快的，没有隐晦曲折；又由于说话的对象性，主持人的口语质朴、亲切、自然，如同在拉家常，在讲故事。

主持人在口语表达中的语音和姿态具有特殊功效。口语在表达中有丰富的语音、调势、语气、节奏，以及表情、姿态等，这些表达中的特有手段可以传达丰富的信息，可以增强表达时的情感和意向。

主持人语言的口语化特征中也有一些值得注意的地方。有些主持人将口语化理解为日常生活中的口语交际，以生活中的口语原生态作为传播语言，这是不妥当的。口语化追求的是语言的通俗、自然、亲切，而不是粗俗、低劣和随意。主持人在追求口语化的过程中应注意对语言的筛选、加工和提炼，舍弃那些不规范、不纯洁的内容，以达到良好的传播效果。

---

① 梁建增：《〈焦点访谈〉红皮书》，372页，北京，文化艺术出版社，2002。

二、规范性

主持人使用的语言是《中华人民共和国国家通用语言文字法》规定的通用语言——普通话。按照 1955 年召开的全国现代汉语规范问题学术会议确定的定义，普通话是以北京语音为标准音，以北方话为基础方言，以典范的现代白话文著作为语法规范的。因此主持人的语言是有规范性的。这种规范性体现在语音的发音，词汇、语法的选择与使用等方面。

（一）语音准确

准确、清晰的普通话发音是主持人最基本的业务要求。主持人面对受众时，用自己的声音传递着各种信息，受众在接受信息的同时，也向主持人学普通话，主持人的普通话语音往往对受众起着示范作用。如果存在语音不规范现象，往往就会误导一些文化水平较低的受众或青少年受众，造成不好的影响。在节目主持中，由于各人受教育背景不同，普通话水平存在差异，再加上工作态度的区别，有的主持人在语音上存在一些错误，主要表现为：

错读，混淆读音。例如，把“莘莘学子”的“莘”错念为“xīn”，把“拾级而上”的“拾”读成“shí”，把“联袂演出”的“袂”说成“jué”，把“自怨自艾”的“艾”说成“ài”，把“道行很深”的“行”说成“xíng”，等等。

受方言的影响，咬字不准。例如，把“英雄”的“英”发成“yīn”，把“念书”的“念”发成“liàn”，把“河南”的“南”说成“lán”等。

对这些问题，主持人应根据自己的弱点，有意识地加强学习和训练，纠正错误的发音。

（二）词语精当

语言是由词汇构成的，主持人的话语是用一个个词语来表情达意的。一般说来，主持人的语言在词语的选择上是简明、恰当的，表情达意是准确、形象的。受众可以从主持人的描述中准确把握传播内容的实质。

当然，由于是口语，主持人在表达时，容易出现一些不规范的错误，如词语的意思搞错、词语的搭配不当等。有人对此作过分类，主要有这样几种类型。

第一类是知识性问题，如“一位莘莘学子”“罗德曼在最近的比赛中徒有虚名……篮板球和防守都差强人意”等。

第二类是不规范的省略，如将“美国共和党”简称为“美国共党”等。

第三类是用词不当，如“咱们国家有一帮这么默默奉献的科学家”“比赛的进程让我们惨不忍睹”等。

第四类是搭配问题，如“你选择的这道题有两问，一个是选择题，一个是听辨题”“这几年学费增加的幅度是很快的”“罗纳尔多的心理素质比过去坚强多了”等。

第五类是吞并问题。即由于说得过快，将一些词吞并了，如把“这些天天气不错”

说成“这些天气不错”，把“秘鲁举行大选投票”说成“秘鲁举行大票”，等等。

第六类是啰唆重复，如“这一周石翔仍然收到了许许多多总共有数十封听友的来稿”“下面就请你选择你要选择的难度系数”等。

第七类是受习惯表述和思维定式的影响，如“以迅雷不及掩耳盗铃之势”“从日用品到照相机到半导体到收音机”等。[①]

这些语言词汇上的错误并不是难以纠正的，主持人只要具有语言规范意识，有意识地培养自己的语言交际能力，消除紧张心理，就能最大限度地减少词语使用上的不规范现象。

（三）语法严谨

主持人的语言表述准确生动与主持人在语法上的严谨是分不开的。严谨规范的语言可以使主持人将事实准确无误地传递给受众，避免产生歧义。因为语法中的任何成分都是形式和意义的统一体，句子的每一个部分都有明确的意义，形式上的组织必然会提供意义理解的信息，所以主持人应重视语法规范，在节目主持活动中，将话说正确、说准确。

在实际主持工作中，有的主持人不重视语法的规范性，说出一些在语法上有毛病的语言，给受众的理解带来困难。如“某某取得了很大的贡献”“产量比去年减少了一倍”“整个晚会非常热情、非常洋溢、非常热情洋溢”等。这些语法上的错误，有的属于嫁接不当，有的属于用词不当，有的属于搭配不当。这些问题看上去是一个句子错误，没什么了不起，但影响的却是主持人形象，是媒体的形象，切不可大意。

应当承认，要求主持人在即兴口语中不出任何错误是不切实际的，但注意语言的规范性、尽量减少错误是主持人应当努力的目标。

我国的广播电视传播一直都非常重视语言的规范性问题。1955 年 10 月 26 日《人民日报》发表社论《为促进汉字改革、推广普通话、实现汉语规范化而努力》提出：“电台广播员、电影和话剧演员，他们也都是语言规范的宣传家，每天有无数的观众和听众有意识地或无意识地在向他们学习。他们在普通话的推广上，过去已经有过很大的功劳，今后在全国范围内有计划推广普通话的情况下，他们将起更大的作用，自然也就必须加强自己的语言的规范性。”

1982 年，《中华人民共和国宪法》第十九条规定：“国家推广全国通用的普通话。”

2000 年 10 月 31 日，第九届全国人民代表大会常务委员会第十八次会议通过了《中华人民共和国国家通用语言文字法》，于 2001 年 1 月 1 日正式施行。此项法律规定：以普通话作为工作语言的播音员、节目主持人和影视话剧演员、教师、国家机关工作人员的普通话水平，应当分别达到国家规定的等级标准；对尚未达到国家规定的普通话等级标准的，分别情况进行培训。这是我国第一次以立法的形式对播音员、主持人使用规范语言提出了标准。

因此，主持人语言的规范性，既是主持人语言的特征，也是主持人遵守国家法律法

---

① 参见赵俐等：《语言以人为本——第三轮语言哲学对话》，240～244 页，北京，中国经济出版社，2003。

规的具体行动。

三、个性化

由于社会条件和教育的影响，不同的人会形成不同的个性。主持人是一个个具体的人，自然在性格特征上会有自己的个性，体现在节目主持中就会形成鲜明的个性特征。同时，节目的定位与主持人的个性是紧密相连的，不同的节目要求主持人具有不同的个性，主持人的个性又使节目风格更加鲜明，给受众留下深刻的印象：有的热情爽朗，有的幽默机智，有的节奏短促、快人快语，有的细语漫谈、娓娓道来。正是这些独具特征的个性化的语言，避免了千篇一律的播音模式，使媒介传播充满魅力。

主持人语言给受众留下深刻印象、形成独特风格的有这样几种类型。

（一）平易亲切

主持人在节目主持中不是高高在上，以传道者的身份对受众讲话，而是把自己放在平民大众的位置上，时时处处为受众着想，语言平易、自然、生活化，以亲切感人的语言风格形成自己的个性。

（二）严肃凝重

节目内容的传播要靠主持人语言来表达，庄重严肃的节目内容与主持人的语言特色相结合，形成主持人严肃凝重的个性化语言风格。如中央电视台时事评论节目主持人白岩松，谈吐庄重严谨，语言深刻透辟，言语间很少使情感外露。类似的还有军事节目主持人、法制节目主持人、文史节目主持人等。他们的语言通常都显得深刻而严谨，睿智而理性，比较注重逻辑性，句式较长且整齐，语气上多抑少扬、多重少轻，辅之以端庄的举止、典雅雍容的气度，给人的印象既是主持人个性的体现，也是其精神气质的折光。

（三）稳健大气

说话稳健大气的主持人，通常都阅历丰富、思维敏捷、感情充沛、语言老到。中央电视台节目主持人赵忠祥到上海做《正大综艺》节目时，在录制现场，导演请他自拟一段话作为开场白，赵忠祥略加思索，说了这样一段话："这次到上海来非常高兴。30 多年前派你到上海来，不亚于现在到美国去一趟的感觉。那时上海的生产总值占中国国民生产总值的 45%，几乎是半个中国的贡献。后来有一度我不愿到上海来，就像是不愿见到身体不是很好的老朋友的日渐苍老，心理不平衡。这次来，在隆冬季节，却感到春风扑面而来，上海的变化太大了……"在这段话里，赵忠祥从切身经历和个人感受的角度，连用三个比喻概括了上海的昨天和今天，并且简洁明了，既有科学客观的数字，又有发自内心的主观感受。他把理性思维与形象思维熔于一炉，用富于感性的语言表述出来，显得坦诚明朗、雍容大气。其从容洒脱、富有人情味的个性语言，给了节目一个精彩激情、不落俗套的开头。

（四）调侃幽默

调侃幽默的语言是主持人智慧的展示。面对一些复杂严重的问题、紧张的场面，主持人使用轻松口气和调笑的语言，能够让现场受众迸发出朗朗笑声，营造出轻松的现场气氛。主持人的语言个性特征也在不经意中呈现出来。

白岩松到广东为“广东十大金牌主持人大赛”做评委，选手们在最后的总决赛中，角逐非常激烈，气氛很紧张。白岩松当评委之余，不忘调侃一下，缓和赛场气氛。一组选手抽到的辩题正方观点是“能力比学历重要”，反方观点是“学历比能力重要”。两名选手正你来我往僵持不下，白岩松站出来说：“当我一个人时，我坚持能力比学历重要，因为我只是本科毕业；当我和我老婆在一起时，我就坚持学历比能力重要，因为我老婆是硕士研究生毕业。”这席话引得现场哄堂大笑。①

主持人崔永元在《实话实说》的一期节目中谈到朱鹮时说：“这种鸟儿在世界上只剩下不到60只了，比地球上的总统还少。”这句话把珍稀鸟类的数量与总统数量相比较，让人在忍俊不禁的同时，认识到了保护鸟类的重要性。所以有观众说：“崔永元的主持，头脑反应敏捷，语言幽默，主持技巧活跃，现场发挥准确，诱导启发灵活，处理方法干练，节目效果圆满。”②

朱广权颇具“段子手”幽默的天气预报也给人以深刻印象：“受冷空气影响，我国自北向南开启‘速冻模式’。冷空气冻得你脸上青一阵紫一阵白一阵，在你腮边画彩虹，你也只能翻出秋衣秋裤棉袄棉裤，再在外边套羽绒。”“呼伦贝尔人听到哈哈大笑：我们这零下43℃。自贡人听完冷笑一声：我说的是室内。他的手是冷的，他的笑是冷的，他的室内也是冷的。”

在使用调侃幽默时，要注意不要流于低级庸俗。否则会让人觉得大煞风景。例如，在一档名牌节目中，主持人正在与中国台湾影星萧蔷“面对面”：

主持人：你的保养秘诀是什么，可以说吗？

萧蔷：我没有刻意保养。比如现在我们对话，我也觉得是一种保养，和你说话很愉快，也希望从你那儿得到一些真相的力量。

主持人：哦，我也是你的保养品？

萧蔷：对呀。

主持人：我也成了妇女用品了。

萧蔷：（稍显尴尬）对呀。还有，昨天我在三环，塞车了。看看周围几辆车里的人，他们都“哎呀，哎呀”着急。我回头一看，那边有一棵树，开着粉红色的花，一下子，我就从眼睛到内心，感到一种……

主持人：（抢话）你就过去摘了一朵。

萧蔷：没有没有。我觉得，人生有时候就是这样，俯拾就有乐趣，回头就是风景……（意犹未尽）

---

① 参见丁斯主编，《喜剧世界》杂志社选编：《名嘴们的冷暖幽默》，60页，桂林，漓江出版社，2011。

② 转引自时间、乔艳琳主编：《〈实话实说〉的实话》，409页，上海，上海文化出版社，1999。

主持人：（生硬打断）你应该把天窗打开，伸出腿去。（萧蔷在台湾地区有“第一美腿”之称。）

萧蔷：那人家会叫起来，哎呀，脚——

主持人：好，感谢你接受我们采访。

在这段以“保养秘诀”开始的话语中，主持人竟然有三次应答大失水准、有损形象。第一次是在问及被访人保养秘诀时，当萧蔷说出愉快的对话也是一种保养秘诀后，主持人的第一句接话“哦，我也是你的保养品”是完全可以的，稍带玩笑的话语有助于现场气氛的调节。然而在得到对方肯定之后，“我也成了妇女用品了”一句则大煞风景，“保养品”与“妇女用品”原本就属于两个范畴，硬要将两者联系起来委实有些“不靠谱”；再者，“妇女用品”在生活中有它一定的特指，用在这里是有些不大合适的。第二次，当萧蔷说到塞车时因为看到一树漂亮的花朵转而心情开始发生变化时，正要抒发内心的感受，却让主持人一句“你就过去摘了一朵”生生打断，而当萧蔷不接话茬，继续说出“俯拾就有乐趣，回头就是风景”这样带有禅味儿的人生感悟时，第三次遭到主持人的迎头打断：“你应该把天窗打开，伸出腿去。”这里主持人的“幽默”实在让人大跌眼镜，无法再往下看。①

（五）睿智理性

以理性的思维、冷静的态度来对待人和事，敏锐地捕捉具有价值的信息，用机敏睿智的提问直逼事实真相，追踪真情实感。发生在2003年的“非典”结束后，6月24日，世界卫生组织宣布北京“双解除”。中央电视台《面对面》节目记者王志为此采访了世界卫生组织驻华代表贝汉卫先生。

王志：但是我注意到这样一个事实，在5月29日北京市最后一例病例被隔离，为什么到6月24日才宣布对北京解除这种警告呢？

贝汉卫：为什么要推迟20多天宣布解除警告……一个很重要的原因，不是仅仅依靠机械的计算，而是还有许多其他因素，导致作出解除警告的决定。首先看发病的规模，医院里还有多少未治愈的病例，新增病例的数量，是否有输出病例，卫生监测系统的强大程度，能否在出现病例的时候及早发现。这些因素都要被考虑。另外，对于北京而言，重要的一点是，我们还要看疑似病例的数字。你应该记得6月11日，有新增病例的报告。这个病例在5月29日已被隔离，在那个时候他是疑似病例。所以我们还要做的不仅是查看确诊病例的情况，也要查看疑似病例的情况。所以在上个周末，我们和北京市政府一起做了大量工作。我们得到了所有这些信息，并把这些信息通知了我们的总部，所以他们才能在周一，进行详细的审核到深夜。这就是为什么一直到周一，世界卫生组织总部才评估所得到的信息，总干事也才能作出取消北京的旅游警告，并将其从受传染地区名单中移除的决定。

王志要追问的是：世界卫生组织为什么要推迟解除北京的旅游警告？是北京的原因

---

① 参见曾志华：《中国电视节目主持人文化影响力研究》，78页，北京，北京大学出版社，2009。

还是世界卫生组织的原因？有什么具体依据？这样做对北京来说是不是公平？这一系列问题直接问出来就很复杂了，主持人选择了一个具体的事实来问，实际上贝汉卫也仍然对隐含的一系列问题都作出了直接或间接的回答。这样设计问题，直接引用事实，直逼真相，能收到以一当十的效果。①

这里列举的几种主持人语言特征是不完全的，不同的研究者有不同的归纳，比如，平民化的语言、聊家常式的语言、豪放激荡的语言、含蓄蕴藉的语言、活泼热情的语言等。不论如何归类，主持人语言的个性化是客观存在的事实，只是语言特征如何定位、与节目定位是否相符，还有待进一步的研究探讨。

四、审美性

主持人语言的审美性集中体现在主持人语言的音律美、辞采美和情感美上。

音律美是语言审美价值的重要组成部分。音律美讲究韵律、句式的美和表达者声腔的美等。

在韵律上要注意音韵的使用，如双声叠韵、平仄、押韵等。在句式的使用上，主持人口语以散句为主，散句灵动、活泼，无拘无束，挥洒自如，但有时显得零乱芜杂，在听觉上显得不流畅、不协调；而整句却因整齐而使音节匀称，匀称可以使句式和谐，但整句如果太多又容易让人觉得呆板滞重，显得造作、不自然。主持人在使用语言时，将散句和整句结合起来，散中有整，整散结合，语言就会显出洒脱自如、形式活泼、错综变化的节奏来。声腔的使用对于语言的音律美也很重要。高超的用声技巧可以使声音圆润饱满、字正腔圆，增进语言的表现力。

中央电视台主持人赵忠祥在音律美上作过值得称道的努力和探索，他在为电视系列专题片《动物世界》作解说时，不仅运用了包孕丰富、意蕴悠长的气声，而且在语音形态、语段的断分与连合、句子间隔的疏密上抛弃了程式化的表达方式，使本来静态的、没有多少吸引力的书面解说词随着他那连绵不断、疏密相间的语流变得富于动感、洋溢生命的活力，让受众获得美的享受。

辞采美是主持人语言审美价值的第二个方面。主持人传播是用口语方式进行的。口语不像书面语，因而它的辞采美与书面语的标准是不相同的。主持人语言要求亲切自然、通俗平易，因而其辞采美的标准应是简明得体、生动活泼、俗中见雅。在词语选择上应注意精当、贴切；在语言的编码上要突出词语的组合，既能表情达意，又生动鲜活，句式调配要富于变化，灵活洒脱；逻辑安排要结构紧凑、重点突出；在修辞手法使用上要善于体悟不同辞格的表达能力，把握其特定语境下的特定作用，适度使用辞格，如比喻、夸张、拟人等。

情感美是主持人语言审美价值不可忽视的方面。情感是语言的灵魂，没有情感的语言难以打动受众，而饱含情感的语言则可以使受众在接受信息的同时产生感同身受的体验，形成共鸣，从而获得美的享受。

---

① 徐树华：《播音主持语言策略》，138～139页，北京，中国经济出版社，2004。

主持人语言是以栏目定位和节目内容情感化表达为前提的。主持人在节目主持中抱着服务受众、做受众的知心人的态度传播信息、评说是非、解疑释惑，其语言就会充盈着真情实感，具有感召人的力量，散发出美的光彩。

主持人语言的情感美是由语词的组织安排、语气的巧妙运用来表现的。因此，在具体主持活动中，主持人应注意词句的运用：要自然妥帖，避免牵强附会，饱含情感但要注意节制有度，使声情交融、声情并茂，让受众获得语言艺术的审美享受。

第二节 主持人的语言表达艺术

主持人的传播工具是语言。主持人要用通俗易懂、平易近人的有声语言，将丰富的信息、深刻的思想表达出来。要让受众愿意接受主持人的传播，除了传播的内容是受众喜闻乐见的东西之外，重要的是主持人要提高自己的表达艺术。主持人要提高自己的表达艺术，就应苦练内功，首先要注意做好表达前的准备工作，其次要注意语言表达的技巧和要求，最后要充分运用发声技巧（这一点将在第三节中展开论述）。

一、做好表达前的准备工作

（一）搜集整理材料

搜集材料是指对所要主持的节目进行了解和认识，整理材料是对节目内容的进一步理解和把握。做好搜集整理材料工作，可以让主持人在主持节目之前对节目有总体的了解，做到心中有数，在节目主持过程中，在进行即兴表达时言之有物，言之有理，有感而发，避免出现言不及义的情况。

具体而言，主持人在主持节目前需要掌握的材料，主要是与节目有关的背景材料，包括事件的来龙去脉、访谈对象的相关背景情况等。就事件来说，需要从整体上把握事件各方面及其内在的联系，搞清楚其发展趋势；就人物来说，需要对访谈对象的经历、成就、思想方法、性格特征进行全方位的了解，只有对访谈对象深入了解，才有可能找到双方都能展开的话题，进入访谈对象的内心世界。

中央电视台主持人朱军在《艺术人生》专访电影演员秦怡的一期节目制作前做了大量的前期准备工作。在这一期节目中，他所做的案头工作收到了极佳的效果。在了解了秦怡的生平后，朱军把话题定位在秦怡的家庭生活，而不是她璀璨的星光之路上。秦怡一生坎坷，丈夫金焰是著名演员，英年早逝，她的儿子是精神病患者，从17岁至今都需要照顾，而秦怡自己也曾两度患癌症。但年近八旬的她仍然活跃在影视舞台上。当朱军拿出一本20世纪三四十年代有关秦怡夫妇的剪报集娓娓道来时，他与秦怡之间已能完全敞开心扉，谈得无拘无束，坚强的秦怡看到当年发黄的报纸亦忍不住热泪盈眶，在场的观众都为她动容。在这次节目中，朱军并没有把秦怡看作演员，把节目变成影迷见面会，而是把秦怡定位在贤妻、慈母这样的角色上，以其身上体现的中国妇女的坚韧性格打动观众，谈出了特色，谈出了新意。朱军由于对秦怡了解得非常深入，所以才可能获得独特的节目创意，才有灵感的迸发。

杨澜在主持工作中，十分重视对访谈对象的有关材料的搜集整理。她所主持的《杨澜访谈录》，访谈对象有著名学者、著名作家、建筑大师、水稻专家，还有政治领袖、电影明星等等。这些著名人物每个人都是一个领域的权威或代表人物，而主持人要想取得谈话资格，展开深入的讨论，如果没有事先充分的准备，那么无论多么有口才、多么机敏，都是无济于事的。

杨澜在总结她的采访工作时说："如果没有充分的案头准备，提问往往是浮浅的、漫无边际的。来宾会认为在同一个小学生谈话，甚至是对牛弹琴，谈话的兴趣肯定不高；没有准备的提问也往往是发散性的，东一榔头西一棒子，没有重点。半个小时的采访一晃而过，留给观众的却是一片模糊。"而准备工作充分，认真搜集素材，全面、具体地了解背景材料，不仅"可以使谈话顺畅自如"，还"常常能带来意外收获"。①

（二）总揽全局，做到心中有数

1. 主持人对节目的语言应有一个大致的思路

总揽全局，做到心中有数，要求主持人对节目的结构轮廓有一个准确的把握，对节目语言的应用有一个总体思路或构想。

在主持节目之前，主持人对语篇结构如何围绕主题来安排，开头、结尾、过渡如何照应等都应有比较清晰的概念。

在实际主持中，主持人的语言不是市井上的闲人呓语，每一段话都要注意篇章结构，都要根据节目主题的需要来组织，要在有限的时间里力图说得条理清楚、层次分明，能够让受众感受到话语中的要点和脉络。可以说，在某种程度上，主持人的语言犹如一篇散文，形散而神不散，看似天马行空、信马由缰，实际上主持人手里紧攥着"马缰"在驰骋。

上海电视台主持人叶惠贤，在主持节目时总是应答敏捷、妙语连珠。他是怎样做到的呢？叶惠贤是一档娱乐节目的策划兼主持人，每一期节目他都自始至终地参与策划、制作过程，对节目的主题、内容、相关资料都清清楚楚，主持起来自然就驾轻就熟了。即使是应邀主持文艺晚会，他也会与导演反复讨论，把握晚会的基调，熟悉晚会的背景材料、表演者和受众的有关情况；在主持竞赛节目时，他一定先把问题弄懂，这样即兴妙语才不至于游离题外。

2. 主持人要有理论素养和政策水平作支撑

总揽全局，做到心中有数，还有一个更高的要求，就是主持人要有较深的理论素养和较高的政策水平。主持人如果既具有较为系统的人文科学和社会科学的理论修养，又熟悉国家政策和法律法规，在主持工作中就能对一些棘手的问题、一些敏感的话题从全局的角度和宏观的视角来观察和思考，引导受众正确地认识和把握事物的实质。主持人

---

① 杨澜：《我问故我在——杨澜访谈录》，6 页，上海，学林出版社，1999。

的语言也因此体现出更多的历史使命感和社会责任感，言语之间会有更多的理性色彩，体现出人文关怀。那种遇到难题后言语含糊不清、“吃螺丝”的现象也会少得多。

二、用好语言表达技巧

各种类型的节目对自己的节目语言都有特殊要求，但不管哪种类型，有些原则都是通用的，也可以说是适用于各种类型节目的语言表达技巧。

（一）言语态度：平等坦诚

香港凤凰卫视《鲁豫有约》的主持人陈鲁豫说：“主持人要特别亲切、特别平等地对待被访者，不能太盛气凌人。”针对美国著名主持人温弗瑞的情况，她说：“我现在特别受不了温弗瑞的节目。她的节目越来越没法看。她越来越把自己变成一个普度众生、排忧解难的（大人物）。我愿意去想她的出发点是善良的，因为她有能力去帮助很多人，但是我不喜欢她那种方式。在电视里，大家都是平等的。她超越了这个。”① 主持人应该永远是受众平等的朋友，绝不是“大众的导师”，更不是“救世主”。只有把自己放在与受众平等的位置上，与受众思想感情息息相通，受众才愿意接受你的传播。

事实上，我国许多优秀的主持人的成功诀窍就在于此。荣获第四届“中国播音主持金话筒奖”的深圳电台主持人胡晓梅在自己的节目中就很好地实践了这一原则。深圳电台《夜空不寂寞》节目的宗旨是为这个城市众多奔忙的人提供的一个倾吐、沟通和反思的精神空间，主持人胡晓梅从来不做通透练达、指点迷津的智者，而是努力从众人的眼光中综合出一种较好的角度，跳出个人局限的视野，因此她在节目中并不给人“开药方”，而总是引导人从一个大范围、大视角看问题，为人与人之间的互相安慰和鼓励架起桥梁。这也成为她所主持节目的独特风格，受到人们的喜爱。②

（二）言语内容：言之有物

广播电视的传播是以时间为额度的，即在一定的时间段播出特定的节目。主持人在有限的时间内应尽量多地为受众传递有效信息，这就要做到言之有物。而实际情况并非如此。有的主持人一方面缺乏必要的知识修养，另一方面缺少生活体验和必要的人生经历，等到主持节目时，就常常出现尴尬的局面，不知该说些什么是好，为了打发时间，只能没话找话，说些无关痛痒、不合情理、言不及义的话，让人听不下去。例如：

男主持人：温和的女人总是靓的。

女主持人：当然了，靓的女人走到哪里，都有人盯着看。

男主持人：长得靓就盯着看呀？

女主持人：就是嘛，男人那双眼睛哟，就长在女人身上。

男主持人：就像你，走到哪儿，我总是盯着你不放。

---

① 转引自夏辰：《追问者鲁豫》，载《南方周末》，2002-07-18。

② 参见吴郁：《主持人的语言艺术》，419页，北京，北京广播学院出版社，1999。

女主持人：你呀你，你不要这么说嘛！

男主持人：因为啊，你又温和又靓丽……

女主持人：好啊，小心你的女朋友拧你的耳朵……①

一串嘻嘻哈哈之后，又开始没完没了地说下去。本来是主持人向受众传递信息和思想的有限的时间段，却成了男女主持人打情骂俏的调情场，言语中没有任何实质性的内容。这种现象在主持人节目中不同程度地存在，是值得主持人注意的。

（三）言语组织：严谨规范

主持人语言具有口语化的特点，但并不意味着能够容忍语言粗糙、语病迭出、不合语法的问题。主持人在运用语言时要掌握一些技巧，如选用规范、纯洁的语言，使主持人语言成为高层次的口头语言；在一般谈话综艺类节目中使用口语，而在气氛严肃庄重的晚会和文艺类节目中则不宜运用纯口语；尽量慎重使用易产生歧义的同音词，而多用响亮词、双音词；词汇运用应追求生动、形象、幽默，避免重复；在句式上，应选择简短、精练的长短句，显得有变化、有起伏、语气流畅自然，具有韵律美。这样的技巧很多，需要主持人细心琢磨。同时需要注意的是，无论多么好地掌握技巧，也要在语音、词汇、语法规范化的前提下进行，超越了这个界限，是得不偿失的。比如，主持人在运用语言时，关联词用得较少，这符合受众的听觉要求；而为了使节目引人入胜，主持人往往在音色、语气、语调中追求变化，语气词、感叹词和象声词用得较多，出现频率高。但是，如果为了追求口语效果，盲目地添加语气词，反而会弄巧成拙，显得语言拖沓、琐碎，甚至让人感觉你没话可说，硬拖时间。

（四）言语表达：清晰自然

主持人语言要清晰自然，首先要把握好语音吐字。如果吐字清楚，发音字正腔圆，听起来就犹如“大珠小珠落玉盘”，悦耳动听；如果吐字含混、刻板僵硬，就很难让人感到接受主持人节目是一种享受了。其次要有语句的重音。没重音的语句使人费解，或显得平淡无奇；但一句话中的重音也不能过多，否则会分散语言目的，使人理解时不得要领。再次是语调，语调的起伏变化可形成声音对比。音高、音色、节奏是语调的基本要素，利用好这些要素，可以使语言自然生动。最后是情感，主持人在语言中应根据表达内容的需要饱含情感，真情实感的自然流露才能使语言更加清晰自然。

当然，主持人语言表达要做到清晰自然还有许多值得注意的地方，比如，斟酌词语，注意词义的辨析、色彩的调配、音韵的使用等，这些都有助于清晰自然的表达。

主持人的语言表达技巧还有很多，涉及方方面面，如主持人的主体个性、语言环境、接受对象、节目定位、节目内容等，语言技巧的使用不能离开具体的情况，否则就会产生适得其反的效果。主持人要根据主持人的语言特点，把握基本的原则，以敬业爱岗的态度，精心做好每一次的主持业务，随着语言表达艺术经验的积累，表达艺术水平就会不断提高。

---

① 应天常：《节目主持语用学》，283页，北京，北京广播学院出版社，2001。

第三节　主持人的语言训练

主持人是广播电视媒体中节目的主持者，他们的传播既有社会性又有人际性，讲究亲和力，讲究个性化。在节目中，主持人的语言要注意采用平易近人的口语化方式，还要注意准确、生动、有品位，给人以美的享受。所以，主持人要把节目主持好，在语言上不可马虎，必须下大气力才能达到运用自如的境地。语言学家吕叔湘先生说：“语言修养自然包括说话和写文章。拿这两件事情来比较，说话尤其不容易，一则应时触发，没有从容润色的时间，二来呢，不但要照顾说话的内容，还要同时照顾说话的声音和姿态。”[①] 主持人更是如此。

主持人的语言能力在某种程度上决定节目是否受欢迎以及受欢迎的程度。水均益、白岩松、敬一丹、崔永元、李咏、王小丫等是中央电视台最受欢迎的主持人，他们的语言风格、语言能力给受众留下了深刻印象。江苏电视台曾担任过新闻节目主持人的孟非被称为南京最受欢迎的主持人，他有一段话耐人寻味：“前期的记者，就是去买菜和采购，后期的编辑是炒菜的，我只是一个端盘子的，不过我和别的端盘子的不一样，我还乐意跟你介绍这个菜的原料，它是哪里来的，做的时候放了哪些东西，吃过以后会有什么后果，是壮阳，还是滋阴。后来人们觉得这个菜挺好的，他就忘了菜是谁炒的，只觉得这个端盘子的挺有意思。”[②] 这段话是戏谑地表述的，但它说明了主持人的语言对受众的影响，主持人的语言所起的作用是很大的。作为主持人要十分重视自己的语言能力。

作为一种能力，语言是可以训练的。主持人的语言能力包括内部言语的组织能力、语言编码能力和语言表达能力三个方面。内部言语的组织能力有两个方面：一是思维品质，即思维是否敏捷、灵活；二是信息储备量的大小。语言编码能力反映在语言是否符合语法习惯、是否符合逻辑、遣词造句是否准确规范等方面。语言表达能力主要是指用气发声的控制能力、语音吐字的把握能力和声韵传情的表现能力。了解了语言能力的组成要素，针对这些要素开展系统的训练，主持人的语言能力就能得到提高。

一、语言基础训练

主持人的语言是口语，要求张口就能说话，说出来的话还要规范、生动、有感染力，这就涉及内部言语的组织能力和语言编码能力。也就是说，主持人说出来的话，是否准确、生动、有品位，要靠这两种能力来支撑。如何训练呢？主要有这样几种方法。

（一）广泛涉猎

记者要当杂家也要当专家，主持人也应如此。应广泛涉猎各方面的知识，无论是政

---

① 转引自中国大百科全书总编辑委员会《语言文字》编辑委员会：《中国大百科全书：语言 文字》，5 页，北京，中国大百科全书出版社，1988。

② 转引自王寅、吴新生：《南京最受欢迎的主持人 光头孟非不想去央视》，见 http：//www.people.com.cn/GB/14677/21965/22071/2043583.html，2003－08－29。

治、经济、哲学、历史、文学、宗教等人文社会科学知识，还是数学、物理、化学、天文、地理等自然科学知识，主持人都应有所了解；尤其对科学的新进展、新成就要给予关注，对一些新兴学科，如计算机科学、材料科学、生物技术等正在改变我们生活内容和生活方式的前沿科技应保持兴趣。在此基础上，选择一两个感兴趣的专业，深钻进去，认真研究，主持人的思维水平就会有很大提高，信息储备就会得到极大的丰富。

（二）熟读经典名篇

在普通话的定义中，有一条是“以典范的现代白话文著作为语法规范”。熟读经典名篇，不只是学习其语法规范，主要的还是学习这些名篇状物言情的方法、布局谋篇的技巧，以及它们所传达的深刻的思想内涵。俗话说：“熟读唐诗三百首，不会作诗也会吟。”为什么？因为读者在熟读的过程中了解了写诗的方法，获得了寄情状物的要领，又有许许多多经典的场景作储备，随时可供调遣，再看到新的景色和人物，自然脱口而出就是诗了。所以主持人要熟读经典，最好能背诵一些名篇，这对主持人语言能力的提高是有益的。

（三）练习写作

写作与说话有许多相同之处。将要说的东西写出来就是文章，将文章用口语表达出来就成了说话。当然，会说话的人不见得会写文章，同样，会写文章的人不见得会说话。但对于想把话说好的人来说，必须先会写文章。练习写作很重要。写作必须考虑选题立意、布局谋篇、起承转合、遣词造句等，这样，一路写下来，既有文字功夫的训练，也有思维能力的训练，而这都是主持人口语中不可或缺的。一些有影响的主持人，有的在主持之余写报纸专栏文章，有的发表研究论文，有的写书立传，其实都可以看作他们主持人语言的训练工作的一部分。所以主持人应加强写作训练以提高说话能力。

（四）练习复述

复述是一项很机械、很枯燥乏味的练习，但很有用。凡是学过英语的人都经历过严格的复述训练。上听力课、口语课时，很多时候老师要求将一个完全陌生的句子在听了一两遍之后复述出来，以检验学生的听力水平或口语能力，久而久之，学生的听力水平提高了，一口地道的英语口语也练成了。主持人练习复述也是如此。比如听了一段新闻后，将新闻复述出来，这样可以熟悉新闻内容的表达方式和语言系统，久而久之，在需要表达相同或相似的语言系统时，就可以脱口而出了。

延伸阅读

王雪纯谈语言学习

对语言的训练是在有意无意之间的。我上学时喜欢做摘抄，现在仍用最笨而有效的办法——做简报来搜集资料。我最慷慨的语言老师是自小到大所热爱的每一本书。锻炼语言的深层理解力，我认为阅读是最重要的，而更重要的是要让这些有价值的东西随时变成你自己掌握的语言和材料。另外，我也很在意与人交谈，每天我们接触各种各样的谈话对手，他们各有特点，我把他们看成一个无穷丰富的群体，他们像一片无垠的田野，我可以以各种姿态在上面奔跑。如果仅为闲聊而闲聊，那太浪费时间，如果在闲聊时用心倾听，用心应答，这就是一种练习。闲聊时的倾听也会有所得，这正是在有意基础上的无意收获。

资料来源：翁佳：《对面——著名播音员主持人访谈录》，55页，北京，中国经济出版社，2003。

二、语言心理训练

主持人的语言是口语，主持人面对的是话筒和镜头，是无数的受众，要张口就来，而且不能出错，这对主持人的心理素质有很高的要求。所以训练主持人的语言能力，除了基本能力训练外，心理训练也十分重要。主持人的语言心理训练有多种方法，总的说来应当注意以下几个方面。

（一）做好主持前的案头准备工作

对脚本要认真领会，从结构、主题、背景、目的、主次、基调等方面把握稿件；对人物的经历、性格、爱好以及社会关系等尽可能多地了解；对事件的来龙去脉要搞清楚；对受众的情况也要有一些了解——是青年人居多还是老年人居多，受教育程度如何，等等。有了这些案头准备，上场说话就心中有数了。

（二）熟悉环境

上场前对演播厅或舞台的方位、陈设、灯光、音响等要有所了解，最好能亲自走走台，达到熟悉空间环境的目的。因为人在身处自己熟悉的环境中时，比身处陌生环境要自在得多，自然得多，这对语言表达是有利的。

（三）激励自己，克服紧张感

即使是著名的主持人，临到上场也有发怵的时候。采取自我激励或相互激励的方法有助于克服紧张感，恢复自信，使表达顺畅自如。香港凤凰卫视主持人窦文涛说："我有时候上台之前，觉得心里挺没谱的，就会对我身边的人说：'夸夸我。'鲁豫等一些人就在我身边大喊'你盖世无双，你是最好的，最棒的'，哎，真有用，于是我就觉得能够镇定，能够兴奋。你们去注意美国的拳击比赛，比赛之前召开新闻发布会，那些拳王会对记者说：'我要把他像臭虫一样碾死。'他是没有修养吗？没有礼貌吗？不是，这是一种心理调节的技术，是让自己兴奋起来。"①

（四）虚拟对象

主持人有时在空空的演播室里自说自话，心里不免发虚，这时可以通过想象，虚拟

① 转引自寒波编著：《中国脱口五人秀》，134页，广州，广东旅游出版社，2000。

出谈话对象来，有了谈话对象，交流就会自然得多。中央电视台主持人撒贝宁还在北京大学攻读法学硕士学位的时候，就已在兼职主持节目。后来他回忆，刚开始时，他觉得很不习惯，因为平时在学校主持大型活动都是面对一大群人，而在演播室里是一个人自说自话，显得不自然。后来，他就想象镜头就是许多观众，慢慢地就适应了。

三、语言表达训练

主持人有了良好的语言基础和心理素质后，最终要落脚在表达上。主持人的劳动主要就是用语言表达，就是要把所想所思、所憎所爱用语言表述出来。语言表达在技术上有哪些值得注意的呢？

（一）发声吐字

发声吐字是语言表达的根本要素。通过训练，有了正确的发声方法，在表达时声音就能持久、稳定，吐字就能正确、清晰、圆润、灵巧自如且穿透力强。发声训练不能等同于平时的主持播音，而必须另外安排时间来进行，就如京剧艺术工作者不会因登台演出而放弃每天早晨“吊嗓子”一样。实际上，许多优秀主持人如赵忠祥、宋世雄等都曾透露他们每天清晨有“练声”的习惯。发声训练有呼吸训练和共鸣训练两方面：呼吸训练一般采用胸腹式呼吸，气沉丹田，扩展胸腔，收缩小腹，控制气息，然后作发声训练；共鸣训练有发声和吐字两部分，要充分利用共鸣腔，使音色明亮、圆润，吐字准确、干净、坚实。发声吐字训练要注意掌握训练要领，做到持之以恒。

（二）停连

说话时人要向外呼气，在说话中停顿一下来吸气，这就是停顿的由来。语言在表达中要表达正确的语义、划分句群的层次，就要有停顿。停顿时间短或者不停，相对于正常的停顿来说就是连。在主持人的语言中，是停还是连要根据表达的需要来决定。停顿通常用来表现事物的发展过程、人物的心理活动过程、情感的累积和延续，或者制造悬念、加强语气等。如果不遵从相应的规则，想在哪儿换气就在哪儿换气，想在哪儿停就在哪儿停，就可能导致层次不清，语句关系混乱，给受众理解带来困难。如果停连用得好，用得符合节目的风格，则会使表达富有特色，给人留下难忘的印象。赵忠祥在《动物世界》里的停连效果就是如此。

（三）重音

重音是指语句中最能表明说话目的的、需要在说话时着意加以强调的词或词组。句子的重音不同，表达的意义就不同。例如，“他为什么要死啊?”一句，重音如果在“为什么”上，意思是对他死的原因的追问；重音如果在“死”上，则是表达对“死”的结局难以接受的悲痛。因此，重音没有固定的位置，它在说话中起着突出重点、表达情感的作用。重音用得恰到好处，可以起到强化受众感觉的良好效果，用得不好就会影响主题的表达，造成受众理解的偏差。重音一般有逻辑重音、情感重音和语法重音。说话者根据具体的事件、具体的人物、具体的场景，根据表达内容和情感的需要，来确定重音。但要注意不要任意设置重音，否则让人听起来怪声怪调，影响表达效果。

（四）节奏

节奏是有声语言运动的一种形式，它是指说话者在表达过程中思想感情的波动而形成的抑扬顿挫、轻重缓急的声音形式的回环往复。丰富的节奏，有助于将语言表达得更完美、更精彩、更富有乐感，接受起来更愉悦。例如中央电视台《动物世界》节目主持人赵忠祥的解说词（～～表示舒缓，——表示快速，·表示强调，/表示停连）：

……春天来了/伊比利亚半岛的森林/和草地/复苏过来//大地/又覆盖上鲜花的地毯////新的生命重新开始……//母鹿/静静地站在那儿注视着自己的孩子/这些小家伙在它们父母的爱护和保护下躺在草地上休息//享受着春天的时光……母鹿群将在这度过春季/和初夏的日子/然后//迁往高处……出生后几个星期/幼鹿/就能在它们母亲的周围走动了/每年这个时候都能够看到///树丛中//生命的活力……

赵忠祥在这段解说中，运用了富有弹性的重音、回味性的停连、提示性的突停，语意在轻快活泼的节奏中表达得十分明晰清朗、欢乐明快，显示出节奏的美感。

学会表现节奏的基本方法并将其运用到节目主持中去，可以增强表达的效果，也有助于形成自己独特的主持风格。

四、快速应对技巧训练

快速应对需要有语言敏感，但也是可以通过训练达到的。

首先，要有语言材料的储备。掌握快速应对技巧，首要的就是储备语言材料。俗话说，“手里有粮，心里不慌”，用在这里也是恰当的。主持人头脑里有了丰富的词汇储备、各种场景的语言资料储备，在主持节目时就能在语言知觉的驱使下，动用自己的语言材料储备来应对各种场景的语言表达需要，不然心里想到了，却无法用语言表达出来，这时主持人的形象就会在受众面前大打折扣。

语言材料的储备要注意以下两点：

（1）注意分门别类地收集各类词汇，以备急需。要善于将词汇联系起来，找出相关性，如近义词、反义词等，在使用时借助它们之间的细微差别来表现事物的差异，揭示事物间的矛盾。

（2）注意对各种场景的语言运用资料的储备，这包括一些巧用语言的实例、有用的典故、富有生活气息的民谚和俗语等。这些在实际运用中根据不同语境作些变化处理，可以使表达顿然生辉，赢得满堂喝彩。

其次，要有良好的心理素质。在主持现场，什么意想不到的事都有可能发生，主持人在遇到令人困窘的情况时，也可能一时间陷入迷惘。良好的心理素质这时能帮上大忙，因为只有心态稳定，才能处变不惊，思维才能处于流畅、广阔、变通的状态，语言的表达才能寄理于趣，妙语解困。例如，上海东方电视台主持人曹可凡在一次节目主持中请一位嘉宾出场，嘉宾刚上台，现场扩音设备突然发出轰的一声巨响，整个现场气氛骤然紧张，曹可凡对嘉宾说："看来您非常受欢迎，刚才是鸣礼炮一响向您表示敬意。"此语一出，现场顿时活跃起来。

2020年10月第30届中国电视金鹰奖暨第13届中国金鹰电视艺术节闭幕式在湖南长沙举行，任达华荣获最佳男演员奖。因任达华饰演饼店老板获奖，在颁奖仪式上，湖南卫视节目组准备了一碟杏仁饼，由主持人何炅送到嘉宾任达华的手上。在任达华致辞后转身离开的时候，或许是盘子太滑了，有几块饼掉落在了地上，场面一时有些尴尬。何炅立马弯腰把那几块饼拾起，说道："谢谢你，还留了几块给我呢！"何炅的一句话将尴尬场面化解于无形。在这种场景下，主持人良好的心理素质的作用就显现出来了。

最后，要掌握一些快速应对的技巧。掌握了丰富的语言材料，拥有了良好的心理素质，还必须善于调动已有的语言知识和材料储备，这需要主持人掌握一些快速应对的技巧。《节目主持语用学》作者应天常提出"快语应对10种形式"[①]，这些形式及对应策略是值得借鉴的，现概要介绍如下。

1. 快接快对，智问智答

这是指直接、简明、快速地回答别人提出的问题。由于对方一个接一个地，问题提得很快，主持人面对对方的凌厉攻势必须运用急智来快速应对。如中央电视台主持人白岩松在广州师范学院（现已与其他高校合并为广州大学）与大学生座谈时的问与答：

学生：我看你有危机感，看起来冷冷的，为什么？

白岩松：我喜欢把每一天都当成地球末日来过。（鼓掌）

学生：你什么时候才会笑？

白岩松：会不会笑不重要，懂幽默才是重要的。我认为自己的幽默感还比较丰富。

学生：有评论说你个性木讷。

白岩松：所有评论是说我严肃，与木讷是两个不同的词。

学生：有一天你的缺点多于优点，怎么办？

白岩松：没有优点也没有缺点的主持人，连被评论的机会都没有。我有缺点觉得幸福，因为它是优点的一部分。（鼓掌）

学生：你同意性格决定命运吗？

白岩松：我采访过400多位成功人士，我同意性格决定命运。但性格不是与生俱来的，自信是最重要的品质。

学生：我是学历史的，能当新闻节目主持人吗？

白岩松：今天的新闻就是明天的历史。（鼓掌，笑声）

2. 克己适彼，语脉承接

这种方法是指只要对方说得有些道理，就应把握对方话语的内在线索即语脉，顺着往下说；只要没有大的分歧，就克己适彼，在补充、配合的过程中推动对话的进行，以

---

① 应天常：《节目主持语用学》，374～398页，北京，北京广播学院出版社，2001。

达成共识。如：

嘉宾：文物是一个民族的精神文化财富。但是居然有个提案主张搬几个兵马俑出来拍卖给“老外”，说是用几个“泥人儿”敲洋人一大笔外汇搞建设是合算的……

主持人：我们恐怕还没有穷得非挖祖坟不能过日子吧！

在这里，主持人借用嘉宾的语势，将他的语意向前推进了一步。

在一次有关悉尼2000年奥运报道的对话中，白岩松是嘉宾，但他通过自己的陈述尽显作为主持人的本色：

问：您经常说自己是个人文主义者，请问您是如何在体育报道中体现人文精神和关怀的？

白岩松：对我而言，体育就是人，就是情感，就是人对自我极限的挑战。……如果体育报道比赛变成了生硬的数字比赛，变成了单纯姿势的量化考评，变成了受繁多规则束缚的高深游戏，相信不会得到太多观众的认同。这样的体育报道就是失败的。

问：您如何理解当代奥林匹克精神？您在奥运直播报道中如何表现和升华它呢？

白岩松：首先，我不是一个纯粹的金牌爱好者。眼睛只盯住金牌会使人物化，奥运精神只蕴含于竞技比赛中，而不是在物化的金牌中存在。其次，我对体育的理解倾向于人文主义，更注重人性中闪光的东西，这一点也与奥运精神接近。再次，我能够比较理智地面对输赢……最后，我自认为我的血液里，天生就流淌着那种倾向于世界大同的物质。①

3. 变通顺承，机敏转移

即先顺承对方的某些观点，将自己的观点与当时的语境作一番调适，再转入自己见解的表述。

我们先看水均益采访伊拉克副总理阿齐兹时，阿齐兹的回答：

水均益：副总理先生，7年前的海湾战争令许多人至今记忆犹新，时过7年，伊拉克如何看待那场战争，你们今天是否认为当初伊拉克军队开进科威特是一个错误的行动呢？

阿齐兹：我们不去考虑已经发生了的事情。那件事的是非将由历史来裁决。现在面向未来。我们已经表示，伊拉克将和所有国家发展友好的关系，包括我们的邻国。

在这段对答中，阿齐兹面对水均益的发问，知道这是一个非常敏感和容易陷入被动的话题，便来了个移花接木，巧妙地转到了对未来的态度上。②

再看一个主持人的例子，在一次少儿节目的“释疑解难”栏目中：

学生：我觉得自己什么都不如人，真是“见人矮三分”。

主持人：我以为你可能是太谦虚了。谦虚当然是很好的，但是谦虚不是自卑。

---

① 陆锡初：《论主持人现场思维应变能力与现场驾驭话题能力》，载《声屏世界》，2007（1）。

② 肖沛雄、黎运汉：《节目主持人语言传播艺术》，258页，广州，暨南大学出版社，2009。

一个人最重要的就是自信。每个人都各有所长也各有所短。我记得有一句格言——不要总是弯着膝盖走路，挺立起来朝前走，你会发现，你是同别人长得一样高的。

主持人先把对方所谓“见人矮三分”变通了一下，说成是一种“谦虚”，这样语意的顺承就比较切合对方的接受心理，然后委婉地提出自己的看法，就比较容易被对方接受。[①]

4. 顺应语势，实话实说

即在特定的语言环境中，顺着前面的语言或动作，主持人将自己的思想和感受不加修饰地如实道来。如：

在1 700多双眼睛注视下的“中国播音主持金话筒奖”颁奖晚会上，赵忠祥主持晚会，叶惠贤上台抽题答辩：

赵忠祥：目前综艺晚会的通病是什么？

叶惠贤：节目老一套，掌声挺热闹。不看舍不得，看后全忘掉。（热烈的掌声，向主持人要求补词得到应允）刚才我说的这些通病在今天的晚会上一点也没有。（笑声，更热烈的掌声）

再如，有一次在新闻直播节目过程中，导播临时把突发事件的稿件送到演播室，由于导播没有注意镜头的方向，结果其背影出现在了电视屏幕上。白岩松敏锐地发现了这个突发情况，这时他对着镜头自如地说：

直播节目经常会遇到一些紧急突发的情况，刚才导播急匆匆地从导播室把稿子递给了我，看来是有重大的事情发生了。哦，果然，××地方发生地震了。

这就很自如巧妙地化解了导播闯入镜头的尴尬局面。[②]

5. 避虚就实，迂回曲对

即在不便直说的情况下，绕开话题焦点，用曲折迁移的方式巧避话锋，如：

崔永元：你和你父母冲突到什么程度？

女士三：我和我爱人登记的时候，是我把户口本偷出来的。

崔永元：黄集伟，如果你出现这样的情况，你是会顺从呢，还是会坚决地去结婚？

黄集伟：我想我可能也会选择去结婚吧！

崔永元：就是说，你也时刻准备着背叛你的父亲？

黄集伟：可惜我没有这种机会。（笑声）

6. 以简驭繁，一语中的

这是指在交谈中，抓住对方话语中最重要的一点，用简单明了的语言代替冗繁的解释或说明的方法。这种置换的结果是使话语更具概括性、应变性和新意。例如，在一次讨论婚姻恋爱的谈话节目中有如下对话：

---

① 应天常：《节目主持语用学》，383页，北京，北京广播学院出版社，2001。

② 赵阳：《电视新闻节目主持人在直播中突发情况的应对》，载《声屏世界》，2021（20）。

主持人：您是过来人，您说说，什么是“爱情”？

嘉宾：爱情？爱情就是永远不要求对方认错。

主持人：可是他们新婚不久就小吵一场，恐怕不是好兆头。

嘉宾：不一定吧，爱情的火焰洒了几滴水，会烧得更旺！

这里，嘉宾对“爱情”进行解释时，没有来一大通抽象的空洞释义，而是以具体的“不要求对方认错”来代替，形象且富有新意。

在央视《开讲啦》节目中，主持人请来的开讲嘉宾是航空工业成都飞机设计研究所副总设计师、“翼龙”系列无人机总设计师——李屹东。

学生嘉宾：您刚刚提到创造是一个浪漫的过程。想问一下，您有没有用您的技术做过浪漫的、有趣的事情？

李屹东：真还想不起来，但是我可以告诉你，我做的最有趣的几个东西，都在这几个产品里边。从事“翼龙”无人机之前，我在歼10、歼20的研制团队里边，大家知道这里边很多的成果吧，都有我的汗水。

撒贝宁：我知道了，李总师制作过的最浪漫的东西就是和平。所有这些东西，集合起来——每当看到一代一代中国最新的这种国防军工产品出现的时候——实际上是我们和平的一种保障力量，多浪漫！①

7. 委婉类比，速喻明理

即对问题不作直接的应对，而是委婉地用类比与比喻作出说明，从而使抽象、枯燥的道理具体化、趣味化。精当的类比或比喻，闪烁着智慧的光芒。比如，著名演员赵丹去世后，记者采访赵丹的妻子黄宗英：

记者：您是否有再嫁的打算？

黄宗英：啊，我已经嫁给了大海，就不会嫁给小河。要嫁就嫁给汪洋。

再如：

主持人：您觉得您什么时候可以得诺贝尔文学奖？

刘震云：我什么时候能得诺贝尔文学奖得看斯德哥尔摩。因为2016年的话，诺贝尔评奖委员会把这个奖给了一个美国歌手鲍勃·迪伦，我觉得这是世界上最大的幽默。一个鸡群里边的领袖，突然鸭群给了它一个奖，让这只鸡非常不理解，它就会想：鸡群怎么看我？难道我在鸡群里不专业吗？因为鲍勃·迪伦的话呢，他把音乐界的所有奖都获遍了，所以呢，鸭群给了他一个奖，他非常犹豫要不要这个奖。但这个奖它有钱嘛，他还是要了，但好像他没去，他不好意思去鸭群那里。

8. 以问制问，适度冲撞

即在应对中，找出对方提问中不合理的前提或结论，以其破绽作为突破口提出反问，达到“冲撞效应”。不过要根据不同的语境和对象，对反诘的力度作适当的调节。例如电

---

① http://tv.cctv.com/2017/12/17/VIDEzx8G8KSFpCvS7py5L9Qs171217.shtml。

影演员姜文答记者和网友问：

问：你想进军好莱坞吗？

答：能不用“进军”这个词吗？

问：有信心拍一部得奥斯卡奖的片子给中国出口恶气吗？

答：问题是得奥斯卡奖的影片真的那么好看吗？

问：你天生就那么自信吗？

答：你认为我自信吗？只不过我知道我的界限在哪里。

问：你满足现状吗？想没想过更高的目标，比如冲出中国？

答：冲出中国算很高的目标吗？

问：新世纪有什么打算？

答：有没有打算跟新世纪有什么关系？你老问这些套话。

问：你准备怎样开拓海外的演艺事业？

答：你这个问题问得就有意思了。你把“开拓海外的演艺事业”当成一个定局，于是问你准备怎样开拓。我根本就没有这个准备，所以我没法儿回答。你老这么问问题。你准备怎么死？我还没想死呢！

这里，姜文的回答显然是在逆反心理驱使下的应对，气氛有些剑拔弩张，不利于平和地交流。而中央电视台主持人孙小梅在台湾地区被邀请担任搭档主持人时的一问一答就比较有节制，气氛也和谐自然：

主持人：啊，孙小梅，你可是大陆的红人，怎么跑到台湾来抢我的饭碗呀？

孙小梅：我怎么是来抢你的饭碗？我是专来帮你赚钱的。

主持人：什么？你怎么是帮我赚钱？

孙小梅：你想想，大陆十几亿人口，台湾地区只有两千多万，我来同你主持节目，回去一播出，认识你的人多了，你不是可以更赚钱了吗？你要知道好歹，就要好好谢我才对！

9. 分离曲解，诡谐岔换

即在猝不及防地碰到刁钻古怪的诘问时，故意将问句的语意指向改变，曲解问题的意思后作出似是而非的回答。这样既可以变被动为主动，又可以创造谐趣的表达效果。例如，第十届全国书市开幕式后，崔永元应邀与读者见面：

小伙子：崔哥，《实话实说》怎么没有过去好看了？

崔永元：不错，是没过去好看了，我们是有责任的——不过，主要责任在你。（全场愕然）

崔永元：（笑问）小伙子，结婚了没有？

小伙子：没有。

崔永元：我告诉你，结婚的感觉和恋爱的感觉是不一样的。（哄笑，鼓掌）

女青年：崔老师，学校要开辩论会，教我几招吧！

崔永元：辩什么题目？

女青年："IQ"和"EQ"哪个更重要。

崔永元：你说哪个更重要？

女青年：我也不知道。

崔永元：好吧，我给你一条锦囊妙计。"IQ"和"EQ"书市上都在卖，你去问问营业员，哪个卖得快，哪个就重要，有了这个秘密武器，保你旗开得胜！（哄笑，鼓掌）

大学生：我会多种方言，你敢同我比试比试吗？（大学生当场说了一句，问崔永元说的是什么，崔不懂。）（崔永元很平静地问他哪个学校的，学校在什么地方，学什么学科，哪个班级，住在哪个宿舍，大学生都回答了。）

大学生：（警觉地）你问这么详细干什么？

崔永元：我回北京以后，马上要向国家语委报告，在一个学校里，有一个不提倡讲普通话的角落，请他们来查一查。（众大笑，鼓掌）

再如，在2023年3月1日的白宫新闻发布会上，福克斯新闻记者与白宫发言人对话：

彼得·杜西（记者）：为什么拜登总统这么怕中国？

让-皮埃尔（发言人）：总统不怕中国。你看到上周他去哪儿了吗？他去了乌克兰、基辅，显而易见，我们的总统连去战区都不怕，所以我们的总统什么也不怕。

10. 力挽狂澜，化险为夷

即在大庭广众之下，主持人由于某种原因处于十分尴尬的境地时，保持冷静和镇定，迅速调动智慧力量，用贴切而又机智的应对，力挽狂澜，将尴尬化于无形。这既将"死棋"救活，又留给受众机敏睿智的印象。如中央电视台节目主持人袁鸣到海南主持一个京剧团建团的庆典：

袁鸣：现在我荣幸地向大家介绍光临庆典的各位来宾，参加庆典的有……有海南师范学院（现为海南师范大学——引者注）党委书记南新燕小姐！

（台下笑盈盈走来一位老先生——南新燕）

（全场笑声）

袁鸣：（面对南新燕和观众）很对不起，我是望文生义了。不过（略顿）南教授的名字实在是太有诗意了。一见到南新燕三个字，我立刻想起两句古诗——"旧时王谢堂前燕，飞入寻常百姓家"，这是多么美丽的图画！而且我觉得，今天这里也出现了类似的情景。京剧一度是清末宫廷的艺术，一度是流行在我国北方的戏曲，现在从北方到南方，跨过琼州海峡，飞到了海南，而且在这里安家落户——这又是多么美妙的画面呀……（掌声、欢呼声四起）

在撒贝宁主持的《开讲啦》节目中，著名演员刘德华遭到观众席上的一名青年嘉宾的质疑：

我曾经非常喜欢你的《笨小孩》这首歌，我也觉得我就是那个笨小孩。但是，听到现在，我发现我好像是被你骗了。歌里面说，老天爱笨小孩。但是事情并不是这样的。因为我是我们公司里面学历最低的一个员工，所以我就在公司里面每天面对着电脑，从这个天亮待到下一个天亮，因为我害怕我一醒来的时候，我的同事就把我甩在后面了。你歌里面说，老天自有安排。可是老天到底什么时候才能安排我呢？像我这样的笨小孩到底要做到什么程度才能赶得上别人呢？

面对青年嘉宾的质疑和抱怨，刘德华一时间只是不停地给予鼓励。撒贝宁接过话头说道：

我听过一句话很有道理，这句话是：上帝为每一只笨鸟都留了一根比较低的树枝。其实，就在你每天晚上最后一个离开办公室，对着电脑做你所有的功课，比其他所有的人付出更多的努力，到最后一盏灯关掉才离开的时候，你已经比别人拿到了更多学习和成长的机会。那个时候，别人可能在外面吃着喝着，跟朋友聚着会，高高兴兴地跳着。但是，你在完善自己，你在建设自己。今天你是你们公司唯一一个坐在这里当青年代表的，是吗？告诉我，其他人都在哪儿？

青年嘉宾不好意思答道："在上班。"在场的人一阵大笑。撒贝宁的这番话，既肯定了努力的价值，又打开了青年嘉宾的心结，同时也证明了刘德华的《笨小孩》没有骗人。

再如，2023年8月，TFBOYS十周年演唱会上，当工作人员把庆祝TFBOYS出道十周年的蛋糕推上台的时候，高大的蛋糕突然歪斜，面对这样的突发状况，主持演唱会的中央电视台主持人蓝羽说：

没关系，三个人的合力托举，这就是十周年的力量，我们给蛋糕一些力量，好吗？

不巧，蛋糕还是坍塌了，蓝羽说：

青春总会有跌倒的时刻，但是没关系，蛋糕也可以"爬"起来！你们看，青春总是这样，一点一点拼凑起来的！我相信这一切都是在为接下来的歌曲铺垫，就是要给你们惊喜。

他们三个一起一点一点地拼凑起他们十年的记忆！

蓝羽面对突发状况时，把歌手们的表现和蛋糕坍塌的事情结合起来，然后上升到青春岁月的角度来看待蛋糕坍塌，最后又把蛋糕坍塌和接下来歌手们要演唱的歌曲《不完美的小孩》结合起来，让现场观众的注意力一步步被转移。

五、体态语的训练

这里所说的体态语主要指电视节目主持人的体态语。人们的交流工具除了有声语言和文字语言外，还有体态语。体态语是通过人的表情、姿态和动作等传递信息的一种形式，是一种非语言符号。体态语作为传播信息的一种辅助工具，有着有声语言不可替代的作用。

第一，它可以传递节目内容信息。主持人的眼神、表情与节目内容息息相关，从主持人的眼神、表情中可以读出节目内容是凝重的还是轻松愉快的。主持人的手势有更强的表意功能。

第二，它可以传递情绪情感信息。一些词语如“手忙脚乱”“手舞足蹈”“面面相觑”“唉声叹气”等都是对体态语传递情感的描述。主持人的情绪情感常常借体态语表露出来。例如，在2002年韩日世界杯足球赛上韩国队与西班牙队进行比赛，结果韩国队获胜，中央电视台《足球之夜》女主持人评价说：“这是韩国队的骄傲，也是我们全亚洲的骄傲。”男主持人刘建宏却持异见，他微扬起头深吐一口气，然后以缓慢的语速坚定地说：“不！这只是韩国的光荣，与亚洲无关。韩国的水平已不在亚洲水平范畴之内……我要对第一次看世界杯的人提醒一声的是，这届世界杯已经不是我所熟悉的世界杯！”在这场比赛中，裁判明显偏袒东道主，刘建宏的一扬头、一口长气，充分地表达了他对比赛结果的无可奈何，对西班牙队出局的惋惜。

第三，它可以辅助交流，控制节目的进程。在节目进行过程中，主持人常常通过体态语向对象发出某种暗示，启发或诱导对方的思路，激发或鼓动对方的热情。比如，主持人鼓励、关切的眼神可以消除对方的紧张情绪，专注的目光可以向对方表示主持人对谈话内容感兴趣。相反，如果主持人表现出欲言又止的举动，对象就可能打住话头，主持人的一个叫停的手势可以让所有在现场的人鸦雀无声。

体态语对主持人而言是表达过程中不可忽视的一个方面，因而，主持人应重视体态语的系统训练。

（一）表情训练

表情训练包括眼睛、眉头和嘴巴的表情达意的训练。眼睛是五官中最能传神的器官，要想生动地传达主持人的意图，就要用到各种眼神，如正视、环视、仰视、俯视、凝视等，要注意各种动作所传递的心理内涵，以便在节目中准确到位地使用。眉头的动作有皱眉、低眉、挑眉、扬眉等，嘴巴的动作有撇嘴、咧嘴、努嘴、抿嘴、噘嘴等，各种动作会产生不同的表情变化，传递出主持人的不同心理信息，需要认真练习才能运用自如。例如，在高兴时，眉毛会上扬，眼睛会眯起，嘴角会上抬；而在悲伤时，双眉会皱起，眼睛会无神，嘴角会下垂。再比如对笑的使用，综艺娱乐类节目与谈话类节目因节目的内容、风格、现场气氛和受众收视心理不同，主持人的笑就有变化。在综艺娱乐类节目中，主持人的笑容相对更开心一些，也更灿烂一些；而在谈话类节目中，主持人的笑就显得含蓄一些，对分寸的把握更细腻一些。

（二）身姿的训练

身体姿态的训练主要有坐姿、立姿和走姿等的训练。

1. 坐姿

女性主持人多采用并拢双膝或双脚前后交叉的姿态，这样看起来端庄、优雅；男性主持人多是双腿微张开而坐，显得稳重而坦率。主持人的坐姿要注意文雅、自然，不能随便、散漫。

2. 立姿

主持人站立的姿态应是挺拔自然、落落大方的，给受众的印象应是生机勃勃、潇洒精神的。主持人在站立时，两脚应水平分开，或一脚在前一脚稍后呈“丁字步”，脊柱要正直，腰部略挺，小腹微收。在有小台子时，两手可以以自然的姿势支撑，身体可稍微放松。这样出现在镜头的形象才不是含胸弓背、松松垮垮的样子。

3. 走姿

一般来说，男主持人的走姿应矫健有力；女主持人应步履轻盈，步幅适中，两臂自然摆动。总的原则是行走姿态应自然优雅、精神饱满，切忌拖拉无力，弓腰缩背，或者为了表现个性而扭胯摆臀。另外，主持人在下蹲捡东西时不能弓腰撅臀，这样会影响形象，尤其是女主持人应一脚在前一脚在后，弯曲膝盖，臀部下坐，蹲下取物，以保持优雅的姿态。

（三）手势的训练

手势包括手指的显示、手掌的显示、双臂的显示。主持人的手势应自然、舒展，一般情况下一手拿话筒，一手自然下垂，拿话筒的手指应自然并拢，注意不要翘“兰花指”。双手放在桌上时，应一只手自然地搭在另一只手的手背上或放在另一只手的食指与拇指的叉口处，手指忌僵紧地并拢在一起。请人说话时，不应用一根食指指着人，如有位名主持人曾在邀请嘉宾讲话时，以食指指着嘉宾道：“你说!”给人以傲气十足、居高临下的印象。

手掌有掌心向上和掌心向下两种姿势。掌心向上：如请人入座，即伸出右手掌心向上。掌心向下：在命令、数落、指责对方时，掌心向下，伸出食指指向对方。所以，掌心向上表示尊敬、礼貌、谦和，而掌心向下则表示命令和指责，主持人一般应避免使用掌心向下的动作。

双臂的动作含义也十分丰富。崔永元在第一次主持《实话实说》节目时，双手总是抱在胸前，这一下意识的姿势，反映出主持人的紧张心理，也给人以拒绝他人、自我防卫心强的信号。主持人在现场，如果一只手拿话筒，一只手放在背后，也是紧张心理的表露。因此双臂采用何种动作姿势是有讲究的。比如，在与采访对象并排站立采访时，如果以外侧手臂举话筒，就会形成把电视机前的受众排斥在外的封闭型手势，给人的印象是主持人与采访对象两人在自说自话。这时，正确的姿势应是用靠近采访对象的里侧手拿话筒，形成一个开放的姿势，避免造成忽视受众的嫌疑。总而言之，体态语是电视传播中一种非常重要的表达方式，有时与有声语言具有同等重要的作用。主持人应重视体态语的作用，在训练中了解体态语的运用规则，理解体态语的内涵，掌握其动作要领，在节目主持工作中用好用准，使主持人传播更为传神，更为生动。

练习题

1. 谈谈主持人语言的特点。
2. 如何做好语言基础训练？
3. 语言心理训练要注意哪些方面？
4. 语言表达训练要注意哪些问题？

5. 谈谈主持人的语言表达技巧。

6. 对电视节目主持人而言，体态语的训练要注意哪些方面？

7. 随着互联网影响的加深，新时期的主持人是否需要学会使用一些网络热词？请谈谈你的观点。

第七章 主持人的采访

主持人的采访能力是主持人的业务能力的重要方面。假如一档节目是谈话类节目，那么这档节目基本上是由主持人采访来推进的，没有采访就没有了节目本身。采访能力决定主持人能不能选择和把握有价值的事实，将它们呈现在受众面前，由此决定着节目的质量。

本章着重讨论主持人采访的特点及如何做好采访的问题。

第一节　主持人采访的特点

采访是采访者对现实的社会生活进行一系列认识和把握的活动，是采访者认定和选择新闻事实的活动。总的说来，主持人的采访与记者的采访的宗旨、原则是基本一致的，在本质上没有区别。但主持人与记者的身份是不同的，他们在节目中的角色是不同的，所处的位置是不同的，因此在表现事物的方法上、与节目的关系上、与受众的关系上都存在一些差异，这就构成了主持人采访的特点。

一、采访具有鲜明的节目特征

通常记者采访时，找到采访对象后，为了弄清事实真相，他可以不紧不慢地围绕事实的方方面面展开调查采访，以便从各个角度、各个层面来挖掘新闻事实，将最有价值的内容传递给受众。主持人的采访与普通记者采访有相同之处，也有很大不同，除了要弄清真相、报道事实外，主持人采访还有自己在传播上的一些特点。

（一）整个采访过程就是节目本身

主持人采访没有文字符号的转化加工过程，直播的主持节目更是如此，采访过程即主持过程，也是节目成形的过程。所以，主持人的采访不同于一般记者的采访，一般记者的采访可以闲聊一阵，主持人的采访则不能这样，讲话不能漫无边际，必须出口成章，还应考虑受众能否接受。这就要求主持人在采访时注意主题突出、内容结构合理、词语恰当，同时要注重采访交谈的时间控制、气氛营造等。

（二）主持人的采访具有很强的现场感

广播电视的传播讲究声音、音响、图像的生动、形象、真实，而主持人的采访由于大多是现场采访，直接播出，因而特别具有现场感。比较起报纸记者采访后需要记者进行挑选、过滤，然后形成报道来，广播电视传播可以说保留了事实的“原汁原味”，特别是电视传播，主持人在摄像机前的言行举止，包括情境语言、访谈氛围都会被传到荧屏上，呈现在受众面前。

例如，连接海南岛和大陆的铁路跨海轮渡正式通航，为了报道这次通航的全过程，中央电视台进行了2小时的现场直播。除了在北京主演播室设主持人外，还在广东和海南设专人主持，派出直升机在空中报道，同时在轮渡上由张羽主持，将轮渡的火车、汽车、旅客休息室、轮渡驾驶室等各部位介绍展示给受众。整个直播过程的采访就是主持，整个主持就是采访，两者可以说是融为一体的。直播过程的初期，轮渡在广东起航前的一段由记者主持报道，由于记者缺乏主持经验，在报道中出现的两处错误也直接传给了受众：一处是说“火车轮渡的开通结束了海南岛不通火车的历史”，这由后来在北京演播室的嘉宾给予了更正；另一处是记者引用俗语“火车一响，黄金万两”，引用语说得不到位，后来记者又说了一遍，用以说明火车轮渡通航对海南岛和全国的经济建设的意义，将先前的错误更正过来。虽然不是什么大不了的错误，但这也是两个瑕疵，这就是主持与采访的特点的展示：采访的内容与现场，哪怕有瑕疵、缺点，也会一股脑儿呈现在受众面前。

现场感强烈，受众可以从图像中选择接受的内容。通过形象生动的画面，受众可以感受到事件发生地现场的真实情景。湖北枣阳九连墩发现战国古墓后，湖北电视台一连5天现场直播，主持人在现场采访报道，整个主持采访过程让受众不仅了解到发掘的过程，而且领略到现场发掘的情景：比如，天寒地冻、风雨交加的发掘天气，满地泥泞、工作人员艰苦奋战的情景，考古工作者认真细致、兢兢业业的敬业精神，精美绝伦、代表战国时期楚文化特征的编钟、琴瑟等文物，弥足珍贵、出土时犹如一堆烂泥的竹简，等等。不同的人可以通过现场主持采访领略到不同的内容。

由于主持人采访是与节目融为一体的，具有很强的现场感，因此，在采访中，主持人应具有很强的节目意识和现场意识。主持人要注意逻辑因素、情绪因素、声像因素；注意节目内容的层层推进，有起有落；注意与被采访者的沟通技巧，提问要不游离于主题之外；对有价值的内容能敏锐地抓住，深入挖掘。主持人举止要大方自然，言行要得体，与节目内容协调；同时要考虑采访对象的能力、采访背景的选择，力求从各方面达到节目的自然完美，现场的真实可信。

二、采访具有突出的个性特征

由于不同类型的节目对主持人的要求不同，每个主持人自身的修养、阅历、性格、气质不同，加上主持人的语言、行为举止和服饰的差异，因此当每个主持人直接将自己的工作习惯和个人特征展现在节目中的时候，主持人采访就表现得各具特色，留给受众的除节目内容之外就是主持人的个性特征。

大多数主持人都有自己独具特色的采访风格。美国哥伦比亚广播公司名牌节目《60分钟》主持人迈克·华莱士以硬性采访、提问尖刻著称。他自1968年出任《60分钟》主持人以后，成功地采访了历届美国总统和众多外国首脑，也独家采访过邓小平和江泽民。在40多年漫长的记者和主持人生涯中，他以顽强的职业作风和机智尖刻的采访风格确立了他在美国新闻界的地位。有人称他把新闻采访提高到了一种艺术境界，令人耳目一新。采访人物时，他通常坐在采访对象对面的一把椅子上，表情严肃但又生机勃勃，开始连珠炮似的提问。采访对象回答问题时，他总是专心致志地倾听，一旦发现重要线索或话题，就立即抓住机会，提出新的问题。后来，许多美国记者深受其影响，都模仿他的这种风格。丹·拉瑟就十分推崇华莱士，拉瑟说："他是天生的采访记者，我与之相比则微不足道。我曾仔细研究过华莱士的采访风格：他的提问方式、措辞特征，他的语气、手势、表情，以及迅速跳过一个问题，转而自然地提出另一个问题的本领。像精选优秀作家一样，我在电视记者中首推华莱士作为榜样加以学习。"①

美国广播公司主持人芭芭拉·沃尔特斯的采访更可称为性情中人的行为，因而独具个性。她在采访时，对采访对象大胆接近，单刀直入：她在采访艾森豪威尔总统夫人时，竟直接追问她是否听过别人说她喝醉过酒。她在采访约翰逊总统夫人时，毫不留情地逼问她对已故丈夫追求女色的做法有何感想。有时她也会使采访对象感到轻松自如，她会在结束采访时，把手一甩说："咱们把这些事忘掉吧。"在采访男人时，她常常使用女性的魅力，声音甜美柔和，神态热情奔放。对这些她自己也说："我喜欢调情，也喜欢别人和我调情。"② 芭芭拉·沃尔特斯的采访个性赢得了采访对象的信任，也赢得了美国著名节目主持人的地位。直至2004年她才以70多岁的高龄，开始减少出镜率，并逐步淡出电视界。

国内取得卓越成就的主持人，其成功的因素中也包含有主持采访的个性特色。有人对国内主持人的个性特色作过这样的归纳：

赵忠祥最大的优点是平和、稳重和值得信赖。不管多大场面，他都能理智面对，临阵不乱，应付自如，有大将风范，能压住阵脚。在重大场合，他能起到良好的调节作用。最大的缺点是没有活力，缺乏感染力，不能在现场机智发挥。

杨澜曾经被称为国内最出色的主持人，有知识，也特别机智，在主持《正大综艺》栏目时，主持自如，达到炉火纯青的地步，现场发挥好，完全做到了不表演，不做作，有感染力而且提问到位。缺点是缺乏有思想的观点。

白岩松是主持人中最具有学者风度的，给人以知书达理、极富有知识的感觉，具有中国人比较欣赏的那种气质，很受知识界的推崇，有品位，发挥得也较好。最大的问题是过于严肃，不轻松，老皱着眉头，给人居高临下、刻意表现成熟的感觉。

水均益在中国主持人的形象中排第一，也可称得上是符合国际标准的主持人，电视镜头形象最好，会外语，是记者型的主持人，在白领中评价很高。但在主持节目时爱故意拿一把劲，刻意表现成专家型，比如身子爱前倾，像专家作报告似的。

敬一丹是中国女主持人中非常有学识的一位，是知识女性的代表，而且能编、能写、能侃，有一定的思想。最大的问题是像个女干部，严肃有余，亲切不足，也给人居高临下的感觉。③

这些漫画式的勾勒，虽然是20多年前的带有戏谑成分的评价，但主持人的个性特色

---

① 转引自赵淑萍编译：《新闻权威与个人魅力》，202～203页，北京，华文出版社，1999。

② 转引自赵淑萍编译：《新闻权威与个人魅力》，254～256页，北京，华文出版社，1999。

③ 参见代欢、肖桂岚编著：《作秀战术》，155～157页，北京，中国广播电视出版社，2002。

还是被惟妙惟肖地勾画了出来，让人们认识了名主持人主持采访的风格和形象。

从以上对中外主持人主持采访时个性特征的描述中，我们可以看出，个性特征在主持人的采访中具有重要地位，它构成节目的特色、节目的风格，也成为代表某一主持人的象征性符号。因此，主持人应在注意节目风格、节目形象定位的同时，注重张扬个性，让个性特征与节目定位相得益彰，使采访独具特色。

三、平等交流的原生态呈现

主持人的采访是将采访过程直接传播出去的，因此，可以被看作大众传播的形式、人际传播的内容。人际传播是交流的双方在平等的基础上展开的，因而主持人采访就呈现了平等交流的原生状态，没有修饰，没有裁减，交谈双方的表情、动作、说话的口吻、态度情感的细微变化都可以让受众全方位领略。

由于主持人采访是原生态地呈现在受众面前的，因此主持人的提问就是节目的关键所在。提问不到位，就不能开掘有意义的内容、传播吸引受众的信息。提问恰当，能够促使采访者和采访对象形成良性互动，推进节目顺利进行。

当然，平等交流的原生态呈现并不意味着为了展现平等交流而刻意回避思想的交锋、观点的碰撞。但是主持人要注意尊重采访对象，做到以礼相待，以诚相见，不能为了节目效果而不顾及对方的态度或侵害对方的权益。例如，中央电视台记者法展曾做过一期节目，反映河南省违规开办所谓“普法学校”，将一些不愿缴纳乱收费款项的农民抓进去，变相拘禁。节目做得很生动，但在季度评奖时却未能评上“最佳采访奖”。因为记者在采访有关负责人时，使用了“你们这种非法做法有多长时间了”等词句，评委认为这种提问不妥：你还没有调查怎么就先给对方扣上了“非法做法”的帽子？这与记者的身份不相符。[①] 该事例虽然发生在记者身上，但对主持人而言也是值得注意的。

四、具有较强的时效性

一般的新闻采访都讲究时效性。时效是新闻的生命，时效性强的新闻才能吸引受众。相对而言，主持人的采访具有更强的时效性。主持人采访这种形式的传播往往是实时进行的，这边在采访，那边就呈现在荧屏上与受众见面了。如中央电视台的《东方时空·时空连线》栏目就是这种采访与节目播出同步实时进行的、具有很强时效性的节目。由于时效性强，受众可以在主持人采访的第一时间了解事件的最新动态，同时获得与主持人一样对事件发生现场的切身体验和感受。

第二节　主持人采访前的准备

古人说：“凡事预则立，不预则废。”意思是说：无论做什么事，事先都应有计划和

① 参见梁建增：《〈焦点访谈〉红皮书》，146页，北京，文化艺术出版社，2002。

准备，这样才能成功，否则就会失败。主持人的采访也不例外，需要事先认真准备。只有认真地做好各项准备工作，采访才能顺利地进行，获得预期的效果。

1999 年 11 月 20 日，我国第一艘载人航天实验飞船“神舟”号发射升空。在广东电台《评说“神舟”首航成功》节目中，主持人邀请“神舟”号飞船总设计师戚发轫做嘉宾访谈，并精心准备了受众最为关心、最感兴趣的问题：我们中国这次成功发射航天飞船，它的重要意义在什么地方？中国载人航天飞船什么时候发射？我国航天技术在国际上处于什么水平？这次发射向世人证明了什么？这次发射是否像报道的那样？你参与研制工作最大的感受是什么？主持人提出的这些问题都是当时受众最想了解的，能激发起受众收听节目的兴奋点。节目大获成功，主持人也因与特邀嘉宾之间出色的访谈而荣获“金话筒”桂冠。[①]

如果准备工作做得不好或者不充分，临到实际采访时就可能出纰漏，留下遗憾。

比如，香港回归 72 小时的特别报道，是中央电视台有史以来规模最大的一次全方位立体报道工程，电视台动用了大量的人力物力。在报道最后一任香港总督彭定康离开港督府这一事件时，节目组在港督府外面安排了一台摄像机和一位现场记者，准备随时向受众报道现场的情况。

按照事先了解到的情况，彭定康在主持完港督府降旗仪式后将乘车在港督府院内绕场一周，以示惜别之情。为此，在现场的记者精心设计了一段现场解说词，大意是：彭定康的汽车在港督府内绕了一圈，车轮缓慢，试图表示港督对这里的依依不舍。然而，历史的车轮将滚滚向前，香港的回归已是任何人都无法阻止的现实。

果然，彭定康在降旗仪式后钻进了汽车。汽车也按原定方案围绕港督府的院子开始转圈。于是，那位现场的记者不失时机地将那段解说词说了出来。可是，当他说完“历史的车轮将滚滚向前”后，情况发生了意外：只见彭定康的汽车在转完一圈后，并没有像事先预定的那样开出大门，而是继续围着院子又转了起来。而那位记者大概对这一临时出现的变化没有思想准备，他先是沉默了一会儿，紧接着，他在画面外说道：“彭定康的汽车又在院子里转了一圈。”也许是因为怕冷场，他把刚才说过的那段“车轮滚滚”的解说词又重复了一遍。

彭定康好像存心和那位记者作对，他的汽车在转完了第二圈以后，还是没有出门，继续开始了第三圈。万般无奈的记者这时说出了一句后来遭到不少受众批评的解说词：“汽车又转了一圈。”[②]

这个遗憾虽然不是出现在主持人身上的，但这位记者实际上是客串了一次主持人采访。这个例子说明，主持人采访如果不认真准备，那么哪怕是一个小小的疏忽，也会导致出“洋相”，使节目的完美度大打折扣。从这里，我们可以看出主持人的采访准备的重要性。有了认真准备，主持人对整个节目就能做到通盘考虑，统筹安排，也能主动把握采访进程，灵活处理，从而使采访一环紧扣一环，即使出现意外事件，遇到棘手的问题，也能做到心宁气定，从容应对，化险为夷，把采访引向成功。

---

① 陆锡初：《论主持人现场思维应变能力与现场驾驭话题能力》，载《声屏世界》，2007（1）。

② 参见水均益：《前沿故事》，72 页，海口，南海出版公司，1998。

那么，作为一个主持人，应该如何做好采访准备工作呢？

一、确立选题角度，把握选题要点

主持人采访节目与一般的记者采访的不同之处在于采访是与节目融为一体的，这一特点决定了主持人在采访之前要对节目有清醒的认识，对于要传播什么、怎样传播，主持人要有一个整体的安排，节目的各个单元、采访的每一个环节如何进行，主持人必须事先作出安排来。这就涉及采访选题的确定。选题是节目总体内容的前提，选题定下来后，节目的大致内容就基本上确定了。

一个题材的确定要依据这样几个原则：一是坚持正确的舆论导向，二是符合受众的需要，三是要有良好的社会效益。也就是要将党和政府的意志、老百姓的意愿和媒体的价值取向紧密结合起来考虑题材的选择。题材确定下来后，主持人采访的准备工作就是精选选题角度。好的选题角度，可以使一个普通的题材成为独家事实、独家观点或独家人物报道。确立选题角度要注意以下三个方面。

（一）选题角度要以事实为基础

选题的角度是主持人分析问题、筛选事实的角度。选题角度的确立，要以事实为基础，不能无中生有地编造，也不能不顾事实的原来面貌，随心所欲地强扭角度。如果那样，事实就成了主持人手中的面团，想怎么捏就怎么捏，而捏出的报道肯定与事实有出入。

因此，在选题角度的确立上要坚持全面、完整地掌握事实，深入地分析事实，找出它的特点或最有特点的部位，这样确立的角度才符合事实的原貌。

例如，中央电视台《焦点访谈》曾报道过两起农村在产业结构调整中出现的形式主义、好大喜功的事件：一起是安徽某镇镇政府强迫推行所谓的“四万工程”——让农民建万亩果园、万亩菜园、万亩葡萄绿色长廊，养万只肉食种鸽。由于不切合实际，不切合市场变化，结果“四万工程”变成了农民的“抱怨工程”。另一起是重庆某县县政府强迫农民毁掉青苗，改种烟叶的事件。这两次报道从题材上看，都是反映地方政府无视农民的经营自主权，以强迫命令的方式侵犯农民权益，加重农民负担的事件。

但在选题上，这两次报道的选题角度是完全不同的。安徽的那起事件，是当地政府领导为追求所谓的政绩，大搞形式主义所致；而重庆的那起事件，则是当地政府为增加地方财政收入，不顾农民利益的行为。主持人和策划者在对事实进行分析后，选择了不同的角度。[①] 这些角度是事实本身具有的内容，是符合事实原貌的。

（二）选题角度要以独到为目标

选题角度独到，可以使报道更具有新闻价值，产生更大的社会反响。主持人在选择角度时要以独到为目标，使报道具有更大的传播价值，而不能在重复别人或者自己的基

---

① 参见梁建增：《〈焦点访谈〉红皮书》，196 页，北京，文化艺术出版社，2002。

础上作报道。要做到这一点，在报道之前要查阅已往的报道，查阅兄弟媒体的相关报道，分析事实的相关要素，才能使报道的选题角度别具一格，既不重复别人，也不重复自己。

选题角度能否做到独到，与主持人的思维有关。首先，主持人要善于深入挖掘话题背后的细节和内涵，而不是仅仅停留在表面。这意味着需要提出有深度的问题，探索不同的视角和可能的新闻事实线索。一个新闻事实有多方面的因素，一个新闻事实与多种事实相联系，正是这种关联因素使得社会生活丰富多彩、鲜活生动，也为新闻报道选题提供了多种角度，使得选题角度追求独到成为可能。其次，主持人要具备分析能力和批判性思维。这意味着要对信息进行评估，分辨事实和观点，并意识到可能存在的偏见或误导，然后将事实以新颖的方式呈现给受众。当然，以独到为目标是在事实基础上追求独到，要反对为独到而独到，否则只能钻牛角尖，使角度刁怪、偏激，使受众不愿意接受。

（三）选题角度要考虑政策

政策是指党和政府在一段时间内工作的方针政策、制度规定，也包括国家的法律法规和宣传纪律。新闻传播要讲究时效性，要追求新闻价值的最大化，也就是说在确定选题角度的时候要充分考虑新闻的新鲜性、显著性、重要性、接近性和趣味性等因素；但同时不应忘记，党和国家的利益和政策也是确定选题角度的重要因素，而且是根本因素。考虑政策因素要注意以下两个方面。

1. 要增强政策意识，提升采访报道的舆论关注度

政策往往是党和政府根据当前一段时期的具体情况而制定出来的，是全社会的中心工作内容，是舆论的聚焦点。主持人在采访准备中对事实进行分析时，如果注意从政策的层面来思考选题角度，往往能将事实的深层次的东西开掘出来，将事实的实质把握住，因而会引起舆论的广泛关注。

例如，福建省发生了一起制假大案，一个制假团伙假冒军人，甚至建立假军营，大肆进行制售拼装汽车的造假行为。在对这起案件的报道中，假军队、假军营成为一些媒体炒作的焦点。而《焦点访谈》认为这些东西仅仅是制假团伙进行犯罪的表现，在全国声势浩大的打假专项斗争中，出现这种情况，其背后的原因更令人深思。于是节目组深刻领会和消化中央政策，结合这起案件的实际，认为地方保护主义与腐败合流是制假售假活动屡打不绝的症结。因此，节目选择报道这个案件的角度是在地方保护主义庇护下滋生出来的腐败，而不仅仅是地方保护主义。[①] 这个报道角度比起就事论事的报道来就要深刻得多。

2. 选题要注意不应有意回避政策

这其实是前者的另一面。有些人在选题角度的确定上，有意追求所谓平民化、大众化，将非常严肃的事件庸俗化、娱乐化，常常以一种猎奇的角度，去迎合一部分人的低级趣味。例如，在党内出现少数高级领导干部的腐败问题，党中央进行严厉惩处，并移交司法部门时，有些媒体将对这些案件报道的选题角度定位在高官与情妇的关系上，渲

---

① 参见梁建增：《〈焦点访谈〉红皮书》，197页，北京，文化艺术出版社，2002。

染出一种“黄色新闻”。这是有意回避政策、刻意追求趣味性造成的新闻品质的降低。这是主持人在准备选题时应注意的。

延伸阅读

一则中国新闻奖一等奖作品采写揭秘

勤思考 善发现

一个称职的记者，应具有透过现象看本质的眼光、由此及彼的眼光、从微观中把握全局的眼光、从偶然中洞察必然的眼光。“眼光”的背后，反映的是记者的洞察力、识别力和判断力，归根到底是记者的思维能力。一个有“眼光”的记者，首先必须是一个有“思想”的记者。

记者要做善于发掘的“有心人”，好的新闻线索，往往隐藏在采访对象的一句话或某个文件中。看似寻常，却能引出一个重大题材。

湖北广播电视台重大主题报道《“兴发”转型：从按“吨”卖到按“克”卖》刊播于2021年12月29日的湖北经视《呤天》栏目，线索是在一次采访中偶然捕捉到的。从兴发集团总经理助理的一句“以前，我们的产品是按吨卖，如今是按克卖”中，记者挖掘出了这篇中国新闻奖一等奖作品。

小切口 大主题

作为长江径流里程最长的省份，湖北始终把修复长江生态环境摆在压倒性位置，走生态优先、绿色发展之路。

推出这一作品之前，在一次偶然的采访中，记者了解到兴发集团经历过一场大刀阔斧的改革。5年前，宜昌沿江化工企业响应号召，第一时间打响破解“化工围江”之战。其中，兴发集团是众多转型企业中的一个典型案例。兴发集团积极转型创新发展，为中国芯片制造做出了重要贡献，让企业的产业链迈向价值链高端，获得了良好的经济效益。记者通过这个小切口切入，反映了坚持绿色发展给企业转型升级和高质量发展带来的实实在在的好处。

跨度长 深挖掘

2018年4月，习近平总书记在湖北考察时，就曾来到宜昌兴发集团新材料产业园。而在3年的跟踪采访中，记者了解到兴发集团围绕“长江大保护”，在倒逼自身转型发展上做出了巨大的努力。他们积极推进从传统化工产品到电子化工产品的绿色转型之路，最终实现了产品的高附加值。

然而，企业成功转型的背后，也经历过壮士断腕之痛。那么，如何将企业在坚持绿色发展理念之下转型和创新的故事讲好呢？这就需要长时间跟拍，深度挖掘。

对于这样的一个重大主题，记者不断地进行思想碰撞。随着选题策划与采制过程逐渐深入，记者决定从兴发集团研发的高性能蚀刻液说起。兴发集团研发的高性能蚀刻液是芯片制造中的重要材料，是“卡脖子”技术。而如今，兴发研发的高性能蚀刻液已经实现了国产化，从价值链低端迈向了价值链高端，这是绿色转型的具体体现。

多角度 涵盖广

在跟拍的过程中，记者敏锐地抓住了“中国芯”的重要原材料——磷酸蚀刻液产品第一万吨下线这一新闻线索作为切入点，开始讲述兴发集团成功转型升级的故事。而采访的对象，最终定为普通工人、科研人员、管理人员、政协委员。由普通工人讲述生产生活变化、科研人员讲述具体研发方向、管理人员讲述企业发展方向、政协委员讲述时事背景，多角度地采访，探究出兴发集团如何壮士断腕、如何将产业转型之路越走越宽的历程，实现了“从小切口观照大主题”的目标，从而展示了企业积极推进绿色转型新模式的重要性和现实意义。

作品经全媒体播出后，加深了广大人民群众对长江经济带“共抓大保护，不搞大开发”的生态优先、绿色发展理念的认同和理解。湖北省内正在转型的企业也纷纷表示，报道对于他们的企业转型起到了示范作用。这篇报道点击率高、点赞率高、回看率高，取得了良好的社会反响。

资料来源：http：//www.zgjx.cn/2023-07/27/c_1310734289.htm。

二、精心研究采访对象

（一）研究采访对象的意义

精心研究采访对象是主持人采访准备的重要环节。为什么要研究采访对象呢？对于主持人而言，采访对象是主持时的工作对象，如果对自己的工作对象一无所知，那么要想把工作做好是不可能的，更何况这个工作对象是有情感、有思想的活生生的人。而且，由于每一个采访对象受民族、信仰、地域、性别、文化水平等因素的影响，在认知水平和行为方式上存在相当大的差异。因此，主持人在采访前做好对采访对象的研究工作的意义有两个方面。

1. 有助于主持人控制采访对象

采访对象的情况是不同的：有的人面对主持人侃侃而谈；有的人面对主持人感到十分窘迫；有的人虽然也能言善辩，但由于各种原因心存顾虑；还有的人因为常与新闻界打交道，接受主持人的采访是出于礼貌，并不想谈实质性的问题。对于这几种采访对象，主持人在采访前要认真分析，拿出对策。对于最后一种采访对象，事先的认真研究显得尤为重要。只有下功夫将采访对象研究透了，采访时才能让其配合，获得实质性的内容。

例如，水均益成功采访基辛格就是精心研究采访对象的结果。基辛格来华访问，经多方联系，同意接受5分钟的采访。采访前，水均益和编导商量对策，认为基辛格是阅历深厚的政治家，曾是一位国际风云人物，也是一位对付过无数记者的行家里手。如果问的问题不到位，那么在几分钟的采访中他不可能认真对待坐在他对面的“小记者”。因此，问题一上来就要“狠”。这样，水均益待基辛格坐定后马上开始发问：“基辛格博士，在冷战前以及冷战后，国际关系显然发生很多变化，您认为冷战结束后中美两国是一种什么样的关系，是朋友呢还是敌人？”

听到这个问题，基辛格没有马上回答，他从刚才斜靠着沙发扶手的姿势稍稍坐正了一点，用一个帮助思索的语气词“Well”开始了回答：“应该这么说，即使是在冷战时期，中国也是处在一个很特殊的地位。美国在那个时候和共产主义是对立的。但是从政治上讲，我们是同中国最友好的。现在我们两国在意识形态领域和政治制度上有很多的不同，但是我们在政治上的友谊仍然是有基础的。我相信在冷战之后，中美两国仍然可以在这个基础上进行合作。”

从基辛格的眼神和语气里，水均益感到这第一个问题略微让基辛格有点意外，也让他对水均益戒备了起来。当水均益问了几个轻松的问题后，又转入严肃的话题，这时基辛格听得格外认真，不住地点头。水均益问道：“基辛格博士，既然您认为冷战前后中美两国都是政治上的朋友，为什么这么多年以来，我们两国一直存在着一些分歧和争论，特别是像在最惠国待遇问题上?”

“Well,”基辛格又用了这个语气词开始了他的回答，“许多美国人认为，美国应该在全世界范围内促进人权状况的改善。他们有时不一定理解在其他国家，当然这不仅仅是指中国，这是一个内政问题。所以在这个问题上，中美两国有很大的分歧。然而，我相信在未来的几周里，最惠国待遇问题是会得到解决的。”

基辛格的回答有些谨慎，用词非常严谨，这是他多年外交生涯形成的习惯。但从他的谨慎中，水均益知道自己的目的已经达到了。他已经不敢拿自己当一个好对付的“小记者”了。[①]

2. 有助于主持人自我控制

在主持人的采访活动中，主持人始终是处于主导地位的。主持人在控制采访对象的同时，也必须注意自我控制。在看到采访对象的情绪变化时，要分析其变化的原因，如果是主持人自身的原因，要及时调整自我的表现，如果是采访对象的原因，也应设法调节自我行为去适应和控制。研究采访对象，就能使主持人较好地做到自我控制。

例如，《文化纵横谈》节目主持人曾经采访过专业棋手程晓流，主要谈“棋文化”。主持人分析：程晓流是一名专业棋手，自己作为主持人虽粗通一些围棋知识，算得上一个业余爱好者，但与专业棋手之间有着天壤之别，要把这次节目做好，在采访对象面前必须以一种低姿态出现。于是主持人在采访过程中，向程晓流提问：“围棋盘为什么是十九道线?”“围棋的竞技性会不会破坏传统的美学境界，也就是它的艺术性?”主持人的这种低姿态，让程晓流当即称赞主持人“具有专业水平”，开始就围棋的历史演变、哲学思想、胜负与艺术性的辩证关系等侃侃而谈。

中央电视台《对话》节目主持人陈伟鸿，在谈到应采取怎样的姿态出现在节目中时说：“在《对话》中主持人不应该是排第一的，因为嘉宾都是重量级的，我认为主持人的作用就是使嘉宾把自己的智慧、风采展现出来。”他的节目受到观众的认可，有人评价他是智慧型的主持人：“面对全球工商巨子，他潜心营造的话语场为观众洞开商业与人生的独特境界，令枯燥而严谨的财经话题，平添个性之美和交锋之趣。”[②]

相反，不注意分析采访对象，也就容易忘记自我控制。如果采访中主持人由着自己的情绪兴致来，就容易使节目质量受到影响。例如：张越开始做《半边天》节目的时候，

---

① 参见林可行：《TV名嘴·主持人社交技巧》，247～248页，北京，改革出版社，1999。

② 曾志华：《中国电视节目主持人文化影响力研究》，92页，北京，北京大学出版社，2009。

由于经验不足，不注意自我控制，自我情绪体现得太多，赞同、反对都太直接，影响了访谈节目所需要的那种平等、宽松、多元的和谐氛围，张越也因此被称为“每星期折磨一个男人的女人”①。

（二）对采访对象进行研究的内容

主持人在采访前精心研究采访对象，有助于主持人控制采访对象，有助于主持人自我控制。那么采访前对采访对象研究的具体内容有哪些呢？具体说来主要有两个方面。

1. 注意研究采访对象的生平与背景

研究采访对象的生平与背景，可以缩短主持人与采访对象的心理距离，找到更多的谈话的切入点；还可以让主持人全面了解采访对象的具体情况，使采访内容充实而详细；在具体的访谈中，也有助于主持人控制谈话的内容和进程，把握采访的主动权。一些著名的主持人在采访政要时，能很好地控制局面，这与他们事先对采访对象的精心研究是分不开的。

哥伦比亚广播公司《60分钟》主持人迈克·华莱士1986年9月采访邓小平取得成功，事实上，这个成功是与他事先对采访对象的精心研究分不开的。他介绍说：“我读了许许多多有关邓小平的图书和剪报。此外，我还同一些见过邓小平的人交谈，了解邓的性格和特点。然后坐下来，苦思冥想，准备了50个问题。由于我们只有一个多小时采访时间，翻译就用去了一半，许多问题没有来得及问。邓小平给我的印象实在太深了，我想再次采访他。”华莱士为了做好这次采访工作，认真阅读了邓小平女儿写的《在江西的日子里》，了解了邓家在“文革”中的情况。他还请中央新闻纪录电影制片厂和中央电视台提供了一些有关邓小平的革命经历和生活方面的影视资料，如邓小平和刘伯承在解放战争中指挥战斗、邓小平在中共十二大和在天津视察的场面的影视资料。② 正是这些事先的研究和准备，才使得采访内容既重要而又富有人情味，使得采访获得极大的成功。

延伸阅读

杨澜采访前精心研究采访对象

从上海启程去机场的路上，杨澜就开始抱着一摞厚厚的资料认真阅读，几个小时飞行过后，抵达新加坡樟宜机场的杨澜还在阅读，只不过手里换了一本厚厚的李光耀传记。因为从出舱口到机场出口有一段距离，推着行李车的杨澜还在抓紧时间阅读。旁边的金嘉楠犯起嘀咕：这次是采访儿子李显龙啊，怎么看的是他老爸的书啊？此时的杨澜完全不理会身边的嘈杂，只顾边走边继续读书，金嘉楠此时注意到由于连日的疲惫，杨澜此时的面孔显得异常憔悴，行程匆忙让她连墨镜都未来得及携带。直到上了接站的车辆，漫长的阅读过程才告一段落。而就在去往住宿酒店的路上，杨澜又抓紧这个空隙与同行的节目组人员交流了采访细节。

“您父亲曾大力提倡亚洲价值观，但在金融风暴后，它受到了质疑，甚至有人把它总

---

① 覃政：《挖掘自我 尽展魅力》，见北京广播学院播音主持艺术学院、中国广播电视学会播音学研究委员会学术部编：《播音主持艺术》(4)，371页，北京，北京广播学院出版社，2002。

② 参见赵淑萍编译：《新闻权威与个人魅力》，207页，北京，华文出版社，1999。

结为 CCN（corruption，collusion and nepotism），即腐败、官商勾结和任人唯亲。你认为有必要重新审视它吗？”在新加坡财政部的一个会议厅里，当杨澜与时任新加坡副总理兼财政大臣李显龙面对面，直截了当地提出了这样一个有挑战性的问题时，金嘉楠才终于理解了杨澜一路努力的终极目的。

资料来源：杨澜、朱冰：《一问一世界》，79 页，南京，江苏人民出版社，2011。

---

2. 注意研究采访对象的个性与情感

了解采访对象的个性和情感，是采访能获得成功的一个重要方面。俗话说：“酒逢知己千杯少，话不投机半句多。”要让采访对象把自己当作知己，就要注意了解对方的个性特征和思想情感，根据对方的具体情况制定相应的采访策略，使采访能顺利地进行。

以色列前总理拉宾曾访问中国，水均益他们决定采访这位犹太领导人。但拉宾不好采访是出了名的，而且这位犹太人不苟言笑。有一次一位西方女记者在一家饭店门口拦住了拉宾想采访他，当这位女记者说完问题的背景、提出自己精心设计的问题时，拉宾对着女记者说了一个“Yes”，便转身扬长而去。女记者大声抗议：“你不能这样对我，我还没问完呐！”而拉宾却头也不回地说：“可是我已经回答了您的问题。”水均益了解了这些情况后，与编导盖晨光作了充分的准备。在采访开始前，水均益想跟拉宾开玩笑，果然拉宾没有理睬。由于有了心理准备，水均益没有像那位女记者那样大喊大叫，而是请他坐下来，从容地开始提问：“总理先生，一千多年前，一些犹太商人和拉比带着商品和在羊皮上写成的《圣经》卷宗来到了中国的黄河岸边。从那时算起，犹太人民和中华民族有了第一次良好的交往。今天，您作为第一位犹太国家的领导人又一次来到中国，您给我们带来了什么？”水均益以这种朋友关系的方式的提问使拉宾感到既惊奇又欣喜，脸上带着慈祥的微笑开始了回答。①

有些采访对象，由于内心的出发点不同，或者由于文化素质和心理承受力的关系，语言表现力较弱，情绪过分紧张。这就要求主持人了解这些采访对象的特点，在采访时善于引导和调控，把握局面。比如老年节目的采访对象大多是老年人，而老年人有许多生活上的苦衷，在表达上由于生理上的原因有时显得唠唠叨叨，这就需要主持人充分了解自己的采访对象，拿出有效的办法来。

（三）周密设计采访计划

采访的成功与否与选题的确定、角度的选择、对采访对象的研究等有很大关系，同样，对采访计划的设计也不可稍有懈怠。大凡有成就的记者和主持人对采访计划的准备都是十分重视的。斯诺当年访问延安前准备了 70 多个问题；意大利女记者奥琳埃娜·法拉奇每次采访前总要用几个星期的时间作准备，为了采访邓小平，她看了好几公斤的材料；美国哥伦比亚广播公司《60 分钟》主持人迈克·华莱士说：“我给自己定了一条规矩，至少在准备好 30 到 40 个‘扎实’的问题后才去采访。”杨澜曾经谈道：“在我的采访中，大约有 1/4 的提问是临时发挥的，另 3/4 要靠严密、充分的背景准备，做功课的重要性怎么

---

① 参见林可行：《TV 名嘴·主持人社交技巧》，134～135 页，北京，改革出版社，1999。

强调都不过分。”① 这些事例说明周密设计采访计划对采访取得成功是有重大意义的。

对于广播电视主持人的采访而言，由于采访的过程就是节目播出的过程，因而精心设计采访计划就更显得重要。要设计好采访计划，通常应注意以下几个方面。

1. 设计好采访中要问的问题

设计好采访中要问的问题主要包括两点。

第一，拟好要问的具体内容。一次采访所要达到的目的，要通过提问的形式在一问一答中演绎出来。所以，事先将要提的问题拟出，在采访中就可避免漫无目的的“脚踩西瓜皮，滑到哪里是哪里”式的提问，而使节目中心突出，章法俱备。例如，吉林市博物馆、图书馆遭受严重火灾，而有关负责人却对此表现出官僚主义所惯有的轻描淡写的态度。中央电视台《焦点访谈》做了一期《惜哉文化》的节目，对此予以揭露。节目的提问主要围绕两个问题展开：一是这场火灾损失有多大？二是作为火灾起源的银都夜总会是否通过了消防验收？这两个问题的拟定，前一个是关于火灾危害的，后一个是关于火灾起因的，提前一个问题是为了警示世人“水火无情”，提后一个问题是要追究责任，“以儆效尤”。

在具体采访中，记者对第一个问题找不同的对象反复提问。对群众的提问是：“损失多大你清楚吗？”对博物馆党委书记“现在还没清理，不知道损失有多大”的推托之辞，提的问题是：“你看到的情况，损失有多大？”“为什么（不让照）？”对时任市长战月昌“损失不大”“132 万册图书损失不到 10 万册，而且是儿童刊物”的回答，记者追问：“那博物馆那部分，文物那部分呢？”在火灾现场询问知情者史吉祥：“据你所知，损失了些什么东西？”“这次资料也损失了很多吗？”“那么这些损失不可弥补了吗？”

对第二个问题，记者也采访了政府、公安、消防等部门，其中与时任副市长徐祚祥的交锋更是像剥笋一样层层深入，在提出“夜总会在开业的时候有没有经过消防部门的审查？”之后，提出“消防是否验收？”“验收是否通过？”“不验收是否不能开业？”“当时是否有这个手续？”“是否对此进行了核对？”“是否看到了这个文件？”“是谁向你做的汇报？”等问题，可说是步步为营，丝丝入扣。

第二，要注意提问的技巧。提问既要注意让采访对象回答实实在在的内容，又要注意使提问和回答具有观赏性，符合视听习惯。《焦点访谈》有一期节目《与联合国秘书长对话》，在这一点上就做得很好。联合国前秘书长加利访华，水均益对他进行了专访。专访开始后，水均益带给加利的是一个中国小学生的问题：“请问您联合国有多大，您的官有多大？”接下来是一名老人、一名妇女和一名小男孩的提问。这些问题有的涉及中国的切身利益，如台湾问题；有的涉及世界的共同利益，如能否制止战争、实现和平；有的是关于加利本人的问题，如“日常生活中您是否也是冷冰冰的？”。节目中不同年龄、不同性别、不同职业、不同兴趣爱好的人从不同的侧面向加利发问，主持人只在中间对问题进行补充和强调，使节目具有开放性和趣味性。这个节目获得当年中国电视新闻奖一等奖。这些看似不经意的提问，实际上是主持人与编导和制片人反复琢磨、精心安排的，对提问人的选择也是经过反复挑选才确定的。节目进行得非常顺利，直到水均益按部就

---

① 翁佳：《对面——著名播音员主持人访谈录》，221 页，北京，中国经济出版社，2003。

班地问完最后一个问题，加利还与水均益调侃道："你的问题在哪里？你总是说，这是一个小男孩、小女孩的问题，或者一个老人的问题，你的问题呢？"水均益回答："我的问题都藏在他们的问题中了。"加利笑着说："那下次我也把我的回答藏起来。"[①] 从采访结束后采访对象与主持人之间轻松幽默的玩笑中，我们可以看出这种提问方式设计的巧妙所在。

2. 设计好采访的节奏

由于广播电视的采访就是节目本身，传播又是线性传播，为了避免受众在接受过程中感到单调枯燥，在设计采访过程时就要考虑好节目进程的节奏，也就是采访过程不能平铺直叙，不能头重脚轻，要安排好提问的顺序，使节目有铺垫，有高潮，形成跌宕起伏的格局。

一方面要便于采访者与采访对象形成良好的交流氛围，在平等对话的同时，也有思想的交锋。例如，杨澜采访美国通用电气公司首席执行官杰克·韦尔奇时的提问：

——你是通用电气历史上最年轻的总裁，你当时是否很担心在几个月时间里，进行那么大刀阔斧的改革，会不会成功？

——在最初的三年里，你犯的最大的错误是什么？

——一个中年人坐在这么大一个跨国集团首席执行官的位子上，是否有些让人诚惶诚恐？

——但你怎么有时间做那么多事、见那么多人呢？

——其中哪些错误是你感到无法原谅的？

——在你做的决定中，哪一个对这个企业是最重要的？

——当你解雇员工时，你通常是自己亲自去说呢，还是让别人去说？

——你有没有主观的时候，受主观意识驱动的时候？[②]

另一方面要使节目更符合受众的接受习惯。例如，前面提到的水均益对基辛格的5分钟限时采访，主持人在采访前对谈话的节奏松紧作了精心的设计：一开始要出其不意地提一个尖锐的问题，让他不敢小瞧和怠慢主持人；但也要考虑到不能把采访搞得咄咄逼人，要张弛有度，既有深度和力度，也要富有人情味，所以在硬性的问题问完后，问几个轻松愉快的问题，以舒缓节奏。我们不妨看看这些问题是怎样排列的：

——基辛格博士，在冷战前以及冷战后，国际关系显然发生很多变化，您认为冷战结束后中美两国是一种什么样的关系，是朋友呢还是敌人？

——既然您认为我们两国在冷战前后都是政治上的朋友，那么，您认为我们两个大国应该怎样协调关系呢？

——23年前您第一次来中国访问，您还记得那次访问吗？

——您这次来中国，看到中国发生了很大变化，请您做个对比。

---

① 参见袁正明、梁建增主编，中国中央电视台新闻评论部编：《用事实说话》，107～108页，上海，上海人民出版社，2000。

② 杨澜、朱冰：《一问一世界》，46页，南京，江苏人民出版社，2011。

——我们注意到美国国会经常对中国国内的一些事情通过议案，您能否告诉我们这是美国国会的一种习惯吗？

——您作为一个著名的国际关系方面的专家，您赞成这种做法吗？

——基辛格博士，既然您认为冷战前后中美两国都是政治上的朋友，为什么这么多年以来，我们两国一直存在着一些分歧和争论，特别是像在最惠国待遇问题上？

——在当今世界上许多人觉得美国在国际事务上一直在充当世界警察的角色，您认为美国是否应该扮演这个角色呢？

——乒乓球在中美关系上起了媒介作用，您会打乒乓球吗？

——您有没有吃过烤鸭？

——请您谈谈家庭情况。

——美国议员是否经常旅行？您能经常与家人团聚吗？

这次采访不仅颇具水平而且亲切友好，原定5分钟的限时采访大大超时了。

3. 充分考虑可能会出现的障碍

主持人采访在许多情况下是节目现场采访，如果主持人提问不到位，或者采访对象不给予充分的配合，又或者有其他的原因，主持人与采访对象的交流就会出现障碍，给节目留下遗憾。

如著名电影明星陈冲为推销其“小花”牌香水来到杭州，当地一家电台在黄金时段对她做人物专访节目。主持人在热情的开场白之后，开始提问：“陈冲，今天我首先向你问一个问题。多年的美国生活，对你影响大吗？你是否有很大变化？”

陈冲没有正面回答，而是以问作答：“你觉得呢？”

主持人没想到陈冲会将问题推回来，猝不及防，骤然卡壳，停顿了数秒钟后，答道：“我从你照片上看，觉得变化不大。”①

主持人与陈冲的对话称得上是文不对题。起初主持人对陈冲的提问是从美国生活即美国社会和美国文化对她性格和精神生活的影响出发的，可在陈冲把问题反推过来后，主持人自己跑题，变成了对陈冲外形变化的感受。显然这是由主持人事先没有任何思想准备而又缺乏应变能力导致的。

再有一例：敬一丹采访一位养猪分会会长，采访前她自认为该想到的细节都想到了，比如镜头呈现的养猪场环境、主持人的衣着服饰等。到了现场，主持人问：“会长，你们这个养猪分会辐射了多少农户？”令主持人未想到的是这个会长满脸迷惑，问道：“对不起，记者同志，什么叫辐射？”这个反问令主持人尴尬万分：“恨不能在养猪场找个地缝儿！我怎么压根儿没想到，在村里面对着一个农民，我竟然能把在书斋里、办公室里，和专家学者官员说的词儿直接就搬到主持上来了。”② 这就是说话时用词不当导致的交流障碍。

这两个例子中的主持人事先并没有考虑采访对象与自己交谈中可能会设置障碍的情况。

---

① 参见俞虹：《节目主持人通论》，88页，杭州，杭州大学出版社，1996。

② 敬一丹：《99个问号：敬一丹漫谈主持人》，65～66页，北京，中国广播电视出版社，2004。

要考虑采访中可能会出现的障碍，除了事先对所采访的对象进行认真研究、对所提问题认真分析之外，还要注意至少两个方面。

第一，问题要设计得尽量具体。访问的目的是要得到具体的事实、材料和观点，如果问题提得空泛，让对方摸不着头脑，采访就不能达到预期的目的。这里有一个空而不当的例子：

某电视台给一所山区希望小学捐赠一批课外阅读图书。捐赠仪式后，小学生们高兴地领到了图书，这时随行记者将话筒伸到一位二年级小学生面前，问道："你拿到这些图书有什么感想?"面对这样一个连大人也不知如何回答的问题，二年级小学生一脸茫然，不知该怎样回答才好。但假如问题问得具体，得到的效果就大不一样。

一位主持人在谈自己这方面的体会时举例说："在一次事关农民负担问题的采访活动中探问一个农民：'现在的负担还重不重?'对方只约略回答了两个字：'不少。'而当我变换一种方式，问他'一年打了多少粮，交完订购任务还能剩多少，多征的部分都是用些什么名义'的时候，他竟能给我列举出十多项不合理收费来。"①

第二，要依据具体情况设计适当形式的问题。所提问题的形式有多种多样，如开放性问题和封闭性问题、原初性问题和从属性问题、诱导性问题和中性问题等。具体使用什么形式的问题要依据不同的场合、不同的对象而定。这里举开放性问题和封闭性问题的使用为例，作一阐释。

所谓开放性问题是指限定面宽、给采访对象作答留下一定的伸缩余地和灵活性的问题。如"请你谈谈这次比赛获奖的感受""你对这个事件有什么感想?"就属于这类问题。

所谓封闭性问题是指问题的限定面窄，采访对象不易回避，只能具体作答的问题。如"你是否喜欢上网?""你比赛获奖是不是很高兴?"就属于这类问题。

一般说来，开放性问题与封闭性问题的使用各有利弊。开放性问题通常较为缓和、自然，它的优点是使气氛和谐，可以获取概括性的观点和事实材料，缺点是容易使谈话显得空泛、松散；而封闭性问题往往较为尖锐、紧凑，它的优点是可以通过封闭性问题来深挖某些事实材料，获取具体的观点，缺点是使用不当会影响到采访气氛。如电影《望乡》里女记者三谷圭子找到阿崎婆后一开始就提一个封闭性问题："阿婆，你是南洋姐吧?"结果把阿崎婆给吓跑了。因为她同记者不熟，一提这段往事就感到可怕、慌乱、紧张，以致拒绝回答记者。

开放性问题与封闭性问题各有功效，各有利弊，如何使用要具体情况具体分析，切不可不顾对象、不顾场合地使用。比如，同是开放性问题，对象与场合不同，采访结果也大相径庭。这里有两个例子：

一是新华社记者在2012年两会温家宝总理记者招待会上的提问："今年是本届政府任期的最后一年，请问总理，您如何评价自己的工作?"这个问题引来温家宝一大篇充满感情的谈话：首先回顾9年总理任期的不易和不平凡，其次谈到工作中的不足，再次谈到对未来一年总理任期内努力工作的期许，最后借用古诗文深情地说道"知我罪我，其

---

① 金涛：《广播节目主持人新闻采访探略》，见白谦诚、胡妙德主编，主持人节目研究委员会编：《主持人》(9)，402页，北京，中国国际广播出版社，2001。

惟《春秋》”。①

二是国际象棋大师谢军首次在国际上获得国际象棋赛冠军，第二天早晨中央人民广播电台的《新闻和报纸摘要》节目报道了这一消息并对谢军进行了电话采访。首先提出两个封闭性问题：“喂，谢军，嗯，经过一段时间的紧张比赛，我想你一定是累了吧？”“对。”“但我想你一定是又累又兴奋吧，你现在的心情是不是这样？”“是。”接下来，记者没了词儿，停顿约一分钟没有声音信号，接下来是一个开放性问题：“这次获奖你有什么感想？”而谢军仅用几句空洞的套话就结束了谈话。在这个黄金时段对这一重要事件的采访，记者的问题没有设计好，两个封闭性问题毫无内容，一个开放性问题又让人不知从何说起，所以采访没有收到应有的传播效果。

第三节　主持人采访要注意的问题

主持人采访除了要做好准备之外，在进入采访阶段后，还有一些工作实践层面的问题要注意。

一、迎难而上，善抓机会

主持人采访，会遇到各种困难。比如，有的采访对象原来答应接受采访，等到了采访时间又临时变卦了；有的采访对象压根就不接受采访，但这节目又必须做，又只有这个人是最佳人选。这些情况在主持人的新闻采访中较为常见，是对主持人的考验。主持人要勇于克服困难，善于抓住机会，争取采访成功。这就要求主持人注意以下几点。

（一）用真诚与耐心，争取采访机会

采访对象因为各种情况，不能马上接受采访是常有的事。比如政治上的原因、商业竞争的原因、人际关系的原因、个人健康的原因等，都可造成采访对象不愿接受采访，但主持人又希望能采访到当事人，这时就需要主持人用真诚打动对方，用耐心等待机会。只要对方没有明确地拒绝，就要锲而不舍地追踪等待，争取采访机会。

香港回归前夕，中英双方的关系一度紧张，成为世人瞩目的焦点，水均益和编导盖晨光决定做一期关于香港回归的专题片。在此之前，他们听说香港记者不断地在打听时任国务院港澳办主任鲁平的下落。他们意识到这次报道的主要突破口就是这位一头银发的港澳办主任。港澳办正在港澳中心二楼的一间大会议室举行会议，会场不让任何新闻记者进入。也许是因为当时形势的微妙，鲁平在每次会议结束后很快消失在会议室旁边的电梯里，要采访他相当困难。

水均益和盖晨光找到会议现场的港澳办负责新闻事务的官员陈山林。他们说明来意，陈山林听后将信将疑，因为此前港澳事务都是分片对口由中央电视台海外中心的记者报

① 《国务院总理温家宝会见中外记者》，见 http：//www. xinhuanet. com/politics/2012lh/zhibo/zongli/wz. htm。

道的。所以陈山林说："很抱歉，鲁主任很忙，恐怕没有时间接受你们的采访。"

盖晨光赶紧说："没关系，我们只需几分钟，我们可以等，任何时候，只要鲁主任有空，我们随时在这里等。"

看到他一副急迫的样子，陈山林作了一点让步："好吧，我们看看吧。"

多年的新闻采访经验告诉水均益，"看看吧"就意味着对方作了让步，愿意考虑。水均益和盖晨光一边往外走，一边向陈山林表示感谢。盖晨光一脸真诚地对陈山林说："您尽量安排，您尽量安排，我们随时待命，我们24小时等您。"

这时是第一天的中午。因为要随时待命，不敢轻易地离开，所以他们决定在会议室外面的一块铺着地毯的空地上坚守待命，中午饭一个一个轮流地去吃，吃完了就席地而坐。中午过去了，没有任何消息。下午会议开始了，在一个个代表进入会场后，他们看到了陈山林，她看到他们，略显吃惊，冲他们微微地摇摇头，也进了会场。他们只好继续等。

终于下午的会议结束了，他们又一次看到了陈山林。陈山林一脸惊讶地问："你们一直在这里等着吗?"

盖晨光说："是，因为我们不知道鲁主任什么时候能有空，所以不敢离开，不过，没事，我们24小时都行，随时都行。"

陈山林被打动了，她说："你们今天别等了，今天肯定不行了。明天上午你们来，我尽最大努力为你们争取，我保证。"

第二天一大早，他们早早地坐在了二楼会议室外面的地毯上。会议开始了，陈山林没有给他们任何信息。十点钟代表们出来休息喝咖啡的时候，还是没有消息。他们去问陈山林，得到的回答是再等等。到了快十二点的时候，陈山林侧着身子从门里闪了出来，对他们说："你们准备一下，鲁主任等会议一结束就马上接受你们的采访。"

会议结束后，鲁平在会议室外接受了水均益将近10分钟的采访。当水均益问他，英方已经准备要不顾中方的反对实施所谓"政改方案"，中方将如何对待这样的局面时，鲁平掷地有声地回答："如果英方一意孤行，中方将不得不另起炉灶，自行安排香港回归。我们中国人说得到，做得到。"这番话是中方主管港澳事务的最高级别官员当时首次如此明确地表态。

第二天的《焦点时刻》播出了一期题为《香港回归祖国不可改变》的节目。节目一经播出，立刻引起海内外强烈反响。香港几家电视台当天就派人来中央电视台购买了水均益采访鲁平的录像素材。①

除了用耐心与真诚来感动采访对象以外，还要用锲而不舍的追踪来赢得采访机会。美国总统克林顿访华，《焦点访谈》想制作一集专访节目。各种报告和采访提纲早就送到了中、美的有关方面负责人的案头，但美方却一直不置可否。眼看克林顿在北京的访问日程已结束，《焦点访谈》的专访依然没排上号。这时，评论部主任袁正明作了一个果断的决定：只要美方没把口封死，有一线希望，就跟。于是，1998年6月29日晚，摄制组跟踪到了上海。晚上12点在离克林顿下榻的波特曼酒店不远的宾馆住下后，水均益和编

① 参见林可行：《TV名嘴·主持人社交技巧》，145～148页，北京，改革出版社，1999。

导张郇顾不上休息，开始用电话与各方联系。6月30日晚上22点10分，始终待在宾馆待命的摄制组得到外交部的通知：速将采访克林顿的提纲送到波特曼酒店。7月1日，在原定上午的采访两次更换时间和地点，以及漫长的等待之后，摄制组终于在下午2点采访了克林顿。①

（二）利用采访环境，争取采访机会

主持人采访，有时并不是独家采访，在众多记者群中，争取到采访机会是一件相当困难的事情。如何争取机会呢？这就要求记者知己知彼，审时度势，对现场环境进行分析把握，利用自己的聪明才智，使自己能够脱颖而出，去赢得采访机会。

美国广播公司的主持人芭芭拉·沃尔特斯就是一位善于利用采访环境来展示自己的智慧、争取采访机会的主持人。一次在古巴举行的不结盟会议上，她要采访约旦国王侯赛因、巴勒斯坦解放组织领导人阿拉法特和古巴领导人卡斯特罗，但严密的警卫使她无法接近她要采访的人物。她灵机一动，想到先给这些人写条子，叫卫兵递上去。她写给侯赛因的条子是这样的："亲爱的陛下：我们可以确定我们的采访吗？我穿着粉红色的外套，坐在记者席中。如果你看见我，请挥手。芭芭拉·沃尔特斯。"这几个人收到条子后，出来举行记者招待会，人们发现他们在记者席中巡视着，并向芭芭拉挥手——芭芭拉获得了采访机会。

吴小莉在董建华当选香港特别行政区候任行政长官的临时记者招待会上，同样以别出心裁的方式获得了采访机会。当时，300多位中外媒体的记者采访刚刚当选的首任特区行政长官，董建华首先发表当选感言，然后请媒体发问，现场顿时一片抢问声，不过问问题的人和答问题的人都讲广东话。吴小莉知道董建华的普通话、英语、广东话都很流利，心想应该为凤凰卫视说普通话的观众服务一下。这时，董建华说："最后两个问题！"吴小莉心中一急，提高嗓门大声提问："董先生，请您用普通话向亚洲区的观众说明，未来5年您将如何兑现您的承诺，不负今天高票当选的所托？"吴小莉此时的普通话吸引了董建华，他以普通话答问。他似乎意识到香港是个语言多元化的都市，最后他还说了一句"Last question，English!"，开放了一个英语回答的机会。或许是吴小莉用普通话发问的关系，她对董建华的提问也成为当晚中央电视台新闻中唯一采用的答问。

（三）施展个人魅力，争取采访机会

主持人是广播电视的窗口，是媒体的代表，主持人代表媒体面向社会发言，他所具有的话语权使他在某种程度上成为权威，再加上主持人的个人性格，主持人身上会表现出独有的个人魅力，适当运用这种个人魅力，可以为主持人争取到难得的采访机会。

芭芭拉·沃尔特斯就是一个足智多谋且善于施展个人魅力的主持人。曾担任过美国前总统卡特的新闻顾问的拉夫逊说："她的举止、她的眼神在说'请不要急，我是你的朋友'。他们（指政治家）都上了这个当。"政治家们觉得芭芭拉是一位可以信赖的记者。

---

① 参见袁正明、梁建增主编，中国中央电视台新闻评论部编：《用事实说话》，110页，上海，上海人民出版社，2000。

让埃及总统萨达特、以色列总理贝京联合接受她的专访可以说是芭芭拉施展个人魅力赢得采访机会的杰作。当时，芭芭拉、克朗凯特和钱塞勒与萨达特同乘飞机从埃及首都开罗到以色列首都特拉维夫。在机上，芭芭拉递给萨达特一张便条，上面说："你允许我到耶路撒冷采访你吗?"为了掩人耳目，避免另外两位主持人察觉，她在问号下写上"是""不""独家""……和总理一起"。在整个航行中，芭芭拉都非常紧张，担心同行知晓此事会提出相同的要求。当他们走下飞机后，一位副官从萨达特手中拿过便条递给芭芭拉，便条上的"是""独家"被打上了钩。芭芭拉用自己的智慧和个人魅力击败了自己的竞争对手，也对中东和平进程起到了推动作用。

二、调动情绪，营造气氛

采访对象在接受采访的过程中，由于面对的是陌生的主持人、陌生的拍摄环境，总免不了感到紧张、拘谨、怯场，这样一来，行为就显得僵硬笨拙，思维就不那么敏捷，语言也会结巴。营造一个轻松愉快的采访环境，就显得很有必要。主持人善于与采访对象在心理上进行沟通，调动起对象的情绪，使对象在不知不觉的"聊天"式谈话中接受采访，是有助于采访获得成功的。这也是成熟的主持人应有的能力。

主持人调动情绪营造气氛的方法依具体的对象和环境、主持人的个性特征不同而有别，但通常使用且较为有效的方式如下。

（一）利用幽默来营造气氛

在采访对象神情紧张的时候，一句幽默的话语可以使其开怀大笑，忘却紧张，恢复平静。所以有人说，幽默是进行对话的最佳"润滑剂"。幽默能创造和谐、轻松的交流环境，也能让主持人用来营造良好的采访环境。

崔永元就介绍过自己运用幽默营造访谈气氛的经历，他把这个过程叫"热场"。他说："如何让对象放松呢？比如我先鞠躬，然后问大家为什么鞠得这么深，有人说真诚，我说，对，是真诚，但是真诚还不够，还有 3 条，你们接着猜。他们说你在日本留过学，我说你才在日本留过学（笑），第二条不对。然后有一个愣头愣脑的举手，他说你可能是头重，我说你才头重（笑）。大家猜半天都猜不出来，我就告诉他们，我是因为代表很多人到这里来给你们鞠躬，所以才会鞠这么深。我现在让大家猜猜，我今天代表多少人给你们鞠躬，也就是说，今天晚上为了《实话实说》这台录像，有多少人在忙着。然后他们开始猜，有的人说 100，有的人说 500，有的人说 2 000，有的人说 12，有的人说 34。然后我告诉大家，我告诉你们正确答案，我代表多少人。我也不知道代表多少人，因为我们电视台的人数不好统计，你像一般干活各个岗位大概有 25 个人，但吃盒饭的有 140 多人，发奖金的时候有 2 200 人，有一次台里说，有一个出国名额，谁想去，填一个表吧，填了 10 000 多张表。你说有多少人，别管有多少人，反正都欢迎各位到来，今天就鞠这么深的躬。"[①] 就这样说说笑笑，不知不觉中大家都忘掉紧张，放松下来，节目也在

---

① 崔永元：《不过如此》，290 页，北京，华艺出版社，2001。

悄悄地录制之中了。

主持人亚妮也讲述过自己使用这一方法进行采访前的气氛营造的过程：采访的对象是一群高中刚刚毕业或高考落榜的学生，采访的主题是私立院校对中国教育模式的冲击及对教育前景的影响。主持人和摄像机进入采访现场时学生正在上课，在教室里听了一会儿课，与授课老师寒暄之后，主持人为缓解气氛，调动学生情绪，同学生进行了一段幽默的对话，才逐渐导入采访的正题：

有浙江来的同学吗？

有。马上有人轻声回答。

在哪儿？

……好像没来上课，我去叫。有同学自告奋勇冲出教室。

在叫人的间隙与同学聊天，进行沟通，使现场气氛轻松下来，摄像早已跟踪开机。

浙江的同学来了之后接着问：你是浙江哪里的？

温州，一个稍瘦弱的男生答。

你呢？

绍兴的，另一个壮实的男生抢答。

哦，怪不得，一个是温州的小聪明，一个是绍兴的小师爷，所以有资本逃课。

全体哄笑。

没有……我只是……温州男生大声争辩。

你今年多大？我问。

十九。

自己来北京考的吗？

那当然。

不会是从家里偷偷跑出来的吧？

温州男生理直气壮地说：是又怎么样？

全体又哄笑，气氛开始热烈起来。

在学生们的一片欢声笑语中，我开始转向主题：

听说除了入学费，每学期还要六千多元的学杂费，你们能承受吗？

温州男生：还可以。

绍兴男生马上反驳：怎么还可以？应该说是贵的。

其他同学便各执己见，众说不一，一时气氛鼎沸。此时同学已经忘记摄像机的存在，并把我当成大姐姐看待，语境活跃。

我又对温州男生继续说：温州人钱多一些，所以不怕贵……

没等我说完，温州男生跳起来大喊：什么叫钱多一些，也是挣来的嘛……

自己挣的？还是父母给的？我紧接着问。

当然是父母……温州男生底气不足，其他同学则就此问题或坦白，或争辩……教室内简直翻了天。就此，勤工俭学，学习目的，分配志向及学院的收费标准，管理制度，对国立、私立院校教学模式的比较，等等，直至采访主题，对一系列问题的讨论都在“一呼百应”的气氛中进行。最后院长薛林兴说：没想到这班学生这么会说，而且说得头头是道，怪了！①

其实，从这两个例子中可以看出，人们之间的交流需要一定的环境氛围，而幽默可以使采访环境充满亲切、自然、活跃、轻松的气氛，从而调动采访对象的情绪，使采访能顺利地进行。

（二）利用外界事物来营造氛围

采访对象是各种各样的，他们的身份、地位、职业、年龄、性别、信仰、受教育程度等存在差别，因而他们的行为规范和心理结构也存在差异，这就要求主持人在采访时依据不同的对象，以不同的方式或手段来营造采访对象最容易接受的环境氛围。利用外界事物可以较好地营造这种氛围。

比如，美籍华裔主持人宗毓华在美国全国广播公司任职时，做过一期题为《中国青年眼中的美中政治情况比较和两国关系前景》的节目。采访时，面对十几个男女高中生，宗毓华采用了青年学生最容易接受和交流的音乐来营造现场氛围。她首先以聊天、开玩笑来松弛他们的紧张情绪，然后请他们欣赏几段美国音乐，从音乐介入美国这个话题，从美国话题进入采访主题，使本来严肃深沉的政治性采访，变得轻松愉快、顺达流畅又真实可信。这种方法实际上是主持人按采访内容的要求，根据采访对象的实际，来营造一个特定的情景，使采访能够在采访对象熟悉的环境中，不知不觉地进行。

三、灵活变换提问方式，做到张弛有度

（一）灵活运用各种提问方式

主持人在采访中会遇到各种情况、各种不同的采访对象，要把采访做好，使访谈顺畅、交流深入，就要注意因情况而异，因人而异，采用多种提问方式，如正问、侧问、反问、追问、设问等。要注意对问题精心设计、灵活变换，使谈话顺利推进。

有的采访对象不善言谈，这就需要主持人帮助对方从心理上放松，使他感到采访和日常生活中的交谈一样。具体的方法可采用“介绍式”“闲聊式”，谈他周围熟悉的事物、熟悉的人、感兴趣的话题，使其忘记紧张，进入自然的交谈状态，采访就会顺利进行。

有的采访对象严肃有余，不苟言笑。对这种采访对象，主持人要注意了解其特点，有针对性地诱导他打开话匣子。上海电视台主持人叶惠贤一次在日本采访大阪市市长西尾正也，在市长办公室，市长助理悄悄对叶惠贤说：“市长不苟言笑，你们可以先随便和他聊聊，再触及正题，此时开机拍摄为好。”这时，西尾正也快步走进办公室，叶惠贤灵机一动，对市长说道：“没到日本就听说大阪人走路的速度是全世界最快的，到了大阪果然如此。这几天，我一直在思考其中的原因，今天看见市长走几步路，就知道原因所在了。”市长听后大笑，采访的气氛顿时活跃起来。

---

① 白谦诚主编，主持人节目研究委员会编：《主持人》（7），139～141页，北京，中国广播电视出版社，1997。

有的采访对象对采访不以为意，对这种采访对象，主持人的提问要有冲击力，使他认真面对采访。通常采用的方法是“激将法”。一次白岩松采访潘虹，潘虹由于日程安排过满，十分疲惫，采访时一边用手拍着脖子，一边漫不经心地说：“随便问吧！”看到这种情况，白岩松提了一个富有刺激性的问题：“过去你与刘晓庆是中国影坛的双子星座，现在她靠经商继续保持知名度。巩俐异军突起，一颗新星冉冉升起。你却是默默的。你打算东山再起呢？还是默认现状？”这样一个冲击力极强的问题，一下子把神情怠倦的潘虹激发起来了。

对于那些有隐情、不愿详谈、不予配合的采访对象，提问时也应采用“激将法”给予刺激，让其无法回避。如中央电视台《焦点访谈》的《义务教育何出高价》节目，记者采访山东师大附小校长，提出为什么学校要收高额费用，校长回答说是家长自愿捐资助学。记者接着问捐款是否有标准，校长肯定地回答：“有标准，而且向有关上级打了报告。”紧接着记者反问和追问道：

——既然自愿，为什么你们规定标准？既然自愿，他自己说交多少就是多少，你们规定标准那还是自愿吗？

——它这个事情就是这样，就是说你可以不拿，也可以不来呀。

——就是说不拿钱就别来？

——（点头肯定）哎！

在接连的反问和追问下，所谓自愿捐资助学的说法不攻自破了。

在与采访对象的交谈中，对有些需要深挖的内容，要变换提问方式进行追问，使谈话者将自己的意思明确地表述出来。如《焦点访谈》节目《愿做一座桥》中，记者在居民家中采访武汉市民对吴天祥的看法，市民甲、乙、丙都说了自己对吴天祥的看法，市民丁接着说：

——没有把他当个官，他当官不像官。

——为什么不像官？

——没有架子，平易近人，老百姓找他容易得很。有些官你找他，门难进、脸难看、事难办。

采访者追问“为什么不像官”，使原来采访对象没说完的话说完了，使吴天祥的形象更好地得到了表现。

再如，美国著名主持人华莱士在采访里根总统时，要求他回答在竞选总统时是否具有种族主义倾向的问题，两人一问一答如下：

——里根先生，你的竞选班子里有多少黑人职员？（提问）

——我不能老实地告诉你。

——这句话本身就说明了问题。（评论）

——不对，因为我不能告诉你有多少职员，我们有……

——你应该清楚是白人还是黑人！（提示）

——哦，对，我的意思是我们有，我们有志愿者和正式职员。

——我指的是竞选班子里的高级黑人职员。（进一步阐明问题的含义）
——我们这么来谈这件事……
——我们不要绕圈子了。（打断对方）
——那好吧！
——很明显，你的竞选班子里没有黑人。（下结论）
——不，我不这样认为，我的意思是不能……不能同意你说的。

这段对话，华莱士抓住一个问题穷追不舍，通过评论、提示、进一步阐明问题的含义、打断对方的闲话、给对方的陈述下结论的方法，不断变换方式，紧盯目标，使对方没有丝毫的回避余地。里根尽管嘴里不承认，但事实真相已昭然若揭。

对不同的采访对象，需要运用不同的提问方式来提问，对同一对象的不同情形也要注意变换不同的提问方式，灵活运用，才能做到引导采访的方向，推进采访的层次，发掘采访的深度。

（二）采访时应注意张弛有度

除了提问的方式要注意之外，主持人采访还应注意张弛有度。

张弛有度包含两个方面的意思。

1. 主持人要依据采访语境随机应变、收放自如

这主要是针对采访谈话的主题而言的。有的采访对象谈话能力很强，在主持人提问后并不按主持人原来的设想和意愿来回答，而是阐述自己的主张。这时主持人就要注意不能让采访对象信马由缰，而要该放就放，该收就收，使谈话主题不致走偏。

例如，水均益采访在中国访问的美国总统克林顿时，经过一阵“简短、紧凑和充实”的提问，克林顿渐渐摆脱了刚开始时的倦意，显得神采奕奕。他说：“中国已经有了一种真正朝向开放和自由的趋势。显然，作为一个美国人，也作为一位美国总统，我希望这种趋势继续和增强，我认为，这种趋势是正确的，道义上是正确的，而且我也认为这对中国是有益的。”

听到这里，水均益敏锐地感觉到他似乎话里有话，有点离题，心想“不能让他占据主动”，于是迅速打断他的话，问道：“除了这些之外，你有没有意想不到的事情？”

正说在兴头上的克林顿，面对这突如其来的提问，稍稍迟疑了一下，有些不情愿地回答：“我不知道有没有什么惊喜……”

随即，他好像又突然意识到了什么，马上改口说：“让我想想，啊，我想，我是有一点吃惊。是的，我有两点。首先，在我来之前，我没有想到我与江主席的联合记者招待会会被现场直播。随后，我在北京大学的讲演、我昨天在上海电视台的热线对话都被直播了。我没有预计到能够和中国人民有如此公开和广泛的交流……”①

主持人及时打断了正想按自己意图尽情发挥的克林顿，并通过一个追问引出了克林顿这番后来被西方媒介在报道中多次引用的话，得到了一个令国人较为满意的回答。这

---

① 参见水均益：《前沿故事》，144～145页，海口，南海出版公司，1998。

需要主持人在采访中保持清醒头脑，分析采访对象的语境意义，作出恰当的判断，把握机会，适时引导和转换话题。

2. 主持人的采访提问要考虑节目的观赏性

提问要将实质性问题和闲适性问题交替提出，这主要是针对采访谈话的内容而言的。如果主持人的提问自始至终全是非常尖锐的问题或全是软性问题，没有起伏，没有层次感，收听收看效果就会差很多。因此主持人在设计问题时，将硬性问题与软性问题都考虑到，在提问时交替使用，会使采访更有节奏，采访对象和受众也不至于总处于高度的紧张状态。前面在叙述采访节奏时已有较详细的阐释，这里就不再举例了。

四、讲究职业道德，尊重采访对象

采访是一种社会交往活动，是与人打交道的活动。它与其他活动有明显的区别：采访者与被采访者之间没有任何强制性关系，它不像行政活动那样有上下级关系维持，也不像法律活动那样有法律关系限制，它纯粹靠采访者与被采访者之间的自愿。因此，双方是在完全平等的基础上来开展活动的。这要求采访者认识到采访者与采访对象之间是平等、自由的关系，要尊重采访对象，讲究职业道德，这样才能获得采访对象的信任和配合，把采访工作做好。

某电视台《养生堂》栏目做的一期关于“疫情防护”的节目，节目时间是 2020 年 1 月 30 日，这是新冠疫情最为严重的时期。女主持人利用钟南山院士旅途中的时间，做了一次采访。主持人在疫情形势异常严峻的情况下，未戴口罩，在采访中，不顾谈话主题的严肃性，全程面带微笑，仿佛在参加一个欢乐的晚会。她不光表情十分夸张，动作也是毫不收敛，不是歪头倚靠就是轻松惬意地甩头发。而与她的兴奋欢乐状态截然相反的，是钟南山院士凝重又疲惫的神情。节目播出后，遭到无数网友的吐槽。

香港某电视台一名女主持人有一次做采访，嘉宾是一位白发苍苍的老院士，而主持人全程没起身，就坐在那儿跷着二郎腿看着老院士一个人向观众鞠躬，然后再走向嘉宾席。这一幕发生后，主持人被一位清华大学教授直接点名批评。

与此相反，央视主持人董卿在主持中的行为得到了受众的广泛好评。在著名翻译家许渊冲先生来到节目现场时，面对一位 96 岁高龄、坐着轮椅的老人，董卿没有站着俯视许渊冲老先生，而是贴心地半跪在地上，争取与老人的视线平行，让老人感到被尊重。

主持人采访讲究职业道德、尊重采访对象要注意以下四个方面。

（一）尊重采访对象的人格

主持人由于工作的特殊性，要与各种各样的人打交道，上至政府高级领导，下至平民百姓。这种人际交往的广泛性并不是因为主持人自己有多大能耐，而是因为工作为其提供了这种便利。因此，主持人在对待采访对象时，不能见了“大人物”就唯唯诺诺、低三下四，见了普通老百姓就趾高气扬、颐指气使，而应该一视同仁。特别是在对待普通老百姓时，更要注意自己的言行举止，尊重对方，把自己摆在和对方平等的位置上。这样有助于建立良好的采访关系，营造和谐的谈话气氛，使采访更有成效。

（二）尊重采访对象的意愿

主持人在采访时与采访对象的约定应该尽量遵守。有时采访对象由于种种原因，不希望自己的谈话被公开，主持人应该尊重采访对象的意愿，为采访对象保密。如果不尊重采访对象的意见，就会造成当事人之间的矛盾，也会给主持人自己带来麻烦。

美国哥伦比亚广播公司的主持人宗毓华就是实例。1994 年在美国中期选举中获胜的共和党领袖、新当选的众议院议长纽特·金里奇，由于收复了数十年未能占上风的国会，一时间成了美国炙手可热的权势人物。宗毓华在金里奇最得意的 1995 年元月采访了他的母亲凯瑟琳·金里奇。她对老太太提出了一个颇有心计的问题："你儿子对第一夫人有什么评价？"金里奇的母亲虽然很为自己儿子自豪，但在强烈的聚光灯下，她还是多了个心眼，不肯直说。宗毓华则"循循善诱"地说，这是我与你的私下谈话，别担心……金里奇的母亲的心理防线很快被突破：既然是私下谈话，实话实说不妨。她凑近宗毓华的耳边，悄悄地说："我儿子说希拉里·克林顿是'母狗'（bitch）！"

对新闻界完全不了解的金里奇老太太没有想到，宗毓华随后在她的节目中，将老太太转述的儿子对美国第一夫人的粗话公布于众了，顿时全美哗然。人们虽然对身为美国政坛重要首领的金里奇私下场合出言不逊，伤害了作为美国的象征的总统夫人的尊严大摇其头，埋怨他母亲口风不紧，让儿子现了眼，但抨击的矛头更多地集中在宗毓华身上：作为著名主持人，将私下谈话就这么端上了电视荧屏，其职业道德何在？今后还有哪个采访对象敢信任她呢？在"金里奇粗话"事件之后不久，哥伦比亚广播公司将宗毓华撤下了新闻主播台。①

从这一事件可以看出，不尊重采访对象的意愿，滥用采访对象的信任，受害的不仅仅是采访对象，同时也包括采访者自己。

（三）设身处地为采访对象着想

采访中有的采访对象由于面对话筒或镜头感到不适应，出现紧张的情绪，思维变得迟钝，言语慌乱，主持人要设身处地为采访对象着想，接过话头，及时补台。有的采访对象对采访不了解，在行为举止上比较马虎，不太注重在话筒与镜头前的形象，仍然像平常一样举止散漫，主持人应及时为采访对象提供帮助，或善意提醒，或巧妙点拨，使采访获得的声音和形象处于最佳状态。

如杨澜谈到自己的采访经历时说："受访者的紧张和局促往往会第一时间通过肢体语言暴露出来。表情和身体比较僵硬的，我就讲讲笑话，分散一下注意力；身体后仰几乎陷到沙发里去的，就提醒对方坐直一些，这样在镜头里更好看，同事会适时递上个靠垫。"②

再如，山东电视台的一位记者在采访美籍华人靳羽西时发现，一向非常注意仪态的靳羽西，由于连日的奔波显得十分疲惫，不时把后背靠在沙发上。这位记者意识到，如

---

① 参见林可行：《TV 名嘴·主持人社交技巧》，69～70 页，北京，改革出版社，1999。

② 杨澜：《提问》，53 页，杭州，浙江文艺出版社，2020。

果靳羽西女士以这样的姿态出现在荧屏上，会给人留下傲慢的感觉，必须及时而巧妙地提醒她一下。于是他这样开始了采访："靳女士，您作为一名靠个人努力成功的社会活动家，整天在世界各地飞来飞去，从事您喜爱的事业，您难道不觉得疲劳吗?"说这些话时，记者有意放低了声音，放慢了语速，还特意欠了欠身，以一种关切的微笑望着采访对象。聪颖过人的靳羽西对于这不动声色的提醒立刻心领神会，赶紧调整自己，挺胸抬头，神情饱满，无论从有声语言还是体态语言上都进入了真诚平等的交流状态。[①]

（四）用语言巧妙化解尴尬场面

在采访中，有时一些意想不到的情景会出现，现场和嘉宾都会陷入一种不知所措的境地，主持人这时要冷静思考，迅速调动语言储备，善于用语言化解尴尬场面。

例如，撒贝宁在《开讲啦》的一期节目中，请来中国科学院女院士王志珍。女科学家站在舞台中央时，脚上鞋子因鞋跟老化，掉了一块碎渣，撒贝宁捡了起来。王院士尴尬极了，说道："是我的鞋，是吧?"撒贝宁接话道："您这双鞋穿了多久?"王院士回答："我这双鞋穿了好多年了，我也没注意。我告诉你，这种洋相……"撒贝宁没让王院士往下说，而是打断她的话，举着鞋渣说道："我刚才看到的那一瞬间，眼泪都快出来了，我才知道一个科学家在乎的是什么，我才知道，以前我们听到的所有那些故事，比如一个科学家准备了 7 套一模一样的衣服，是因为他每天不愿意把时间浪费在挑衣服上——我们原以为那是传说——"他晃了晃手中的鞋渣道："是真的。"他用这番话温暖了所有人的心，赢得了在场嘉宾的热烈掌声。

在另一期《开讲啦》节目中，观众席上有嘉宾向张信哲提问："在网上搜索过气歌手时，相关链接里就会出现'张信哲'三个字，那么在我提'过气'这两个字时，你心里是什么样的感觉，会不会忽然被抓一下呢?"张信哲回答："如果别人说我是过气歌手（我）也能接受，因为我在这个圈子这么久了，超过 20 年了。其实不止在演艺圈，在各种行业里面，这是个正常规律，我觉得这个部分我可以接受。但是，'过气'两个字无论谁听了心里都会不舒服，所以，能不讲最好还是不要讲。"撒贝宁接过话头说道："就像你现在非要让乔丹回到篮球场去跟二十多岁的小伙子拼 NBA 的总冠军，不科学。但这并不影响乔丹仍然是 NBA 的'神'。所以我觉得'过气'可以说是形容一个时间状态，但它并不意味着一个歌手被歌迷抛弃……"撒贝宁的一席话赢来热烈的掌声，尴尬场面得以化解。

延伸阅读

杨澜采访小泽征尔

当《杨澜访谈录》栏目组来到东京歌剧院，即将采访指挥家小泽征尔之时，小泽征尔的助理走过来告诉郝亚兰，在采访开始 15 分钟后，小泽征尔有一个非常重要的电话要打，到时候一定要停下来，让他打这个电话。采访开始了，杨澜的精彩提问让小泽征尔打开了话匣子。当 15 分钟过后，小泽征尔的助理在摄影机后用手势提醒杨澜要暂停采访

---

① 参见赵建国:《双重说服 情理交融》，载《现代传播-北京广播学院学报》，1998（4）。

时，杨澜向小泽征尔问道："您现在有个电话需要打，要不要停下来？"谁知，小泽征尔用手一挥，说道："不用管他们，请您继续提问，我们继续谈。"就这样，小泽征尔与杨澜的交谈完整持续了下去，采访结果让小泽征尔非常满意，他还主动帮助《杨澜访谈录》引荐了多位日本重要嘉宾。

资料来源：杨澜、朱冰：《一问一世界》，104页，南京，江苏人民出版社，2011。

练习题

1. 节目主持人采访与普通新闻采访有何异同？
2. 节目主持人采访为什么要精心研究采访对象？
3. 节目主持人采访要注意哪些问题？
4. 找几个知名节目主持人采访的节目观看，分析他们采访的过程，找出节目的得失所在。
5. 节目主持人采访前的准备包括哪些方面？
6. 节目主持人设计采访计划应注意哪些方面？
7. 新闻节目主持人和娱乐节目主持人的采访有什么不同？

第八章

主持人的写作、编辑和评论能力

主持人除了必须具有强大的采访能力之外，写作能力、编辑能力和评论能力也是其基本的业务能力。写作能力对主持人的口头表达能力有极大的帮助；编辑能力使主持人更好地统筹全局，使节目有整体感；评论能力使题材向纵深开掘，使节目具有深度和理性。因此，主持人注重写作、编辑和评论能力的培养，对于做好节目主持工作也是十分重要的。

第一节　主持人的写作能力

主持人的写作能力是指主持人写作播讲稿的能力。

通常，播讲稿由专门的撰稿人撰写。特别是在新闻、综艺、专题等节目中，稿件多是由撰稿人事先撰写好的，主持人只需按节目的进程出镜主持，将文字稿变成声音。这种由撰稿人撰写、主持人说出来的主持，受众接受起来总感觉别扭：一是讲话文绉绉的，不切合口语传播的特点，一听就知道主持人在背脚本；二是特别生硬，因为不是主持人自己的话语，主持人说起来，不是由衷地道出的，自然也就不生动和缺少真情实感。这种写和说脱节带来的对传播的不利影响是明显的，这就要求主持人具有一定的写作能力。

有良好的写作能力的主持人，由于自身具有写作的素养，在主持节目时，就表现出几个方面的优势：第一，在有脚本的情况下，能较好地理解和把握脚本，正确地传达脚本的实质性内容。第二，在脚本有瑕疵的情况下，能及时地改正，避免传播的失误，保持媒体和主持人良好的传播形象。第三，在没有脚本的情况下，主持人能凭自己的写作素养临时组织语言，将节目所要传达的内容很好地表现出来。

例如，中国驻南斯拉夫大使馆被炸后，凤凰卫视对迎接烈士灵柩回北京的仪式进行直播。节目原定由主持人陈鲁豫讲两三分钟后，把镜头切到现场，可是，陈鲁豫在说了一会儿后，耳机里却传来导演的话：“鲁豫，我们现在有问题，接不到现场画面，你得往下说话，千万别停！”陈鲁豫在这样的情况下，一口气说了 20 分钟，直到工作人员接到现场画面为止。这种现场说话的能力实际上是写作能力在主持人身上的集中表现，它涉及写作技能，诸如语言的组织、思维和逻辑的运用等多个方面，没有较好的基本功是难以做到的。

主持人的写作能力是主持人能力的一个重要方面，是做好主持工作的有力支撑。赵忠祥在谈到主持人的写作能力时说：“有了写作基础，主持人润色稿件、出口成章就驾轻就熟了。我们有些主持人语言表达能力差，其实是写作能力差的表现。写作能力是体现一个人整体综合素质的能力。要写作，就要有广博的知识，就要多读书、多积累；要写作，就要学会观察问题、发现问题、分析问题，就要有较强的逻辑思维能力。主持人的职业对人的素质的要求是多方面的、全方位的。”①

成功的主持人也非常重视写作。杨澜的经历就是很好的例子。刚开始做主持人时，杨澜总拿着导演给的串联词稿子硬背。她的搭档姜昆告诉她，不要老念别人的稿子，要变成自己的话说出来，这样才自然。后来和赵忠祥合作，赵忠祥根本就不要别人写，在两年半的时间里，《正大综艺》的主持人串联词一直是赵忠祥与杨澜一起写。因此，杨澜养成了一个习惯，不管是主持综艺晚会，还是电视栏目，主持人的串联词她都坚持自己动笔写。若导演拿来现成的稿子，杨澜也要征得导演和原作者的同意，按照自己对节目的感受和自己的习惯表达方式再重写一遍。为什么呢？杨澜解释说：“并不是别人写得不好，可人家写的话是人家的感受，我要硬念出来就很容易像背台词，观众听了也不会被感动。只有我自己有感而发说出的话，观众才会觉得亲切，情绪上才容易被感染。”②

主持人具有写作能力，对搞好主持工作有重要意义，成功的主持人都重视写作，因此，主持人应该把培养自己的写作能力看作搞好主持工作必须具有的素养，把它当作自己的形象塑造的重要方面来对待，而不应抱有写作能力对主持人而言无所谓的态度。

主持人写作能力的培养主要是写作技能的培养。这与新闻写作的基本方法和要求大致相同，但是由于广播电视主持具有它自身的传播特点，在某些方面又有其特殊性。总的说来，主持人的写作能力的培养要注意以下几个方面。

一、写作要把事实的真实性放在首位

主持人节目和其他媒体传播一样，仍然属于新闻传播的范畴。既然属于新闻传播，就要遵循新闻传播的规律，把新闻的真实性放在首位。离开了新闻的真实性，写得再好、节目做得再好也是没有价值的。

美国有线电视新闻网曾将电影作为新闻素材冒充真实事情。在中国国家主席江泽民访问美国期间，为指责中国政府虐待囚犯，美国有线电视新闻网采用美国演员理查德·基尔在其反华电影《红色角落》中的镜头：中国的监狱警察一个耳光将基尔扮演的囚犯打倒在地……③这种用电影片断冒充新闻事实的做法是一种公然亵渎新闻真实性的行为。

主持人在写作中，要牢记真实是新闻的生命。只有事情是真实的，受众才愿意接受；只有事情是真实的，主持人的话语才能在受众的心灵中激起共鸣。假如主持人不注意真实性，用虚假的事情糊弄受众，受众一旦识破，就再也不会信任主持人。因此，认识主

---

① 转引自俞虹：《节目主持人通论》，261页，杭州，杭州大学出版社，1996。

② 转引自张群力：《句号？破折号？——杨澜谈她的节目主持人生涯》，见白谦诚主编，主持人节目研究委员会编：《主持人》(4)，194页，北京，中国广播电视出版社，1995。

③ 参见王纬主编：《镜头里的“第四势力”——美国电视新闻节目》，181页，北京，北京广播学院出版社，1999。

持人写作中的真实性原则的重要性，并在写作中自觉地遵守这一原则，是培养主持人写作素养的前提。

二、要注意逻辑思维能力的培养

各种思维形式对写作而言都是重要的，比如，形象思维的运用可以使作品生动形象，系统思维可以使作品凸显事物的全貌，宏观思维可以使作品赋予事件以宏观的意义，发散思维和逆向思维可以使作品具有新意。我们在这里强调逻辑思维能力的培养，并不是说其他思维形式不重要，而是因为主持人的传播引人关注，一旦在逻辑上出现偏差，就会使整个节目质量下降，使传播效果受到影响。

主持人的写作要注意逻辑性，看自己写作的东西是否违背常理，是否有违背事物规律的判断，推导或结论是否正确。如果平时在写作中对这些问题给予足够的重视，那么在即兴说话时也会加以注意，不然犯了错误，主持人还可能浑然不觉。

在一次纪念国际家庭年的谈话节目中，主持人与嘉宾讨论夫妻和睦相处的话题，主持人插话说："任何一个人都有缺点，何况自己的爱人呢?"这句话显然有逻辑错误。主持人的本意是想说："任何人都有缺点，对别人的缺点应当宽容，何况是自己的爱人呢?"可她表达的意思逻辑推断的结果却是"人都有缺点，自己的爱人的缺点就更多"。这显然是荒谬的：谁愿意找一个比其他人的缺点更多的人做自己的妻子或丈夫呢?

某电视台《为您服务》栏目外景主持人在一期旅游节目中到王朗国家级自然保护区做导游，在提到人类活动影响大熊猫的生存时说："大树被砍掉了，竹子就开花了，熊猫就没吃的了。"这让受众看了大摇其头：这既没有基本的植物学知识，也缺乏起码的逻辑判断能力，大树被砍与竹子开花怎么扯到因果关系上了。

这样看来，主持人写作应该遵守形式逻辑的有关法则，写稿、说话要注意不能违反同一律、矛盾律、排中律等基本法则。主持人平时加强这方面的训练，主持节目时就不会轻易出错。

三、掌握写作的基本技法

报纸记者写作是为眼睛而写的，而广播电视主持人写作是为耳朵而写的。这就决定了主持人写稿与报纸记者写稿有明显的不同。在报纸上，受众一时看不懂，还可以重新阅读，而在广播电视中，受众只能听一遍，即使没有听懂也不可能再重复。这就要求主持人的写作要注意简单、明了，必须用简洁、准确、通俗的语句把思想准确地表达出来。

（一）要做到简洁

主持人写稿时要注意去掉不重要的内容和细节，同时要注意遣词造句时尽量去掉可有可无的状语和形容词。

要多使用简单直接的词语和句子结构来表达观点和事件，直截了当地传递信息。避免使用过多的修辞手法。每个词语都应该有实际意义。

要精简段落结构。每个段落应该只包含一个主题或观点，让受众易于理解。避免在一个段落中堆砌过多的信息。

（二）要做到准确

准确包括两个方面：一是事情要真实。写稿所用的事实都必须是可靠的，张冠李戴、移花接木、时空错位都是不允许的。二是用词要准确。有的主持人在没有把词义弄明白的情况下滥用一气，结果闹出笑话。一个例子是，某电视台《为您服务》栏目做一期《金华逍遥游》节目，外景主持人站在城市的高处，背后是城市华灯齐放、灯火辉煌的景色，主持人手拿话筒，面对受众道："看着这座灯火阑珊的城市，我……"其实她对"灯火阑珊"是什么意思都没弄明白。

另一个例子是，2024 年 2 月 19 日，某主持人对着镜头说："尼格买提 2024 年春晚主持之后回新疆过年，他没有架子，和平常人一样。这一家人颜值都很高，而妹妹颜值被曝光，比明星迪丽热巴还要漂亮，而尼格买提长得很一般，没想到妹妹这么漂亮。这真是金屋藏娇啊！"这是完全不懂"金屋藏娇"的意思而导致的误用。

（三）要做到通俗

通俗是大众传播语言的重要特色之一。首先，它应该是受众能理解的普通话，不能是方言俚语；其次，它应生动形象，易于理解；最后，一些专业用语应尽量避免，生僻词、书面语也应尽量少用或不用。

除了这些基本的要求外，主持人还应学习写作中的一些基本修辞方法，使文稿从形式到内容都尽量臻于完善。

四、培养快速作文的能力

从事新闻传播工作需要有倚马可待的"捷才"，相对报纸记者和其他传播工作者，主持人更需要有像曹植那样七步之内出口成章的本领。这是广播电视的传播特点所需要的，在具体实践中也只有快才能适应这种需要。

例如，中央电视台《东方时空》的节目《两元钱引发的官司》，报道中国人民银行焦作分行金融研究室孙红星，状告焦作市公交公司的售票员拒收他持有的用透明胶带粘贴的两元人民币的官司。报道有开庭审理情况，有对当事人、法院院长、旁听群众、公交公司总经理和会计、银行有关工作人员的采访。主持人白岩松在看了这个报道后马上意识到这是《面对面》的好话题，他请资料员帮助，飞快地写出了谈话稿《从两元钱官司谈法律意识的觉醒》，并与策划者商定把往常安排在中间的《面对面》前移，紧接在《时空报道》后面播出。《时空报道》的最后一个镜头是记者对公交公司总经理提问："发现银行没有执行有关规定，为什么不讨个说法？"总经理回答："银行不愿接纳公交的零碎货币，感到麻烦，再起诉人家就更麻烦了。"白岩松在《面对面》中接着这个"话口"来了一大段评说："公交系统怕麻烦却引出了一场官司，不过在这个过程里头倒是给我们留下了很多值得叫好的地方。"接下来他一共说了六个值得叫好的方面。整段话洋洋洒洒，议论透辟，开掘深入，信息量大，知识面广，表现出主持人敏捷的思维、开阔的思路。

从主持人的实践经验和快速写作的实际要求看，要练就倚马可待的“捷才”本领，主持人除了需要有丰富的知识储备、敏捷的思维，以及快速写作的基本方法外，还应注意一些广播电视传播中的特殊要求，使文稿写作既快又好，适合主持人节目的传播。具体说来应注意以下几个方面。

（一）叙述的故事性

主持人的传播要取得好的效果，要注意两点：一是受众接受起来便利，二是要形成个人的特点。接受起来便利的首要条件是通俗易懂，语言的具象性明显；个人的特点包含主持人主持节目时的叙述特征以及情感运用、身体语言等。两个方面都注意到了，传播效果就可以大大提高。而叙述讲究故事性可以将这两个方面较好地结合起来，因此主持人在写作时要注意广播电视的这种传播特点，学会讲故事。

《东方之子》的主持人白岩松在主持《学者系列——季羡林》节目时的开场白就是一个有趣的故事：

> 也许，了解季羡林可以从这样一个真实的故事开始：几年前，有一个北京大学的新生入学带了大量的行李，他看见路边有一个纯朴得像农民一样的老者，便以为是学校的工友，于是，他让这位老者替自己看行李长达半小时之久，这位老者欣然同意，并尽职尽责地完成了任务。过了几天，北京大学召开新生入学典礼，这位同学惊讶地发现，坐在主席台正中的北京大学副校长季羡林正是那天替自己看行李的老者。

用这样一个故事导入无疑会极大地调动受众的接受兴趣，使受众对人物留下深刻的印象，并对节目产生好奇：一位有着著名高校副校长头衔的大学者如此平易随和，节目会介绍他的哪些事迹呢？

主持人在写作中把故事写好，是不容易的，因为节目时间有限，还要适应节目是听的还是看的这样一些特点，因此，讲故事要讲究技巧。让我们先来看一看赵忠祥和杨澜在《正大综艺》中所写的一篇串场词：

> 杨：很高兴又和大家见面了，和大家共度这个周末。
>
> 赵：欢迎朋友们，我不知道你们发现了没有，刚才走过的这个镜头，是非常美的，这就是衔远山、吞长江、朝晖夕阴的洞庭湖。这说明我们已经来到了长沙，从陕西来到了湖南。
>
> 杨：也就是说，从黄河来到了长江。
>
> 赵：一提起黄河、长江，我们在座的朋友和电视机前的观众，就会肃然起敬。
>
> 杨：对，我们在湖南可以找到舜帝的墓葬。司马迁告诉我们，当年舜帝南巡的时候，死于苍梧之间，也就是现在的湖南境内。毛主席当时写的那一句诗“斑竹一枝千滴泪”，讲述的就是这个美丽的、动人的，而且是带着悲剧色彩的传说。
>
> 赵：楚文化确实是瑰丽的和神奇的。它鼎盛时期的代表人物和代表作，当属屈原和他的《离骚》。后来一大批的文人墨客也来到过湖南。

杨：如朱熹、李白、杜甫、李商隐、周敦颐等，太多了，而且他们都在这里留下了他们的传世名作。

赵：迁客骚人，多会于此。这迁客指的是什么呢？是遭贬谪之人，如柳宗元，被贬为永州刺史；王昌龄，被贬为龙标（今湖南洪江西）尉；屈原也是遭谗去职，被长期放逐；还有韩愈。

杨：韩愈不是吧？

赵：韩愈自己说的——夕贬潮州路八千。他大约也路经此地。

杨：那也算到过湖南。到明清那一代出现的思想家我们就不再一一列举了。但可以说湖南是名副其实的人杰地灵的地方，而且出了那么多的伟人。

赵：毛泽东、刘少奇、彭德怀、贺龙、何叔衡、向警予、蔡和森、杨开慧，再到伟大的共产主义战士雷锋。毛泽东是这儿的人。我们今天在座的，都是这些名人和伟人的老乡了，我们向你们表示敬意！①

这段文字实际上讲了三个故事：第一个是，舜帝南巡死于苍梧之间即湖南境内；第二个是，湖南与一大批名人有关系；第三个是，湖南是老一辈无产阶级革命家毛泽东、刘少奇等人的故乡。将这三个故事讲出来要涉及湖南锦绣山川、悠久的历史、灿烂的文化，以及中国革命和建设的历史，对湖南要有较深的了解；同时要讲清楚这些内容，着墨还不能过多，需要用最少的语言叙述明白。

通过这一例子，我们可以看出要将故事讲得好、讲得吸引人，要注意这样两点。

一是围绕所叙述的人或事尽量多地占有材料。比如前文，作者对材料的占有量就相当大：有湖南的山川地理，有《岳阳楼记》的词句，有舜帝及其妃子的传说，有毛泽东的诗；与湖南有关的历史名人有从战国时期的屈原到唐宋时期的李白、朱熹等人，再接下来从革命领袖人物到共产主义战士雷锋。这些材料的运用使文章显得大气而厚重，信息量丰富，而作者所占有的材料显然比这些用上的要多得多。

二是要有大量的语言储备。主持人站在话筒前要靠语言进行传播，用简洁、准确、生动的语言打动受众，这就需要有深厚的语言功底。毛泽东同志曾号召我们向人民群众学习语言，从外国语言中吸收我们所需要的成分，同时要学习古人语言中有生命力的东西。这是主持人掌握语言能力的几个重要渠道。要深入生活，学习社会生活中生动活泼的群众语言，掌握大量的成语、谚语和俗语等，同时要广泛阅读外国文学作品和中国古代文学作品，并尽量多背诵一些名篇以供借鉴。王勃挥笔立就的“落霞与孤鹜齐飞，秋水共长天一色”这一名句就是借鉴北周庾信《马射赋》中“落花与芝盖同飞，杨柳共春旗一色”而来的。赵忠祥和杨澜的串场词“这就是衔远山、吞长江、朝晖夕阴的洞庭湖”和“毛主席当时写的那一句诗‘斑竹一枝千滴泪’，讲述的就是这个美丽的、动人的，而且是带着悲剧色彩的传说”中，就很自然地镶嵌了古文和诗句，话语间平添了许多文采。

（二）行文的口语化

广播电视传播的特点是口传心授，主持人与受众之间交流思想、沟通情感、交换信

---

① 赵忠祥：《岁月随想》，83～84页，上海，上海人民出版社，1995。

息、协同动作，都依赖于口头语言，要明白晓畅就不能“之乎者也矣焉哉”。因此主持人的写作要注意行文，用词不能书面化，而应口语化。

有这样一个例子，一个广播节目主持人介绍一位音乐家：

> ……自幼热爱中国文化艺术，师从古琴大师×××，治琴学凡五十年，其琴风苍古遒逸，儒雅蕴藉，气象高远，一派灵机，是当代最有成就的古琴家之一。

这段文绉绉的话语不知怎样从口中说出来，听起来仿佛是老学究在读书一般，让人感觉到的不是文采和典雅，相反有几分“穿越”、几分外行做节目的意味。这就提醒主持人，主持人不是为“书面语的有声版”而写作的，而是为“口语传播”而写作的。口语写作有哪些要求呢？

第一，在词语的选择方面，要用双音词，不用或少用单音词。如“因”“如”“应”等以用“因为”“例如”“应该”为好；用口头语，不用或尽量少用文言词或半文半白的词，如“为宜”应改为“比较合适”、“分赴”改为“分别到”、“日益”改为“越来越”等；一些生僻的成语或典故要避免使用，专门术语少用或不用，简称也要少用或不用，尤其不能滥用简称。

第二，在句式选择方面，多用短句子，避免使用欧化句子。长句子由于定语、状语较多，结构复杂，读起来不便于断句和运气，受众接受时也难懂、难记，应多用短句。欧化句子，如倒装句，也不符合中国人的接受习惯，在口语写作中应尽量避免，如“‘请允许我向远方的朋友问候。’一位老人激动地说道”这句话，在口语写作中就应将说话人放在前面，把所说的话放在后面。实际上欧美国家的广播电视文稿也很注意这一点。

第三，在语音安排方面，要避免因同音字产生的误解，不用同音不同义的词。如“走进”和“走近”、“全部”和“全不”等等；虚词、关联词也要少用，如“不但……而且”“之所以……是因为”等，在口语中用多了，就失去了生活气息，听起来别扭。

注意口语化并不是说主持人写作就应回到日常口语的初始状态。目前有些主持人在主持节目时，在所谓“口语化、生活化”的招牌下，将一些乡俚俗语、未经加工改造的粗陋的初始口语也搬进大众传播的节目中，甚至将一些应当剔除的语言糟粕当作时髦风格加以模仿和滥用。比如，在语流中大量使用“啊、呢、吧、吗”等语气词，以此来标榜对受众的“亲切”、与受众的“交流”；把矫情做作、令人生厌的“那么”挂在嘴边，以此来炫耀主持人的话语富有“逻辑性”和“时代气息”。这是对口语化的歪曲和庸俗化。诚如中国传媒大学教授张颂所言：“对口语的推崇，对日常口语的神化，正是口语至上的核心。可惜这不过是一种迎合和媚俗，是为了哗众取宠，同时，也是对广播电视传播语言的轻蔑和贬斥，对艺术语言和语言功力的否定和拒绝。”①

我们强调行文口语化，并不是指在写作中使用“纯自然”状态的语言，而是指应当使用经过提炼、加工、改造的口语，即汲取了书面语的精粹口语。它注重语言的规范化，讲究语言的艺术性，追求“上口入耳”，适合受众接受。

有这样一个例子，《焦点访谈》主持人敬一丹在与编辑合作一期节目时，编辑交给她

---

① 张颂主编：《广播电视语言艺术》，23页，北京，北京广播学院出版社，2001。

的文字稿是这样开头的：

语言是人类交流的基本工具，但是对于那些因患喉癌做了手术的人来说，他们最大的痛苦就是有口难言……

这段话并没有什么毛病，但敬一丹觉得不对劲，像教科书，缺乏与受众的交流感，于是她将这段文字修改成：

观众朋友，在我这样说着、你这样听着的时候，我们的交流就开始了，在我们看来很平常的这种交流方式，对于那些因患喉癌做了手术的人来说却不可能，他们最大的痛苦就是有口难言……

原稿的书面语特征是明显的，简练明确，修改后的稿子做了些铺垫，像拉家常，更有交流的味道，也更浅显、明白和通俗。这段话没有“嗯”“啊”“那么”之类的词，却很好地突出了口语的特点。可见汲取了书面语的精粹口语是适合广播电视主持人的口语传播的。如何写出精粹口语来呢？中国传媒大学吴郁教授提出从四个方面着手练习：其一，向人民群众学习语言；其二，要遵循广播电视中口语传播及听觉接受的语言应用规律；其三，主持人应以平等交流的口吻说话；其四，要在实践中悉心探求口语与书面语的融合，作品应既符合广播电视语体特点，又具有主持人节目语体特征。①

（三）要考虑现场受众的情感效果

有声传播讲究以情动人。主持人要以情动人，提高受众的接受兴趣，不单靠漂亮的脸蛋，也不靠一声声叫唤“亲爱的听众朋友”或“亲爱的观众朋友”。要吸引受众，就要有实际内容，要有依附于实际内容的真情实感。在写作中考虑如何调动现场受众的情感，对写好稿件是有帮助的。

怎样做到有实际内容、有真情实感、能调动受众的情感呢？

首先，要“寓情于事”。抒情不能靠主持人站在话筒前唱高调，发空论。将情感寓于事件、寓于故事中间是一种调动情感的好办法。

杨澜对这种方法的运用深有感触。她以美国的主持人为例说：“美国大的仪式节目主持人，语言的魅力来自取悦观众的两种方式：一种是特别动感情，一种是特别幽默。一般是两者结合。先是幽默，让你喜欢他，后是被他感动得要哭了。他们的表达方式很好，常常是寓情于事。比方说：‘哎，我今天早晨碰上一件事……’一开始你会觉得这件事跟他今晚主持的节目毫无关系，但听到后来他话锋一转，你会觉得他把后面的节目连接得非常巧妙，真是相映成趣。于是，你会对他的机智、幽默由衷地敬佩，然后，你会不知不觉地和他及他主持的节目在情感上产生共鸣。这些名牌主持人都习惯于用具体的事来表达抽象的感情。”② 从这些例子可见，“寓情于事”是调动受众情感的有效方法。

其次，要注意度的把握。情感的表达有多种方式，有如黄钟大吕的，有似晓风残月

---

① 参见吴郁：《主持人的语言艺术》，132～133页，北京，北京广播学院出版社，1999。

② 转引自白谦诚主编，主持人节目研究委员会编：《主持人》(4)，197～198页，北京，中国广播电视出版社，1995。

的，有像山岳般凝重的，也有同春雨一样滋润的。但无论表达方式有怎样的差异，都应注意度的把握。情感的抒发要以现场气氛和节目内容的需要为依据，并不是越充分越好。主持人如果在写作时将直率的抒情藏匿一些，留下受众思考的空间，也许得到的效果会更理想。

比如在《东方时空·面对面》节目中，主持人敬一丹有这样一段话：

> 记得第一次采访贫困地区是去大别山，在山村的那个小学里，我看到孩子们在吃午饭，所有的孩子都在吃咸菜，没有其他的菜。我回到北京把这件事告诉城里的孩子，他们很多人都不相信。后来，我又到广西去采访，我想到那里的孩子穷虽然穷，总还是要上学的，于是就带去了一些文具，可是在都安的那些山沟里压根就没有学校，那些孩子也不认识铅笔和橡皮，为了告诉那些孩子橡皮是干什么用的，我就只好在纸上画了一个笑着的小人，然后又用橡皮把它擦掉。那些孩子看到这一情景，他们就笑了，看来他们是懂了，可是我不知道他们什么时候才有机会进到课堂用这铅笔、用这橡皮。

这段话并没有大段的抒情，主持人只是在平和地述说自己经历的两件事情的一些细节，但受众听后感到的却是主持人涌动着的强烈的感情激流：对贫困山区孩子的爱和同情，对改变山区面貌的迫切希望。受众由此获得情感上的冲击。这种方式显然要比主持人率直的表露效果更好。

所以主持人在写作中考虑受众对抒情的接受度，进而改进抒情方式，把握好度，对提高传播效果是有益的。不讲技巧、带表演性质的抒情，已经被实践证明是不恰当的，在写作稿件时应加以注意。

延伸阅读

主持人倪萍的一则案例

倪萍在《综艺大观》第100期中讲述的故事让现场和电视机前的受众久久难以忘怀：

在众多的电视观众朋友当中，有这样一位小朋友，她叫赵迎，是北京市第八十中学的学生。我们的节目，她每次都看，场场不漏，一边看一边还录了像。我们第一次见面是获悉她得了晚期癌症的那天。当我驱车赶往小赵迎家，推开虚掩着的房门，我惊呆了，墙壁四周贴了数十张自己在不同时期的照片。我发现在房间一角的床上坐着一个面色苍白但十分清秀的少女。不一会儿小姑娘像见到久别的亲人那样，猛地扑到我怀里，“哇”的一声哭了起来，凄厉的哭声像一把锋利的尖刀刺在我的心上。我紧紧搂住小姑娘，眼中的泪水禁不住地往外流。尽管我还没有做母亲的体会，但此时此刻我凝视着怀里不断哭泣的小姑娘，着实感到自己应该像母亲那样尽一份职责。我真不能想象一个普普通通的主持人竟会对这个姑娘产生这样的影响。大约过了十多分钟，小姑娘慢慢地平静了，她仰起脖子目不转睛地看着我说：“倪萍阿姨，我会死吗？”我心中顿时一阵酸楚，强忍着悲痛佯装笑脸，轻轻拭去脸颊上的泪水，慢慢地说：“放心吧！倪萍阿姨一定会救你的。”在以后的几个月中，我四处奔波，访遍了京城的名医，找来了各种治疗癌症的偏方，但这一切仍无济于事，残酷的病魔使小姑娘一天比一天衰弱。当小姑娘病得不能动弹时，我正好在南方录制节目，一时无法联络。小姑娘躺在病床上喘着气，断断续续地对她母亲说："妈妈，我……可能……再也见不到倪萍阿姨了，你一定要……代表我送一件黄毛衣……给她……因为……倪萍阿姨……在电视上……穿米黄色……最……漂亮！"等到我在南方得知小姑娘病危，星夜兼程赶回北京时，小姑娘已经匆匆走了，只留下给我的那件黄毛衣……

凝神屏息听着倪萍的叙述，许多人潸然泪下。受众之所以被深深地打动，是因为主持人讲述的故事本身具有震人心魄的力量，而主持人的思想情感是在叙述故事之中自然流露出的。

资料来源：代欢、肖桂岚编著：《作秀战术》，197～198页，北京，中国广播电视出版社，2002。

（四）要多做练习

了解了有关写作的要求，只能说建立了相关的概念而已，接下来需要扎扎实实地进行大量的练习，没有实际的练习，一切都是空中楼阁。如何练习呢？主持人的写作是为节目主持服务的，写作的快捷是极为重要的。要做到快捷，事先打好腹稿，然后一气呵成，是一个有效的方法。鲁迅先生在写作时总是泡一杯茶，点一支烟，坐在椅子上思考，直到腹稿打好了，才坐到桌子前动手写，由于"胸有成竹"，写起来很顺利。鲁迅的手稿很清晰，很少改动，就是一个证明。

围绕一些词语作快速扩展练习，也是提高快速写作能力的有效方法。下面是一则学生的练习：围绕"夕阳""老人""姑娘""小桥""照片""五十多年前""牵挂""热泪"这些词语，在限定的时间内，完成一段语意完整的话。要求情节安排合情合理，句子成分完备，词语组合得当。以下是练习实录：

> 夕阳下，老人和姑娘伫立在小桥上。"孩子，爷爷老了，也许等不到你二爷爷回家的那天了，"老人从怀里掏出了一张发黄的照片，端详了一会儿又接着说，"照片上的这两个年轻人，一个是我，一个就是你的二爷爷，我唯一的弟弟。五十多年前，他被迫去了台湾，临别时，我们在这座小桥上留下了这张合影，从此就一点音信也没有了。孩子，如果有一天你能见到你的二爷爷，一定要告诉他，我这个当大哥的天天都在盼着小弟弟回来，啊！……"姑娘使劲点了点头，她看见，五十多年的牵挂已化成两行热泪，从爷爷的脸上滚落了下来。①

练习写作的方法多种多样，各人的情况不同，可以向名人学习，可以向同事学习，也可以自己摸索总结，只要勤奋学习、加强训练，主持人的写作水平就会有较大的提高，帮助主持人更好地做好主持工作。美国哥伦比亚大学教授罗伯特·赫利尔德提出的专题节目和纪录片的写作方法对主持人练习写作是有启发意义的，现录于此：

> 第一，确定主题和观点。它将是客观性的专题节目，还是带有主观性的纪录片？
> 第二，准备一个临时的大纲——不是一张"道路图"，而是一个大概的方向。

---

① 鲁景超：《广播电视即兴口语表达》，178～179页，北京，北京广播学院出版社，2000。

第三，作详细的研究：分析图书资料，亲自访问人物和地点，确定可以获得哪些录像和录音材料并加以研究。

第四，准备一个更加明确的大纲、一个详细的概要表。

第五，与制片人和导演密切合作（在许多情况下，撰稿人也是制片人，有时也是导演），确定大纲并准备一个完整的脚本。这期间，撰稿人可以建议制片人和导演去获取一些特殊的材料，并介绍从哪个方向认识这些材料，甚至帮助组织这些材料。

第六，准备开场白、结束语、收集事实时用的采访背景材料和问题——答案大纲，以及脚本开始成形时需要的衔接素材。在收集资料的同时，作者继续修改大纲，增加新的突如其来的资料，删除无法获得的预期的资料。

第七，当大多数资料到位时，准备一个完整的脚本，并和制片人、导演商量修改脚本。

第八，在所有资料都收集好，并且经撰稿人和节目组的其他成员多次看过、听过以后，写出最后的脚本，有时也称作工作脚本。①

第二节　主持人的编辑能力

主持人的编辑能力包括主持人的编辑意识和主持人的编辑业务能力两个方面。

根据广播电视节目制作播出的不同，主持人节目一般可以分为直播节目和录播节目两类。无论是哪一类节目，主持人的编辑能力都有用武之地。比如，直播节目需要有前期的策划、选题、构思、撰写播讲稿，录播节目需要对已经摄录的声像素材进行鉴别、选择、剪接加工处理等。

有编辑能力的主持人在这些环节中都可以参与进去。虽然在广播电视这类需要各方面合作的媒体中，专业化要求越来越高，节目组中有专职的编辑人员，但对于主持人来说，必要的编辑能力是保证节目质量的前提。这就要求主持人具有编辑意识和一定的编辑业务能力。具备了这种能力，主持人在主持节目的过程中就能以自己对节目总体结构的了解，较好地实现编导的总意图，灵活地控制节目的全过程，把握节目的氛围，相机处理好节目制作中的问题。

下面我们来分别讨论主持人的编辑意识和编辑业务能力。

一、主持人的编辑意识

编辑意识主要是指主持人在节目主持过程中，对节目拥有一套清晰的编辑思路，对节目的总体结构有明确的理解。这种编辑意识对采编和主持一体化的主持人而言是贯穿其工作始终的，而相对于不参与采编工作的主持人来说，具备编辑意识对做好主持工作也是有帮助的。因此，编辑意识对主持人具有以下几个方面的作用。

---

① ［美］罗伯特·赫利尔德：《电视、广播和新媒体写作》，146页，谢静等译，北京，华夏出版社，2002。

（一）能使主持人与其他人员形成良性互动

主持人节目是一个集体合作的节目，主持人是一个集体的代表，是出场人，而他的后面有一大群编辑人员。主持人具有编辑意识，可以帮助编辑人员更好地了解主持人的特点，使主持人与编辑人员之间形成良性互动。中央人民广播电台的主持人傅成励认为，一个主持人节目的编辑不好当，编辑应有“主持人意识”，选材、构思、写稿都要以塑造主持人的形象为中心，要按照主持人的身份、特点、风格去写稿子，甚至一句话怎么去说，也要考虑主持人的说话习惯、方式。所以傅成励平时注意和编辑交流，向他们提供节目的构思，哪怕只言片语；他更愿意让编辑了解自己，包括了解自己的为人，了解自己的经历，了解自己的思维方式甚至说话方式。①

在一个节目中，主持人与主持人之间涉及相互配合的问题，这也需要主持人具有编辑意识。

比如主持人主持节目前对播讲稿的处理问题。哪段稿件由谁播讲，哪些段落需要即兴发挥，哪些话题需要加入主持人的议论，出现意外情况如何补救，等等，主持人只有在节目主持前将这些情况考虑到，并设计和协调好，主持时才能配合默契。

再比如主持人的情绪调动问题。两位主持人共同主持一台节目，一个主持人情绪调动超前，说得声泪俱下、十分投入，而另一个主持人却不温不火，没有进入状态，这就会给人以不协调甚至滑稽的感觉，影响主持效果。要达到情绪上的同步协调，就要主持人具有编辑意识，从节目整体效果考虑，互相交流、互相沟通，保证节目的和谐一致。

延伸阅读

敬一丹的自述

在一次直播中，奉节县的老房子按三峡工程统一部署实行爆破以后，灰飞烟灭，老城不再。现场的一位奉节人说：“看到老家爆破……心里很难过（大意）。”通过监视器，我注意地看着现场的情景。这时，耳机里传来制片人的声音：“敬一丹，你找补一下。”此刻，我没有时间、没有条件与他商量核实找补什么，马上就会切出我，我点头示意，明白。切——我出现在屏幕上：“刚才我们听到那位奉节的朋友说，看到爆破，心里很难过，我们都能理解他的心情，毕竟是故土难离。我想，三峡人既有对老家的怀恋，也有对新家的向往，就在离老城不远的地方，奉节新城正在建设……（大意）”这样的找补，就把原来有些伤感的情绪加进了希望的色彩，避免“难过”这样的表达让人产生误解，产生负面的情绪，甚至引发移民中的某些敏感问题。这样找补，也利于话题的平衡。这是我的理解，制片人的意图呢？直播结束后，我问：“你说的找补是这个意思吗？”他说：“就是这个意思。”我很欣慰，为我们的默契。如果没有直播实践中磕磕绊绊的磨合，如果没有一次次讨论争执中不断加深的了解，如果没有对节目效果的负责，就不可能有这样的默契。

资料来源：敬一丹：《99 个问号：敬一丹漫谈主持人》，178～179 页，北京，中国广播电视出版社，2004。

---

① 参见白谦诚主编，主持人节目研究委员会编：《主持人》(4)，342 页，北京，中国广播电视出版社，1995。

（二）有助于主持人准确地把握节目的主题

主持人进行新闻采访或主持一次谈话节目都是有主题地进行的。编辑意识对主持人围绕主题选材、紧扣主题展开话题是有帮助的。因为有了编辑意识，在新闻采访中，主持人就会考虑提问是否到位、采访的素材能不能说明主题、到编辑制作时是否会被剪掉等有关的问题；在谈话节目中，主持人在遇到节目嘉宾的谈话游离于节目主题之外时，就会及时予以打断，将话题拉回到节目的主题上来。

（三）有助于主持人对节目不断进行改进和创新

主持人的脑海里具有编辑意识，熟悉节目的编辑制作环节，就会不满足于每天周而复始和按部就班的主持形式或者内容雷同的节目，就会对节目进行改进和创新。

傅成励就是如此。有一年“三八”节到了，他考虑在节目中谈送给妇女们什么样的礼物，再谈几个先进妇女的事例，没有什么新意。于是他别出心裁，在这天的节目中，请来了一些年轻的男同胞，请他们谈谈心目中的理想女性形象，也算是给年轻的姑娘们一个信息和礼物。这期节目播出后，反响很大。有一女大学生来信说，你们光让男同胞谈心目中的女性形象，为什么不让我们姑娘谈谈心目中的“白马王子”？接到那个姑娘的来信后，编辑部记者又跟踪采访了一些年轻女性，请她们谈心目中的“白马王子”的形象。这时傅成励又突发奇想：小伙子们刚谈完心目中的女性的形象，又请姑娘们谈“白马王子”，简单重复，不是创造。他猛然想起了一部外国小说，采用的是交叉剪辑的手法，大有所得。于是，他把对姑娘们的采访和小伙子们的座谈会，也来个交叉剪辑，合二为一，让姑娘、小伙子在广播中交谈。[①] 从傅成励主持的这两次节目看，如果说，第一次请小伙子们谈理想女性形象这种节目创新与编辑意识仅有一些相关性的话，那么第二次让姑娘、小伙子在广播中“交谈”的做法就纯属主持人编辑意识的杰作了。

二、主持人的编辑业务能力

主持人的编辑业务能力是指主持人具有的策划、选题、构思、撰稿，以及加工剪辑节目素材的能力。尽管这些业务能力是属于编辑的，但主持人具有这些业务能力，通晓编辑的工作环节和工作方式，可以完善自己的节目主持，提升主持人节目的传播形象。

（一）策划选题能力有助于主持人参与节目的前期工作

主持人节目的前期准备工作首先是策划、选题和构思，主持人具有这方面的能力，就能积极主动地参与节目的前期工作，而不是什么都等别人做好了，自己只出来做个幌子。赵忠祥曾谈过自己运用编辑业务能力策划节目的例子：一天，赵忠祥没事到别的办

---

① 参见白谦诚主编，主持人节目研究委员会编：《主持人》（4），342～343页，北京，中国广播电视出版社，1995。

公室串门，闲聊中听到一个故事，结果做出一期45分钟的节目《谈宝钢》。当时上海宝山钢铁厂正在建设，社会上有人支持，有人却不赞成，不赞成的人说，为什么把宝钢建在一个烂泥堆上？为什么买澳大利亚的矿砂？中国这么多铁矿，你们不用，一旦打起仗来，在海边战备怎么办？这些意见成为当时大学生特别关注的核心问题之一，部分大学生甚至准备上街游行。这时宝钢有一位工程师到西安出差，路过一所学校，学校请他给大家介绍情况，他根据自己的亲身体会，回答了大家的一些问题。大学生们听他一说就给说服了，原打算进行的游行也取消了。赵忠祥听完这个故事，出门以后，找了几位同事说，咱们搞个节目，第一步，把这个工程师找到，第二步，给宝钢打电话联系，要求到宝钢制作节目。这样大家行动起来，出发之前又采访了一些大学生，收集了对宝钢建设的意见，共12条。到宝钢后，节目组请宝钢的采访对象分别在各个工作岗位的环境背景下回答这些问题。这期节目播出后，反响很好。① 这是主持人具备策划选题能力，参与节目前期准备工作的典型例子。

（二）写作能力有助于主持人依节目要求处理播讲稿

主持人并不是写作者，在大多数情况下，写作者是由专职编辑担任的。主持人是作为节目与受众的中介出现的，他有自己特殊的使命：主持人要尽可能地满足受众对信息的需求；要了解受众的接受能力，做好信息接受的导航工作，引导和吸引受众完成节目的收视活动；注重与受众的沟通，巧妙地、有分寸地流露自己对事物或信息的认识与评价。要完成好这些使命，主持人需要有各方面的能力，而写作能力可以帮助主持人对自己节目的播讲稿进行深刻的理解，进而准确地把握内容的实质，这样在处理播讲稿时就能依据节目的特点和受众的需求，做到既适应受众的接受习惯，又有自己的主持风格。

对于这方面，我国早期的主持人沈力、赵忠祥、傅成励等人都是非常注意的。他们的写作能力为他们处理节目播讲稿，最终使节目形成品牌，为受众所喜爱起到了重要作用。活跃在话筒和荧屏前的知名主持人如崔永元、白岩松、敬一丹、王小丫等也显示了写作方面的能力，为他们做好节目主持工作提供了有力的支持。

主持人的写作能力对主持人处理播讲稿的作用，具体来说有：

第一，是将播讲稿修改得更符合口语传播的特点。如中央电视台晚间节目播出的一则卫生新闻的原导语是：

> 成为学校中的体育明星是很多孩子的梦想之一。今天，6岁的亚当终于又能像正常的孩子一样，圆他的棒球梦了——由于医生创造的奇迹，身患骨癌的亚当保住了他的右臂。

这条导语将条件句放到主句之后，是一个西化的导语句式，显然不符合中国人的听觉习惯，主持人康辉播出时将语序作了修改，使它更符合口语传播：

> 很多孩子都渴望着能成为学校里的体育明星，6岁的亚当也是其中之一。可骨

① 参见白谦诚主编，主持人节目研究委员会编：《主持人》（6），222～223页，北京，中国广播电视出版社，1997。

癌差一点打碎他的棒球梦。而今，由于医生的努力，亚当奇迹般地保住了他患有骨癌的右臂。①

第二，是将播讲稿修改得更具人情味和亲切感。如中央电视台有一次节目播放了一段老年人扭秧歌的场面，编辑撰写的播讲稿是这样的：

老年朋友，看了这些由老年人自编自演、自娱自乐的舞蹈节目，您觉得开心吗？

主持人沈力将这段话在播出时做了改动：

观众朋友，我们看到了刚才跳舞的这些同志，论身材吧，并不那么苗条；论动作吧，也不那么规范，可当他们操劳了一生重新迸发出了一种热情的时候，身材、动作又算什么呢？他们不是在追寻青春的脚步，而是在讴歌幸福的晚年。让我们的心伴着他们那欢快的舞步一起跳动吧。②

经过这样一改，这段话不仅口语化、生活化了，而且多了几分感情色彩，拉近了主持人与受众间的心理距离。

第三，是通过对相关知识的补充，使节目更便于受众理解。例如，有一期节目介绍香菇的烹饪方法，原解说词是：

现在的绿色食品、黑色食品很抢手，今天介绍两种香菇的做法。

主持人沈力觉得话说得比较突兀，对原稿作了修改，加进了相关的知识：

现在大家常提到黑色食品。据了解，黑色食品这个词来源于北美，他们认为黑色食品能增加人的智力。我们祖国医学也认为，黑色食品有固气、乌发、补血等功效。今天我们就向大家介绍黑色食品中的一种——香菇的两种吃法。③

第四，是对播讲的内容作恰当的评论，表明主持人的态度。如中央电视台《世界报道》曾有一则报道美国少年盛行站在几十级台阶的栏杆上和钢筋水泥的棱角上飞速滑行的消息。原导语是：

在美国，那些十几岁的孩子们最近爱上了一种叫“溜边儿”的体育项目。在楼道里、马路上，只要是一切有边儿的地方，“溜边儿”少年的身影都无处不在。

主持人康辉看了片子后，意识到这是一种不宜提倡的游戏，于是他在导语中加了一句直接评价的话，指出其危险性，表明主持人对这项运动的态度：

在美国，那些十几岁的孩子们最近爱上了一种叫“溜边儿”的体育项目。但是这种游戏极其危险，在楼道里、马路上，只要是一切有边儿的地方，“溜边儿”少年的身影都无处不在。④

---

① 转引自罗莉主编：《电视播音与主持艺术》，177页，北京，北京广播学院出版社，2004。

② 转引自鲁景超：《广播电视即兴口语表达》，38页，北京，北京广播学院出版社，2000。

③ 转引自吴郁：《主持人的语言艺术》，109～110页，北京，北京广播学院出版社，1999。

④ 转引自罗莉主编：《电视播音与主持艺术》，183页，北京，北京广播学院出版社，2004。

（三）加工剪辑能力有助于提高主持人节目的整体传播效果

主持人主持的节目大多是专题节目或板块节目。

就专题节目而言，节目往往时间长、内容多，主持人亲身经历了节目录制的全过程。如果在后期制作的过程中，主持人具有加工剪辑的能力，就能参与到编辑的工作中去，这对提高节目制作效率、保证播出质量都是有帮助的。

就板块节目而言，板块节目往往题材广泛、单元形式多样，主持人在主持节目的过程中，如果通晓加工剪辑的要领，就可以在节目播出的进程中采用混编的方法，以各种手段将不同的话题、不同的信息素材，如图像、广告、音响、歌舞等串联起来，使之成为一个有机的统一体，这样节目就会显得协调完美。

熟悉各种编辑技术及其效果，主持人就能够自觉地运用编辑技术为节目服务，同时使编辑技术与主持做到有机结合。例如，中央电视台《焦点访谈》的一期节目《丧钟为谁敲响——南非大选》，主持人在处理南非黑人领袖曼德拉可能要当选总统的一段串讲词时就充分考虑了编辑技术与主持人解说配合的整体效果：最初的设计是主持人说，有一个人可能当选新南非的总统，他是南非著名黑人领袖曼德拉。但考虑到在此之后要用一段曼德拉雄厚有力的原声录音，为了与音响相配合，主持人水均益将这个句子作了一些改动，将曼德拉的全名道出，说有一个人有可能成为新南非的总统，他就是纳尔逊·曼德拉。曼德拉原声录音的使用与曼德拉全名的道出，既烘托出了气氛，又相互呼应，使原本平淡无奇的语言变得充满了魅力。

第三节　主持人的评论能力

在主持人节目进行的过程中，节目所涉及的内容需要主持人进行评价，以便受众更好地理解节目的内容和节目播出的目的。主持人对节目所涉及的人物、事件、行动等及时地进行评价，表明自己的观点、态度或意见的能力，是主持人的评论能力。

一、主持人的评论能力对主持人节目的作用

主持人的评论能力对主持人节目而言具有以下重要作用。

（一）主持人的评论能力强，可以使受众对节目内容有更深刻的认识

主持人是自己主持的节目的代表和驾驭者，对于自己所主持的节目内容适时进行评价、表明自己的观点和态度是职责所在。主持人有较强的评论能力，就能在节目中将自己对人物或事件的态度明确地传递给受众，对受众进行及时的引导；或纠正社会上的认识偏差，使受众对节目内容有正确的理解，获得更深刻的认识。在中央电视台《焦点访谈》的许多期节目中，主持人在节目结尾对事实的评论，通常都是理从事出，道出许多受众感觉到了却没有表述出来的感想，也说出了有的受众没有意识到的内容，能帮助受

众加深对报道的认识。

（二）主持人的评论能力强，可以提升媒体的形象

主持人是媒体的代言人。媒体在报道事件或人物，特别是一些重大的事件或重要人物时，主持人要能够在第一时间对节目内容作出评价，指出事件发生的原因和背景、人物活动的关系和意义。这样，一方面为受众理解报道提供了帮助，另一方面，媒体在报道事实时表明自己的立场和态度，爱憎分明，与人民大众同呼吸共命运，无形中会大大提高媒体的形象。例如，在当选总理后的记者招待会上，朱镕基的发言振奋人心，高潮迭起，精彩纷呈。记者招待会结束后，白岩松坐在演播室对刚才的记者招待会进行评点，他出于兴奋中的直觉，脱口说道："随着精彩的记者招待会的结束和两会的胜利闭幕，我不知道股市是否又该涨了？我想，随着中国在世界上的影响越来越大，这种上涨可能是世界性的。"接下来，他又用"自信""幽默"等字眼评价了新总理，并对整场记者招待会的要点进行了总结。外国通讯社注意到了中央电视台主持人对记者招待会的评价，美联社针对这番话发了新闻：

> 在这场面向全国实况转播的记者招待会后，中国中央电视台主持人白岩松在节目中赞扬了新任总理的幽默感。这在国家电视台关于国家高层领导人的报道中是极为罕见的。

美联社接着引用了他的大段评论，以此作为中国政治开放度的一个标志。

这一典型事例说明主持人的评论能力是与媒体和社会政治密切相关的。人们在评价主持人的评论能力时会自然而然地与媒体形象联系起来。从这个意义上说，主持人的评论能力强可以提升媒体形象。

（三）主持人的评论能力强，可以树立良好的主持人形象

主持人在主持节目的过程中会遇到各种各样的人和事物，会遇到各种意想不到的观点和情形，及时表明自己的观点和看法，对节目的正常播出，对受众接受节目内容来说都是必需的。主持人的评论能力强，能及时敏锐地作出反应，无疑会给受众留下深刻的印象。

构成主持人评论能力的因素有许多，诸如，主持人对节目内容能否准确把握、对节目对象能否适时评价、反应是否机警敏锐、是否睿智深刻、是否熟悉评论的形式、能否熟练运用评论的方法等等。这些都是影响主持人评论能力的因素。

要提高主持人的评论能力，应当注意从一些基本方面着手进行培养训练。具体说来就是熟悉和掌握主持人评论的形式和主持人评论的方法，加强主持人的基本能力、素质培养。

二、主持人评论的形式

在一般情况下，广播电视的评论被分类为本台评论、本台评论员评论、本台短评、

编后语、记者述评、署名短评等几种形式。

主持人评论与这些分类不同，它是由主持人在主持节目的过程中对节目的内容进行的评价和反应，因而它没有传统评论固定的形式。主持人评论是与主持人对事实或观点的传播融合在一起的，它既可以是一句话，也可以是三言两语，还可以相对独立成篇。总体上看，独立成篇的除了一些固定的栏目外，动辄几百字、上千字的较长的主持人评论是少见的，大多数是三言两语的点评式、随感式的评论，也大多用在导语、串联词中或结尾处。所以，主持人评论根据不同的标准，就有不同的形式。

（一）根据播出时间的安排来划分主持人的评论形式

根据播出时间的安排，主持人评论可分为以下几种。

1. 穿插嵌入式

这种形式一般来说都比较简短，在谈话中，或者在音像资料的运用中，主持人借势插入，或对现象加以归纳，或就问题予以纠正，或将难点给予化解，使节目能顺利进行。例如，中央电视台《实话实说》节目《新世纪，新生活》中请一位“世纪老人”隆友于做节目，这位老奶奶100岁了，在座的90多位观众都是她的子孙。老人介绍她的长寿秘诀时，崔永元不时插话予以评论：

奶奶：我没有什么讲究，我吃的都是咸菜饭，什么都可以吃，苞谷、棒子面，我最喜欢吃这些。我就喜欢简单，粗茶淡饭，再好那些我都看不上。

崔：奶奶你刚才说了吃五谷杂粮，然后心情愉快，不生气，还有什么秘诀呀？

奶奶：劳动，我注意的是劳动。平时一秒钟都不停，到现在的衣服还是我自己洗，不要别人给我洗。屋子的擦、扫，我哪个屋子都不要别人给我打扫，我都是自己打扫。

老奶奶介绍的秘诀是具体的、零杂的，通过主持人的点评，将其归纳、抽象，这样秘诀就清晰地呈现出来了。

再如中央电视台《谁来保护消费者》节目，在讨论中，王海为说明销售假货有暴利时说：“好像马克思说过，有百分之百的利润就可以践踏法律了。”现场观众立即鼓掌，不料嘉宾北大教授肖灼基插话说：“我想纠正一下，刚才王海引用的不是马克思说的，而是马克思引用英国英灵格的话。”这一来难免让王海及鼓掌的观众有些尴尬，这时主持人崔永元从容机智地说：“感谢肖先生适时地为我们开设了第二课堂！”主持人机敏的评论化解了尴尬，赢得了热烈的掌声，使节目的气氛保持了活跃轻松。

2. 总结点评式

总结点评式一般是在节目结束时，主持人出场对节目的内容进行点评，指出其意义，揭示其规律，提示其要害，以引起人们的重视和思考。

例如，北京人民广播电台的《时事对白》节目，在节水周前夕对北京市节约用水办公室副主任做了一次专访，主持人在结束语中结合自己经历的两件事对节目进行总结性评论：

我经历过这样两件事，一个是在北京郊区一个研究所集体宿舍的盥洗室，水龙头大开着，水池里放着西瓜和待漂洗的衣物，这种长流水可以持续几个小时甚至一整天；另一件事是一位大妈跟我说，她有一天洗手时，小孙子说："奶奶，把水龙头关小，让水溜儿小一点儿，别浪费水。"对这两件事，大家心里自有评判。节水宣传早已不是一两年的事了，需要节水也早已不是防患于未然的事，而是迫在眉睫，事已临头。从北京市的地理环境来看，缺水程度本不应与以色列相提并论，从另一个角度来说，沙漠中的以色列却成为盛产鲜花的国家，这对于缺水的国家来说无疑是创造了一个奇迹，而北京人是否能创造珍惜水、主动节约水、让北京顺利地可持续发展的奇迹呢？这要靠政府，更依赖于市民。①

3. 专题讨论式

相对于前两种形式而言，专题讨论式评论一般播出时间较长，播出篇幅较大。它通常辟有专门的栏目，有相对固定的时间，或者是独立存在的评论节目，或者是杂志型栏目中的子栏目。专题讨论式评论一般就社会上的某个热点问题、焦点问题、重大事件或重要问题阐发议论，或结合前面已播出的节目内容的具体问题展开辩论和思想的交锋。但一般说来，专题讨论式的评论由于是以主持人身份发表的评论，在形式上，应注意与受众的平等关系，讲究表达的亲切感和个性化。

例如，中央电视台《东方时空·面对面》节目《爱孩子得商量》就是一篇主题具有很强的针对性、而主持人在表达上又极具个性的评论：

在"六一"前的《实话实说》那个节目里，我们看到孩子们和主持人崔永元聊天。且不说孩子们说出多精彩的话，且不说崔永元又有多少妙语，光说他们之间的关系，就挺有意思。崔永元不是教育孩子，不是哄孩子，而是让孩子们平起平坐地和他聊。也许是孩子们突然遇到这样一位不居高临下的大人，也许是父母、老师都不在现场，孩子们极放松、极活泼、极自由，也就极可爱，有的孩子甚至有点儿"放肆"地躺在崔永元的沙发上脱袜子，骑在演播室中央的玩具鳄鱼上一阵痛打。崔永元也许觉得有些失控，对他的小搭档说："看来我失败了。"那个小女主持人说："你没失败。"真的，崔永元是成功的，他的成功在于，那看似闹哄哄的演播室，洋溢着两个字：尊重。

我们平常总说爱孩子，而"尊重孩子的人格"，在我们听起来还有点儿生疏。我们习惯听这样的说法：打是疼，骂是爱。孩子做错了事，抬手就打；孩子带回了小伙伴，妈妈心烦，就会毫不顾忌地说："去去去，出去玩！"至于当着老师、同学的面数落孩子，当着亲戚朋友的面打孩子，都是常见的。孩子一时没有交足费用，有的幼儿园就把孩子的名字写上墙，公之于众。有个孩子考试没考好，当妈的居然逼他跪在大街上。这位母亲也许想，我这样是为他好，是爱他，可她没想到，她的孩子面对着人来人往，面对各种眼光该承受着什么样的精神折磨，他的自尊心会受到怎样的伤害。这种肉体惩罚、人格侮辱的做法，用句俗话说就是：打你没商量。

---

① 转引自吴郁：《主持人的语言艺术》，333页，北京，北京广播学院出版社，1999。

如果说打你没商量主要还是属于传统的教育孩子的方法，那么到了当代，又有了另一种倾向：爱你没商量。在家境好的独生子女家庭，这种倾向更明显。孩子在物质生活和学习上，家长、老师几乎给孩子安排好一切，课上、课下、白天、晚上，家长不惜工本不辞辛苦地给孩子报好几个班来增加营养：钢琴、绘画、围棋、英语、游泳……却不曾问一声孩子："你喜欢吗?"孩子在精神上不独立，隶属感很强，没什么自主权，大人替孩子安排，替孩子选择，使孩子没有独立的空间。

"打你没商量"不对，"爱你没商量"也不好，那么，怎么才好呢？有这样一个说法不知您能不能接受：爱你得商量。就是说，作为一个现代家长、现代老师，把了解儿童心理学作为必修课，用科学的方法教育孩子，爱孩子。给孩子空间，给孩子以尊重。孩子再小，也是个人。人，都需要尊重和爱。而孩子那颗小小的心经不起粗糙简单的"爱"。孩子们愿意大人蹲下来与他平视，"蹲"字里边不就有个"尊"字吗？这愿望分明在提醒我们：让尊重、独立这些词更加走近孩子。让我们给孩子的爱更考究些。①

（二）根据表述、修辞方法划分的主持人评论的形式

根据表述与修辞方法，主持人评论可分为以下几种。

1. 提问式

提问式的评论，即主持人将要讨论的问题的实质不直接说出，而是以问题的形式留给受众去体会、去思考。

例如，中央电视台《焦点访谈》的《历史不能游戏》节目报道日本光荣公司生产的游戏光盘《提督的决断》传播错误的历史观。在《提督的决断》这个游戏中，一些罪大恶极的战犯，像东条英机、山本五十六等成了英勇的战神，操作者可以扮演他们，指挥日军获得胜利，在游戏中实现过去日本军国主义者想实现而未能实现的占领整个亚洲甚至全世界的梦想。节目在对这一事件进行揭露后，主持人评论道：

日本的电脑软件公司在中国生产《提督的决断》这样的电脑游戏，我们现在报道出来可以说它是一个新闻。但是日本国的一些人不承认那段侵略战争的历史，甚至颠倒黑白，这已经远远不是什么新闻了。现在，不只有这样的电脑游戏，在日本还有很多被称作"历史幻想"的小说，在这些小说中，第二次世界大战的结局都是日本战胜，占领了亚洲，乃至占领了整个世界。这不能不引起我们的警惕。我们总说，"前事不忘，后事之师"，这次，四个中国青年站出来对日本公司说"不"，可以说他们的行动代表了中国人民的一种民族感情。在我们的采访结束以后，天津的光荣公司通过传真给我们发来了一封"反省书"，说他们这次的这个行动是错误的，希望通过我们向中国人民表示深深的歉意，并恳请给予他们改正错误的机会。有错误能表示歉意，愿意改正，当然是好事。但是，我们要想的是，为什么在日本总有人反反复复在这个问题上犯错误呢？

① 转引自张颂主编：《广播电视语言艺术》，111～112页，北京，北京广播学院出版社，2001。

2. 概括式

对所报道的节目进行归纳概括，指出其实质所在，这就是概括式评论。

例如，中央电视台《焦点访谈》的《传递生命热能的列车》节目讲述长沙的一位患肾衰竭病的患者从1990年开始接受天津医生的治疗，而他们两人之间的联系则是通过奔走在两地之间的列车长进行的，这种奇特的治疗方式到节目制作时持续了整整6年。而生命列车仍在源源不断地为患者输送着生命热能。节目最后主持人评论道：

> 程士杰列车长的事迹传开以后，很多人在问，究竟是一种什么样的力量支撑着他6年如一日地为一个非亲非故的人提供生命服务。但是不管人们怎么追问，程士杰始终都是几句朴素得不能再朴素的话，始终都是一个平和得不能再平和的表情。面对着他似乎只有一句话可以解释，那就是真挚的情怀、挚爱的行为是不需要语言的，而这正是人与人之间最需要、最宝贵的。

3. 感叹式

在感叹式评论中，主持人将爱憎分明的观点用直抒胸臆的方法直截了当地表达出来，字里行间饱蘸激情。例如，中央电视台《焦点访谈》节目《在沙漠边缘》，主持人在节目中遇到两位在沙漠中成长的孩子，一个叫沙沙，一个叫翠翠。在片子的结尾处，敬一丹看着身后一片片翠绿的杨树，深情地评论道：

> 在我即将完成这个节目时，特意编辑了这样一组画面放在结尾。这绿色，是我们一路采访时追寻的颜色，是西北沙漠大片灰黄基调上的亮色，也应该是伴随着沙沙、翠翠长大的颜色。一位摄影记者说，到西北沙漠画画，只需带两种颜料，带10管黄的、1管绿的就够了。我想，画今天的沙漠是这样，但愿画明天的沙漠时，多带几管绿颜色。

4. 比喻式

主持人在进行评论的时候通过打比方的方式将自己的观点形象生动地表述出来，就是比喻式评论。例如，《焦点访谈》节目《愿做一座桥》，报道吴天祥全心全意为人民服务的先进事迹。节目结尾主持人评论说：

> 在武汉市有一个非常著名的景观，那就是武汉长江大桥。这座桥梁对长江两岸的经济发展起着非常重大的作用。如果说这座桥梁是一座有形的桥梁的话，那么吴天祥在人民群众和政府之间却架起了一座无形的桥梁。

以上是对主持人评论形式的一个粗略的、不完全的介绍。根据不同的标准还可以有不同的分类。这种分类只是提供一种对主持人评论形式的认识方法。要对此加以充分的了解和把握，还需在实践中学习和总结。

三、主持人评论的具体操作

主持人评论是通过主持人出面来进行评点的，主持人以个人的身份面对受众，其地位与受众是平等的。这样，评论就不可能像报纸、电台、电视台的社论、编辑部文章等评论那样，严肃庄重、长篇大论，与受众保持一段距离。主持人评论要求主持人在具体的操作中讲求评论艺术，力求做到受众乐听乐看，入心入脑。因此，主持人评论在具体操作中要注意以下几个方面。

（一）把正确的立场、观点与亲近感结合起来

主持人是以个人的角色出场的，这种传播形式更多的带有人际传播色彩。在人际传播中，传者与受传者的地位是平等的，一个高高在上、端架子、做派头的人是没有谁愿意和他交流的。因此，主持人评论应该在面对受众时，以诚相待，亲切平易地交换意见，不论是和风细雨，还是义正词严，都应远离“说教”的阴影，去掉居高临下、指手画脚的做派，以一种朋友和家人的姿态出现在受众面前。

例如，上海人民广播电台原主持人左安龙请德育专家和听众一起讨论有关问题。节目接近尾声时，一位女听众打进电话说：“我热爱我们的祖国，热爱我们的人民，但我不爱党，可不可以？”这无疑是一个不容回避的敏感而又棘手的问题。左安龙先采取缓兵之计，垫了一些话，给嘉宾以思考的时间，接下来嘉宾从“党是共和国的缔造者”等角度谈了自己的看法，指出两者不应矛盾的道理。嘉宾讲完后，主持人左安龙评论道：

> 我听刚才那位女听众谈话声音很激动，我相信她是爱我们的国家和人民的，我猜想，她现在的情绪可能出于对身边的腐败现象的不满。现在党中央非常重视这个问题，部署了反腐败斗争……我想，随着反腐败斗争的节节胜利，你是能把爱党与爱祖国、爱人民统一起来的！①

在这段评论中，主持人面对一个存在明显错误倾向的问题，没有板起面孔说一通官话，唱一通高调——那很容易，但也会让受众从此远离节目。主持人采取动之以情、晓之以理的策略，先是正面理解女听众的问题，抵消其中的消极影响，继而谈到党中央反腐败的决心和形势，给人们以鼓舞和希望，既是说理，也是引导。在用词上，用“我相信”“我猜想”“我想”等词语，使评论在平和的氛围中展开，尽管态度鲜明、是非明确，但却远离说教，情理交融。

随着我国社会经济的发展，人们对高质量教育的需求增加，教育部出台了一项新规：所有民办教师都要取得上岗证才能从业。教育部一声令下，全国 44 万名代课老师被清退，这些为教育事业默默奉献青春的编外老师们，不得不放下教鞭，离开讲台。无证执教成为历史，这其实是社会的进步。但是面对几十万名民办教师，教育部新闻发言人措辞很严厉：“坚决清退民办教师，严格执行持证上岗。”当天晚上，主持人白岩松在节目中评论了这件事，标题叫《坚硬的政策》。评论说：

> 在过去的数十年间，中国有过百万人次的民办教师，经年累月，以几十块钱的低收入，支撑着共和国教育所不能到达的深山老林，让一代又一代的孩子得到了教育的惠泽。此时此刻，感谢他们都来不及呢，怎能一声“清退”，如此无情？当然，

① 转引自吴郁：《主持人的语言艺术》，179～180 页，北京，北京广播学院出版社，1999。

> 社会在不断进步，共和国越来越有能力，让更多更高水平的教师到偏远山区去，弥补教育上的欠账。但我们仍要感谢民办教师为中国教育做出的贡献和努力，与此同时，也要拜托社会各界帮助今天的民办教师，去补课，去进修，争取让他们能够拥有上岗证。如果实在有困难，也希望他们的未来能得到合理安排。

这番评论，对民办教师几十年间为国家所做的贡献作了描述，饱含深情，同时又对国家政策做了阐释，也从民办教师的切身利益出发，就如何做好他们的安置工作提出了方案建议，入情入理。白岩松自己也感慨地说，官方发言人“刚解读完，西北就有民办教师上街了；听我说完，人家流着泪，再大的委屈也忍了”[①]。

（二）把思辨与叙事性和形象性结合起来

思辨是评论的重要特征，当然，也是主持人评论不可或缺的自然属性。但是，主持人评论是通过线性传播让受众接受的，时间上的一维性使它存在不可重复的弱点，因而过多的思辨会让受众接受起来存在困难。这就要求主持人评论在操作中将思辨性与叙事性和形象性结合起来，用叙事和形象引出思辨，使思辨具有生动形象的特征；同时用思辨升华叙事和形象，使叙事和形象富有哲理性，更具针对性和说服力。比如一些西方国家诋毁新疆搞种族灭绝，外交部新闻发言人华春莹仅用一组宏观数据对比就让谣言不攻自破：新疆在新中国成立时才有几百万维吾尔族群众，现在有1 000多万，增长了差不多一倍；而美国建国初有几百万印第安人，现在只有几十万印第安人，不足十分之一。大家觉得，谁在搞种族灭绝？这种思辨既是在叙事，又有具象性，简洁而有力量。[②] 再如，在中央电视台《焦点访谈》节目《“罚”要依法》的结尾，主持人评论道：

> 在采访的时候，我们的记者注意到，在山西省309国道的路边竖着一个大大的宣传牌。这个宣传牌的一边写着“有困难找交警”，另外一边写着“视人民如父母”，现在我们身后这个大屏幕放的就是这个画面。那么我们看到的今天节目中这几个交警的所作所为，难道是按照这个宗旨行事吗？我们现在都清楚地记得济南交警、漳州110报警台，还有南昌的好民警邱娥国，他们正是因为遵照了“视人民如父母”，全心全意为人民服务的宗旨，所以他们的所作所为赢得了全国人民的赞誉。我们也知道，全国广大公安干警也是因为遵照这样的宗旨努力地工作着，所以才有了今天人民热爱人民警察、信任人民警察的局面。我们相信今天节目中这几个交通民警的所作所为是极个别的，同时我们相信他们这些所作所为，不但是公路沿线这些司机们所无法接受的，也是全国人民所不认可的，更是广大公安干警所无法容忍的。
>
> 法律是有尊严的。我们相信，每一个司机在出车的时候呢，都应该考虑到自己要严格地遵守这些交通法规。因为只有这样呢，才是对自己，也是对他人生命的最好的一种保护。同时，法律也要求执法者必须遵守这些法律。执法者必须先遵守法

① 白岩松：《白说》，140页，武汉，长江文艺出版社，2015。

② https://www.toutiao.com/w/1735420517370891/。

律，这是公正、严格执行法律的一个最基本的前提。

这段评论抓住节目中一个不为受众所特别注意的镜头，即竖在309国道路边的一块宣传牌“有困难找交警，视人民如父母”，拉出放大，停在主持人背后的大屏幕上，由此，主持人提出一个人民警察的宗旨的命题：警察应该全心全意为人民服务，而不能像节目中的个别交警那样去盘剥“父母”。形象的事实运用、画龙点睛的简短议论，既有叙事的生动形象，又超越了就事论事的事件报道，升华了节目的主旨，使节目内核变得崇高而精深。

《焦点访谈》节目《推杯换盏话饮酒》结尾的议论也是融思辨色彩与形象化为一体的佳作。节目中有许多觥筹交错的场面，有众多酒后失态的画面，正是因为有了主持人的一段精彩的评论，节目的主旨才变得明了，节目的价值也大大提升：

酒杯虽小，却能盛下一个西湖，酒桌不大，却能摆得下亿万钱财。有一句非常流行的民谣是这样说的：喝坏了风气，喝坏了胃，喝得单位没经费。酒从欢庆喜乐的兴奋剂变成了败坏社会风气的腐蚀剂，这违背了人类发明酒的初衷。酒可以使好事变得更好，锦上添花；也可以使坏事变得更坏，雪上加霜。

（三）评论要少而精

主持人的评论是与节目内容共生共存的，评论是节目推进的必要环节，是节目发展的必然结果。但是应注意的是，主持人评论不允许喋喋不休、冗长繁复，而应该做到少而精。也就是说，评论的语言不在于多而在于精，要努力做到适度、准确、深刻、简洁、明快，这既包括对表达内容的要求，也包括对表达形式的要求。美国有线电视新闻网每周一期的《亚洲谈》栏目的主持人，也是在亚洲华语受众中受欢迎的电视主持人韩玉花女士在说到电视评论应该写得简单、明了、清晰时说：

这本身也是一种艺术，掌握它需要时间和实践。最起码，你不能在一句话里写进四五十个字。你必须把它们分成几句话来写。不要用一般听众听不懂的词。如果你想显示一下你受过多么高的教育，故意用些华丽的辞藻，我劝你还是换个时间，或干脆另谋高就，不要来搞电视了。之所以这样说，是因为读者从印刷媒体上得到的信息是越多越好，而你在把它翻译到电视上时，必须考虑到如何让它变得洗练和简明。也许你的词汇量庞大，但那样你留着它给别的媒体用吧！你不妨在写完一篇文章后，放声把它朗读出来。听听，感觉如何？清楚明了吗？这就是CNN（即美国有线电视新闻网——引者注）一再强调给它的员工的话。做到清晰、简洁，但也别忘了准确。也许有些人不承认，做电视新闻，画面往往是先行的。如果你缺少好的画面，你的评论一定很枯燥。你不可能像报纸那样把所有细节一一叙述，没时间给你的。几年前，美国堪萨斯城的一家报纸为了精确，全文发表了CBS（即哥伦比亚广播公司——引者注）新闻主播怀特·克朗凯特（即沃尔特·克朗凯特——引者注）的播出稿，结果却只占用了报纸的两栏，其他地方都空着。虽然许多人都觉得你评论得越多，效果就越好，但事实上并不是这么回事。一个管弦乐团，各种乐器互相配合，才能发出美妙的合音，制作电视节目也是同理。评论适度、准确、深刻、简洁、敏锐，应该是主要的要求。①

韩玉花女士的这段话是很适合主持人评论的。

中央电视台的《焦点访谈》节目在少而精上是做得非常到位、非常成功的。例如，在获“全国优秀广播电视新闻奖”的《洋河污染导致大片农田绝收》节目中，记者就污染问题到河北省张家口市想采访市政府负责人，办公室人员告知“11名市长都很忙，没有时间”。面对这种将百姓冷暖置之度外、麻木不仁的官僚主义，记者手持话筒站在张家口市人民政府门前评论道：

> 从上午8点20分我们就来到张家口市政府，要求采访市长，可到了中午12点，市政府办公室负责人还不知市长到哪里去了，说因为地市合并，工作太忙。但是，我们以为，老百姓的吃饭问题也是很重要的，也需要忙一忙。

这段点评真可谓少而精。它不事张扬，却准确深刻，话语简洁、明快，却力透纸背，入木三分。

《焦点访谈》节目《河水污染，春播无望》的评论也是如此。节目报道山西汾阳的农民因河水污染导致颗粒无收，2012年3月春播即将开始，农民们却不知该怎么办。导致他们绝收的是河流上游的化肥厂排污。在节目最后，主持人评论道：

> 一边是明明有污水处理设备却想方设法偷排的企业，另一边是受到污染颗粒无收的土地，村民们的损失至今没人赔偿。这样的事实让人深思，也令人警醒。一个恶意排污的企业却长期得不到查处，一个严重的污染事件却长期得不到处理，这岂不是对恶意排污企业和监管失职者的放任？面对被严重污染的土地，面对耕田种地的农民，这些排污口必须堵住。

（四）请采访对象或嘉宾参与评论

主持人评论的主体通常是主持人本人。但在有些节目，特别是新闻评论节目中，请采访对象或嘉宾参与评论也是常见的现象。采访对象大多是普通百姓，他们熟悉自己的生活，对他们身边的事有自己独特的见解；嘉宾往往是某一方面或某一领域的专家，他们对自己的研究领域有充分的发言权。因此请采访对象或嘉宾参与评论往往显得更实在、更权威。

请采访对象或嘉宾参与评论，并不是说主持人可以图清闲，当甩手掌柜。这种方式要求主持人花更多的时间和精力对节目作深入的研究，并设计好相关的问题，引导采访对象或嘉宾进行评论；这种评论只不过是借他人之口罢了，实际上仍然是主持人对待事件的观点和态度。例如，《焦点访谈》获中国新闻奖的《巨额粮款化为水》节目，报道黑龙江省五大连池市的30多万农民的售粮款2 000多万元被打白条，而巨额粮款却被政府挪用去建了几个矿泉水饮料厂。节目请了许多农民对此事发表评论，其中一个镜头是：

> 画面：记者在村头采访一农村青年。
>
> 青年农民：你说他钱不到位的话，过年买化肥、种子问题肯定受影响。再说过

① 转引自梁建增：《〈焦点访谈〉红皮书》，349～350页，北京，文化艺术出版社，2002。

年谁不想高高兴兴地过个年啊，你粮款不下来，你一年辛辛苦苦一家就给一亩三分地，你给我们粮收上去了，你钱不到位老百姓过年怎么过？当官儿都知道吃饺子，老百姓不知道吃饺子？你没钱搁啥吃呀？

而《焦点访谈》特别节目《秩序·命脉——2001年全国整顿规范市场经济秩序十大案件》是由主持人穿针引线，由专家学者对节目内容进行评述的：

敬一丹：说起来舒城搞地方封锁这件事情已经过去了，但是人们对它的思考还在深入，下面我们来采访一下国务院法制办的杨景宇主任。舒城这件事情，搞地方封锁这种现象是个别的吗？

杨景宇：不能说这种现象是极个别的。从我了解的情况看，这些地区的封锁也是形形色色的。大体上是三类：第一类，就是强令当地的老百姓，包括个人、企业只能购买当地生产的产品，接受当地的服务。第二类，就是设置关卡，人为隔了一堵墙，不许外地的商品、服务进入当地。那么第三类，则是实行歧视待遇，允许你来，但是设置另外的屏障。

敬一丹：说到地方封锁，有的官员觉得，我可能是做法上有些不合适。这仅仅是个对错问题吗？

杨景宇：必须明确这些地区的封锁行为，绝不仅仅是一个认识问题、是非问题、对错问题，首先它是一种违法行为，国家的《反不正当竞争法》明确规定把地区封锁行为作为一种不正当竞争行为，法律是给予禁止的。特别中国从去年（指2001年——引者注）12月11日正式成为世界贸易组织成员之后，实行地区封锁不仅违反了我们国内的法律规定，而且违反了我们应当遵守的世界贸易组织规则和我们国家的对外承诺，这是一个严肃的问题。

这两个例子，一个是由普通群众参与评论，一个是由专家进行评述。普通群众的议论朴实无华，但却是老百姓的心声；专家的分析，由点到面，由表入里，丝丝入扣，见解独到。正如《焦点访谈》总制片人梁建增所说的：“群众的评论是生动而质朴的议论，专家的评论是权威而透彻的剖析。”① 正确运用这些形式可以为主持人评论增加新的活力，在生动性、深刻性和可观赏性方面提高节目的传播效果。

本节对主持人评论能力的作用、主持人评论的形式和主持人评论的基本操作方式进行了讨论。要想做好主持人评论工作，了解它的重要作用、掌握一些操作的基本方法是必要的。但是，正像作诗一样，要把诗作好，只了解诗的格律是不够的，还必须下大气力学习各方面的知识，所谓“功夫在诗外”说的就是这个道理。同样，主持人既要培养自己的评论能力，也应加强对自身素质的培养。要努力学习政治理论，学习党的方针政策，学习逻辑知识、思维方法，同时要注意对哲学、文学、法律、经济等人文社会科学的学习，还要关注自然科学的最新发展动态。只有既掌握了基本的工作方法，又有深厚的知识底蕴，主持人的评论能力才能培养起来，主持人做起评论工作来才能得心应手。

---

① 梁建增：《〈焦点访谈〉红皮书》，339～342页，北京，文化艺术出版社，2002。

练习题

1. 课外练习快速作文。

2. 自己主持一次节目，然后自己进行编辑，体会主持人的编辑意识对主持节目的重要性。

3. 设计一些专题，对各种类型的主持人评论进行练习。

4. 针对近期的热点新闻事件，撰写评论稿。

5. 现在，媒体评论员越来越受重视，广播电视纷纷设立“本台评论员”。在这种情况下，主持人还需要注重评论能力的培养吗?

6. 媒体融合对主持人提出了哪些新的要求?

第九章

主持人策划方略

在主持人的工作范畴中，一项不能忽视的工作是主持人的策划。尽管随着分工越来越专业化，策划工作有专职的策划人员，但是主持人的工作要创新，主持人的传播活动要保持旺盛的活力，主持人的节目要有更多的受众，就离不开策划。重视策划、研究策划、积极参与策划是主持人主持好节目、提高自身素质、提升媒介知名度的有效方法。因此，主持人应以积极的态度从事策划。具体而言就是要注意选择题材、确定主题、思考报道形式，同时要掌握具体的策划步骤和策划技巧等。

第一节　主持人策划的含义与要求

一、主持人策划的含义

（一）策划与新闻策划

讨论主持人策划，必须先从策划和新闻策划谈起。“策划”一词在《辞海》里被解释为“谋划”“筹谋”之意，在《现代汉语词典》里为“筹划”和“谋划”。专门研究策划学的学者认为：“在古代，策划的名词性较强，与现在的计划、计策、计谋、对策的意思较接近。而在现代，策划的动词性含义增强，信息、创意、点子、谋略、目标等要素为其内核。而‘策划’的全面含义为：如何在全面谋略上指导操作者去圆满地实施对策、计策或计谋，从而达到办事的目的。”① 美国哈佛企业管理丛书编纂委员会对策划作过比较周详的解释：“策划是一种程序。在本质上是一种运用脑力的理性行为。基本上所有的策划都关于未来的事物，也就是说，策划是针对未来要发生的事情作当前的决策。换言之，策划是找出事物的因果关系，衡度未来可采取之途径，作为目前决策之依据。亦即策划是预先决定做什么，何时做，如何做，谁来做。策划如同一座桥，它连接着我们目前之地与未来我们要经过之处。”②

策划这样一个程序，实际上是一种系统工程，在这个系统工程中，有三个主要因素③：一是策划的起点——目标，即策划所希望达到的预期效果。二是策划的基础——信

① 陈放：《策划学》，1～2 页，北京，中国商业出版社，1998。

② 转引自李东：《广播节目策划论》，7 页，北京，中国广播电视出版社，1999。

③ 参见赵振宇：《新闻策划》，3～4 页，武汉，武汉出版社，2000。

息，包括公众信息、时机信息、环境信息与主体信息等。信息是策划得以进行并获得成功的基础。三是策划的核心——创意，它是一切思维成果的最初萌芽和最富价值之所在，是一切创造性思维主体最宝贵的思维结晶和生命价值的体现。

所以，策划是以目标为起点，以信息为基础和素材，围绕着创意这个核心而展开的思维活动与实践活动。在现代社会，策划被运用到各个领域、各个方面，诸如政治、经济、军事、科技、文化等。策划的运用，使得人们的行动有了更明确的目标，行动起来更具有科学性、系统性、规范性和专业性，于是行动的过程更具有创意，更受到公众的注意与欢迎，因而行动的结果也就更具有社会效益或经济效益。

策划被新闻领域关注并加以应用始于20世纪90年代，随着我国市场经济体制的建立，新闻媒介开始作为信息产业呈现在世人面前，既然是产业，就必须参与激烈的市场竞争。为了胜人一筹，媒体在从事新闻传播活动时就需要策划，“新闻策划”的概念也就在这种背景下产生出来。

对新闻策划的理解有广义和狭义之分。广义的新闻策划，是指新闻传媒对新闻工作的整体性策划。它包括媒体发展道路的策划、媒体营销的策划、队伍建设的策划、内部管理的策划、广告策划，以及节目风格和定位的策划等。狭义的新闻策划，是指新闻业务中的“战役”策划，即新闻传播工作者在一定的时期内，为达到某种传播效果，对具体的新闻事件的报道所作的设计与规划。

人们对新闻策划的理解有很大的差异，对新闻策划的态度也各不相同。由于历史上曾经有过一段时期，“假、大、空”新闻泛滥，人们对之深恶痛绝，因此，再有人提新闻策划时，就本能地产生抵触情绪，站到反对的立场上。他们认为新闻是不能策划的，策划新闻就等于制造假新闻。而许多人的看法却与此截然相反，他们认为新闻要想获得好的传播效果，就应该注重新闻策划；而且新闻实务工作者普遍认同这一提法，并积累了许多如何做好新闻策划的体会。也许是由于人们对新闻策划的看法存在差异，《新闻记者》等杂志先后推出专题来讨论新闻策划。

新闻策划实际上是宏观新闻编辑业务的一项工作。中国人民大学蔡雯教授在其博士论文中将新闻的策划与组织放在一起讨论，她认为：所谓“新闻传播的策划与组织”指的是媒介新闻编辑在新闻传播过程中所从事的决策与设计工作，以及对新闻传播活动的组织与管理工作。具体说来，这项工作包括三方面内容：第一，媒介定位与新闻编辑方针的确定；第二，媒介新闻单元（指媒介产品中以传播新闻信息为主要职能的那一部分）的设计与采编机构的设置和管理；第三，新闻报道的设计与组织。[①] 这种解释将宏观与微观统一起来，包括了新闻策划的广义理解和狭义理解。

新闻策划的实践在改革开放的形势下确实获得了良好的传播效果。概括起来，主要有这样几个方面：第一，能充分发挥传播者的主观能动性。媒体在报道时要考虑自己与其他媒体间的差异性、自身的不可替代性，加强对信息的组合与利用，因而表现为一种智力的投入。第二，有利于新闻资源的合理配置和充分利用。重视策划可以避免对新闻资源的误用和滥用，使各种传播素材的价值得到充分的挖掘。第三，可以使传播效果扩

① 参见蔡雯：《新闻传播的策划与组织》，7页，北京，新华出版社，2001。

大。对好的题材，经过策划，让传统媒体之间合作，乃至传统媒体与网络媒体合作，联手报道，可以使舆论引导形成合力，使社会影响达到最大化。第四，能最大限度地满足受众的需求。新闻策划往往是集体进行的，集中集体的智慧来把握事件，可以对事件考虑得更全面一些，制定出来的报道方案也就更周详一些，也就能更好地满足受众的需求。

（二）主持人的策划

有媒介高层和学界学者们的共同论证与赞扬，有实际传播效果的佐证，新闻策划越来越受到人们的重视。报纸、广播、电视都强调新闻策划，编辑、记者也强调新闻策划。理所当然，主持人也要注重策划。对主持人的策划这一概念的理解应包括以下几个方面。

1. 策划的主体包括主持人

新闻策划的主体是编辑部。编辑部是一个笼统的对象，可以是总编，可以是编辑，可以是记者，更多的是包括这些对象的一个群体。主持人的策划的主体指明是主持人，但由于策划是一个集体运作活动，策划就不仅仅限于主持人，而是包括主持人在内，或者说是有主持人参与的运作过程。在这中间主持人有可能是主导成员，也可能仅仅是参与者。

2. 策划的客体是节目以及与节目相关的内容

主持人的任务是主持节目。主持人的策划是指为了让节目做得好看而对节目的内容进行精心的谋划。节目和与节目相关的栏目定位、主持风格等是策划的客体。要把握好策划的客体，主持人必须考虑如何收集材料，怎样提炼主题，节目的结构如何布局，这些节目主持的内容与主持人节目的基调合不合拍，即与总体设计、布局、风格、环境气氛等相不相符等一系列的问题。主持人的策划实际上是主体对客体的把握，准确的把握依赖于卓越的策划，同样，策划得好有助于对客体的有效把握。

3. 主持人的策划是一项“系统工程”

主持人的策划要做得卓有成效，必须制定明确的策划目标，设想要达到的预期效果；接下来，必须完成节目创意、节目定位、节目构思、节目的组织与调度等一系列工序，其中节目的创意与构思是策划的重要核心部分。

例如，北京电视台的《档案》栏目，它的创意是：还原历史，告诉观众一段不熟悉，或者不为人知的历史。节目有了独到的创意还要注意选题，注意报道形式和表现技巧的运用。《档案》节目用电影化、讲故事的方式展现历史——讲述人运用现场所有的手段，通过翻阅、播放、展示、聆听、演示等方式调动所有的档案元素，把一个个故事讲给观众听，展示给观众看——好像是一个现场讲故事的独幕舞台剧，用看得见、摸得着的历史细节，勾连现实和历史的时空。

在策划过程中，主持人对一些具体的程序也予以了周详的考虑，如材料的收集、主题的挖掘和提炼、角度的选择、方案的制订及主持人风格等。正是这样系统周详的设计和运作，使节目得到受众的欢迎。

从这里可以看出，主持人的策划涉及节目制作的各个环节，需要运用各方面的知识，调动各方面的力量。因此，主持人的策划是一项“系统工程”。

二、策划对主持人素质的要求

主持人的策划创新要求主持人有新颖的创意，能够准确定位，精心研究实施策略。这些要求看上去是一些技术性问题，但要做好，归根结底涉及人的素质。主持人策划对主持人的素质提出了更高的要求。它不仅要求主持人具有主持人所需的一般素养，而且要求主持人具有策划专家的能力。这种能力素质是一种综合实力的表现，具体说来，有这样几个主要的方面。

（一）创造性思维

策划是一项创造性的工作，要求策划者具有创造性思维能力，创造学理论认为："创造性思维是指人类在探索未知领域的过程中，充分发挥认识的能动作用，突破固定的逻辑通道，不断以新颖方式和多维角度的思维转化来寻求获得新成果的思维活动。"①

1. 创造性思维的特征

创造性思维的特征有这样几个方面：

（1）敏锐性。这主要体现在对问题的发现意识上。敏锐性是创造性思维的源泉，它能使人们在习以为常之处觉察事物的差异，发现苗头，并敏锐地抓住、深入地思考，获得意想不到的成果。

（2）独创性。这体现在解决问题的方法上。创造不是简单地套用和机械地模仿，它具有探索和改造的品质，前人未做过，自己要尝试一番，前人做过了，自己要将它改造一番，使之更趋于完善。在这里，独特、新奇的思维路径和方法占重要位置。

（3）发散性。这体现在探索的过程中。思维的发散性要求从多侧面、多角度、多层次来思考问题，促成问题的解决。

（4）综合性。这体现在思维的结构上，是指在思维过程中能借助多种思维形式，运用多种思维能力，借助多种思维原料，巧用多种思维工具，在操作上和内容上进行统摄思维。

2. 创造性思维的具体表现

创造性思维具体表现为：

（1）解题过程的缩短。

通常要解决一个问题，思维的过程要经过立题、搜索、捕获和接通四个环节②。立题、搜索和捕获是准备阶段，接通是把出发知识和结论知识合乎逻辑地联系起来，是思维要达到的目的地。能够迅速地接通、缩短整个过程是创造性思维的表现。

（2）思维内容的拓新。

对学习、搜索到的与解题相关的知识、信息、事物形感特征进行拓新处理，即从这

---

① 鲁克成、罗庆生：《创造学教程》，北京，中国建材工业出版社，1997。

② 参见田运：《思维论》，153页，北京，北京理工大学出版社，2000。

些知识、信息和事物形感特征中创出新的思想，产生新的认识，从而有所发现，有所发明。例如，厦门电台播出的《音乐小说：我是一片云》，把广播小说和流行音乐结合起来，为广播小说制作了主题歌和根据主题歌变奏的主题音乐，并根据故事情节的发展适时融入流行的或经典的歌曲，创造出一种新的“现代通俗歌剧”的类型。

创造性思维还可以从其他方面进行描述，比如，知识理解和知识处理的能力，信息搜索和信息处理的能力，把握事物形感特征的能力，思维发散与思维收敛的能力，等等。所有这些能力，尽管一个人不可能全都具备，但作为从事策划的主持人，应该朝尽量具备这些能力的方向去努力。

（二）创新能力

策划能力与创新能力是一对孪生兄弟。创新能力强的人，在策划领域也能纵横驰骋，创意不断，节目传播效果好。可见，注重创新能力素质的培养是搞好策划的前提。那么，主持人要注意培养哪些创新能力素质呢?

1. 广泛的兴趣

兴趣是指人们积极探究某种事物的认识倾向，是人的个性心理特征之一。一个人对某一事物感兴趣，就会将心智和精力放在这一事物身上，去思考，去研究。可以说兴趣是导致人们成就事业的重要动力。而兴趣广泛，可以引导人们关注多种事物，获得多方面的知识和能力。赵忠祥的主持艺术具有旺盛的生命力，与他刻苦学习、广泛涉猎有很大关系。他曾师从黄胄和范曾学画，唐诗宋词是他的案头必备书，外国文学名著他曾广泛涉猎，丹纳的《艺术哲学》给他深刻的影响，这种广泛的兴趣，培养了他的能力，使他的策划屡获成功。他从新闻播音岗位退下来后，策划《大家谈》专栏，制作了《看北京》《谈宝钢》等一系列节目，有的还获了奖；为《动物世界》配音，创造了别人无法模仿的风格；策划《人与自然》栏目，又获得普遍好评，至今仍是中央电视台的重点栏目。这是宏观的策划，此外，他在主持《正大综艺》节目时，参与节目制作的策划，使节目获得成功的例子还有不少。没有广泛的兴趣爱好，就不可能培养卓越的能力，也许在从播音岗位退下来后，赵忠祥的身影也就从荧屏上永远消失了。

2. 丰富的知识

丰富的知识是成就事业的保证。马克思是职业革命理论家，他拥有丰富的人文社会科学和自然科学知识。在人文社会科学知识方面，他大学学法律，获哲学博士学位，对经济学、历史学造诣精深，文学素养也十分深厚，对海涅、歌德、莎士比亚、但丁、巴尔扎克、塞万提斯等著名作家的作品都熟悉，很多名句他都能背诵，可以随时引用；在自然科学知识方面，马克思研究过物理、化学、地质学、天文学、生理学、解剖学，还特别精通数学，他写的《数学手稿》使读过此书的数学家都感到很有科学价值。马克思还是一个杰出的语言学家，他不仅会德语、法语、英语、俄语，而且几乎能阅读欧洲各国的文学作品。正因为马克思具有如此丰富的知识，才能写出辩证唯物主义、历史唯物主义和科学社会主义的一系列马克思主义经典著作。

作为主持人，要从事策划工作，应该以马克思为榜样，努力学习各种科学文化知识，这对整合信息、激发思维灵感、提出创意都是十分有益的。

凤凰卫视的原主持人杨锦麟，大学历史系毕业后留校任教，做到副教授，赴港后一直从事新闻媒体工作，先后担任多家媒体的记者、编辑主任、主笔、杂志主编，也是香港多份报章的专栏作家、亚洲周刊特约作者。转行干电视后，他策划的《有报天天读》曾被评为“2003 中国年度新锐榜年度电视节目”，一度成为凤凰卫视的王牌节目之一。

阮次山，台湾政治大学新闻系学士，美国纽约圣约翰大学东亚研究所硕士，曾在美国纽约大学政治研究所博士班做研究，在台湾地区和美国等地多家媒体任过职，做过记者、编辑、总编，2001 年任香港凤凰卫视资讯台总编辑兼首席评论员、主持人。他最爱做的事就是买书，最喜欢的休闲方式是逛书店。他策划主持的对高端人士的访谈节目《风云对话》广受欢迎。

3. 强烈的竞争意识

在现在媒介资源异常丰富的情况下，受众的可选择性越来越大，有报纸、广播、电视、互联网，还有博客、手机微博等。以电视为例，一家电视台少则 3～5 个频道，多则十多个频道，稍有不如意，受众就会按下手中的遥控器，跳到其他频道去了。所以，主持人的策划应有强烈的竞争意识，这样才能使栏目别具一格，使节目别出心裁，从而赢得受众的青睐。

湖北卫视以新闻立台为特色的办台方针，就是在强烈的竞争意识指导下策划的结果。湖北卫视为提升媒介形象，经过科学论证，提出了以四个“更”为目标的改版：更好地服务大局，更亲地服务大众，更高的思想追求，更优的艺术品质。2012 年元旦，湖北卫视改版，全力打造了自办节目带：一是以《大揭秘》《中国范》为代表的人文节目带，二是以《调解面对面》《中华英雄汇》《挑战女人帮》为代表的综合节目带，三是以《我爱我的祖国》《天下同名人》为代表的周末节目带，四是以《饮食养生汇》《生活帮》为代表的生活节目带。改版推出了十多档新节目，如《长江新闻号》节目定位为“坐拥长江、纵论天下”，努力打造“中国中部的窗口”；《左视春秋》希望能办成为湖北“产业第一、企业家老大”思想的实施聚集人气的对话 CEO 节目。改版后的湖北卫视，在 2012 年 1 月份全天收视率提升 71.74%，其中《我爱我的祖国》平均位列第八，《生活帮》排名第四，晚间节目段整体进入全国同时段前十。[①]

从这里我们可以看出，如果没有强烈的竞争意识，只满足于现状、得过且过，就不会有全新创意的策划，也就不会有电视台的品牌特色。

再看“说新闻流派”的创始人陈鲁豫回忆自己策划《凤凰早班车》的过程。当初凤凰台让她做新闻节目的时候，台里《时事直通车》收视率已经很高，如果照搬《时事直通车》，结果可能就如重播《时事直通车》，所以，陈鲁豫本能地对台里说：“我可以做新闻节目，但我希望能按照我的方式来做，具体是什么方式我还不知道，但让我照着稿子念我做不到，因为我不是学播音的。”[②] 从这平和的话语中，我们可以感受到她强烈的创新意识和潜意识中的竞争意识。作为主持人，只有敢于竞争，具有不甘人后、不重复别

---

① 参见《湖北卫视改版初见成效》，见 http://info.gxtv.cn/20120306/news_17658621711.html，2012-03-06。

② 转引自蓝柚：《陈鲁豫：听从内心的声音》，载《电影》，2003（3）。

人的强烈的竞争意识，策划才能新意迭出，并获得成功。

4. 良好的组织协调能力

策划工作在某种程度上是依靠集体才能完成的工作，因此，策划需要有良好的组织协调能力，尤其要善于调动各方面的力量，群策群力，为节目做贡献。比如，选题策划出来后，还要请人将选题细化，寻找最有意义又最精彩的角度，要针对相关问题制定策略方针，熟悉题材。主持人要了解嘉宾和当事人、在节目现场的工作人员、节目组的制作成员，要根据需要，根据各人的性格、能力，进行组织协调。哪怕是一个环节出问题，也会影响整个节目的效果。主持人要善于利用具有强大策划能力的人才为自己工作。据称，在美国，但凡建立了一定人气的主持人，背后都有一个庞大的创作班子，最少 100 人，每星期一换，专门给主持人写段子。① 这就是所谓的策划团队。建立这样的团队，是需要主持人具有良好的组织协调能力的。

（三）新闻素养

主持人的工作离不开策划、采访、编辑等，主持人的新闻素养如何，在节目中会显露出来。新闻功底扎实，在策划、采访、主持等各环节中就会表现出与众不同的素养，而新闻功底差的主持人，会在主题的表现、叙事的方法、材料的选用等各环节露出破绽。国外许多名主持人都是长期从事新闻工作的记者出身，经历过长期的磨炼，新闻素养深厚。他们既是著名的主持人，又是策划的高手。在这中间，新闻素养帮了他们的大忙。如前所述，美国哥伦比亚广播公司的克朗凯特和拉瑟在成为主持人之前，就分别有 29 年和 20 年的记者经历，全国广播公司的布罗考和美国广播公司的詹宁斯都有 20 年的记者生涯。我国一些有影响的主持人也都有记者经历，例如中央电视台的敬一丹、崔永元、白岩松、水均益、王小丫等都曾经当过新闻记者。

曾任美国哥伦比亚广播公司总经理的威廉·伦纳德在谈到如何物色新闻节目主持人时，提出四个条件，其中第二条是："你在荧屏后面作为新闻记者的能力。你对新闻的判断力如何？你是一位好到什么程度的记者？假若交给你一个工作班子，你玩得转吗？你对新闻敏感吗？你能嗅得出即将成为新闻的事物吗？"②

外国也好，中国也罢，理论也好，实践也罢，都证明主持人要讲究新闻素养，做主持人策划，也不能忽视新闻素养。

延伸阅读

主持人涉嫌为节目策划九起命案

央视网消息（新闻 30 分）：目光投向巴西，华莱士·索萨是巴西一档著名犯罪电视节目的主持人，为追求收视率，他涉嫌亲自"策划"犯罪行为，甚至不惜雇用杀手制造了 9 宗命案。事件一经曝光，巴西举国震惊。巴西警方 11 号证实，华莱士和他的儿子已经被捕并且正在接受调查。51 岁的华莱士·索萨是巴西著名犯罪电视节目《自由运河》

① 参见张林、多多、鹤麟、麦楠等：《501 个疯子》，238 页，北京，文化艺术出版社，2011。

② 转引自梁建增：《〈焦点访谈〉红皮书》，35 页，北京，文化艺术出版社，2002。

的主持人兼制片人。这档节目以追踪犯罪现场的报道而受到观众欢迎。但是电视机前的观众怎么也不会想到，他们看到的这些犯罪画面，幕后的制造黑手正是这个节目的主持人——华莱士。

据巴西警方介绍，为追求高收视率，华莱士曾经亲自“策划”犯罪，雇用杀手至少制造了9起杀人命案，然后制作成“第一手”的电视节目播出。

警方证实，华莱士和他的儿子已经被捕并且正在接受调查，华莱士面临策划犯罪、贩毒、恐吓证人和私藏枪械等多项罪名的指控。警方在搜查华莱士寓所的时候，查获了大量现钞和大批枪械子弹。

面对指控，华莱士全部予以否认。华莱士的辩护律师表示，目前没有任何证据证明华莱士有犯罪事实。

资料来源：http：//news.cctv.com/world/20090812/103897.html。

第二节 主持人策划的内容

主持人的策划包括主持人节目的宏观策划和微观策划两个方面。宏观策划是对节目整体上的把握、对全局性问题的思考，包括节目的创意、节目的定位、节目的组织与调度等。微观策划是对节目的内容和形式的策划与创意，包括对确定选题、主题和报道形式等的筹划。

一、主持人策划的宏观层面

主持人策划的宏观层面主要包括节目创意、节目定位及节目实施策略等。

（一）新颖的策划创意

创意是广告界用得较多的一个概念。20世纪60年代美国广告界活跃着一批杰出的广告人，其中有一位叫威廉·伯恩巴克的广告家，他将自己的创意思想表述为ROI理论。他认为，一个好的广告必须具备三个基本特质，即相关性（relevance）、原创性（originality）、冲击力（impact）。相关性是指广告与商品和消费者相关，伯恩巴克说：“如果我要给任何一个人忠告的话，那就是在他开始工作之先，他要彻底地了解他要做广告的商品。你的聪明才智，你的煽动力，你的想象力与创造力都要从对商品的了解中产生”，“你一定要把了解关联到消费者的需要上面。并不是说有想象力的作品就是聪明的创作了”。原创性是与众不同、突破常规的品质。伯恩巴克说：“我认为广告上最重要的东西就是要有独创性（original）与新奇性（fresh）”，“一定要是新奇的与有创造性的，才能使它值得记忆”①。冲击力是广告的渗透力，要使广告进入消费者心里，对消费者产

① 转引自［美］丹·海金司著，刘毅志译：《广告写作的艺术》，2～6页，北京，中国友谊出版公司，1991。

生作用和影响。广告的创意理论为广告的发展起到了重要作用，同样对广播电视也有着深刻的影响。主持人的策划要力求有新颖的创意的提法就是借鉴的广告理论。新颖的创意是主持人策划创新所追求的目标。节目策划创意好，节目的传播就有生命力，节目播出后就能吸引大批受众。品牌节目和精品节目也是在一个个优秀的策划中产生的，一大批铁杆受众也是依靠在一个个成功的策划的基础上制作的节目的培育而涌现的。新颖的策划创意包含两个层面。

1. 栏目的总体创意

中央电视台的三档电视新闻评论类节目《焦点时刻》《焦点访谈》和《新闻调查》，其创意就属于总体创意。这三档节目在展示新闻背景、聚焦热点问题、展开分析评论方面充分利用了电视的目击特点，把真实的画面和恰当的评论结合起来，节目一推出就受到欢迎。这几档节目在引导社会舆论、干预社会事件、进行舆论监督方面发挥了不可替代的作用，为弘扬正气、伸张正义、宣传美好、鞭挞丑恶尽到了媒体的责任。用创意理论进行观照，这几档节目对相关性、原创性和冲击力作了很好的注释。尤其是《焦点访谈》的片头语“时事追踪报道，新闻背景分析，社会热点透视，大众话题评说”，伴随着激昂的音乐，深入人心。

延伸阅读

湖北广播电视台《长江新闻号》栏目策划方案（2012 年）

一、栏目宗旨

以“全球视野、中国视角、中部声音”为节目宗旨，坐拥长江，纵论天下。

栏目以“强观点，精秘闻”作为差异化竞争的特色，抢抓新闻“第二落点”；以评论作为核心竞争力，对国内外焦点时事进行深入解读和评论，为观众提供更专业、更权威的时事分析和观察，全力打造思想引领的新闻品牌。

二、栏目定位

湖北卫视全新改版，并确立“中国心・世界观”的频道理念，为配合湖北广播电视台“新闻立台”战略，栏目锁定高端收视群，定位为一档国际时事评论栏目，在湖北卫视晚间 23：00 档播出。

因湖北地处长江中游流域，遂定名《长江新闻号》。栏目要求站位高、观点新、高端大气上档次，与湖北广播电视台“中国心・世界观”的新企业形象相契合。

三、栏目形象

演播室实现实景演播室和虚拟演播室相结合，并率先在国内日播的直播新闻栏目中实现虚拟前置技术。清晰时尚，呈现效果多元、立体。

片头以长江豪华邮轮为主题包装理念，吸纳国际时尚元素，呈现通透、灵动之感。

四、内容构成

选题线索，应是当天的国际时事热点，涉及国际关系、地缘政治、军事热点、国家外交、突发事件、文明冲突等。但是在这里，观众看到的不是简单、重复的动态新闻，他们看到的最多只是一个熟悉的“新闻由头”，更多的内容，则是在此基础上的二次挖掘和加工。

节目强调抓“第二落点”，对新闻进行深入解读，“二次创作”，挖掘“新闻背后的新闻”。“大国情怀”“家国情结”，是栏目的主打牌。

秉承“中国心·世界观”理念，栏目利用一切可能的机会“走出去”，将记者派到重大新闻发生的第一现场，体现大台风范。

尝试与国家级新闻媒体、研究机构和相关专业知名学者合作，建立强大的专家团队，签署合作协议，实现优质节目资源、专家资源共享，在国际大事件发生的第一现场，为节目的时效性、国际视野提供强大的力量支撑。

五、严格审片、审稿程序

栏目作为新闻中心一档在湖北卫视播出的节目，舆论导向至关重要，要形成一套严格的审片、审稿流程，具体做法如下。

（一）实行五级选题申报制度

栏目每日选题严格按照五级申报流程，经由主编、执行制片人、总制片人、新闻中心领导、台领导逐层审定，严把导向关。并邀请全国知名高等院校、研究机构专家学者参与选题把关，建立特有的专家选题把关制度。同时，与国家有关部门、新华社及中央电视台建立日常联络沟通机制，确保信息对称，控制政治导向风险。

严格执行日常选题申报会制度。每日选题会由执行制片人和当班主编主持召开，对当天选题进行初选。

执行制片人初步审定选题后，将选题内容及相关提纲报总制片人审阅，由总制片人向台领导、新闻中心领导汇报当天选题情况。

（二）实行三级审稿、审片制度

栏目每日选题严格执行三级审稿制度，即由稿件责编初审，执行制片人和主编二审，台领导、新闻中心领导、总制片人三审；并请有关专家进行有针对性的审稿。

严格执行审看成片制度。由台领导、新闻中心领导、总制片人、专家四方参与审片，对节目导向、内容、表现形式等进行严格把关；并实行专家审片制度，建立专家审片组。栏目组每天派专人对审片环节发现的各种问题进行及时记录、解决，并将具体内容写入审片日志，进行栏目内部公示。

六、电视评论员规范

栏目对专家资源进行全方位的挖掘，将他们的姓名、职务、联系方式以及擅长的选题方向整理成册，以便编辑记者能随时调用。

栏目组定期开发优质专家引入评论员队伍；通过电视节目、新媒体、学术论文等发布的有效信息，搜集专家观点，开发专家资源；寻找政治合格、形象气质好、知识丰富、新锐跨界、精于分析、善于表达的优质电视评论员。

为保证评论员形象符合电视审美，评论员发型及化妆由本台专业化妆师完成。节目录制时，要求男性评论员着白衬衫、深色西服，打领带，穿黑色皮鞋；女性评论员着西服套装，如站立式评论，需着有领裙装、高跟鞋。

在录制环节中，根据提前策划的具体内容进行录制。在录制中发现问题，如问话不当、表述不清晰、语言不生动、评论员情绪不高，编导要及时进行引导和调度，评论员的评论内容要有理有据、通俗易懂、故事性强。

七、记者出镜规范

为突出现场感，电视新闻记者要出镜进行现场播报。重大活动和会议的报道，也要求记者出镜。

采访前记者必须对活动和会议内容有充分的了解，并做好相关出镜准备。

（1）提前了解现场情况，并准备相关的摄像与录音器材。如现场风大，要带上防风话筒；出镜用带台标的手持式话筒；活动采访较多用扣式无线话筒。

（2）较正式的会议和活动，女记者出镜应该化淡妆、着色彩纯净的正装，男记者出镜着白色衬衫或深色西服。户外及运动类采访可着冲锋衣或运动休闲服。

（3）记者应该根据现场的气氛，确定自己的播报情绪及语态。如需要交代现场环境，最好是走动式播报，摄像一直跟拍。

（4）记者出镜内容应包括新闻三要素，即时间、地点、干什么。要求开门见山、言简意赅、迅速点题、干净利落。

（5）在现场播报时，要紧密结合现场见闻，将自己的切身感受马上用语言表达出来，向观众传递现场感。

（6）现场采访要找准关键人物，并围绕选题准备提问，做到先声夺人；并迅速根据对方回答内容，对问题的方向进行调整。

资料来源：本策划方案由湖北广播电视台湖北卫视新闻中心时任副主任郭小容提供，内容有删改。

---

2. 某一栏目中具体节目的创意

栏目策划的总体创意是解决一档节目的定位、风格问题，而具体节目的策划创意是对节目的选题、选材和报道形式等方面的筹划。节目经过精心策划，可以使原本平常的新闻素材平添几分价值，为受众提供一个新的思路，打开一个新的观察的角度。

例如杨澜对李光耀的采访：2010 年是中国和新加坡建交 20 周年，杨澜采访来上海参加上海世博会新加坡馆开馆仪式的李光耀。2002 年，杨澜采访过时任新加坡副总理的李光耀之子李显龙，2004 年采访过新加坡总理吴作栋。2010 年，李显龙已是新加坡总理，吴作栋则出任国务资政。三位领导人给人的印象是李光耀是绝对的强人领袖，果敢严厉；吴作栋像是一块有弹性的钢，刚中有柔；李显龙则人生曲折，经历坎坷，从不言弃。将对三人的访谈汇编在一起，表述出的是三个性格不同、领导方式不同的领导人，也表述出新加坡国家历史的流变和中新两国长达 20 年的交往历程。于是一期《新加坡之曲三乐章》节目形成了。

杨澜制作的类似节目还有：8 年内 3 次专访姚明的节目；以 1982 年为轴心，串联 8 岁郭德纲拜师学艺、14 岁周立波考进上海滑稽剧团、小沈阳出生、一年之后小沈阳的师父赵本山走红东北三省的节目；将郑洁、李娜、彭帅“网坛三金花”组合在一起的节目。这些节目采用戏剧化的结构设置，加上平实客观的叙事方式，既有单线索的线性采访，又有多维度的交叉讲述，细节链接观点，人物带动事实，成为独家的不可复制的创意作品。①

---

① 参见杨澜、朱冰：《一问一世界》，258～260 页，南京，江苏人民出版社，2011。

（二）注意准确定位

主持人的策划要有特色和创新，要注意节目的准确定位。因为节目的宗旨是什么、节目的对象是谁、节目的内容和形式是什么，以及节目播出的时间段等都与节目的主持密切相关，这些问题不明确，主持工作就难以做好。所以，主持人策划要注意准确定位。

主持人的策划要做到准确定位，要从以下几个方面来考虑。

1. 要明确节目的宗旨

宗旨决定节目的形态、内容，对节目的生成和发展起方向性的作用。

中央电视台2003年5月1日在新闻频道推出一档新闻专题类节目《共同关注》。这是一档以社会题材为主，围绕民生、民情、民意，反映具有普遍意义的社会难点、热点的节目。在策划之初，节目的宗旨被确定为“倾听百姓建议，发表百姓观点，解决百姓难题”，力求搭建百姓和政府之间沟通的桥梁。宗旨明确了，节目的定位也就好办了。《共同关注》给自己确定的总体目标和节目定位为：“关注弱势群体，搭建互助平台，讲述新闻故事，彰显和谐关怀。”《共同关注》节目开播后，获得成功，网上调查结果显示，受众对节目的满意率达到57%。

2009年，中央电视台改版，《共同关注》成为央视新闻频道的一档资讯节目，从中午移到傍晚播出。改版后，央视新闻中心负责人表示，《共同关注》原来的报道理念已经不符合新闻频道改版的理念，必须以新闻资讯的东西为主。①

再如，《东方时空》1993年5月1日开播时定位为杂志型新闻节目，因为在早上播出，它改变了观众早间不收看电视节目的习惯。2000年，《东方时空》从45分钟扩为150分钟，以演播室为调度中心，用直播方式将新闻、实用资讯、新闻专题等诸多内容有机串联，更加突出信息的时效性和服务性。2004年9月1日，《东方时空》移师晚间黄金时段，时长被缩至半个小时。2009年，《东方时空》又一次改版，时长变为一个小时一期，为了配合新闻频道“淡化专题、强化新闻”的方针，节目增强了对突发新闻的报道。②

由此观之，节目策划必须服从节目的宗旨。

2. 对节目内容的定位

主持人的策划创新要想获得成功，节目内容的准确定位是要考虑的主要方面。没有与栏目宗旨相符的内容，节目的特色就无法体现，节目风格也就无法形成。因此，对节目内容进行准确定位，不仅有利于节目主持人创造性地开展工作，也是节目参与竞争的有力手段。例如，北京电视台的《晚间新闻报道》节目，在开播前的策划中，考虑到与受众联系较为密切的社会新闻仍然缺乏成熟风格和成熟栏目，他们将节目确定为以社会新闻为主的一档新闻节目。社会新闻是节目的主要内容，那么社会新闻又是一些什么样的新闻呢？他们作了这样的理解：

---

① 参见百度百科“共同关注”词条，见http：//baike.baidu.com/view/2008505.html。

② 参见《〈东方时空〉撤出央视一套　改版后强化新闻性》，见http：//culture.people.com.cn/GB/22219/9773190.html，2009-08-03。

社会新闻并非狭义的以灾难事件、公检法案件、奇闻逸事为主的新闻，而是从社会视角对新闻事件进行的报道。在坚持正确的舆论导向的前提下，从人或人际关系的角度切入，在新闻事件中更注重对人的关怀。同样是围绕中心工作的报道，时政新闻重在报道政策的出台、公布和实施，而社会新闻则侧重于这一政策的实施给老百姓及其生活带来的影响或可能带来的影响，同时要体现出北京的地方特色和声调风格。①

这种以社会新闻为主要内容的定位，吸引了越来越多的受众，也受到业内同行的关注。

3. 对节目形式的定位

有好的内容，还要有好的形式与之相匹配。内容决定形式，形式为内容服务。主持人的策划要考虑节目形式的定位问题。节目的形式有外在形式和内在形式两个方面。外在形式包括直播、录播、直播与录播相结合等，或者单人主持、男女主持、嘉宾主持、嘉宾与主持人共同主持，有时采用两位女主持人主持，等等。

内在形式更复杂些，包括语言的运用、情感的调动，以及叙述与表达的方法等方面。例如，北京电视台《晚间新闻报道》在节目形式的定位上就注意了这样几个方面：（1）口语化。主持人使用清晰明快、生动形象的口语，与受众产生极强的交流感，拉近传、受之间的距离。（2）人情味。在导语和串联词里，处处表现出与民众息息相关和情感相通，人情味强化了节目的贴近性。（3）京腔京味体现北京地方特色。《晚间新闻报道》提出要立足北京，体现地方特色和城市风格。当然，地方特色十足的词汇在使用时应遵循适度原则。

再如，武汉电视台的《预报武汉》是一档时长 30 分钟的民生新闻节目，栏目定位是“民生政策解读，生活资讯服务，预报武汉明天生活情报”。节目由外国人与中国人搭档主持，以预告性新闻为主导，由中外主持人一起从中外文化的不同视角解读民生新闻，既立足本土，又有国际视野，呈现在受众面前的既有土语乡音，又有洋人的汉话。节目给受众以新鲜感。

可见形式绝不是可有可无的东西，形式的创新可以为内容增光添彩。也许在多年之后，受众对内容的记忆已经淡去，而形式还长留在他们的脑海中。

4. 节目对象与节目时间的定位

不同的节目有不同的对象，不同的节目对象与播出时间之间存在对应性关系。在策划中要考虑对象的特点，同时要与播出环境结合起来综合考虑。

比如，某电视台有一档农村致富节目在刚刚开播时，播出时间定在下午 4 点，而农民此时正在田间劳作，节目再好也没人看，收视率可想而知。后来经过调查发现，收看过节目的人都说节目内容好、切合农民生产实际，问题是播出时间安排不当。电视台及时调整播出时间，节目在晚间 7 点 40 分播出，受到欢迎。

再如，关于电视晚间新闻报道的安排。一般说来，人们奔波劳累一天后希望放松休

---

① 参见吴郁、王青：《主编主播制：形式变革背后的观念更新——关于北京电视台〈晚间新闻报道〉的几点思考》，载《中国广播电视学刊》，2001（3）。

息，特别是在晚上 9 点以后，人体机能开始下降，到晚上 11 点后身心都已疲惫，准备上床睡觉，所以这一段时间是电视剧播出的时间。但是正因为电视剧铺天盖地，新闻节目少，而许多受众奔忙一天回家后希望能看到一天的新闻大事，了解时事的动态，所以晚间新闻报道节目在电视剧的天地里开辟了自己的领地，全天新闻汇总的节目也出现在午夜时段，适合受众晚间接受的社会新闻和软新闻也出现了。

（三）精心研究实施策略

主持人的策划是超前运作的，即在新闻事实发生之前或在节目制作之前筹划，因此与实际情况不可能完全吻合。要想策划有创新，就需要精心研究已有的条件和已发生的事实，并在此基础上制定科学合理的实施方案，包括尊重事实，不随心所欲，调动全体成员的积极性，实现整体优化，并根据实际情况的变化，随机应变，使策划不拘泥于原有思路。

1. 在尊重事实的基础上策划

关于主持人策划，有一点必须明确，即策划是整个传播中的一个环节，是为了更好地传播而进行的一项准备性的工作。因此，策划必须具有科学性和真实性，必须尊重事实，在事实的基础上进行策划。这要注意两个方面。

（1）在选择事实时要严格甄别和把握事实。由于主持人节目影响力大，传播范围广，事实一经传播，就会人尽皆知，同时，事实的运用对报道能否反映客观实际的本来面目也至关重要。因此，选择事实要慎之又慎，要努力做到真实、准确、客观。在一般情况下，记者在选择和把握事实的时候，通常会采用这样一种程序：提出问题——方当事人讲述—其他人旁证—物证—另一方当事人的解释—有无相关证据—权威人士的评论。记者通过这些程序，获得大量素材，在此基础上形成报道。主持人的策划要有创意，这个程序也是适用的，对主持人把握事实、形成策划构思是有帮助的。

（2）在形成报道主题的构思中，要实事求是，不任意拔高。遇到一个有价值的事实，主持人在策划时都希望尽量发掘它的内涵，形成轰动效应。但如果不能冷静地面对事实，就很可能会言过其实。黑龙江省一家电视台曾出资赞助阎庚华只身攀登珠峰，并对此事件进行大量报道。[①] 阎庚华是一个“无极限运动爱好者”，在这次攀登过程中遇难。在他的身上有常人少有的挑战极限、战胜自我的毅力和勇气，但也有着相当大的诸如素质方面的局限性。而报道却将“大庆精神、铁人精神和战胜高寒禁区的精神”强加在他的头上，并极力赞扬其所谓“征服自然”“敢与珠峰试比高”的事迹。这既是对事实的任意捏造，无限拔高，违背科学精神，也让知晓其人其事的人感觉到报道的虚假。

2. 努力做到整体优化

北宋时期，宋真宗执政，有一年皇城开封失火，整个宫殿化为灰烬。皇帝指派一个叫丁渭的大臣去负责皇城的修复工程。由于工期紧，为了按时完成这项工程，丁渭先在

---

① 参见郑鸣：《“新闻事件”可以经营和策划吗？——就目前新闻界值得注意的几个动态质疑》，载《中国广播电视学刊》，2001 (3)。

旧址前面挖了一条水渠，将挖出的土方作为烧砖的原料，然后再把开封的汴水引入渠内，形成一条运送木材、沙石的航道，当新的皇宫竣工之后，他再把通往汴水的渠道切断，用剩下的建筑废料填入渠中。在这里，丁渭把挖渠、修宫殿和处理建筑废料土方三项工程作为一个整体来考虑，按时完成了任务，收到了最佳效益。主持人的策划也应该如此，即调动各方面的积极因素，争取各系统的配合，形成整体联动，获得整体优化的效果。

江苏卫视《非诚勿扰》栏目的定位是以娱乐为主，目标是提高收视率。在主持人方面，江苏卫视安排了经验丰富的当家主持人孟非以及在培训界表演力强、语言风格突出的乐嘉作为搭档组合。在节奏上，由一位男士面对二十四位女士，5 分钟进行一轮配对，节奏很快，戏剧冲突的效果明显，比较符合年轻人的欣赏习惯。栏目在音乐与场景方面，做了精心的搭配：男嘉宾选定女友后其他女士退场的背景歌曲是《不爱请闪开》，男嘉宾失败退场的背景歌曲是《可惜不是你》，男女嘉宾配对成功时的背景歌曲是《梁山伯与朱丽叶》，等等。在嘉宾的选择上，开播初期，电视台利用人脉关系在全国范围内搜寻了几个有影响力、表现力强的模特和演员，又征集了一些性格迥异、工作差异大的普通女性作为女嘉宾；后来向网络拓展，与珍爱网、百合网合作，挑选嘉宾。节目突出娱乐性，制造噱头。这种策划，除了节奏和戏剧化效果之外，另一个看点是真实地体现出现代年轻人的婚恋观。果然，这个节目从全国众多同类节目中脱颖而出，火爆起来。

2010 年《非诚勿扰》栏目整改后，更注重真实性和主流价值观的表现，增加了黄菡作为嘉宾主持人。栏目组为维持收视率，扩大全国影响力，体现节目在观众心里的公平性、公开性，在广州、北京、南京、重庆公开招募面试男女嘉宾，增加了观众的持续关注度。2011 年 9 月，栏目借录制美国专场的契机，转场北京录制了几期节目。这样做，除了免得嘉宾转机南京、方便美国专场的录制外，也让更多观众到《非诚勿扰》录制现场一睹为快，起到了扩大影响的作用。栏目组还开通了官网，将节目放到网上，网民可随时观看；主持人也开通了微博，与受众交流。

《非诚勿扰》栏目经过精心打造，始终保持高收视率。可以说，这是整体优化的结果。

延伸阅读

节目整体优化实例

湖南卫视的《玫瑰之约》因注意了整体优化而使节目获得全国的瞩目。湖南卫视鉴于我国内地的电视台没有专门的“谈情说爱”的栏目，经过反复斟酌，多次讨论，数易其稿后，拿出了一个比较成熟的策划方案，并按照方案做出了首期节目。首期《玫瑰之约》没能在黄金时段播出，并且片长也仅有 60 分钟。但它开风气之先的创意一下子吸引了电视受众。荧屏上的俊男靓女既敢于展露青春风采，又不矫揉造作，爱情这个古老、含蓄、羞答答的主题被他们火辣辣地演绎着，既让人耳热心跳，又显得意味深长。第二天，街头巷尾的人们问得最多的一句话便是：“你看昨晚的《玫瑰之约》了吗?”观众反应的火爆令节目组上上下下喜出望外，台领导对这档节目也更加重视了。从第二期起，由“金牌主持人”李兵出任男主持人，播出时间改在周末的黄金时段，片长也由 60 分钟延长到 100 分钟。接下来，栏目组的“玫瑰使者”们大胆改革，不断变换节目形式，丰富节目内容；同时为了拉近与观众的距离，将“玫瑰话题”做了改动，由最初空对空的理论辩论模式改为就某一个活生生的现实故事展开对话讨论。不久，又开通了《玫瑰之约》网站，打造出了一个受众与媒体、受众与受众互动交流的平台。

湖南卫视《玫瑰之约》经过一番打造大获成功，各地电视台纷纷前往学习、取经。节目收视率也一路飙升，在许多地方达到20%。

资料来源：代欢、肖桂岚编著：《作秀战术》，73～74页，北京，中国广播电视出版社，2002。

---

3. 要注意随机应变

世界上的事物都是处于运动变化状态的，一成不变的事物是没有的。客观事物变化了，主观就要跟着发生变化，不然就会出现守株待兔和刻舟求剑的结果。主持人的策划也要讲究根据变化了的情况做出新的方案以适合新的形势，满足新的需要。

中央电视台《焦点访谈》节目的出台，就是在新的形势下为适应社会需要而策划出来的。

1992年，中央领导提出新闻媒体要注意抓热点，要请有关的人员就热点问题发表意见，引导舆论。根据这一精神，中央电视台策划了早晨时间段播出的《东方时空》。1993年5月1日早晨7点，《东方时空》横空出世，开创了中国人早间看电视的新生活方式。《东方时空》是一个新闻杂志性节目，分为四个节目专栏，其中之一就是《焦点时刻》，开播半年后，《焦点时刻》的两个节目在“全国优秀广播电视新闻奖”评选中获一等奖。人们对其在涉及尖锐的社会问题时的大胆、泼辣给予了充分的关注。但是一年之后，这个栏目的不足显现出来：第一，这个栏目被包裹在《东方时空》板块之中，无法凸现其独特的影响力；第二，受整个环境和各方面条件所限，难以展示其在舆论监督方面的特色，舆论监督的力度和深度不够；第三，尽管《东方时空》改变了人们看电视的习惯，但毕竟晚间才是看电视的人最多的时段，早间播出，其影响力将大打折扣。而在社会环境方面，此时中央领导人一再要求新闻媒体要创造性地开展工作，要发挥舆论监督的作用，于是经过一番策划，一个全新的栏目《焦点访谈》于1994年4月1日晚7点38分以电视评论节目的面貌出现在受众面前，开播第二天就得到社会的好评。《人民日报》在《今日谈》栏目中发表署名文章，说“《焦点访谈》开了好头”，对其传播内容和传播方法进行赞扬。《焦点访谈》的诞生实际上是中国电视人审时度势、随机应变的结果。

更多的随机应变体现在节目制作的策划中。有的节目在策划制作时，并没有料想到会获得特别的成功，但等到播出后却在社会上引起极大反响，这就需要主持人根据实际情况随机应变，策划新的相关节目，将报道做深做透。而有的节目在做完后，实际情况发生了变化，事情有可能朝完全相反的方向发展，这更需要策划者敏锐反应，机智地对待。

中国媒体对“非典”的报道就极具戏剧性，整个报道过程也是对新闻人的考验。2003年春节刚过，就有传言说广东有一种极强的传染病，只要相互打个照面就会传染，死亡率极高，广东街头物价飞涨，消毒用的食醋10元一瓶还买不到。尽管谣言四起，但媒体却没有任何反应。到4月，世界卫生组织介入调查，中央电视台于4月2日《焦点访谈》播出《非典型肺炎已得到有效控制——专访卫生部部长张文康》，报道让卫生部门最具权威性的人士出面，说病情并不严重，得病人数正在下降，病源是普通衣原体病毒，疫情已得到有效控制。接下来的十几天，直到4月15日，《焦点访谈》连续作了几篇关于“非典”的报道，都告诉人们疫情已得到有效控制，得病人数正在减少。

但4月20日国务院召开新闻发布会，宣布疫情在全国范围内有扩大的趋势，中央政府为防止疫情蔓延，采取包括取消实行多年的“五一”长假制度在内的措施。

事情与原来的报道思路完全相背离，作为媒体，如何应对这种变故呢？4月19日，《焦点访谈》节目播出《医务人员面对“非典”尽天职》，20日播出《战士——记广州ICU的医护人员》，21日播出《军事医学科学院成功研制“非典”快速检测技术》，22日播出《面对“非典”的挑战》。从这几天的报道题材的角度看，《焦点访谈》的应变策略是恰当的。媒体有媒体的难处，但面对变局，扭转不利局面，将报道纳入正确的轨道，是对媒介工作者策划能力的考验。《焦点访谈》的应变采取了从全局到一个点再转向全局的策略，既减少了媒体利益的损失，又展示了策划者应对复杂局势的能力。

总的看来，随机应变在策划中是经常发生、不可避免的。作为主持人，要做到随机应变，就要注意对形势的观察和分析。依据对新形势的判断，果断而及时地采取应急措施，争取好的报道效果。总之，策划是主观对客观的一种预测，预测要准确、科学、实用，就要注意随时对客观实际进行观察和分析，使随机应变有可能；否则就会反应迟钝，随机应变也就成了一句空话。

二、主持人策划的微观层面

（一）确定选题

确定选题在整个策划工程中处于起点的位置。在纷繁复杂的客观事物中能否发现并确认可以进行策划的对象，是对主持人及其他制作成员的素质和能力的一个综合性考验。选题选得好不好，直接关系到节目能不能做，做出来后能不能播，播出后社会效果如何。确定选题要注意哪些问题呢？具体有如下几点。

1. 要考虑新闻价值与新闻政策的关系

新闻价值是指足以构成新闻的事实给受众带来的信息分量及其对受众、对社会利害关系涉及的程度[①]。它除了新鲜性之外，通常还涉及利益相关、价值共振、情感共鸣等几个层面的因素。确定选题就要仔细研究新闻价值。新闻价值的大小是衡量选题质量的一个重要尺度。主持人策划选题应善于发现新闻价值。

新闻价值是确定选题的一个重要的或主要的尺度，但不是唯一的尺度。确定选题还要注意新闻政策，要看选中的内容是否合乎新闻政策的规定与要求。这是因为现代新闻传媒都是和一定的阶级、集团或政党相联系的，新闻传媒的行为必定受制于一定阶级、集团或政党的意志，并为实现其政治目的和经济利益服务。世界各国尽管社会制度不同，但在控制传媒上都是相同的，传媒的控制者总是通过制定新闻政策对传播内容作出相关

---

① 参见罗以澄：《新闻采访学新论》，112页，武汉，武汉大学出版社，2000。

规定，以维护自己阶级集团或政党的利益。所以，在选题策划中，既要考虑新闻价值，也要考虑新闻政策。

中央电视台《焦点访谈》在处理这种关系时积累了丰富的经验，形成了自己的一套成熟的原则，他们总结概括为“八要八不要”：

所谓“八要”就是要坚持正确导向，要心系大局，要坚持真理，要出于公心、公正、公平，要平等待人，要以理服人，要严明纪律，要把握好度。“八不要”则是指所有的职业行为都不能超越一个新闻工作者的身份和职业定位，即不要包打官司当法官，不要当“信访办主任”，不要当所谓“包青天”，不要将个人的情绪好恶带进节目中，不要陷入局部利益的纷争，把某个地区、某一部门的利益观念带进节目中，不要超越所获得的事实作出主观判断，不要截取片断事实，强加于人，不要在动态事实中只交代阶段性的事实。

此外，还要注意防止五种现象出现：与党的现阶段政策不符；报道事实所包含的不安定因素非常明显；虽然事实的基本轮廓清楚，但关键事实有疑点；节目所选事例非常极端，不具有普遍性；问题清楚、事实清楚、责任也清楚，但短时间内难以解决。①

《焦点访谈》的这些规定，既考虑了新闻价值，又注意了新闻政策，对策划选题是有借鉴意义的。

2. 要考虑客观性与观念性的关系

选题策划者应该而且必须注意，事实是客观存在的，先有客观事实，然后才有选题。这是辩证唯物主义认识论在策划中的运用。策划不能违背这条认识路线，否则就会导致有意造假。比如，有一年“六一”儿童节快到了，一家电视台策划了这样一场活动：请市妇联出面组织市领导和市直机关负责人在6月1日那天去儿童福利院，每人带一名孤儿回家过节，电视台对此作报道。显然，这个策划选题就违背了事实在先、策划在后，先有客观、再有主观的认识规律。这并不是说策划者只能作被动的机械式的反应。相反，在策划中策划者应该充分发挥主观能动性，做到客观性与观念性相统一。同一个客观事实，不同的人，由于思想水平、认知能力不同，对事实赋予的观念不同，策划就显出优劣的差异。

例如，某新建的高级住宅小区旁的湖水中出现大量死鱼，记者经过调查后将目光停留在了污染上，这样，主旨就成了“环保”。而污染问题是比较一般的选题，没有新意。于是记者经过研究，又重新回到被污染的湖水处进行更深入的调查研究，最终发现，死鱼是因为住宅小区排污造成的。对工业排污，国家已有了相关的法律法规，又有相关的执法部门监管，但对于住宅区排污却没有相关的制约措施。从全国范围看，住宅建设随着人民生活水平的提高而得到大力开发，这样，住宅区建设的排污问题就是一个全国性的普遍问题，选题的主旨就落在了呼唤相关的法律法规出台上。

显然，对同一件事赋予的观念不同，选题的角度、思想意义及社会影响就会不同。策划者要努力做到尊重客观事实，事实在前，策划在后，同时充分发挥主观能动性，做到客观性与观念性的辩证统一。

---

① 参见梁建增：《〈焦点访谈〉红皮书》，280页，北京，文化艺术出版社，2002。

3. 要考虑受众需要与传播效果的关系

广播电视是给受众听、给受众看的，要了解受众的心理，了解受众的需要，在此基础上策划选题。这样策划出来的节目，受众看了才会满意，才会感到媒体说的是自己想说的，媒体与自己是心心相印的。

但满足受众需要的同时还要考虑传播效果。如果一个选题策划出来，报道后没有多大的社会意义，甚至产生了负面作用，那么这个选题策划是不成功的。所以在选题策划时既要考虑受众的需要，又要对传播效果作预测性分析，包括政策、法律、道德、文化、经济等方面的因素对报道的可容纳空间的分析，从而预测事物的未来走势，努力做到满足受众需要与传播效果的辩证统一。如果不能很好地统一起来，就要对选题作出舍弃。

《焦点访谈》在进行批评性报道策划时，就强调要关注报道的效果。比如环保话题，如果某单位或部门不顾国家的法令，超标排污，造成严重后果，那么就可以将之作为报道的选题，因为该问题不仅是应该解决的，而且是政府有能力解决的。“舆论监督要着眼于全社会的利益，而不能图一己一时之快。我们报道的问题应该是有关单位在工作中出现的偏差，并且是政府确实在短时间内有能力解决的问题，而不是给政府、给社会出难题。这样才是给政府帮忙而不添乱，才有可能达到良好的报道效果。”①

（二）确定主题

1. 确定主题的重要性

主题是报道的主旨和灵魂，要表现什么，反映什么，材料如何取舍，结构如何安排，语言如何表达都与主题有关。如果把节目比作一串珍珠，主题就是串珠的红线。策划者在确定了选题之后，接下来要研究策划的就是主题。主题定好了，节目就有了内容和意蕴，也就耐人寻味了。

中央电视台的主持人崔永元讲到一期节目的内容，这期节目叫《村里的故事》，节目播出是成功的，引起了人们的关注。这期节目说明了主题对题材的重要性：

> 本期节目嘉宾有4位。学者梁治平，对多学科的边缘交叉颇有研究。本次节目请他出山是想听他对现代法律如何利用本土资源的看法。作家陈源斌，创作的小说《万家诉讼》引起关注，经张艺谋改编成电影《秋菊打官司》后大红大紫。
>
> 还有河北的张志生和河南的赵来法，身份就是乡间的司法助理员。
>
> 节目就从老张和老赵开始。
>
> 老张说的是一家人盖新房，开了后窗，结果遭到屋后邻居的反对，理由是后窗一开，晦气就吹过来了。按《中华人民共和国宪法》规定，公民盖房有开后窗的权利。
>
> 老张用了民间智慧，看人下菜碟。
>
> 他鼓励前院勇敢留出后窗的位置，用砖虚掩上。意思是，不是不能开，而是不愿开，他又鼓动后院杀鸡洒血，抵御晦气。一来二去，一场一触即发的争斗暂时被

---

① 孙杰：《“焦点访谈”的实践与舆论监督的策略》，载《中国记者》，1999（1）。

平息，两家相安无事，各过各的日子。

一年以后，后院翻盖新房，开了后窗，正巧他家窗后就是新建的高速公路，晦气被那些车带到祖国的四面八方。

这时，老张说话了，他说既然你家开了后窗，前院的后窗也该打开了。因为晦气有了通道，再也伤不着两家人，再也不能只许你家放火，不许人家点灯了！就这样，前院的房子终于有了后窗。

老赵遇到的事一句话可以讲完：一家人，男的把女的打了。

按说，应该鼓励依法办事，让女的告男的，把男的绳之以法。可家里还有小的，这样，一家子就散了。

老赵没有惊动妇联和公检法，而是请来老的，狠批男的，安慰女的。最后，男的给女的道歉，女的给大家做一顿吃的，大事化小，一了百了。

说到这，才用上了梁先生、陈先生的专业，理论分析是必要的。

看来，法律还有些分法。比如公法和私法，公法让国家稳定，私法看护个人利益。……一个包含不同地理环境的大国，它的法律在讲究国家统一性的同时也应该尊重地方区域的不同性。所谓既遵守国家大法的权威也考虑乡规民约的合理就是这个意思。①

这期节目假如只讲两个故事，那么这两个故事是存在谬误的，有纵容陈规陋习和不依法办事之嫌，但有了一个好的主题，即在中国特殊的历史文化背景之下处理邻里纠纷、家庭纠纷时要灵活机动，正确对待国家大法与乡规民约的关系，整个选题就有了新意，材料也有了灵气。

2. 确定主题要注意的问题

确定主题要注意以下几个方面。

（1）要站在时代的高度审时度势选主题。

一个新闻事件发生后，涉及多方面的信息。比如，一场火灾，涉及火灾的起因、救火的人员、火灾的财产损失、人员伤害的救治、火灾的善后处理等。以哪个方面为主题来报道就涉及时代背景、社会意识的问题，应当分析材料的方方面面，并将这些材料放到历史的横轴和时代的纵轴所构成的坐标系中来衡量，尽量找出它最具代表性的一个方面来形成主题。

（2）根据节目特点精心研究来定主题。

不同的节目类型，有不同的目标定位和风格要求，确定主题不能不考虑节目的这些特点，因为主题定下来后对材料的运用与结构安排，直至语言的运用都有关联。考虑主题时就要精心研究，做到既与节目宗旨相符，又不落俗套。崔永元主持的《实话实说》是一个谈话类节目，通常是以一个事例引出一个观点，表现一个深刻的社会和文化方面的主题。例如，《拾金不昧要不要回报》是表现做好事与接受回报的道德是非问题，《夫妻是否需要一米线》表现的是东西方文化碰撞下夫妻间的尊重问题，《童言无忌》是表现

① 崔永元：《不过如此》，148～150页，北京，华艺出版社，2001。

再小的孩子也需要平等基础上的理解和沟通，等等。主题策划好了，主持人在节目进行中牢牢把握住主题这根红线，即使张三说东，李四说西，节目也会沿着设计好的主题红线向前推进。

（3）对热点问题要有针对性地选主题。

主持人的策划经常是针对社会热点进行的。由于是热门新闻、热门话题，老百姓特别关注，主持人在策划主题时就要注意了解受众关心的是什么、在实际工作中迫切需要解决的问题是什么、在现实生活中出现了什么新动向，掌握了这些情况，才能有针对性地找到合适的主题，切中要害，引起各方关注。

策划主题还有其他值得注意的方面。比如，要根据具体的报道对象和事件，因人因事来策划主题；要根据受众的心理来策划主题；要根据舆论导向的正确性来策划主题；等等。

总之，主题的策划要认真对待，反复研究，力求定下来的主题是最佳、最适宜的主题。上海人民广播电台《市民与社会》节目做过一期《省市长热线》专题节目，邀请了时任上海市市长徐匡迪担任嘉宾。在策划谈话主题时，主持人几经考虑。最初把主题定在建立现代企业制度上，但考虑到专业性太强，市民参与性就会减弱；后又设想以浦东开发为主题，但又担心容易引起以上海市为主，其他省配合的误会；最后确定在强化区域经济联合上做文章，因为在全国范围内正出现一个因国际产业结构转移而引发的产业结构调整，涉及各行各业，关系到区域中的家家户户。这个主题的确定让嘉宾有话说，让老百姓能参与，让可能的误会不存在，让各行业的人都能思考，可以说是主题策划的佳作。

（三）确定报道形式

内容决定形式，形式反作用于内容。策划确定了内容后，就要考虑报道形式。形式选择不恰当会使节目的接受受影响。某电视台的一个军事节目报道一位退伍军人的大学生活，整篇报道在主持人作了节目介绍后，全以主人公第一人称的口吻叙述。应该说内容是受众感兴趣的，但叙述方法以主人公粗重浑厚的原声录音，加上第一人称口吻，显得不伦不类，被戏称为少儿节目的报道手法。可见，报道形式是策划中不应忽视的重要方面。

形式的策划涉及方方面面，在前面节目的定位部分谈到了一些。由于形式策划的复杂性，以下主要讨论在形式策划中应注意的几项原则。

1. 要与时俱进，大胆创新，丰富和发展报道形式

首先，科学技术的进步，为广播电视传播技术提供了强大的支撑，使得许多传播形式成为可能，比如，广播、电视直播、电视双视窗播出、广播电话参与、广播电视异地直播、广播电视互联网实时直播等不断被开发应用。主持人在策划传播形式时，要考虑科技为我们提供的可能的形式，使传播形式丰富起来。其次，随着改革开放的不断深入，对外交流的不断增多，广播电视界与国外同行的交往越来越密切，要善于学习别人的好的形式，为我所用。比如，20 世纪 90 年代逐渐兴起的谈话节目，就是从国外的“talk show”移植过来的，主持人节目本身也是如此。

2. 要依据节目内容策划报道形式

形式不是孤立的，它是与内容联系在一起的，恰当的形式可以使内容得到深化和延展。比如，春节期间，武汉的楚天广播电台为了播出一期表现举国欢乐祥和、人民安康幸福欢度春节的主题的节目，在演播室连线西安人民广播电台和深圳广播电台的主持人。各台都派出了自己的知名主持人，大家互致问候，各谈各自城市过年的习俗、春节期间看到的欢乐祥和的景象。三个城市同步播出，受众在听主持人们叙述的同时，看到的不仅仅是自己所在城市的欢庆春节的场面，而且还有从南到北祖国各地欣欣向荣的景象。

再如，长沙电台、电视台推出“精神文明万里行”系列活动报道，他们以宣传“雷锋精神”为主题，选择最能展示广播优势的热线电话采访形式，将长沙（雷锋第一故乡）、抚顺（雷锋第二故乡）、温州（市场经济范例城市）、张家港（“两个文明”典型城市）、南京（窗口行业新气象典型城市）五个城市联结起来，在同一时间开展大跨度、大时空的异地采访，报道规模气势恢宏，使“精神文明万里行”的创意得到很好的展示。

3. 根据主持人的能力来策划报道形式

由于各人的背景不同，主持人的能力存在差异。报道形式应本着发挥所长、扬长避短的要求来选择。例如，新闻类节目主持人，如果采访编辑能力强，可以采用现场采访、嘉宾访谈、即席议论、现场报道等形式来展示自己的实力；而采编能力弱的主持人可采取播讲脚本，或与记者合作进行录音报道等形式来主持节目。再如，直播节目需要主持人应变能力强、口才好，访谈节目需要主持人控场能力、思辨能力、分析议论能力强，策划报道形式时要根据主持人的能力来进行选择。

4. 报道形式要灵活多样

为了使表达主题形象、生动，报道形式应尽可能灵活多样，使节目动起来、活起来。例如，新闻类节目如果需要发表议论，那么可以通过由主持人发表议论、对专家学者做访谈、邀请嘉宾主持、邀请评论员评论、组织受众进演播室讨论或通过热线讨论等形式进行播出；这些形式可以单独使用，也可以综合使用。北京人民广播电台的《李素丽与听众共话人生》节目就综合使用了以上几种形式。李素丽作为先进人物，媒体已对其作了许多报道，北京人民广播电台在报道李素丽时，除了选取人生的意义这个主题之外，还在形式上作了综合考虑。节目首先由主持人以漫谈人生的形式重新开掘先进模范人物的精神世界，接下来是李素丽谈如何分析乘客心理、讲究语言和服务艺术，再下来是听众与李素丽交谈，从服务和社会的角度对李素丽进行评价，最后是李素丽的人生轨迹与人生感受。这种多形式的运用不仅使节目生动、丰满，对内容也有更深层次的开掘。因此，在策划时要根据节目内容的需要选取多种表现形式。

第三节　主持人策划的步骤与技巧

一、主持人策划的步骤

主持人策划是一项复杂的系统工程，要把这项工程做好，需要遵循一定的程序和规律，制定相应的科学的策划方案和合理有效的实施方法。本节讨论的主持人策划主要是主持人对节目制作的策划。

主持人策划与一般策划一样，有以下几个步骤。

（一）创意构思

创意构思，通俗地说就是想“点子”。节目制作要想有好选题、好主题，就要有好点子。点子好，节目就会受到受众的欢迎，传播就会收到令人满意的效果。杨澜主持的《杨澜访谈录》，主要是对各国政要和文化科技精英名流的专访，至今魅力不衰，不能不说是最初的创意构思的功劳。

什么样的点子才能算是好点子呢？一般说来应包括以下几个方面。

1. 具有新闻价值和宣传价值

主持人节目是新闻传播的一种形式，因此，主持人的策划首先要考虑新闻传播的特点，即选题是不是具有新闻价值。我国新闻传播的市场正在逐渐形成，新闻价值高的节目收视率就高，这已是不争的事实。

在考虑新闻价值的同时，还要注意宣传价值。新闻是一种舆论工具，报道一经播出，就会产生社会效应。在策划中要事先考虑选题的宣传价值所在，要注意以正确的舆论引导人，使人们通过接受节目得到积极向上的鼓舞；即使是揭露性的内容，也要让人看到希望，有利于社会的安定团结。所以，在策划中，要考虑将新闻价值与宣传价值结合起来，使两者做到有机统一。

2. 能给人以美的享受或心灵的启迪

有时候，有的选题并没有多大价值，可是它却能给人们带来美的享受或给人以心灵的启迪。中央电视台综合频道的《出彩中国人》是一档才艺真人秀节目，节目以“讲述13 亿中国人通过个人奋斗，证明自己的尊严和价值……让人感到快乐，也给所有中国人一种自信的力量”为宗旨，每期都有几位出彩候选人登上舞台，展示他们的精彩。节目播出后，带给人们的是快乐和感动，因而广受好评。

3. 具有娱乐功能

广播电视节目更多的时候是为人们提供休闲娱乐的工具。主持人创意构思的节目具有娱乐功能，也能受到受众的欢迎。《我们约会吧》《非诚勿扰》《中国好声音》《中国达人秀》《饭没了秀》等都是娱乐类节目。它们出现在中国的电视荧屏上，为中国受众提供了一种休闲娱乐的方式，都是不错的创意。

延伸阅读

湖北广播电视台融合传播产品
《红色音乐党课》策划方案（2023 年）

一、产品宗旨

在音乐中感悟思想伟力，在歌声中触摸真理光芒。《红色音乐党课》是湖北广播电视台出品、音乐广播部研发制作的全新党建文化融合传播产品。产品遵循“党建引领、音乐传导、同频共情”的宗旨，致力于通过艺术化表达和融合式传播，把党的历史和创新理论讲深、讲透、讲活，达到听得进、听得懂、记得住、受感染的传播效果。

二、产品定位

《红色音乐党课》面向党员干部群众，面向党建工作实践，围绕党员干部群众学习党的历史和创新理论的现实需求，围绕党建工作中通过创新推动与业务相融合的实际运用，以党的历史和创新理论为基础，结合线上听众网友和线下落地单位所需所盼，进行模块化设计和动态化更新，持续把《红色音乐党课》打造成为可听可感、可触可达，好用、能用、管用的党建文化融合传播产品。

三、内容构成

《红色音乐党课》通过不同版本的组合，构建起丰富立体的内容体系。

（1）经典版。由“开天辟地”“漫漫征途”“中流砥柱”“夺取胜利”“旭日东升”“意气风发”“春风浩荡”“走向复兴”八个篇章组成，展现了中国共产党从诞生到带领中国人民奋力实现中华民族伟大复兴的历史场景。通过赏析、解读《国际歌》《十送红军》《歌唱祖国》《春天的故事》《不忘初心》等能够激活记忆、唤起共情的音乐作品，以丰富的历史维度、生动的音乐表达、系统的党史提炼，在歌声中展示党的诞生、发展、壮大足迹，展开党团结和带领人民从站起来、富起来到强起来历史性飞跃的壮丽篇章，让中国共产党人的精神谱系在音乐中显影、在歌声中展现，激励党员干部在历史的回溯中探寻初心密码、牢记忠诚使命、凝聚奋进力量。

《红色音乐党课》经典版以讲好党史、讲好新中国史、讲好改革开放史、讲好社会主义发展史为基调，深度挖掘党史中的音乐元素和音乐作品中的党史故事，分为“初心如磐 使命在肩”“壮丽风华路 千秋伟业歌”“踔厉奋发向未来”等专题，展现了中国共产党从诞生到带领中国人民奋力实现中华民族伟大复兴的历史场景。在不同的专题和版本中，充分融入了相关领域的内容，做到了相互融合和贯通。

（2）思想宣导版。以《思想的光芒》为题，致力于将党的创新理论“声”入人心，除序章和结语外，共分为“历史回响”“时代壮歌”“真理之光”“思想洗礼”等四个篇章，运用音乐、影像、讲述、诵读等立体式呈现手法，艺术地展现了习近平新时代中国特色社会主义思想的历史逻辑、实践根基、理论脉络和辉煌成果。在《百年刻度》《时间都去哪儿了》《牺牲》《中国人民志愿军战歌》《祖国不会忘记》《等待》《花儿一唱天下春》《绿水青山》《今朝》《一起向未来》《未来中国》等20多个音乐、影视、诵读作品的贯穿下，帮助听讲者深刻领悟习近平新时代中国特色社会主义思想的基本精神、基本内容、基本要求，同时，在形式多样的互动参与中，营造出浓浓的沉浸感，实现听讲者对音乐党课的全情投入。

（3）青春版。又称为《红色音乐主题团课》，主题为“光辉的旗帜 青春的使命”，由“光明的火种”“理想的远征”“奋进的诗篇”“精神的坐标”“青春的壮歌”“时代的华章”六个篇章构成。选取15首音乐作品，展现在民族解放和复兴的征程上，中国青年在党的光辉旗帜指引下，勇担使命，砥砺奋进，所留下的青春印记。与广大团员青年一道，乘着歌声的翅膀，在一首首带着时代印记的经典旋律中，共同回望中国共产党百余年奋斗路上的青春足迹。用红色音符，映照着初心，镌刻着使命，彰显着信仰的力量。

(4) 电影版。以党史为脉络，通过反映党在各个历史时期奋斗历程的电影这根主线，形象生动地宣讲党的创新理论，展现党团结和带领人民站起来、富起来、强起来的历史画卷。分为“开天辟地”“改天换地”“翻天覆地”“经天纬地”四个篇章，浓缩了《建党伟业》《建军大业》《建国大业》《洪湖赤卫队》《闪闪的红星》《风云儿女》《地道战》《红日》《决胜时刻》《悬崖之上》《祖国的花朵》《横空出世》《雷锋》《血总是热的》《惊涛骇浪》《夺冠》《黄文秀》《厉害了，我的国》等影片的精华，集赏析、宣讲、诵读、演唱、参与互动于一体，营造出浓郁的沉浸式听课氛围。

(5) 纪检监察版。《红色音乐党课》纪检监察专题以“壮丽征程 清廉护航”为题，沿着党的百年历史上的纪检监察之路，通过音乐、影像、图文、案例等方式，全景式展开纪检监察护航百年征程的历史画卷。纪检监察专题音乐党课分为“风云激荡：清廉之路从这里走来”“勤政廉政：忠诚干净担当从这里彰显”“从严治党：学思践悟从这里延伸”三个篇章，包括 15 首音乐作品、近百幅图文画面，整堂课约 100 分钟。

(6)“三农”主题版。“三农”主题音乐党课以“在希望的田野上”为题，分为“星火燎原：翻身之路从这里走来”“遍地英雄：探索实践从这里延伸”“春暖花开：小康梦想从这里飞扬”“大地飞歌：乡村振兴从这里启程”四个篇章，沿着历史的脉络，梳理党开辟农村包围城市道路，领导农民进行土地改革、农业合作化、深化农村改革、摆脱贫困、实现小康、走向乡村振兴的历史。

(7) 国防教育主题版。《红色音乐党课》国防教育专题以“我们的队伍向太阳”为题，通过音乐、影像、图文、诵读等形式，立体呈现党领导的人民军队从无到有、从小到大、从大到强的壮阔历史。整场音乐党课由六个篇章构成，分别是“建军大业：划破黑夜的枪声”“铸就军魂：漫漫征途的求索”“军旗招展：气贯长虹的胜利”“精神丰碑：英雄乐章的强音”“人民子弟：军民鱼水的深情”“剑指前方：强军路上的战歌”，以沉浸感、互动式、参与性的设计，把人民军队诞生、成长、壮大的历程展现在人们面前，生动表达了人民军队忠于党、人民军队爱人民、人民军队勇向前的深刻主题。整堂主题音乐党课有 21 首音乐作品、15 段视频影像、100 多幅图文画面，时长约 100 分钟。

四、产品特色

《红色音乐党课》探索出了党史学习教育和创新理论新的表达空间和表现形式，将党史宣讲与身临其境融为一体，把理论阐释同音乐表达结合起来，变传统党课的单一呈现方式，为听、讲、唱、谈“四位一体”的立体模式：听——欣赏经典红歌，讲——讲解历史故事，唱——现场合唱红歌，谈——交流学习体会，音视频、图文和现场互动融汇，以史串歌，以歌叙史，用耳熟能详的红色歌曲，以及歌曲背后荡气回肠的故事，叙说中国共产党百年光辉历程，传递党的创新理论磅礴思想伟力。

资料来源：本策划方案由湖北广播电视台音乐广播部首席编辑李筠提供，内容有删改。

(二) 制定初步方案

创意构思形成后，接下来就要将创意确定下来，明确节目的出发点和目的是什么、主题是什么、整个节目的总体框架是怎样的。将这些思考形成文字，就是初步的策划方案。下面是一份策划方案。

关于南宁市部分中小学存在乱收费问题的讨论[①]

南宁人民广播电台　主持人

一、讨论议题的确定与新闻依据

1. 国家教委与自治区教委发出通知禁止各地中小学乱收费。

2. 南宁市内部分中小学存在巧立名目增加各种收费项目的现象。

3. 一些听众打来电话、写信反映各校存在的乱收费现象和家长、学生的不满。

4. 市教育局决心整顿各校乱收费现象。

二、准备工作

1. 与编辑分头对听众在电话和来信中涉及的人和事进行调查、核实，对有疑问的问题一一落实。

（1）电话采访农机干校花培林同志；给秀田小学教务处打电话，核实该校收费情况。

（2）到明秀路122－2号黄佳处了解情况；向市建筑技校查实向学生多收500元做何用途。

（3）向大沙田区三街2号李先生了解他儿子所在小学乱收费的情况。

2. 到市教育局找李果生局长谈所掌握的一些学校乱收费的情况，与李局长商讨关于此事进行公开答复的发言提纲。

3. 与李局长研究公开答复的发言提纲。

（1）市政府、市教育局对乱收费问题的态度。

（2）对乱收费的处理意见。

（3）公开答复时间定为10分钟。从12：50开始到13：00结束。

（4）方式：给李局长办公室打回拨电话，号码为2807486，时间为12：45，接通电话请编辑于12：48分接进直播室。

三、播出提纲

播出时间：9月2日，学校开学第二天。

节目形式：热线电话20分钟。

1. 先播出花培林、黄佳来信。

2. 接大沙田李先生电话。

3. 组织听众讨论。

4. 电话采访教育局李果生局长。

5. 小结。

播出稿（略）

从这份策划方案中，我们可以大致了解制定策划方案应明确这样几点：

（1）确定节目的主题；

（2）事件的现实意义与历史背景；

---

① 李德付主编：《节目语体主持》，281页，北京，中国广播电视出版社，1999。

（3）主要事实素材；

（4）节目采访对象；

（5）节目的层次划分；

（6）对节目的开头、主体、结尾部分进行具体设计；

（7）根据收听收视习惯，对节目制作进行整体策划。

（三）组织实施

实际上，一份最终形成节目的策划方案，从想出“点子”的那一刻起就进入了实施阶段。但真正意义上的组织实施是从初步方案形成到节目进入正式制作之前进一步明确构思，从开展讨论到形成节目制作方案的全过程。这个阶段要对初步方案进一步斟酌、改进，最终形成完善、成熟的策划方案。

例如，中央电视台《新闻调查》栏目的《恢复高考二十年》节目，最初的策划方案是历史调查，但在具体节目策划过程中，策划者又犹豫起来：既然《新闻调查》是“正在发生的历史，新闻背后的新闻”，把这个节目做成一个纯粹的历史调查是否失之偏颇？为什么会产生这种犹豫呢？因为策划者在前期策划时接触到很多人，他们多数认为，过多地停留在怎样恢复高考上，仍缺乏吸引力，希望能调查一下 20 年来高考遇到了什么问题，今后的走向，等等。这实际上成了两个题目，前者是回顾性的历史揭秘，后者是前瞻性的，分析现实，展望未来。于是，策划者设想将两者结合起来，使节目分成两部分：第一部分讲如何恢复高考，第二部分讲高考存在的问题。后来又发现这种设计面太多，点太散，难以驾驭，策划方案最终还是确定为进行历史调查。①

二、主持人策划的技巧

主持人策划创意的产生来源于灵感，当然，这种灵感是策划者长期钻研、苦苦思索之后的顿悟。但顿悟之后，接下来的具体策划就进入了逻辑思维阶段。这就必须遵循一定的规律，讲究一定的方法和技巧。具体来说，主持人的策划必须注意以下几个方面。

（一）理清思路

创意产生后，准备进入策划的实质性阶段时，必须首先理清思路。这好比写作一篇记叙文，首先要确定文章所要表达的主题，其次要安排好文章的结构，最后要确定如何将材料连缀起来，是以具体事物为线索，以故事情节发展脉络为线索，以人物变化为线索，以场面转换为线索，还是以材料的内在联系纽带为线索。思路理清了，文章写起来就容易了。同样的道理，策划也要理清思路。策划者首先要清楚选题的意义，其次要设计好节目的结构安排，最后要确定采访哪些人物或事件。下面是一份具体的策划方案。

---

① 参见叶子主编：《中国电视名记者谈采访》，125 页，北京，长城出版社，1999。

《恢复高考20年》策划案（节选）①

选题评价：（略）

调查理由：

从1977年恢复高考迄今，整整20年了。在当时，由于有了高校招生考试，许多人的命运得以重写，国家也因此选拔出一大批在“十年断层”中沉淀积累下来的人才。20年来，这十几万大学生走上不同的工作岗位，现已成为各个领域的中坚力量。也正是这些优秀人才，以知识的力量，积极地影响着社会的进步、发展。

“恢复高考”，发生在中国面临全新命运的1977年，它历史性地成为“拨乱反正”的突破口与发端，正是“恢复高考”这一次“艰难的破冰”，突破了亿万人早已习惯的“政治宿命”的沉重心理桎梏（出生论），清扫着“文革”十年笼罩在中国上空的浓重阴霾。可以说，这一举措是教育工作、经济工作、政治领域一系列重大改革之前的“试运行”，尤其是观念的革命，它可被视为在全国范围内的第一次“强劲出击”。

恢复高考，是国家实施“人才战略”的重要步骤，而作为“人才战略”走向深入的“跨世纪人才工程”又在实施，这一调查正有回顾与前瞻的意义。

“恢复高考”的意义概述：

1. 改变一代人的命运；

2. 国家得以选拔真正的优秀人才；

3. 一种“奋斗—成功”的理想追求得到激励，在公平竞争面前，自由人格和人的尊严得到张扬。

这个历史的转折点不但标志着中央否定极左路线，确立了一条崭新的思想政治路线；它还标志着一个伟大的起步：“中华民族从此将告别农业文明的史诗，融入世界现代文明的序列。这是一次前所未有的深刻革命。”（见钟岩《中国新三级学人》）

历史背景：（略）

主干事实：

可以概括为“四次会议与两次谈话”。

四次会议都有“正反”人物，有戏剧性情节和激烈论争，是新观念与旧气氛、真理与谬误的四次正面交锋，这样的调查应当是很有层次感的。

第一次谈话：邓小平会见科学家、教育界人士时说“同发达国家相比，我们的科学技术和教育整整落后了二十年……抓科技必须同时抓教育”。时间为1977年5月。

第一次会议：1977年6月29日，教育部在太原晋祠召开“文革”后第一次全国高等学校招生工作座谈会（以下简称“高招会议”），结果是决定基本维持旧的招生规定。由于保守力量的坚持，太原会议两度暂停。这一次会议的调查可以表现在当时两种阻力的顽固与强大，但应当历史地看待当时的反对意见，因为当时邓小平提

---

① 叶子主编：《中国电视名记者谈采访》，130页，北京，长城出版社，1999。

出“要经过严格考试，把最优秀的人集中在重点中学和大学”，这个声音是很孤独的，邓小平尚未正式恢复工作，而当时还有悲壮的“遇罗克”——不能以今天的理性高度去批判当时“招了几十万，丢了几千万”的反对意见。(以下略)

事件性的主干事实便是“第一次恢复高考”时的具体情况：报名、招生、入学。“第一次高考”应包括1977年冬季招考和1978年夏季招考，这是特殊的历史造成的，也是很有调查意味的，这一部分调查将牵带出许多有意思的细节。

基本调查样式：

试称之为“钩沉法”：(以下略)

主要调查结构：

由四个分题构成：

1. 为什么要恢复高考？高考如何得以在1977年恢复？

这一分题概括了这些内容：恢复高考的深刻含义、深层背景及深远考虑。

A. 为什么在邓小平同志“复出”主持工作的时候，“第一大事”就是抓教育？为什么当时要不遗余力地关心过问，亲自部署恢复高考的工作？

B. 为了在1977年内恢复高考，有哪些人做了哪些努力（这个分题是最具调查色彩的）？围绕“是否恢复高考”曾有过哪些意见分歧（由此展示“艰难的破冰”的阻力、难度）？

C. 几所著名高校“十年荒芜”的具体情况。

2. 第一次高招考试的“盛况”如何？

这一分题是让镜头对准那一个划时代的、历史性的关节点，特写那一个极富戏剧性的历史瞬间，它也是本次调查中可看性最强的部分，将展现许多历史事件的细节、人物命运故事的碎片。

3. 1977级、1978级、1979级考生中的人物故事。“恢复高考”如何改变了一个人、一个国家、一个民族的命运？

这是本次调查中最富情感牵动力的部分，讲述人的故事，讲述这些人在“高考”这个节点两边，迥然不同的人生际遇和理想追求。而所谓国家的命运、民族的命运，正是以每一个普通人物具体的命运构筑起来的。它同时也是回答：高招考试制度如何为国家选拔了大批杰出人才？如今各行各业的中坚力量，正是20年高校教育培养出来的优秀人才。

4. “恢复高考”20年来，高校招生考试制度以及高校教育自身经历了哪些新的改革、完善？

这一部分的设计，是为本次调查在理性上设计的立足点和逻辑思路的完整性考虑的。篇幅似不应太大，点到即可；建议将高招制度正式运行的重大改革措施——全面自费制度和高校毕业生分配中的取消国家代分配制度作为全片的落点。从长远看，它的意义可以和“恢复高考”相提并论。

核心问题：

“恢复高考”这一划时代的重大举措是怎样出台的？它又怎样改变了一个人、一个民族、一个国家的命运？

几个兴趣点：

1. 1977年，在邓小平同志亲自过问和部署下，高考推至冬季举行，当年报考人数达600多万，由于时间的紧迫和筹备时间的急促，全国竟拿不出足够的纸张来印考卷，邓小平同志亲自批示：用印《毛泽东选集》（第五卷）的纸来印考卷。高招考试终于得以在年内恢复，《毛泽东选集》（第五卷）推迟出版，这在当时是极富象征意义的，也由此可见中央对高招考试的重视和对“恢复高考”的急切之情。

2. 1977年和1978年两年，积累了整整10年的人才拥挤在初开放的高考考场前，竞争空前激烈，两季报考人数高达空前的1 160万人。为了积极准备高考，蒙尘多年的旧课本一下子洛阳纸贵，许多考生从废品收购站、学校旧库房、低年级的学生手中高价购买、借阅旧课本。

3. 1977年的政治空气，相对今天来说仍是紧张沉闷的，许多人刚刚经历过“文革”的劫难，还不敢坦率大胆地表露真实的思想感情。而久历磨难终于盼来了希望的人们难以压抑内心的激情，于是在1977年秋冬，位于北京西单绒线胡同的四川饭店，生意特别火爆，很多人相邀到此，举杯表达对四川人邓小平的感激之情。（四川饭店现仍营业。）还有更多的人则拥进电影院，一遍又一遍地观看《甲午风云》，当“邓大人”出场时，大家会默契地、久久地鼓掌（情况据《大学生》杂志社总编钟岩同志介绍）……以种种含蓄的方式表达着激动而兴奋的心情——这种情绪可以说是当时中国最典型的社会情绪。

几点建议：（略）

主要采访对象：

这一部分人由两种身份构成：一是当时历史的参与者、见证人；二是故事性人物，即“恢复高考”的受益者，主要从1977、1978、1979三级大学生中选出，因为这三级大学生的年龄跨度大，社会阅历丰富，入学前身份、地位差别大。1979年后的大学生，基本上应届高中毕业生的比例占到80%以上，历届生也多为前两年落选的学生，典型性略差。（以下具体采访对象略）

从这份节选的策划方案我们可以看出策划者的思路。一是对选题的意义的认识：恢复高考的举措具有划时代的意义，对于我们的国家，对于我们每一个人的命运都是一次伟大的转折，今天在新的历史时期对其进行历史调查又有着回顾与前瞻的意义。二是对节目的设计，分成四大段落：第一段侧重高考中断和恢复前的情况，第二段回顾恢复高考政策的出台，第三段表现高考制度对个人命运的影响，第四段对高考20年的成果进行总结。三是对主要的事件和主要人物的访问。

总的看来，策划者理清思路所用的思维方法仍属逻辑思维，同时仍要遵循新闻叙事的方法，最终形成周密完整的策划方案。

（二）把握报道的时机和分寸

把握报道的时机和分寸是策划的题中应有之义。在报道的时机把握上，通常的做法有超前式，即在事件发生之前对相关信息作策划报道；有即时式，即与事件的发生同步报道；有置后式，即延缓报道至事件发生之后。这几种方法要根据情况灵活掌握，以求得最佳的报道效果。中央电视台《焦点访谈》总制片人梁建增说："什么时候是节目播出的最佳时机呢？我们认为，最佳时机即是节目发挥最大新闻价值的时候。对于大多数报道，特别是对突发性事件的报道，能快则快，一个小时、一分钟甚至一秒钟都不能耽误。而对于问题性报道，则要捕捉良机，早了不行，晚了也不行。早了矛盾正处于白热化阶段，问题正值扑朔迷离之时，说了可能会'添乱'；晚了矛盾冰释、问题已解决，这时再播便成了'马后炮'。"①

报道分寸的把握实际上是策划者对报道对象与社会利害关系涉及的度的把握与控制。分寸把握得好坏，直接影响到传播的效果。什么才叫把握得好呢？第一，反映新闻事实最优化；第二，满足受众需求最优化；第三，实现社会效果最优化。② 策划时要从这几个方面去思考。《焦点访谈》曾做过一期关于流浪儿童的节目《回家的路有多长》，这是一个揭露社会阴暗面的选题，如果对事实选择运用不当，比如自然主义地展示流浪儿童的悲惨境遇，那么也许观赏性很强，但报道效果却可能是负面的。而节目制作者很慎重地对现象本身、对产生这种现象的原因和结果等相关内容作了细致的选择，既反映了流浪儿童的生活状态，又实事求是地分析了这些儿童离家出走的原因，还报道了党和政府为此所做的卓有成效的工作，使节目取得了良好的效果。

（三）做好节目的总体设计

可以这样说，节目主持人策划的终极目的是更好地主持节目。主持人亲自策划节目，了解节目的全部细节，了解节目的实质，在主持节目时就不会停留在一种肤浅的状态，而是能够融入节目之中，寻找到主持节目的兴奋点，实现与受众的真心交流。这正是毛泽东同志所说的："感觉到了的东西，我们不能立刻理解它，只有理解了的东西才更深刻地感觉它。"③

主持人在策划时做好节目的总体设计是针对谈话类和综艺类等节目的策划而言的。以谈话类节目策划为例，一般来说，有观点讨论和个案分析两种类型。观点讨论类节目偏重于逻辑的推进，个案分析类节目偏重于事例的叙述。明确了类型，把握了特点，再从各自的特点展开分析设计，就能做好节目的总体设计。例如，《实话实说》有一期节目叫作《学会关心》。这个话题是一个观点讨论型的话题，是从现在的孩子不懂关心这个现象说起的。那么，策划时的总体设计就要把握住三个根本问题：关心是什么？为什么不懂关心？怎么办？"是什么"包括两个层面——物质上的关心和精神上的关心，此外，还有谁关心谁。"为什么"要回答现在的孩子为什么不懂得关心别人，造成这一现象的原因是什么。"怎么办"提出解决这一问题的方法，即家庭、社会和学校必须共同努力让孩子学会关心。对这几个问题心中有数了，就从根本上把握了节目的实质。这期节目在实际录制中并没有按事先设计的顺序进行，一开始嘉宾就从第二个问题提问，但随着节目的深入又回到了第一个问题；后来，嘉宾又提出了不懂得关心有什么危害的问题。但总的

---

① 梁建增：《制片人如何经营节目》，载《电视研究》，1997（12）。

② 参见陈作平：《新闻报道新思路：新闻报道认识论原理及应用》，319页，北京，中国广播电视出版社，2000。

③ 《毛泽东选集》，2版，第1卷，286页，北京，人民出版社，1991。

来看，节目是围绕着总体设计来展开的。可见，做好总体设计不仅是策划的需要，也是主持好节目的需要。

再如杨澜采访杨振宁和翁帆夫妇的《杨澜访谈录》节目。策划之初，杨振宁丰富而厚重的人生经历让节目组感到“乱花渐欲迷人眼”。通过第一轮梳理，一个关键词开始浮出水面，那就是“改变”。因为杨振宁的人生历程始终围绕着一个核心：“改变中国人自觉不如人的想法。”随着策划的深入，节目组聚焦于解读杨振宁的两个“大事件”：顶着反对的压力，挑战业界几乎已成定论的“宇称守恒定律”，最终获得诺贝尔奖，这是物理科学上的重大革命；顶着世俗的压力，勇敢追求小自己54岁的翁帆，最终两人结为夫妻，这又是颇具挑战性的浪漫的革命。关键词在“改变”的基础上提升为“革命”。在策划的最后阶段，有一个关键词与“革命”一起出现，它就是杨振宁骨子里的“保守”。正是这两个字直接影响了他做学问和做人的态度与风格。正当在“革命”与“保守”之间徘徊时，节目组在资料中发现了杨振宁好友戴森对他的一句评价“保守的革命者”。围绕“保守的革命者”这个主题句，访谈文案的主题单元被切分为三大板块：“一场浪漫的革命”“一场勇敢的革命”“‘保守’的革命者”。接下来是围绕关键句定位受访嘉宾，所有的主话题和子话题也依次从这里展开准备。①

（四）根据节目的特点选择恰当的表达方式

表达方式是直接与节目质量相关联的。主题、事实都很好，各种细节都考虑得很周详，但如果忽视了表达方式的设计，节目质量也会大打折扣。

主持人节目的类型不同，表达方式也会存在差异，要认真研究，精心选择。

如在电视评论节目中，用事实说话是其基本的表达方式，但事实的具体运用方式，主持人的非语言信息如语气语调、体态表情、服装服饰、情境状态等也都是表达方式。白岩松有篇文章谈到主持人在评论节目中如何确定表达方式的问题。他认为，表达方式多种多样，要根据具体情况而定，要把节目做得让受众喜欢，大体说来评论节目的表达方式有：

> 第一，讲事实是评论的一种表达方式，而不只是用事实为评论提供保证。比如说，做一个涉及隐私权的节目。一位女性做人流手术，她进了手术室之后，被医生领着一群实习医生给参观了，她感到很受羞辱，就去法院起诉了。开始时我们对这个医院的院长很反感，他怎么能让医院这样做呢。后来，我们采访了很多人，既有被告，也有原告。随着对事实的不断深入了解，最后我们对院长的看法发生了很大的转变，其实他也有他的道理。当我们把大量的事实都能交代给观众的时候，就已经构成了一个很好的评论。
>
> 第二，提问也是评论的一种表达方式，提问同样是评论节目中很重要的组成部分。比如说我采访一个做深圳文稿拍卖的人，不用评论，我通过四个提问就可以把评论展现出来：“请问你这次文稿拍卖，作为组织方是否想从中获利?”他说：“我不

① 杨澜：《提问》，43页，杭州，浙江文艺出版社，2020。

想获利，我要做公益的事情。”我接着问：“你身边组委会是否同意你的意见?”他说：“他们都同意。”我问：“搞文稿拍卖是否是市场行为?”他说：“是市场行为。”我问：“让组委会做这样一件仿佛圣人的事情，是否跟市场经济有违背的地方?”我没有发表任何评论，但是这样提问已经构成一种评论。

第三，角度是评论非常重要的组成部分。比如，在南京发生过一件事，国外芭蕾舞团演出，采用的方式是让观众看着给钱。结果演出几场之后，南京观众平均只给芭蕾舞演出投了 4 元钱，全国大部分媒体都在抨击南京的观众冷落高雅艺术。这个时候，你如果换一个角度，可能就会有另外一些发现，比如说：首先，规则本身是制定的，最后大家执行了这个规则，你凭什么在没有得到最后预期回报的时候去抨击执行规则的人？其次，市场经济中本来就有一个先定价的原则，是你打破了这种原则。最后，这是不是一种炒作？有时换一个角度，就会给评论提出一个新的视角。

第四，素材组合也是评论非常重要的组成部分。不同的组合，会导致陈述出来的事实给大家不一样的主观感受。比如在《打开国门》节目中，我们采访了三个人物，一个是中国教育部副部长韦钰，另一个是驻中国的美国商会的美国人，还有一个是龙永图。韦钰讲述她出国的时候，在机场里都快渴死了，但是没有人去喝不到一个马克的咖啡。美国商人讲最初到中国的感受。龙永图则讲述了唐山大地震后，他向联合国解释我们不需要援助。过了几年，又发生了一个灾难，龙永图告诉他们，中国准备接受援助。这几个人物的组合和对过去不同年代的事件的叙述，虽然事隔很久，依然会形成自己的评论。

第五，个性化的语言特征。美国过去的一档《夜线》节目，开始的镜头是巴解负责人阿拉法特、以色列总理巴拉克、美国总统克林顿。节目上来就几句话：“克林顿想要政绩，阿拉法特想要土地，巴拉克想要和平，他们谁会得到他们想要的东西呢？今天的《夜线》关注这件事。”语言很独特。

第六，态度也是评论的重要组成部分。当你在评论一件事情的时候，如果你的态度能够保持平和客观，被批评的一方或者看着你在批评别人的一方，就会心平气和地去面对，这样更有助于事情的解决。态度本身是评论很重要的部分。

第七，评论在电视中所占的比例。评论是不是一个独立的存在？我想当然不是。在电视节目里，是不是每句话都要说得像评论一样？不是。电视评论是一定要建立在事实基础上的，而且比例非常重要。有时候评论也许不该占太大的分量，让人觉得你在指手画脚，有时候通过不同事实的组接，再说上几句画龙点睛的话都可以达到很好的效果。①

这里谈的是评论节目的表达方式，是主持人从实际工作中得到的感受，它为我们提供了一种思路，一种借鉴。主持人在策划表达方式时应根据节目的特点与内容需要，作出恰当的选择，使节目达到内容与形式的完美结合，获得锦上添花的效果。

---

① 白岩松：《我看电视评论节目》，载《中国广播电视学刊》，2001（11）。

练习题

1. 主持人策划对主持人的素质有何要求？
2. 从微观的角度看，主持人策划包括哪些方面？
3. 某电视台计划对原有谈话节目进行改版，请你做一个节目策划方案。
4. 作为主持人要不断策划节目，请你就当前的一起重大事件策划一期节目。
5. 主持人策划与新闻策划有何区别？
6. 主持人策划的重点和难点分别是什么？
7. 主持人策划如何体现创意构思？

第十章

网络传播主持人

互联网被人们称为继报纸、广播、电视而兴起的第四媒体。在我国，随着网络传播规模的扩大，网络技术和通信技术的进步，网络主持人也悄然诞生，成为网络领域备受关注的角色。本章着重介绍的是网络主持人的类型、职责与必备素养，以及网络主持人的主持艺术等。

第一节　网络传播与网络主持人的兴起

一、网络的发展及其传播优势

世界上第一台电子计算机于 1946 年诞生于美国，1969 年 12 月，美国国防部高级研究计划局建立军方通信用的阿帕网。阿帕网是因特网的雏形，其基本思想是将不同类型的局域网或广域网互联，成为互联网络。由于因特网与生俱来的开放性，它逐步从军用发展到商用，从科学研究机构、大学校园逐步发展到向全社会开放；地域也从美国向全球发展。因特网的发展经历了从诞生初期的缓慢起步到 20 世纪 80 年代的飞速提升，再到 90 年代以惊人的速度上升的过程。1969 年 12 月阿帕网初建时只有 4 个网络结点，1972 年 3 月仅有 23 个，直到 1977 年 3 月也总共只有 111 个，而 1986 年由美国国家基金网连接的计算机网络结点数就猛增到 56 000 个。90 年代互联网以惊人的速度增长，到 1998 年，全世界有 180 多个国家和地区已接通互联网。

在我国，计算机信息网络建设起步是在 1989 年。这年 2 月我国的第一个分组交换网 CHINAPAC 建设完成，分别在北京、上海、广州设置了分组交换结点交换机，同时开通了北京到巴黎、北京到纽约两条国际线路。

1994 年 4 月由中国科学院（中关村地区）、北京大学、清华大学的校园网组成的中国国家计算机网络设施以高速光缆和路由器实现主干网的连接，建立了中国最高域名 cn 服务器，标志着我国真正加入因特网的行列中。

1995 年，国家正式开通的中国公用计算机互联网，作为公共商用网向公众提供互联网服务，允许个人申请上网。1996 年 1 月中国公用计算机互联网全国骨干网正式开通，全国范围的公用计算机互联网络开始提供服务。

1997 年 11 月，中国互联网络信息中心发布了第 1 次《中国互联网络发展状况调查统计报告》，截至 1997 年 10 月 31 日，我国共有上网计算机 29.9 万台，上网用户 62 万人，万维网站点1 500个。

2015年2月，中国互联网络信息中心发布第35次《中国互联网络发展状况统计报告》。报告显示，截至2014年12月31日，我国网民规模达到6.49亿人，手机网民达到5.57亿人，网站达到335万个。

2025年1月17日，中国互联网络信息中心发布第55次《中国互联网络发展状况统计报告》。报告显示，截至2024年12月，我国网民规模达11.08亿人，其中，农村网民规模达3.13亿人，网络视频用户规模达10.70亿人，短视频用户规模达10.40亿人，网络直播用户规模达8.33亿人，搜索引擎用户规模达8.78亿人。

由于网络传播所具有的特殊功能和突出特点，网络给广播电视传播带来了挑战，主要表现如下。

（一）传受关系的交互性挑战单向传播

广播电视传播是单向的，由信息源向受众传播，受众与电台、电视台之间彼此没有联系，各自与对方在传播过程中处于孤立状态。也就是说基本上是我说你听，我播放你看。而网络是双向互动的传播，在传播过程中，传者与受者之间可以随时反馈，受众之间可以相互交流，受众在接受信息时，可以随时表达自己的意见和情感。这是给传统媒体的单向传播带来的最大的挑战。

（二）多媒体挑战单一表现形式

广播主要采用声音和音响的媒介表现形式，电视虽然有活动的画面，有声音和音响，但它和广播一样，线性的传播方式使图表、文字等抽象符号的表现力大打折扣。网络由于是多媒体传播，它可以使声音、音响、图片、图像、文字、数据等合为一体，并且可存储，可重复再现。更有甚者，用户可以有选择的自主权，比如，可以选择有字无声、有声有像，也可以只听声音、关闭图像。

（三）对时效性的挑战

广播电视由于其制作播出的限制，其采访、录制、编辑要花大量时间，受节目时段的限制只能在相关节目中播出，因此，时效性受到影响。而网络传播不存在这些问题，网络传播可以实时上网，及时刷新，有些大型网站如新浪网每5分钟刷新一次新闻，几乎是随时将最新消息报告给受众。

（四）传播环境的全球性挑战地域性

国内的广播电视除了中国国际广播电台和中央电视台中文国际频道、新闻频道和其他外语频道向全球传播外，基本上是区域性和面向国内的，即使上星也存在落地难的问题。而网络传播不受时间、地点、频道、国界、气候等的影响，网络连接到哪里，网上的信息就传到哪里，因此，网络是以全球传播为基点的。它基本上不受任何限制，不受任何约束。人类从来没有像今天这样能够通过网络在全球范围内超越时空、超越各种媒体、超越地区和国家的界限，自由地交流与沟通。

（五）信息传播的个性化挑战传统的传播方式

广播电视的传播是通过采集信息、批量复制、点对面、一对众的传播方式进行传播的，不论你有什么兴趣爱好，不论你年长或年幼，面对同一媒体，同一时间内你只能接受相同的内容，没有丝毫选择的余地；而且在相应的时间段，一旦错过了接受时间，就无法了解相关信息。而网络传播是基于用户个人建立起来的双向交流系统，可以充分满足接受者掌握信息的个人控制权的要求。这主要表现在：

第一，用户可以主动获取个性化信息。用户只要在信息检索栏输入关键词，就可以找到自己索要的内容，还可通过订阅相关信息来获得个性化服务。

第二，随意安排使用时间。网络不像广播电视那样是线性传播，节目时间固定，网络可以让用户在自己方便的时间上网获取信息，不受约束。

第三，可复制使用。广播电视传播的视听信号稍纵即逝，用户如果认为这些内容很有用，想留下来以备后用，而手头没有事先准备好的录制工具，就毫无办法。而网络由于计算机具有强大的记忆存储功能，因此可以将信息随时存储复制，以备个人之需。①

延伸阅读

中国互联网络发展最新状况

2025 年 1 月 17 日，中国互联网络信息中心在京发布第 55 次《中国互联网络发展状况统计报告》（以下简称《报告》）。《报告》显示，2024 年是我国全功能接入国际互联网 30 周年。30 年间，我国互联网实现了从无到有、从小到大、从大到强的跨越式发展，建成了全球规模最大、技术领先的互联网基础设施，构建起全球最大的网络零售市场和网民群体。网民规模从 1997 年的 62 万人增长至 2024 年的 11.08 亿人，互联网普及率升至 78.6%。互联网已成为推动高质量发展，以中国式现代化实现中华民族伟大复兴的强大助力。

网络基础更加坚实，满足不同用户差异化接入需求

《报告》显示，2024 年我国互联网基础资源持续发展，5G、千兆光纤宽带网络建设有序推进，移动互联网接入流量延续较快增势，信息通信业高质量发展成效显著。一是互联网基础资源持续丰富。截至 12 月，域名总数为 3 302 万个，其中，国家顶级域名“.CN”数量为 2 082 万个；IPv6 地址数量为 69 148 块/32，同比增长 1.6%。二是新型信息基础设施协调发展。截至 11 月，已累计建成 5G 基站达 419.1 万个，比上年末净增 81.5 万个；3 家基础电信企业发展蜂窝物联网终端用户 26.42 亿户，占移动网终端连接数的比重达 59.6%，人、机、物泛在智联有序推进，为更多用户接入互联网服务提供坚实支撑。

实数融合加快落地乡村基层，数字乡村建设有序推进

《报告》显示，2024 年电信普遍服务和“宽带边疆”等相关行动有序推进，让更多农村和偏远地区老百姓用得上、用得好网络。一是乡村数字化服务体系持续完善。截至

① 参见廖声武：《网络主持人成为新传播者》，载《传媒观察》，2004（5）。

12月，我国农村网民规模达3.13亿人，占网民整体的28.2%。村级寄递物流综合服务站累计建设33.78万个，“寄递＋农村电商＋农特产品＋农户（合作社）”模式广泛推广；远程医疗服务网络覆盖所有市县，并向社区和乡村基层延伸覆盖，为乡民的生产生活提供了有力保障。二是乡村数字化生产模式加快推广。数字技术在优质种源共享、智慧农田监管、畜牧风险管控等乡村生产中的应用进一步拓展，“全农码”累计赋码22.76亿个，“农事直通”App服务主体达106万，数字化生产模式与农业产业的深度融合为农村经济发展提供强大助力。

生成式人工智能应用持续涌现，用户产业两端落地提速

《报告》显示，2024年生成式人工智能相关产业快速发展，新业态、新应用持续涌现，为经济社会的发展注入了强劲动能。一是用户端应用带来智能化便捷体验。截至12月，我国有3.31亿人表示自己听说过生成式人工智能产品，占整体人口的23.5%；有2.49亿人表示自己使用过生成式人工智能产品，占整体人口的17.7%。在生成式人工智能用户中，利用生成式人工智能产品回答问题的用户最为广泛，占比达77.6%；将生成式人工智能产品作为办公助手的用户占比达45.5%。二是产业端应用赋能千行百业智能化升级。生成式人工智能技术在各领域的应用成果百花齐放，其中文艺创作、网络营销、软件工程等领域将生成式人工智能作为日常工作主要工具之一；法律咨询、智慧诊疗、线上客服和智能机器人等领域，基于生成式人工智能技术的智能助手已经十分常见；生成式人工智能通过对传统产业生产制造全流程、全要素、各环节的赋能改造，能够实现提质增效和降本降耗。

数字消费市场活力纷呈，平台企业助力消费提质升级

《报告》显示，2024年在政策推动、模式创新等多重因素推动下，数字消费领域亮点纷呈。一是电商平台消费品以旧换新取得新成效。电商平台企业联合多个省、市级政府给予消费者补贴加码，大力推广以旧换新模式，推动线上消费成交额大幅增长。截至12月，网络购物用户规模达9.74亿人，较2023年12月增长5 947万人，占网民整体的87.9%。二是支付平台互联互通取得新进展。网络支付机构推进互联互通，各类条码互认互扫取得进展，支付宝、微信支付与云闪付实现线下条码的互认互扫，推动线上、线下多场景支付互联互通，进一步便利数字消费。三是外卖平台无人机送餐成为新模式。外卖平台开展社区、景区、市政公园、校园等多场景下的无人机外卖配送业务，开通超过53条航线满足消费者时效性需求，助力低空经济创新发展。

“内容＋体验”打造新场景，文旅融合跑出加速度

《报告》显示，2024年数字业态与文旅有机结合，不断激发数字文旅消费潜能，赋能文旅融合高质量发展。一是文旅跨界融合带来新活力。各地方政府充分利用短视频、直播、网络游戏的传播效应，全方位展示文化、美食、景点等特色，打造全新文旅名片，带动文旅产业和经济发展。截至12月，在线旅行预订用户规模达5.48亿人，较2023年12月增加3 935万人，占网民整体的49.5%。二是沉浸式体验成旅游新亮点。增强现实、虚拟现实、人工智能等数字科技在文旅领域加速应用，给游客带来新体验。“五一”假期，全国首批42家沉浸式体验新空间吸引消费者超430万人次，实现消费总额超过2.2亿元。三是微短剧渐成文旅娱乐内容领域新势力。截至12月，微短剧用户规模达6.62

亿人，网民使用率为59.7%。“跟着微短剧去旅行”“微短剧里看中国”“微短剧里看品牌”系列计划陆续启动，打造共生增长、开放包容的微短剧产业生态。

资料来源：第55次《中国互联网络发展状况统计报告》，见 https：//www.cnnic.net.cn/n4/2025/0117/c88-11229.html，2025-01-17。

二、网络主持人的出现

网络传播相对于广播电视而言有诸多优点，但也并非没有弱点。其实，网络的弱点有时让人难以忍受。

第一，信息的海量导致信息的庞杂，用户饱受垃圾信息带来的困扰。要想在海量信息中找到理想的内容，何其难也！要想篇篇看到也不可想象。

第二，网页与人的交流让人觉得没有情趣，生出“网页冷冰冰”的感觉。当人们在网上激情冲浪之后，发热的头脑开始冷静下来的时候，猛然间，一股寂寞涌上心头：原来我们一直在与冰冷的网页打交道，网上没有人与人面对面实际交流的快乐，冰冷无情让人扫兴。

这实际上是网民在网络使用过程中心理与需求的变化。要克服这些弱点，满足受众使用网络的新需求，就要让网络变得更人性化，更有人情味。

于是，英国报业联合会新媒体公司在硅谷的支持下，历时9个月研制完成的虚拟主持人安娜诺娃于2000年4月19日在互联网上亮相。这是互联网上第一位虚拟主持人。安娜诺娃是以新闻主持人身份出场的：“安娜诺娃向您直播：菲律宾今天发生一起飞机坠毁事件，机上131名乘客全部遇难。”

2000年5月25日，我国第一位网上虚拟主持人登场，这是一位全天候的主持人。新浪网以第一人称的手法对这位虚拟网络主持人作了介绍：

> GoGirl这几天觉得自己有点横空出世的感觉，所以去蹦迪、去游泳，给所有我认识的朋友打电话，只为了向他们宣布我GoGirl做了51go网站的全天候网络主持人。从小的梦想就是能成为著名的节目主持人，让大家听到我的声音，感受到我的热情和真诚，现在终于实现了。既然是主持，就一定要让你了解我，现在就公开一些我的个人隐私吧：
>
> 年龄：保密（大学毕业不久）
>
> 现居：中国北京
>
> 身高：170cm
>
> 体型：苗条健康
>
> 血型：O型
>
> 星座：双子座（生日为5月25日）
>
> 信条：work hard，play hard.（拼命工作，使劲玩。）
>
> 背包旅行：旅行地点，任何有自然景致的地方。
>
> 爱好：卡通片、音乐、读书、上网、聊天、逛街、坐在咖啡店观察各色人。

缺点：轻微丢三落四，早上起床有困难，有点任性。

想更深地了解GoGirl，那么上51go.com侃侃吧。GoGirl给各位可爱的网友们准备了时尚、丰盛的中西混合大餐。不要笑话GoGirl的胡思乱想，感性的GoGirl时常会突发奇想，让你见笑了，要不就不叫非常GoGirl了。GoGirl酷闻，对于酷哥哥、靓妹妹来说一定不要错过。所有最酷的玩意儿，最酷的地方，最酷的环保信息都为你一网打尽。还有呐，更精彩的诸朋go友，为各位留下了充分的发言空间，GoGirl喜欢有故事的人，喜欢胡思乱想的人，更喜欢对生活充满激情的人。想要免费的桌面、屏保和可爱的图标，来找GoGirl出品！有什么想法告诉GoGirl吧，GoGirl虽然在生活中有点懒，多些任性，但是作为主持人，你快乐所以我快乐！

一个热情开朗的中国女孩，一个喜欢到处走走，有很多故事的中国女孩。因为偶然的机会，让GoGirl可以居住在51go.com的屋檐下，成为快乐的网络虚拟主持人。GoGirl十分满意自己的空间，她想在这里认识更多的朋友，和更多的人分享她也许精彩的人生，更重要的是，她要与朋友们一起进入一个激情互动的新空间。①

几乎与此同时，2000年5月30日，由263首都在线发起的全球第一位网络主持人选拔赛进入决赛，经过最后的角逐，来自全国各地的10名选手中，清华大学外语系四年级的一位女生最终获得了冠军，成为我国第一位网络主持人。

网络主持人的出现，起初不排除商业炒作的成分，但这一新鲜事物无疑是网络发展的需要，是网络用户对网络使用提出的要求。现在，网络主持人已是网络中不可或缺的角色。

第二节　网络主持人的类型、职责与素养

一、网络主持人的类型

从理论上讲，网民都是传播者，只要上网，就可以成为一个对外发布信息的人。但是从网民的行为的规律性、目的性和效果等方面来看，网民可以分成两类：非职业传播者和职业传播者。非职业传播者虽然有传播行为，但没有明确的目的；而职业传播者有明确的目的，其信息发布是有规律、持续地进行的。因此，我们讨论的网络主持人是指网络职业传播者。网络主持人作为职业传播者，在网络传播中有这样几种类型。

（一）网站文字主持人

指在网站文字网页出现的主持人，具体分类如下。

1. 明星主持人

明星是指娱乐界、体育界的知名人士，他们一般拥有自己的网站，又是网站的主持人。

① 《国内首个网上虚拟主持人GoGirl资料》，见http：//tech.sina.com.cn/internet/china/2000-05-30/26752.shtml，2000-05-30。

2. 形象主持人

形象主持人是网站出于各方面利益考虑而推出的形象大使，他们基本上扮演着聊天室主人或网络论坛坛主的角色，既做主持人，又是形象代表。

3. 专家主持人

专家是某一领域的权威学者或知名学者，有一定的社会知名度。他们凭借自身的学养和权威，受聘出任网站或栏目的主持人。如一些健康网站就经常邀请知名专家担当主持人。

4. 网友主持人

这些网友有的是写作爱好者，有的是热心的社会关注者。他们一般在网站“聊天室”里开辟自己的“房间”，主持一个话题的讨论；有的是职业网友与网站联合开办专题讨论，担当主持人。

（二）网络视频主持人

根据网络平台的不同，网络视频主持人可作如下划分。

1. 网络电台和网络电视台的主持人

以传统媒体为依托建立的网络电台、电视台，以将传统媒体的节目搬到网上传播为主。但它们也开辟自己的频道，设置频道的主持人，就有关事件和人物，进行视频采访报道。

例如，芒果 TV 是以湖南卫视为依托的网络节目直播平台，《主播说联播》是中央广播电视总台新闻新媒体中心推出的短视频栏目，这些平台和栏目的主持人是电视台的专业主持人，他们来到网络平台，成为网络节目主持人。

2. 商业网站和专业网站娱乐视频主持人

一些大的商业网站会设置娱乐频道主持人，自己录制节目，进行视频传播。如新浪网的《新浪会客厅》、爱奇艺的《大牌对王牌》、优酷的《亚洲超星团》的主持人就属这种类型。

3. 网络自媒体直播主持人

近些年，随着现代互联网交流方式的普及，网络自媒体直播平台如雨后春笋般涌现。如斗鱼游戏直播、淘宝电商直播等等。人们在各种网络媒体平台上建立一个个“群”——也可以称为一个个“类”，而每一个“类”都有自己的主题，如音乐、购物、游戏、电影等等。在一些网络直播平台之中，一些专门的主持人定期组织节目，以促进平台交流服务。如在抖音平台上以美妆为主要内容的某直播账号，在直播间进行相关内容的直播，包括提供美妆教程、产品推荐和化妆技巧等内容。主持人在直播过程中介绍化妆产品，演示化妆步骤，与观众互动，回答观众提出的问题，营造活跃的氛围，确保直播节目顺利进行。网络自媒体直播主持人除少数是职业主持人业余时间做网络自媒体主持人外，大部分是非职业主持人。如电商直播主持人，可能就是在农田里耕作的农民，也可能是商铺的店员。

前两类主持人一般都是网站工作人员，都有一定的专业基础，或受过专门的训练；后一类主持人一般来说是自由的网络传播爱好者，不属于网站工作人员。

延伸阅读

主流媒体如何打造网红主持人

互联网时代是“去中心化”的时代，以“人”为核心的关系传播比传统媒体大众传播更有效率。这种“去中心化”传播和“人格化信任”连接造就了一大批网络大V和网络主播，他们和主流媒体一样正重塑着我们的传播生态和意见市场。做强新型主流媒体的传播力和引导力，打造主流媒体网红主持人被视为重塑媒体和受众的关系，继而提升媒体传播力的重要一环。

在网络上，网民对主持人传递的价值观和审美观高度认可，产生强烈的社会认同和自我归类，那么，网民就会迅速形成并强化“这一个”群体身份，而主持人自然就成为网络上关键的连接点而获得了网络中心度，随之而来的是高传播力、高关注度和高影响力。主流媒体网红主持人通过“连接”“破圈”“IP打造”生成了一套传播扩张的关系逻辑。

首先，连接用户，建立关系。主流媒体网红主持人要转变传统思维，洞察用户画像，了解用户需求，有针对性地输出内容，从而与用户产生关联。同时，主流媒体网红主持人要转变“精英式”的话语样态，以朋友的身份与用户分享互动，用具有亲和力的表达瞬间拉近与用户之间的距离，激发用户对主流媒体网红主持人的信任感和依赖感，继而形成黏性更强的粉丝关系。

其次，打破壁垒，关系“破圈”。主流媒体网红主持人要掌握互联网传播规律，一改传统媒体严肃刻板的说教形象，打磨并生产出互联网时代用户更容易接受和喜爱的内容，打破主流圈层壁垒，在社交媒体平台“破圈”，获取全平台关系流量。数据是关系流量的直接体现，中央广播电视总台主持人康辉以Vlogger的身份，在微博平台发布了“大国外交最前线”Vlog，总播放量达9 661万次，平均浏览量1 380万次，相关话题讨论量13万，成为主持人“破圈”的经典案例。

最后，打造个人IP，强化并扩展关系。高素质和高魅力是主流媒体网红主持人区别于其他流量网红的双重特质。有思想、有品位的优质内容以及独特、鲜明的个人魅力相辅相成，打造出主流媒体网红主持人的独特IP。这一独特IP能成为引流的标识与符号，在新媒体平台迅速突围，推动主流媒体网红主持人传播力以及社群力的变现，最终形成主流媒体网红主持人触达、获取、强化并扩展关系的闭环增长逻辑。

资料来源：朱永祥、王梦菲：《主流媒体网红主持人的关系逻辑及现实困境》，载《传媒评论》，2022（9）。

二、网络主持人的职责

作为网络的职业传播者，网络主持人在传播中有这样几种职责。

（一）信息的提供者

网络主持人是在网络中专门从事传播的人，他们与传统媒体的主持人有相似之处，无论是哪一类主持人，他们的职责都是为网民提供丰富的信息资源，而且网站正是依靠这种资源来集聚人气、打造品牌的。当然，不同类型的主持人由于专业知识、学识修养不同，提供的信息资源也是有差异的。

（二）娱乐的制造者

网络自办的视频和音频节目大多是娱乐节目，主持人出现在视频和音频节目中，将社会万象、逸闻趣事以轻松愉快的方式呈现在网民面前，给大家带来乐趣，丰富了网民休闲娱乐的内容。

（三）公众论坛的组织者

网络主持人是网站的形象代表，当社会上出现受众普遍关注的热点问题的时候，主持人很自然地就成为公众论坛的组织者。他们可以利用自身的品牌优势、权威性和在网民中的影响，向网民发出讨论话题的公告，为网民提供交流意见和信息的场所，吸引网民进行讨论。

（四）网络规范执行的监督人

网络是一个开放的媒体，个人计算机只要与网络连接就能上网，上网者就立即成为网络信息发布者。由于网民成分的复杂和水平的差异，各种信息都会出现，一些不遵守法律法规、侵犯他人隐私、危害国家安全的信息和言论都可能出现，主持人一旦发现就可采取技术屏蔽措施，或者对不遵守规定强行发帖的网民，通过程序将其“踢开”，以保证网络规范得到切实的维护。

三、网络主持人的素养

网络传播的高效率和互动性等优势，赢得了巨量的受众，它的影响力在社会生活中越来越大。作为大众传播的网络主持人，其职责也越来越重要，这对网络主持人的素养也提出了很高的要求。那么，网络主持人应该具备什么样的素养呢?

（一）良好的政治思想素养

作为大众传播媒介工作者，政治思想素养是其不容忽视的基本素质。网络主持人的政治思想素养包括以下几个方面。

1. 明确的新闻传播工作者角色意识

网络是一种新兴的传播媒介，媒介的信息传递和新闻传播包含有意识形态的成分。所以，网络主持人作为网络传播工作者，要明确自己是社会主义新闻工作者的一分子，自己的工作是与社会主义新闻事业紧密联系在一起的。有了这种思想，就能在传播活动中将其内化为满腔的工作热情，创造性地开展工作；在一些大是大非问题上，具有坚定的政治方向，牢固地站在党和人民的立场上。

2. 具有马克思主义的理论素养

网络主持人作为网络传播工作者，重要的任务之一就是要用马克思主义的观点、立场和方法观察、反映和报道现实的社会生活，对国内外重大事件，对人们关心的各种新闻事实作出正确的解释和阐述；面对复杂的形势，要旗帜鲜明。要做到这些，新闻工作者自身必须具有扎实的马克思主义理论功底，否则，“以其昏昏，使人昭昭”是不可能的。

当前，我们的社会正处在转型期，改革开放在向纵深发展，新事物、新矛盾、新观念层出不穷。在这样的社会环境中，要正确地观察、分析周围的事物，就必须学习和研究马克思主义基本原理，增强网络传播的原则性、全面性、深刻性、预见性，在主持工作中善于按照事物本身的内在规律，用联系的观点，全面地分析客观现实，准确把握客观社会现象中所包含的深刻本质，避免新闻宣传工作中的表面性与片面性。

3. 熟悉党的路线、方针、政策

党的二十大报告指出：从现在起，中国共产党的中心任务就是团结带领全国各族人民全面建成社会主义现代化强国、实现第二个百年奋斗目标，以中国式现代化全面推进中华民族伟大复兴。为实现这个目标，党根据具体形势制定了具体的工作方针和政策。网络主持人必须熟悉党的路线、方针、政策。只有深刻地理解党的路线、方针、政策，才能在传播活动中，自觉地用生动的事例、受众喜闻乐见的形式来阐释党的路线、方针、政策，做好新闻传播工作。

（二）网络主持人的专业意识

要开展优质高效的网上传播，网络主持人应当具备如下专业意识。

1. 时效意识

我国网络传播的时效性越来越强，往往事件刚刚发生，网上就有相关的新闻，实时报道呈现出网络传播的优势。针对这种情况，网络主持人在新闻传播、提供个性化信息服务、策划论坛选题及视频传播等方面要更加注意时效。

2. 服务意识

主持人要善于把握网民的情感诉求和关注焦点，并以“投其所好”的方式吸引受众。比如，网络视频节目之所以受到网民的喜爱，其中一个重要原因是其能够契合网民的“口味”。网络主持人要注意研究自己传播工作的特点和网民心理需求的特点，找到两者的契合点，为网民提供更多的优质服务。

新媒体提供了更多的视觉元素，如视频、图片、图形等。网络主持人可以利用这些元素来增强传播的吸引力，让受众更容易理解和记住内容。网络主持人要善于利用各种新媒体平台，包括社交媒体平台、短视频平台、直播平台等，使信息内容多元化传播，这有助于触及更广泛的受众，增加传播的影响力。

3. 把关意识

随着电脑、手机等新媒介的不断涌现，传播载体变得私人化、传播内容变得复杂化、传播对象变得自由化，尤其是社交媒体中充斥着大量良莠不齐的信息，难辨真伪。网络主持人的把关作用与传统媒体相比较没有丝毫减弱。网络主持人在面对一些突发事件、危机事件时要主动担负起把关者的责任。

4. 策划意识

与传统媒体相比较，网络传播是一种无论在技术手段还是传播理念上都截然不同的传播方式。网络主持人要运用新思维，站在时代的高度，从更广大的空间、更久远的时间范围内来策划传播的新思路。要从媒体的发展、技术手段的运用、传播方式的设计上思考和策划主持人的传播内容与方法。只有不断创新，才能保证媒体的恒久活力，保证网络主持人在竞争中稳操胜券。例如，网络主持人应积极探索应用新媒体技术，如虚拟现实（VR）和增强现实（AR）等，以创新网络传播模式。新媒体技术的使用可以方便受众更清晰、更深入地了解所传播的内容。

（三）熟练的计算机与网络操作能力

在网络传播中，主持人的主要传播工具是互联网，特别是网站文字主持人，主持人要利用网络检索资料，用网络处理各种信息，因此，熟悉计算机操作与网络操作是主持人的一项基本素质。

1. 熟练操作计算机、网络和多媒体

在网络主持的过程中，主持人对一切信息的处理，从相关信息资料的检索到与网民的现场交流，都是在计算机上进行的，都离不开电脑、网络和多媒体。这要求主持人不仅具有关于电脑、网络和多媒体的硬、软件一般知识，而且要具有熟练进行文字处理、表格处理、图形处理，以及音频文本、视频文本和相关程序的处理的能力。

2. 具有很强的网络信息检索能力和验证、过滤信息的能力

互联网本身就是丰富多彩、四通八达的信息“超级市场”，在互联网浩如烟海的信息中准确而迅速地找到所需信息，是主持人必备的一项技能。

主持人应学会通过网络信息发现新闻线索，使用邮件群目录、新闻组组织专题性新闻报道，充分利用搜索引擎和联网数据库检索浏览信息资源；通过各种各样的在线和非在线的信息来源、数据库、图书馆等对网上信息进行去粗取精、去伪存真的验证分析，为受众提供翔实可信的信息。

（四）熟悉网络语言

事实上，网络交流是一项高成本的交流。所以信息传递必须争分夺秒，言简意赅，惜时就是“金”，语言符号一切从简。于是许多词都被简化处理了。例如，“MM”指“妹妹”，“JJ”指“姐姐”，“GG”“DD”分别指“哥哥”“弟弟”，“I 服了 U”是“我服了你”的意思。为了简便，一些数字也被用来表示相关的意义。例如，“818”是指“聚在一起讨论特定的话题”，“886”是“拜拜了”。

还有一些形象化的表达：“欢迎你来灌水”，就是让你发表意见，写文章。与之相对应的还有“造砖”。“灌水”是随便写，“造砖”是用心写。“囧”用于表现郁闷、悲伤、无奈时的面部表情。除了文字的形象化表达，网络上还逐渐发展出一整套“眉目传情”的形象化符号。如“：-D”指非常开心地张开嘴大笑，“-”是鼻子，“D”是笑得大张着的嘴。这些是文字主持人需要熟悉的。

视频主持人也要熟悉网络流行语。网络流行语是一种新的交流方式，不管它是否合理、科学，它在网络环境中已经约定俗成并广泛传播。它带给网络传播新的语言活力。网络主持人必须熟悉这种语言，理解其含义，才方便与网民交流，才不致“语言不通”。如“贾君鹏，你妈喊你回家吃饭”帖子一出，立即走红，成为网络流行语。有网友依此发了一条短信：“××（城市名）的贾君鹏，别看电视了，你老婆生孩子了。”结果某电视台主持人将它念了出来，留下了笑柄。这件事虽然发生在电视节目主持人身上，但对视频主持人而言也足资借鉴。

（五）运营能力和团队合作能力

网络主持人需要具备一定的社交媒体运营能力，能够通过社交媒体平台扩大自己的影响力，以触达更多的受众。网络主持人需要了解社交媒体的运营规则和技巧，能够制定和执行合适的社交媒体营销策略，提高自己的知名度和粉丝数量。

同时，网络主持人通常是作为团队的一员参与直播节目的制作和组织，需要与团队其他成员合作，协调各个环节，充分发挥各成员的特长，调动各方面的积极性，确保直播节目的顺利进行。

（六）通晓网络传播的法律规范

随着网络的发展，网络传播中的有关问题也逐渐暴露出来。例如，网络安全问题、网络传播的内容问题、网络侵权问题等越来越突出。为了维护网络传播秩序，世界各国都相继制定了规范网络传播的法律法规。自 1994 年以来，我国国务院及相关部门陆续出台了一系列网络管理的法律法规。这些法律法规是网络主持人必须遵守的，也是主持人确保自身权益不受侵害的依据。这些法律法规大致可分为三类。

1. 关于网络安全的法律法规

这些法律法规主要有：《中华人民共和国保守国家秘密法》（1988 年公布，2010 年第一次修订，2024 年第二次修订）、《中华人民共和国计算机信息系统安全保护条例》（1994 年公布，2011 年修订）、《计算机信息网络国际联网安全保护管理办法》（1997 年公布，2011 年修订）、《计算机信息系统国际联网保密管理规定》（1999 年）、《中华人民共和国电子签名法》（2004 年公布，2015 年第一次修正，2019 年第二次修正）、《通信网络安全防护管理办法》（2010 年）、《中华人民共和国国家安全法》（2015 年）、《中华人民共和国网络安全法》（2015 年）等。

2. 关于网络传播内容的法律法规

这些法律法规主要有：《中华人民共和国计算机信息网络国际联网管理暂行规定》（1996 年发布，1997 年修正，2024 年修订）、《互联网站从事登载新闻业务管理暂行规定》（2000 年）、《互联网电子公告服务管理规定》（2000 年）、《互联网信息服务管理办法》（2000 年发布，2011 年修订，2024 年修改）、《信息网络传播权保护条例》（2006 年发布，2013 年修订)、《网络出版服务管理规定》(2016 年)、《互联网新闻信息服务管理规定》(2017 年）等。

3. 关于网络知识产权的法律法规

有关的法律法规主要有：《互联网站从事登载新闻业务管理暂行规定》(2000 年)、《互联网著作权行政保护办法》(2005 年)、《信息网络传播权保护条例》(2006 年公布，2013 年修订)、《网络音视频信息服务管理规定》(2019 年）等。

第三节　网络传播主持艺术

网络主持涉及面较广，不同的网站有不同的要求，例如，新闻网站的主持与商业网站的主持，网站文字主持与网络视频主持，无论在主持人、栏目定位、主持风格，还是主持的内容上都存在相当大的差异，因此，笼统地谈网络主持会导致泛泛而谈的弊端。为了更有针对性，我们选取网络论坛主持和视频主持作为讨论的对象，重点讨论网络的选题要求与主持人的交流艺术等。

一、网络主持的选题要求

从网络传播的角度看，设立论坛让网民进行讨论的方式发挥了网络双向互动的作用，发挥了网民的能动性，但网民的参与并不意味着传播质量的提高。这样，网络的选题的意义就凸显出来了。选题的恰当与否，直接影响到节目的质量与成败。

选题从哪里来？网络论坛的选题与传统媒体选题自有相通之处。当然，网络论坛具有不同于传统媒体的特点，如大信息量、即时性、互动性等，因而在选题上也有自己的思路。

（一）借助于重大新闻事件选题

网络论坛与新闻事件的性质和发展的进程息息相关，突发性的重大新闻事件往往成为论坛选题的最佳材料。网络媒体的报道是以海量的信息取胜的，而新闻信息的性质和发展的进程，以及受关注与否直接影响平台访问量的升或降。早些年如 2009 年湖北巴东邓玉娇事件，2010 年江西宜黄拆迁自焚事件、河北李启铭交通肇事案，2011 年甬温线特别重大铁路交通事故等，近几年如 2022 年江苏丰县“铁链女”事件、人教版“毒教材”事件，2023 年江西中学生胡某宇失踪事件、成都太古里“牵手门”事件、深圳“北极鲇鱼”炫富事件，2024 年邯郸 3 名初中生杀害同学事件、男孩长大想当银行行长继承家产事件等，都是如此。

延伸阅读

《人民日报》网络版的“抗议论坛”的出现

1999 年，中国驻南联盟大使馆遭到以美国为首的“北约”的轰炸，《人民日报》网络版以非同寻常的速度、广度和力度进行充分的报道，5 月 9 日开设了“强烈抗议北约暴行BBS论坛”。广大网民热烈响应，各抒己见，掀起了网上抗议的高潮。此后抗议论坛紧密结合事态的每一步发展进程，不失时机地推出公众最关心的焦点问题，引导更多的网友不断加入讨论圈中来。至6月19日晚，网友共发了9万余条帖子（1998年年底中国网民为210万人），表达了中国人的义愤，发出了中国人的怒吼。

“抗议论坛”（后改名“强国论坛”）的成功，说明突发性的重大新闻事件具有发生的不可预知性、进程的不可预料性、结局的悬念性，并且具有关系到国家、民族利益的重要意义，因此，往往引起公众的广泛关注。论坛主持人如果能迅速将这些事件引入论坛之中，生成社会议题，就给了公众一个发表自己看法的广阔天地，就能一下子将公众的注意力聚集到论坛中来，聚集起旺盛的“人气”。而随着事件的进展，论坛不断就此设定各个阶段的议题，公众的态度和意见亦随之变化，因而两者之间形成良性循环，从而使议题的挖掘向纵深发展，使讨论具有戏剧性、冲突性、深刻性。

资料来源：李元授、廖声武：《节目主持人概论》，409页，武汉，华中科技大学出版社，2005。

（二）利用网上的相关议题来选题

论题是否具有针对性是决定论坛节目能否吸引受众、能否产生社会效应的重要因素。所谓针对性有两方面意思：其一指的是将网民正在讨论的、大家都很关心的问题设为讨论的主题；其二指的是针对网民中的认识偏颇和倾向性矛盾设定论题，运用论辩的方式对症下药，以促使矛盾转化，帮助网民提高思想认识。

借助重大新闻事件进行选题是从可供传播的客体来说的，而针对受众进行选题是从信息接受的客体来考虑的。网络媒体良好的即时互动性使主持人能够通过网上民意调查准确地捕捉网民的舆论动向，瞄准网民关注的热点问题设置讨论的议题。同时，网上众多的聊天话语、新闻信息、短视频等为主持人搜寻论题提供了远比传统媒体要丰富得多的论题库。主持人应针对这种自在形态的讨论，设置论坛议题，使之变成有组织的、有序的讨论，从而收到更好的舆论效应。

值得指出的是，论题的设置要着眼于建设性、有大局意识。论坛应是推动社会进步的思想库，而不能成为坐而论道的清谈家，更不能蜕变为少数人发泄对社会的不满的出气筒。根据传播学上的议程设置原理，媒体在左右公众对事件的评判方面不一定能发挥效用，但却能够有效地影响公众对某些信息的关注度。对于正面论题的选择主要看能否吸引大多数人的关注和参与，而对负面论题的选择则主要着眼于能否收到好的社会效果，能否推动问题的最终解决。普遍存在的社会问题为论坛提供了巨大的选题空间，其中有很多可能是公众所关心的热点问题，但是由于当前党和政府的工作重心不在这方面，或者是由于人力、财力或历史情况等客观原因，这些问题暂时还无法解决，这样的讨论可能会引起广大网民的关注，但对情况的好转起不到丝毫作用，难免放空炮，甚至还可能引发公众不健康的舆论，危害社会稳定。《南方日报》编辑在谈到热点报道如何选题时曾提出三个“不选”，即：是非模糊、理论不清、难于定论的不选；是非已分，但过于超前，目前难以做到的不选；容易激化矛盾、引起公愤、造成心理失衡的不选。[①] 传统媒体

① 参见谭立谋、刘红兵：《无限风光在险峰——经济难点、热点报道刍议》，载《新闻战线》，1998（10）。

的选题原则与网络论坛的选题原则之间存在共通之处。

（三）论坛的选题还要结合论坛本身的内容定位来进行设置

根据论坛所涵盖的内容和规模的不同，可以把论坛分为综合性论坛和专业论坛两种。综合性论坛往往包含多个板块，例如，网易的“虚拟社区”就是一个包含几十个板块的综合性论坛，内容涵盖了生活、情感、文学、电脑、音乐、股票、汽车、房产等与年轻人生活相关的几乎所有方面，因而论题选择的空间特别大，它的论题侧重于大众化，以吸引大量人气。而对专业论坛来说，论题选择的空间较前者要狭窄，但它的优势在于可以通过专业性的讨论在一个狭小的区域内聚集起许多更具本专业知识和素养的人士，因而讨论也较为深入。从论题自身来看，讨论主题的确定还应该注意以下几点：其一，要明确具体，过于含糊或抽象的论题，很难让人们比较快地进入角色。其二，应该有比较强的现实意义。它又包含两个方面的含义：一是论题要与当前形势紧密相关，它应该有刚刚发生或即将发生的新闻事件作为依托，是公众看得见摸得着的，而不是超时空的臆想；二是论题要与受众紧密相关。西方国家关于电视节目的使用与满足理论曾总结出受众接触媒介的心理动机，包括心绪转换、人际关系、自我确认和环境监测等四种类型，从中不难看出，不管是哪种类型，受众都是在结合自身需要的基础上对节目进行选择的，这一点在网络媒体上仍然适用。其三，论题应具有可以讨论的余地。这同样包括两个方面的含义：一是网民对事件的看法存在争议，已经有明确结论的话题，往往不能激起人们的讨论兴趣；二是话题所包含的意义具有丰富性和复杂性，这样有利于讨论的展开，并在主持人的引导下逐步向纵深发展，挖掘出话题所蕴藏的深层本质。

二、网络主持人的交流艺术

在确定网络论坛的选题后，如何进行交流就成了网络主持人要思考的问题。

网络主持人的交流方式一般有两种，即嘉宾访谈式和网友自由发帖式。嘉宾访谈式即约请专家、学者、明星或其他人士到论坛接受专访或发表看法，这是借鉴广播电视中嘉宾节目的做法。网站充分利用权威人士在人际交流中的影响和声望优势，开展信息交流，达到影响社会舆论的目的。在嘉宾访谈中，主持人一边主持，一边交流，网友自由发帖，向嘉宾提问，主持人还以对提出的问题加以点评的方式介入交流过程。

无论是网站文字主持还是视频主持，如何选择嘉宾都是非常重要的一环。一般来说，嘉宾的来源分为这么几类：一是某个部门的领导，他们对实际情况有深入的了解，熟悉党的方针政策，有较高的政治觉悟；二是某个领域的专家或专业研究人士，他们长期从事某项工作或研究某个领域的问题，在本领域成就卓著，对问题的看法往往具有独到见解，有权威性、理论性；三是明星和职业资深人士，如影视明星、体育明星、记者、律师等；四是新闻事件的亲历者。

具体选择什么样的嘉宾，要依节目内容和传播目的而定。此外，语言表达能力和代表性也是应予以考虑的。例如，“强国论坛”第一个系列专题讨论是关于教育问题的讨论，从社会普遍关心的教育是否应该产业化到教育改革、贫困地区教育、国际比较和教育发展、高等教育改革等各个方面的话题，所请的嘉宾都是教育界的专家。究其原因，是因为“强国论坛”是人民网的时政论坛，需要具有较强的严肃性和权威性，站得要高，看得要远。事实证明，这些专家在讨论中均站在一定的理论高度对教育问题给予了精辟分析，网民们与他们交流都非常踊跃，并且两者在交流过程中不时碰撞出许多新观点和新思路。

目前的一些网络节目，大多存在这样或那样的不足，最显著的表现是主持人和嘉宾都在演播室内正襟危坐，语言刻板、干巴、模式化，没有风趣，缺乏鲜活气息和有生命力的话语。有鉴于此，主持人与网友交流时要注意以下几点。

（一）摆正位置，营造平等交流的氛围

网络时代被认为是一个张扬个性的时代，一个重要原因便是在“沉默的螺旋”假设中起重要作用的“从众心理”的作用程度有所改变。从心理学的角度来说，“从众心理”源于认知失调和惧怕孤独。但是在网络中，人们的认知和交际能力随着网络技术的发展得到了极大的扩展。人们可以通过转换群体来逃离让他们感到失调的环境，拓展交际空间。其最直接的方式就是在网络无数的论坛中“冲浪”，积极地寻找同盟军，而不是消极地从众以保护自己。

由此可见，在网络中要想实现绝对的舆论一律几乎是不可能的，网络主持的一个重要方面是主持人要营造一个平等交流的氛围。在这个氛围里，从主持人到嘉宾，从专家到普通网民，人人都有说话的权利，人人都既是传播者又是被传播者。这里没有也不需要唯一的、专制的“民意”，大家可以就不同观点，一起交流沟通，完成对新闻事件由表及里、由浅入深、由现象到本质的认识，从而达到舆论引导的目的。为此主持人应摆正自己的位置，切忌在交谈中以教育者的姿态出现，凌驾于他人之上，盛气凌人，“我说你听”，“只许虚心接受，不许强调反驳”。

（二）把握好时机，善于就势发言

主持人在交流中往往会遇到这样的情况：有时候一些人偏激的情绪化的言辞一经上帖，许多网民就立刻群起响应，一时间引爆了一大片舆论，使得主持人穷于应付。

网络论坛中舆论的形成是非常迅速的，这是因为网民处在高自由度的传播空间，在希望引人注意的心理驱使下，多采用口语化甚至含有极端感情色彩的文字，这使得其他网民可以简洁地获得该意见信息的全部内容，不用多思索就直接受到其中的情绪激发。对论坛交流中的这一规律，主持人应了然于心，对不同的言论要把握时机，适时应对。

对于个别人的情绪性言论，当它刚刚出现的时候，如果能够及时制止，就会将情绪化的火苗熄灭。为此主持人处事必须果断，判断是非正误要迅速，采取行动要利落。反之，若是等到若干人回帖表示响应之后，对这种情绪的制止就会非常困难，甚至会遇到群起而攻之的局面。主持人首先必须能够用足够的事实来促使网友冷静下来思考，事实是最有说服力的，而且能避免直接针对错误言论表态使分歧扩大。在网友承认客观事实的基础上，主持人需要对事实进行剖析，把关键性证词摆出来，不失时机地把握进程，及时果断地挑明问题的实质。在这个时候主持人需要就势发言，或褒扬，或针砭，或倡

导，或劝勉，或解惑，或释疑，或当头棒喝，或醍醐灌顶，言人之所未言，发人之所未发，这样将会起到很好的引导作用。

（三）注意语言艺术

1. 网络主持人要善于运用口语

从形式上看，视频主持人的语言与广播电视主持人的语言是一样的，都是运用口语传播。网络论坛的语言是诉诸文字的，似乎属于书面语体，但从传播环境来分析，网上的时间是以分秒来计算的，传播的即时性要求主持人迅速发言、及时反馈，至于“怎样说”是摆在第二位的。因此，网络主持人的语言更接近口语，是一种规范的口语。

从网民的接受心态来看，他们认同权威，但并不崇拜权威。玩弄辞藻、故作高深，看似内容深刻，但难以为网民所接受，最终会为网民所弃。基于此，主持人要赢得网民，就必须在把内容放在第一位的同时，做到表述明白晓畅。主持人的语言往往自由灵活，可以有浓厚的生活气息；词汇通俗平易，句式比较简单，多用短句，比较接近于口语。

2. 主持人的语言应做到思路清晰、逻辑严密

不要以为口语化就是日常生活中的“大白话”，要避免语言的芜杂和啰唆，减少信息的损耗和干扰。由现象到本质，由个案到一般，由现状到未来，主持人的表达应体现出相当的理性力量和思辨色彩，这是论坛与报道的主要区别。因而适时作出准确的分析，发表精当的议论是显示论坛引导力的关键所在。

3. 主持人应学会一种独特的语言艺术——幽默

主持人在交流中往往会出现这样的情况，即正在与某些网民就某个严肃的话题交流时，会有一些网民插进来发表一些调侃式的不认真、不负责任的言论；或者，每当一个正确的意见出现时，就会有人以嘲讽、歪曲的形式围帖，让前者处于一种被调侃甚至被怀疑的地位。

其实，这正表现了网上交流的一大特征，即网民情绪是自由而轻松的。主持人要熟悉、适应这种交流特征，不能采用与面对面的思想教育相同的态度、方式来开展引导，而要学会“以夷攻夷”。对一些明显错误的言论，尤其是带有挑衅性、煽动性的意见，主持人可以以一种嬉笑怒骂的态度予以回击，从情绪色彩上强化错误意见的严重性，从内容分析上鲜明地指出其谬误。这种引导方式与认真的思想交流在形式上不同，但实质一样，都是为了引导交流走向正确的舆论方向。这种方式的优点在于：其一，让极端错误的意见得不到其他网民的认真响应，可以有效地削弱其影响力；其二，对一些尖锐复杂的问题，这种方式可以起到长篇大论的说理所无法发挥的作用，有利于解决一些棘手的问题；其三，以幽默的方式表达深刻的内容，也有利于广大受众的理解和接受。

练习题

1. 网络主持人的职责是什么？
2. 网络主持人应具备怎样的素质？

3. 有人认为，网络视频主持人就是一名娱乐明星，谈谈你的看法。

4. 如何培养网络主持人?

5. 谈谈传统主持人如何应对网红主播的挑战。

6. 网络直播的兴起给节目主持人带来了哪些影响?

7. 针对主流媒体主持人“网红化”的现象，谈谈你的观点。

8. 谈谈虚拟主持人在新闻传播领域的应用。

9. 随着短视频平台的兴起，越来越多的“素人”做起了网络直播，也有一些专业节目主持人转行做起了网络主播，你如何看待这种现象?

10. 试分析几位知名的网络主持人的风格特色。

主要参考书目

1. 主持人节目研究委员会．主持人：1～10. 北京：中国广播电视出版社，1991—2003.

2. 北京广播学院播音主持艺术学院，中国广播电视学会播音学研究委员会学术部．播音主持艺术：1～4. 北京：北京广播学院出版社，1999—2002.

3. 中央电视台总编室，人事办公室．《电视节目主持人职业素质评价指标体系研究》成果汇编．北京：中国广播电视出版社，1999.

4. 袁正明，梁建增．用事实说话：中国电视焦点节目透视．上海：上海人民出版社，2000.

5. 时间，乔艳琳．《实话实说》的实话．上海：上海文化出版社，1999.

6. 李东生，孙玉胜．焦点访谈精粹．北京：中国人民大学出版社，1998.

7. 梁建增．《焦点访谈》红皮书．北京：文化艺术出版社，2002.

8. 全国电视学研究委员会．话说电视节目主持人．北京：文化艺术出版社，1989.

9. 赵忠祥．岁月随想．上海：上海人民出版社，1995.

10. 倪萍．日子．北京：作家出版社，1997.

11. 杨澜．凭海临风．上海：上海文艺出版社，1996.

12. 杨澜，朱冰．一问一世界．南京：江苏人民出版社，2011.

13. 敬一丹．声音．北京：华艺出版社，1998.

14. 敬一丹．99 个问号：敬一丹漫谈主持人．北京：中国广播电视出版社，2004.

15. 白岩松．痛并快乐着．北京：华艺出版社，2000.

16. 水均益．前沿故事．海口：南海出版公司，1998.

17. 崔永元．不过如此．北京：华艺出版社，2001.

18. 宋世雄．宋世雄自述：我的体育世界与荧屏春秋．北京：作家出版社，1997.

19. 窦文涛．一笑了之．北京：现代出版社，1999.

20. 陈鲁豫．心相约．武汉：长江文艺出版社，2003.

21. 陆锡初．节目主持人与新闻．北京：北京广播学院出版社，1992.

22. 陆锡初．主持人节目学教程．修订本．北京：中国广播电视出版社，2001.

23. 陆锡初，等．节目主持艺术通论．北京：中国广播电视出版社，1998.

24. 俞虹．节目主持人通论．杭州：杭州大学出版社，1996.

25. 壮春雨．节目主持人教程．北京：中国广播电视出版社，2000.

26. 赵淑萍．电视新闻节目主持艺术．北京：北京广播学院出版社，1997.

27. 李德付．节目语体主持．北京：中国广播电视出版社，1999.

28. 陆澄．节目主持人艺术．修订本．上海：上海教育出版社，2000.

29. 罗莉．电视播音与主持艺术．北京：北京广播学院出版社，2004.

30. 应天常．节目主持语用学．北京：北京广播学院出版社，2001.

31. 应天常．节目主持艺术论．北京：北京广播学院出版社，1999.

32. 应天常．节目主持人通论．武汉：武汉大学出版社，2007.
33. 吴郁．主持人的语言艺术．北京：北京广播学院出版社，1999.
34. 吴郁．节目主持艺术探．北京：北京广播学院出版社，1997.
35. 曹可凡，王群．节目主持人的语言艺术．上海：上海人民出版社，1997.
36. 闻闸．播音主持训练280法．北京：北京广播学院出版社，1999.
37. 林可行．主持人社交技巧．北京：改革出版社，1999.
38. 王群，曹可凡．谈话节目主持艺术．上海：上海社会科学院出版社，2002.
39. 卢杉，晓澄．感悟与升华：节目主持人素质修养论纲．上海：上海教育出版社，2000.
40. 赵淑萍．新闻权威与个人魅力：美国电视新闻节目主持人成功之路．北京：华文出版社，1999.
41. 任远．名主持人成功之路．北京：中国广播电视出版社，1999.
42. 赵群．荧屏之路．北京：中国大百科全书出版社，1996.
43. 鲁景超．广播电视即兴口语表达．北京：北京广播学院出版社，2000.
44. 张颂．广播电视语言艺术．北京：北京广播学院出版社，2001.
45. 刘伯奎．表达口语训练指导．上海：复旦大学出版社，2000.
46. 陈京生．电视播音与主持．北京：北京广播学院出版社，2000.
47. 任远，王晓红，李莉，等．电视节目主持人学初论．北京：中国广播电视出版社，1999.
48. 代欢，肖桂岚．作秀战术．北京：中国广播电视出版社，2002.
49. 寒波．中国脱口五人秀．广州：广东旅游出版社，2000.
50. 季思聪．无冕女王：中美女主播的公众形象和私人生活．北京：时事出版社，1997.
51. 斯克特．脱口秀：广播电视谈话节目的威力与影响．苗棣，译．北京：新华出版社，1999.
52. 司马怡然．形象魅力学．北京：中国戏剧出版社，1999.
53. 虞达文．新闻心理学．北京：新华出版社，2001.
54. 祁芃．播音主持心理学．北京：北京广播学院出版社，1999.
55. 叶子．中国电视名记者谈采访．北京：长城出版社，1999.
56. 罗以澄．新闻采访学新论．武汉：武汉大学出版社，2000.
57. 艾丰．新闻写作方法论．北京：人民日报出版社，1994.
58. 许永．电视策划与撰稿．北京：中国广播电视出版社，2001.
59. 陈振，田方．主持人节目策划艺术．北京：中国广播电视出版社，2003.
60. 雷跃捷，辛欣．网络新闻传播概论．北京：北京广播学院出版社，2001.
61. 张虎生，等．互联网新闻编辑实务．北京：新华出版社，2002.
62. 曾志华．中国电视节目主持人文化影响力研究．北京：北京大学出版社，2009.
63. 廖声武．新时期新闻实务发展研究．武汉：武汉出版社，2008.
64. 《喜剧世界》杂志社．名嘴们的冷暖幽默．桂林：漓江出版社，2011.
65. 张绍刚．电视节目策划笔记．北京：新星出版社，2010.
66. 张林，多多，鹤麟，等．501个疯子．北京：文化艺术出版社，2011.
67. 《中国广播电视学刊》历年期刊.
68. 《新闻战线》《现代传播》《声屏世界》《传媒观察》等杂志.

第三版后记

本书第二版于2015年5月出版，一晃10年过去了。其间，出版社多次催我修订再版，但一直拖至2024年春，一方面确实各种事务缠身，没有时间静下心来，另一方面，节目主持人领域发展日新月异，各种变化让人眼花缭乱。网络传播移动化之后，短视频的出现完全改变了人们接受信息的习惯，网红直播的出现又彻底把主持人传播的生态变了个样。人们原先习惯于广播电视的传播，而现在拿起手机走到哪儿看到哪儿、走到哪儿拍到哪儿，这会儿在看视频，下一刻又成了拍视频的人或主持直播的人。主持人在面对传播环境变化的同时，也要面对传播技术的快速发展。AR技术、VR技术、人工智能技术都被运用到传播中来，特别是人工智能技术的运用，使信息的获取、新闻产品的生产以及节目的主持，都已超越了往日传统的常规，使得节目主持人需要面对充满了挑战和不确定性的局面。媒体融合、移动传播、数智技术的使用，要求节目主持人具有各方面的素养。对历史的熟知、对社会的理解、对传播技术的把握、对语言的精通，都成了主持人做好主持工作不能忽视的基本功。这些现象是节目主持界的新景观，需要研究者沉下心来观察体悟，并对它们从理论上进行思索，从知识层面进行总结。

本版书稿的修订，修改较大的地方有60多处，主要是对相关主持人、主持案例做了增删，对相关观点的表述进行了修改，另外增加了一些延伸阅读。修改总字数约3万字。为方便教学、帮助使用者更好地理解和掌握相关内容，每章末尾也增加了一些练习题。罗宜虹和柴巧霞两位副教授在繁忙的教学、主持国家社科基金项目研究之外参与了本次修订，付出了大量的时间和精力，湖北广播电视台首席编辑李筠先生慷慨提供了他们部里获奖节目的策划案，湖北大学新闻传播学院在播音与主持艺术、新闻学、广播电视学专业开设“节目主持人概论”课程，每一届的学生在课堂上对本书的内容进行深入思考、热烈讨论，提出疑问，为修改相关内容提供了参考，特别是2021级广播电视学专业的同学们选修本课程时，在课堂上提供了许多他们熟悉的案例，中国人民大学出版社策划编辑周莹、翟江虹和责任编辑黄超、赵海迪为本书编辑付出了辛勤的劳动，使其更臻完善，在此一并致以衷心的感谢！

廖声武

2025年2月8日

图书在版编目（CIP）数据

节目主持人教程/廖声武主编；罗宜虹，柴巧霞副主编．--3版．--北京：中国人民大学出版社，2025.5．--（新编21世纪新闻传播学系列教材）．-- ISBN 978-7-300-33928-3

Ⅰ．G222.2

中国国家版本馆CIP数据核字第20251KD152号

"十二五"普通高等教育本科国家级规划教材
新编21世纪新闻传播学系列教材

节目主持人教程（第3版）

主　编　廖声武
副主编　罗宜虹　柴巧霞
Jiemu Zhuchiren Jiaocheng

出版发行　中国人民大学出版社
社　　址　北京中关村大街31号　　　**邮政编码**　100080
电　　话　010－62511242（总编室）　　010－62511770（质管部）
　　　　　010－82501766（邮购部）　　010－62514148（门市部）
　　　　　010－62511173（发行公司）　　010－62515275（盗版举报）
网　　址　http://www.crup.com.cn
经　　销　新华书店
印　　刷　北京溢漾印刷有限公司　　　**版　　次**　2012年7月第1版
开　　本　787 mm×1092 mm　1/16　　　　　　2025年5月第3版
印　　张　17.25 插页1　　　　　　**印　　次**　2025年5月第1次印刷
字　　数　389 000　　　　　　　　**定　　价**　49.80元

关联课程教材推荐

书号	书名	第一作者	定价	出书时间
978-7-300-29101-7	视听新闻报道	周勇	65.00 元	2021-03
978-7-300-31973-5	出镜报道（第 3 版）	张超	49.80 元	2020-02
978-7-300-33168-3	出镜报道与新闻主持（第 2 版）	刘培	45.00 元	2019-08
978-7-300-29739-2	融合新闻学概论	李沁	49.80 元	2021-08
978-7-300-31894-3	广播电视概论（第 2 版）	周小普	49.80 元	2014-05
978-7-300-17836-3	广播新闻	成文胜	42.00 元	2013-08
978-7-300-18903-1	电视新闻	于忠广 等	29.80 元	2015-01

配套教学资源支持

尊敬的老师：

衷心感谢您选择使用人大版教材！

相关的配套教学资源，请到人大出版社网站（www.crup.com.cn）下载，或是随时与我们联系，我们将向您免费提供。

欢迎您随时反馈教材使用过程中的疑问、修订建议并提供您个人制作的课件。您的课件一经采用，我们将署名并付费。让我们与教材共成长！

联系人信息：

地址：北京海淀区中关村大街 31 号 206 室　龚洪训 收　邮编：100080

电子邮件：gonghx@crup.com.cn　电话：010－62515637　QQ：6130616

如有相关教材的选题计划，也欢迎您与我们联系，我们将竭诚为您服务！

选题联系人：　电子邮件：　电话：

周莹　383902102@qq.com.cn　010-62511612

俯仰天地　心系人文

www.crup.com.cn

中国人民大学出版社

欢迎任课教师加入全国新闻教师 QQ2 群（群号：723715191）；

欢迎登录浏览，了解图书信息，下载教学资源

群名称:全国新闻教师2群

群 号:723715191